한국도교사

한국도교사

초판 1쇄 2022년 2월 22일

지은이 김윤경
펴낸이 김기창
펴낸곳 도서출판 문사철

출판등록 제300-2008-40호
주소 서울 종로구 창경궁로 265 상가동 3층 3호
전화 02 741 7719 | 팩스 0303 0300 7719
홈페이지 wwww.lihiphi.com
전자우편 lihiphi@lihiphi.com
디자인 은
인쇄 및 제본 천광인쇄사

ISBN 979 11 86853 77 1 (93150)
※ 값은 뒤표지에 있습니다.

한국도교사

김윤경 지음

/ **머리말** /

한국도교를 전공하겠다고 했을 때 주변에서 가장 많이 들은 말이 있다.

"밥을 굶기로 결정 했구나."

동양철학·동양학 전공 안에서도 도교전공은 드물며, 그 가운데서도 '한국도교' 전공은 더욱 드물다. 누군가는 남들이 가지 않은 길을 간다고 추켜세워 줄 수도 있다. 하지만 대다수가 안가려는 길은 나름의 이유가 있는 법이다. 절벽이 숨어있거나, 가파른 돌길이거나 그늘이 깊어 길이 안보이거나 때로는 아예 길이 없거나, 길을 굳이 만들 이유가 없을 수도 있다. 다행인 것은 헤매고 헤매다 가끔은 인적이 드문 곳에서 아름다운 풍광을 잠시 엿보았으며, 그 힘에 의지해 지금까지 걷고 있다. '문득 보았다'는 풍광은 무엇인가? 묻는다면 그것은 마치 '한국도교란 무엇인가'라는 질문과 흡사할 것이다.

동아시아의 대표적 사상·종교 가운데 하나인 도교는 그 대표성에도 불구하고, 유교와 불교에 비해 비주류적인, 요즘 말로 한다면 B급 분위기를 가지고 있다. 우리의 역사에서도 통일신라와 고려시대 불교는 국교로서의 지위를 가지고 있었고, 신유학이라 불리는 성리학은 조선시대 지배 이데올로기의 지위를 누렸다. 그런데 도교는 한 번도 주류 사상 혹은 주류 종교로써의 역사를 가지지 못했다.

그 비주류적 특성은 때로 '속세를 떠나 자연에서 노닐고, 임금이 직접 찾아와 나라를 준다고 해도 거절하는' 인간의 욕망을 넘어서는 대범한 서사, 이상적 세계관으로 포장될 수도 있지만, 냉정히 말한다면 그만큼 현실 주류 세계로부터 멀리 떨어져 있음을 방증한다. 그 주류 세계에 속하지 못함은 팔선 가운데 한 명인 여동빈이 수차례 과거에 낙방했다는 고사에서도 드러난다. 조선시대 대표적 성리학자 율곡 이이의 중요한 커리어 가운데 하나인 구도장원(한평생 본 9번의 과거시험에서 모두 1등을 했다)과 같은 일화는 도교의 신선들에게서 보이지 않는다. 심지어 도교에서는 제자가 스승을 찾아와 예를 갖춰 '가르침'에 대해 묻는 것이 아니라, 조금은 모양 빠지게 스승이 도를 전수하기에 마땅한 제자를 찾아다닌다.

한국도교에 비해 중국도교는 위상이 달랐다고 말할 수도 있을 것이다. 북위北魏(386~534) 시기 도교는 국교의 지위를 가진 적도 있고 당나라 시기 대규모의 불교 박해가 있을 정도로 위세를 떨치던 시기도 있었기 때문이다. 그러나 도교는 카피캣처럼 불교의 이론체계를 베껴서 경전을 만들었다는 혐의도 받고 있으며, -도교의 최고 신격 가운데 하나인 '노자'의 경우, 한 나라 이후 만들어진 노자 전기를 보면 누가 봐도 불교의 싯다르타 전기를 모방하고 있음을 볼 수 있다. - 중국 역사에서 도교를 존숭했던 황제들은 후대 역사에서 조롱의 대상이 되곤 하였다. 대표적인 이가 송나라 휘종으로 도교를 숭앙했기 때문에 북송이 망했다는 것이다. 더구나 방중술은 윤리적 지탄의 대상이 되기에 충분하였고, 부록파 도교에서 보여주는 귀신을 부려 비바람을 일으키는 등의 재초 행위는 공자가 혐오했던 '귀신에게 아첨하는 행위'와 유사한 것으로 비판받았다. 그래서 조선 건국의 이론가 정도전은 도교에 대해 비판하기를 "조그만한 도덕심도 갖추지 못한 채 오래살기만을 바라니 거북이와 뱀하고 무엇이 다른가?"라고 일갈한 바 있다.

중원 지역에서 도교는 선진시기 노자·장자의 사유, 황제의 정치술·황노학, 태평도 오두미교라는 교단도교 시기를 지나면서, 외단 열풍이 불었던 금단도교의 시기를 거치면서 대범하게 불교의 세계관과 유교의 가치관을 적절히 섞고 신선사상 등을 합쳐서 그 외연을 확장해 왔다. 그것은 마치 대규모의 용광로 같아서, 신관에 있어서도 옥황상제 노자 같은 전통적 신격 이외에 각 지방의 수호신 및 산신신앙 등을 포괄하였다.

그렇다면 이러한 조롱과 비판 가운데에서도 '도교'가 명맥을 이어온 힘은 무엇인가? 노자·장자가 말하는 자유 경지의 매력, 생로병사를 벗어나 장생불사를 이루고 싶은 인간의 본능도 큰 역할을 했겠지만, 그 긴 흐름 뒤에는 기층문화로 전해져온 민간도교적 요소가 있다고 생각한다. 새벽이면 장독대 위에 정화수를 떠 놓고 북두칠성에게 자녀들의 건강과 안녕을 기도하던 할머니, 뭇별에게 가족의 안위를 기도하던 이들 말이다. 조선후기 관우묘는 실제로 밀려드는 참배객 때문에 수차례 관금을 해야만 했다. 특히 중화지역에서는 민간도교 신앙이 끔찍한 정치를 만나면 어김없이 '새로운 민간도교결사'로 모습을 바꾸고 왕조에 대항하는 민중항쟁의 도화선이 되었다. 조선에서는 가장 유사한 동학항쟁이 있었다.

또 다른 힘으로 도교는 2000여 년의 시기를 거치며 기층문화와 함께 하면서 시대의 흐름에 잘 부응한 점이다. 중금속 중독으로 수많은 사상자를 내었던 외단도교는 몸 안의 단약, 성명(性命)을 함께 닦는다는 내단도교로 변모하였고, 도교의 복약 수련 방식은 한의학으로, 각종 도인법들은 오늘 날 오금희 태극권 등의 양생술로 남아 여전히 활용되고 있다.

그렇다면 동아시아에서 오랜 시간 시대의 요청에 부응하고 변화한 도교가 '한국' 안에서는 어떻게 발아하고 전개되고 변화되었는가? 이 책은 바로 한국도교의 기원과 전개 그리고 변용에 관한 연구이다. 한국도교의 기원, 삼국·고려시대의 도교, 발해의 도교문헌, 조선의 구결서들, 조선후기의 도가사상, 조선 후기 천주교와 도교, 조선 최초의 교단도교인 무상단, 민간도교와 동학, 북한 도교연구 등 동아시아의 전통적 유산인 도교가 한국에서 어떻게 발아하고 또 어떻게 전래되고 변모했는가를 다루었다. 이 연구가 한국도교연구에 작은 디딤돌이 되기를 바라는 마음이 간절하다. 나아가 '한국사상과 문화'의 특수성 탐구에 작은 마중물이 되기를 기원한다. 어려운 출판환경에서도 선뜻 출판을 맡아주신 김기창 사장님과 문사철 출판사 가족들에게 감사의 인사를 전하고 싶다. 마지막으로, 한국사회에서 한 여성이 감당해야 하는 노동을 대신해 주신 어머니와 아버지께 이 책을 바친다. 그리고 묵묵히 내 꿈을 지지해준 남편 김윤찬, 그리고 바쁜 엄마를 응원해 준 담정이와 진형이에게도 고마운 마음을 전한다.

2020년 4월
인천대 연구실에서
김윤경

차례

■ 머리말 5

제I편 한국도교사 서설

1 한국도교 연구의 두 가지 방향성 14

2 한국도교, '선도'의 특수성과 보편성 20

3 한국도교의 범위 25

제II편 삼국·발해·고려시대의 도교

1 삼국시대 도가와 도교 그리고 황노학과 금단도교 33

2 삼국시대 고구려벽화와 금단도교 42

3 삼국시대 도교와 『의심방』 60

4 발해의 도교, 이광현의 『백문결』 63

5 고려시대 재초의식과 도가와 도교 83

제III편 조선 전기의 도가사상과 수련도교

1 조선전기의 도가사상 93

2 조선 전기 『조선왕조실록』에 나타난 '노자'의 변용 116

3 조선시대 구결서 연구: 용호비결 126

4 조선시대 구결서 연구: 『단서구결』과 『동국전도십육결』 131

제Ⅳ편 　조선 후기 도가사상

　　1 서명응의 『도덕지귀』의 태극론과 음양론　151
　　2 이광려의 「독노자오칙」의 유무론　177
　　3 이충익의 『초원담로』의 유무론과 선악론　189
　　4 신작의 『노자지략서』　201
　　5 조선시대 노자 주석서의 인의의 문제　214
　　6 조선시대 노자 주석서의 주자 이해　233
　　7 조선시대 노자 장자의 이상향　250

제Ⅴ편 　조선 후기 민간도교와 신종교

　　1 이규경의 『오주연문장전산고』의 도교관　273
　　2 조선후기 민간도교의 발현과 전개　291
　　3 조선후기 민간도교와 신종교　302
　　4 최초의 교단도교, 무상단　315
　　5 모리스꾸랑 『한국서지』 속 조선 도교　340

제Ⅵ편 　오늘날 북한의 도교와 21세기 도교

　　1 북한의 도교 연구, 도교의 변용　375
　　2 AI시대, 몸의 변형과 도교의 불사　398

■ 참고문헌　412
■ 찾아보기　421

제 I 편

한국도교사 서설

1
한국도교 연구의 두 가지 방향성

"오직 『천부경』만이 하늘과 인간세계의 도를 포괄하고 성스러움을 다 갖추었으니, 이 『천부경』이 우리나라 단군의 말씀을 진실하게 전한 경전이라는 것을 의심할 수 없다.…나는 도교 사상을 '정신철학'으로 삼아 세상에 널리 이용하도록 할 것이다. 배우는 사람들에게 권고하겠다. 이 『천부경』의 지극한 철학적 이치를 터득하면…한국이 세계의 중심이 되고 최고의 신성한 문명국가가 될 것이다."[1]

1920년대 망명지 북경, 도사 전병훈은[2] 식민지 시기 민족 위기를 극

---

1 全秉薫, 『精神哲學通編』(명문당,1983), "此天符, 則包括天人道盡兼聖, 確是我檀君聖祖存神之眞傳, 無礙也…余以道學旣作精神哲學, 公用於世, 眷言學人又得, 此兼聖極哲之學理…而庶幾知韓爲天地中, 最古神聖文明之邦國乎"

2 서우 전병훈(1857-1927)는 철종 9년(1857)에 태어나 성리학을 공부하고 중추원 의관 등의 관직을 역임하다가 50세 무렵 조선이 쇠망해가는 시기 중국으로 망명했다. 중국 망명 후 광동성 나부산 도사 고공섬의 지도를 받았다. 도를 체득한 후 북경으로 가서 <정신철학사>라는 수련단체를 조직해 당대의 정치가 및 석학들과 교유하였다. (금장태, 『정신철학통편』, 명문당, 1983; 황광욱, 「서우 전병훈의 생애와 사상」, 한국철학사연구회, 『한국철학논집』 4, 1995; 윤창대, 『정신철학통편』, 우리출판사, 2004;임채우, 「전병훈 천부경 주석이 갖는 선도수련의 의미」, 『선도문화』 5, 2008;김성환, 「서우 전병훈의 생애와 기술에 대한 종합적 연구2」, 도교문화연구 39, 2013.) 전병훈은 청대의 유력인사들 袁世凱(1859-1916), 康有爲(1858-1927) 등과 교유하였으며, 그가 저술한 『정신철학통편』(1920)은 서양의 철학 정치

복할 세계관을 세 개의 키워드에 담아 제시한다. '『천부경』, 단군' 그리고 '최고의 문명국가가 될 한국'이다. 그는 『천부경』이 단군으로부터 내려온 도교의 정수를 담고 있다고 믿었고, 도교 사상을 통해 한국이 앞으로 세계에서 가장 위대한 국가가 될 수 있다고 생각했다. 식민지 국가라는 현실 속에서 세계 최고의 문명국가를 꿈꾸는 이와 같은 사유는 일제강점기 한국 도교의 한 쓸쓸한 단면을 보여준다.[3]

한국도교를 연구하는 두 가지 방법이 있다. 오늘 날 우리 생활 속에 살아있는 도교에서 출발해 그 기원을 연역적으로 연구하는 것과 실증주의에 입각해 과거의 유물과 역사기록에서 시작해 역사 속 당대의 도교를 해석하려는 시도이다. 전자의 연구방법은 오늘 날 남아 있는 한국 전통의 도교수련법 혹은 도교 양생술 등의 연원을 추적하는 작업으로 이미 '고유의 한국 도교'라고 설정된 연역적 전제로부터 필연적 결론을 도출해 그 기원을 연구한다. 실제로 국내의 도교 수련단체 혹은 몇 몇의 신종교들은 대학 및 대학원을 설립하여 한국 도교의 이론 사상체계의 기원이 우리 고유의 사상 혹은 수련방식에서 왔음을 밝히는 연구를 진행하고 있다. 그럼에도 불구하고 '한국의 전통적 도교수련법'을 배우는 사람들은 그 수련법의 정확한 연원에 대해 학술계로부터 충분한 답

학 등을 총망라해 다룬 독자적인 철학체계를 수립했다고 평가받는다. (생애와 교유관계 관련해서는 윤창대, 『정신철학통편』연구, 국제뇌교육종합대학원 박사, 2015, 19-27쪽 참조)
[3] 전병훈은 <정신철학통편>을 출판하기 전 잠시 출판을 보류한다. 계룡산에서 발굴되었다고 하는 '천부경'을 포함시키기 위해서였다. 19세기 말 도사 전병훈의 도교적 목표는 세 가지였다. 첫째는 서구 문명의 충격을 어떻게 이해할 것인가? 둘째는 '천부경'을 통한 민족의식 고취였다. 오늘 날 대다수의 민족종교(신종교)로 불리우는 종교들은 한국고요의 사상적 연원의 에센스가 천부경 81자 안에 있다고 믿는다. 셋째는 제국열강의 시기 '도교'가 가지고 있는 현실적 영향력에 대한 문제였다. 19-20세기 한국도교는 가지고 있는 민족의식 고취의 측면은 이를 대변한다. 이 시기의 도교적 문제의식은 오늘 날 한국의 도교를 바라보는데 있어서도 동일하게 관통된다.

을 얻기가 쉽지 않다.4 이미 '한국 고유의 기원을 가진 수련법 혹은 양생술'이라는 연역적 전제 아래 '한국의 전통적 도교문화 혹은 신선사상의 기원을『삼국사기』와『삼국유사』5 그리고 주로 위서 논쟁이 있는 사료를 중심으로 논의가 전개되기 때문이다.6 후자의 연구 방법은 한정된 도교 텍스트 관련 '역사기록'의 문헌적 분석을 통해 미시적으로 접근하는 탐구로 당대의 도교가 어떠한 파급효과 혹은 특수성을 가졌는가를 포괄적으로 구체화할 수 없으며, 더구나 밝혀낸 결과들은 오늘 날 남아 있는 도교 관련 문화와는 관련이 적을 가능성이 높다.

오늘 날 이 두 가지 연구 방향은 만나지 못한 채 전자의 연구 방향성은 한국도교 연구에서 민족주의적 색채를 강화하고 있으며, 후자의 연구도 대부분의 연구가 '조선시대' 도교문헌 분석에 집중되어 있다. 필자는 이 두 연구 방향성의 간극을 좁히기 위해 가장 먼저 요구되는 것은 한국 도교 연구의 양적인 외연 확대라고 생각한다. 예를 들어 위에서 언급한 전병훈이 중시한『천부경』은 출판된 지 이미 100년이 넘었다. 만약 '근 100년 간의『천부경』의 도교 해석 역사 연구'가 진행된다면 위서 논쟁에서 벗어나 두 개의 연구 방향성의 간극을 줄이는 계기가 될 것이

---

4 오늘 날 '한국의 전통 도교 수련법'을 표방하는 여러 단체들은 그들의 수련법이 한민족 고유의 도교 신선사상의원형으로부터 비롯되었다고 주장한다.
5 대 다수의 한국도교 기술은『삼국사기』와『삼국유사』로부터 출발한다. 국외에 소개된 한국도교도 이들 사료에 기반 해 중국도교의 전래로 간략히 설명된다.(Fabrizio Pregadio ed, "Taoism in the Korean peninsula", The Encyclopedia of Taoism 1, New York: Routledge, 2008, 190-192)
6 때로 한국 도교(선도) 문화의 기원은 재야사학자들이 주로 활용하는『환단고기』,『규원사화』,『태백일사』,『부도지』,『천부경』등에 의해 논의되는데, 이들 사서들은 제도권 학자들로부터 위작으로 평가 받는다. 또한 한국도교문화의 독자성은 중국문화와는 다른 한국문화의 특수성과 연관되고, 한국 문화의 고유성을 동이문화와 연결하는 연구로 설명되기도 한다. 이를 위해 동이문화의 실체에 관한 갑골연구, 대표적으로 董作賓의『甲骨文斷代研究例』(中央研究院歷史語言研究所, 1965) 등이 활용되기도 한다.

다. 조선시대는 유교 성리학 국가임에도 문화적 측면에서 도교적 색채가 강했다. 조선시대 '유선시遊仙詩'로 대표되는 시와 '영웅소설' 등을 보면 '도교적 세계관'이 모티브를 이루고 있는 작품들이 대다수이며, 민중의 삶과 밀접한 민속의 분야도 마찬가지이다. 도교 저술도 유교 저술에 비해서는 매우 적지만, 『음부경』에 대한 논설[7]과 『참동계』 주석서[8] 등이 남아 있고, 『동의보감』 등의 의서 속에는 도교적 신체관과 수련관이 있으며, 『노자』 주석서와 『장자』 주석서에는 중국의 『노자』 주석서와는 다른 한국 도가사상의 특징이 담겨 있다. 따라서 위서 논쟁 자료들에 대한 해석사 연구, 아직 다루어지지 않은 한국도교 관련 텍스트들의 일차적인 토대 연구 확대는 두 개의 연구 간극이 만나는 기반이 될 것이다.

지금까지 한국도교는 종교 철학 문학 민속 체육 음악 등의 분야에서 접근되었다. 도교사상의 측면, 한국 고유의 신화와 고구려 벽화 등의 도교적 해석, 고려와 조선시대 시와 소설 속에 드러난 도교적 세계관, 도교의 민속적 접근, 도교 양생술 탐구 등 1980년 이후부터 본격적으로 한국도교에 대한 연구가 진행되어 왔다. 그러나 고대 시기부터 20세기까지의 한국도교의 흐름을 총괄적으로 다룬 개론서는 근 100여년의 근대 도교 연구 결과물 속에서 5여종에 불과하다. 이능화의 『조선도교사』, 차주환의 『한국도교사상연구』, 송항룡의 『한국도교철학사』,[9] 그리고 김낙필의 『조선시대 내단사상』, 정재서의 『한국도교의 기원과 역사』 등이다. 이 가운데 이능화의 『조선도교사』는 고대부터 민속자료를 포함해

---

[7] 장유의 『음부경해』, 등을 예로 들 수 있다. 南九萬(1629~1711)이 首章을 주석한 것이 있고 그의 제자 鳴谷 崔錫鼎(1646~1715)이 숙종 38년(1712)에 위의 책을 중간하며 남구만의 수장해를 부록으로 실었다.
[8] 권극중의 『易契』, 서명응의 『參同攷』를 들 수 있다.
[9] 송항룡, 「한국도교사상에 관한 연구」, 성균관대 대학원, 1986.

20세기 초 민간도교까지 방대하게 다루고 있지만, 차주환의 『한국도교사상연구』을 비롯한 송항룡의 『한국도교철학사』(1987)는 삼국시대부터 조선시대만을 통사적으로 기술하고 있고, 김낙필의 『조선시대 내단사상』은 조선시대 내단학에 집중되어 있으며, 금장태의 『한국유학의 노자 이해』[10]는 조선시대 『노자』에 관한 이해만을 중점으로 탐구하고 있다. 이상과 같이 볼 때 이능화 이후 현재까지 한국도교를 고대시기부터 20세기까지 총체적으로 기술한 도교 연구의 부족을 알 수 있다.[11]

사실 근대적 도교 연구는 19세기 말부터 20세기 초까지 유럽과 미국 일본에서 시작되었다. 프랑스 일본 미국 3개국이 중심이었다. 대표적으로는 앙리 마스페로Henri Maspero와 쓰마키초쿠료妻木直良(1873-1934)의 도교 연구를 예로 들 수 있다.[12] 문화전통, 지식배경 및 연구흥미가 어떠한가에 따라 유럽과 일본의 도교 학술 연구는 차이점이 존재하였다. 일본의 연구가 대동아공영권 구축이라는 최종적 목표 아래 일본을 주체로 인식하고 동아시아 도교를 타자화한 연구를 진행했다면, 유럽의 연구는 도교경전 외의 도교현상의 인류학적 측면에 좀 더 주목하였다.

본 연구는 삼국시대 도교를 다루고 조선왕조실록뿐 아니라 조선시대 문집 안에 도교에 관한 견해를 밝힌 논설, 조선후기 민간도교 자료, 구한 말 신종교 자료, 20세기 북한의 도교 연구까지를 통섭하고자 한다. 기존의 『노자』와 『장자』라는 두 텍스트 연구 중심에서 벗어나, 다양한

---

10   금장태, 『한국유학의 노자 이해』, 서울대출판부, 2006.
11   이 밖에 사학계의 연구성과로, 삼국시대 도교의 역사 기록을 중점적으로 다룬 장인성의 『한국 고대 도교』(서경문화사, 2017)와 고려시대 도교 기록을 중점적으로 다룬 『고려시대의 도교』(경인문화사, 2017)가 있다.
12   Henri Maspero(1883-1945), Le Taoïsme et les Religions Chinoises, Paris:Gallimard, 1971(신하령·김태완 역, 『도교』, 서울, 까치, 1997); 妻木直良(1873-1934), 『道教之研究』, 東方學報 1, 1911

자료를 바탕으로 한국도교를 규명하고자 한다. 문헌학적 방법론을 근간으로 하되 한국도교 사상사의 흐름을 조망하고 한국도교 연구 주제를 확대해서 앞서 말한 두 개의 연구방향성의 간극을 좁히는데 기여하고자 한다. 이러한 시도는 한국도교 나아가 한국사상의 정체성을 좀 더 입체적으로 이해하기 위한 하나의 접근이 될 것이다.

2
한국도교 '선도'의 특수성과 보편성

　한국의 도교는 유교·불교만큼 세력을 떨치지 못했지만, 한국유교와 한국불교·무속과 민속·구 한말 신종교 등에 많은 영향을 주었다. 이러한 '한국 도교'의 기원을 두고, 한국도교가 원래부터 한반도 지역을 중심으로 자생했다는 '자생설自生說'과 중국으로부터 전래되었다고 하는 '전래설傳來說' 그리고 이 둘을 절충하는 입장의 논의들이 있어왔다. 20세기 초 이능화는 『조선도교사』에서 자생설에 주목했고, 한국 도교의 고유성에 초점을 맞추어 한국도교를 '선도仙道'라고 명명한 바 있다.[13] 이능화는 고대 설화와 전적들을 이용하여 삼신산이 한반도에 있었다는 가설을 논증하고, 삼신산을 중심으로 이미 도교가 자생하였다고 주장하였다. 이 밖에 차주환 등은 한국의 신화와 신선사상과의 유사점을 근거로 자생설을 전개하였다.[14]

　이와는 다른 관점으로 정재서는 동이계의 신화와 신선사상과의 친연성에 주목하여 고대의 중국과 한국이 도교의 발생 지역을 공유하고 있다고 보았다. 자생설의 논리적 근거는 대부분 신화와 설화에 국한되

13　이능화, 『조선도교사』, 서울, 동국대학교출판부, 1959
14　차주환, 『한국 도교 사상 연구』, 서울, 서울대학교 출판부, 1988

어 있다. 역사적 기록으로는 가장 오래된 자료가 『삼국사기』에 수록된 최치원의 「난랑비서鸞郎碑序」에 등장하는 '현묘지도玄妙之道'이다. 반면에 전래설을 주장하는 학자들은 주로 중국과 일본의 학자들로, 이들은 모두 『삼국사기』에 기록된 7세기 초 당唐으로부터 도교가 전래되었다는 구절을 근거로 든다.

이러한 전래설은 문헌적 고증에만 국한되어 한국 안에서의 도교문화를 조명하지 않았다는 점이 있다. 한국에서 도교는 유교·불교만큼 세력을 떨치지 못했고, 교단 조직을 갖추지도 못했지만, 한국유교와 한국불교·무속과 민속·구 한 말 신종교에 많은 영향을 주었다. 당으로부터 전래 이전에 이미 '국선國仙'이라는 용어가 있었고, '단군신화'를 비롯한 고대 설화 속에 도교적 세계관이 그려져 있다. 따라서 '한국도교'를 우리 고유의 민간신앙에서부터 논의해야 한다는 주장이 설득력을 가진다. 한국도교는 우리 고유의 민간신앙에서 출발하여 중국 도교와 같은 점을 공유하면서 중국도교와는 다른 특성을 지니고 있다는 것이다. 20세기 초 『조선도교사』를 쓴 이능화는 이러한 한국 도교의 특수성에 초점을 맞추어 한국도교를 '선도仙道'·'선도仙教'라고 명명하였다.[15]

'자생설'과 '전래설'에 대한 관점은 한국도교의 선맥을 밝힌 문헌에서도 여전히 양분되어 있다. 지금까지 남아있는 한국 도교의 '선맥仙脈'을

---

15 정재서, 『한국 도교의 기원과 역사』, 서울, 이화여자대학교 출판부, 2006;이종은, 『한국 도교문화의 초점』, 서울, 아세아문화사, 2000 ;이종은, 『한국의 도교문학』, 서울, 태학사, 1999; 최삼룡, 『한국문학과 도교사상』, 서울, 새문사, 1990 ; 송항룡, 『한국 도교철학사』, 성균관대학교출판부, 1987 ;이능화, 『조선도교사』, 서울, 동국대학교출판부, 1959 (『조선도교사』, 이종은 역, 서울, 보성문화사, 2000); 김용휘, 「한국선도의 전개와 신종교의 성립 -왜 한국에선 도교 교단이 성립되지 않았는가-」, 『동양철학연구』55, 동양철학연구회, 2008; 김성환, 「한국의 선도연구」, 『도교문화연구』28, 2008; 민영현, 「중국도가와 도교 그리고 한국 선(仙) 사상에 관한 비교연구」, 『선도문화』1, 국제뇌교육종합대학원, 2006; 양은용, 「신종교와 도교(선도) ; 한국도교의 흐름과 신종교」, 『신종교연구』10, 한국신종교학회, 2004

밝힌 저서로는 『해동전도록海東傳道錄』·『동국전도비기東國傳道秘記』·『해동이적海東異蹟』·『해동이적보海東異蹟補』·『청학집靑鶴集』·『오계일지집梧溪日誌集』 등이 있다. 홍만종의 『해동이적』 등이 단군을 기원으로 하는 자생적 도맥을 말하고 있다면, 한무외의 『해동전도록』 등은 중국으로부터의 도교 전래에서 기원을 찾는다. 그리고 이 두 조류를 절충한 지점에 조여적의 『청학집』이 있다.

『해동전도록』은 신라 말 최승우, 김가기, 승려 자혜 등이 당 나라에 들어가 종남산의 종리권鍾離權으로부터 단학을 전수받았다는 기록을 통해 중국으로부터의 도맥 전래를 제시한다. 반면에 『해동이적』과 『해동이적보』는 모두 단군으로부터의 선맥 전승을 주장한다. 『해동이적』이 단군에서부터 시작하여 곽재우에 이르기 까지 38명의 조선 도교 인물의 전기 편술을 통해 선맥을 말하고 있다면, 황윤석의 『해동이적보』는 『해동이적』의 저술을 계승하되, 빠져있는 인물을 중심으로 선맥을 기술하고 있다. 특히 명청明淸 교체기를 맞아 명나라의 도교 인사들이 조선으로 들어와 도교를 전수한 과정을 밝히기도 하였다. 『청학집』에서는 '환인'을 해동 선맥의 조종으로 지목하면서 동시에 '환인'을 중국 상고시대의 선인 광성자廣成子에게로 소급시킨다. '선맥'의 '고유성'과 '전래성'이라는 두 조류를 절충한 것이다. 이상의 선맥 기술 저서들은 선맥의 '고유성'을 주장하는 측면에서는 '단군'을 조종으로 하는 고유문화로 도교를 인식하고자 했음을 알 수 있다. 또한 선맥의 '전래성'을 주장하는 측면에서는 '선맥'이 '나말여초'와 '임병양란'을 기점으로 논의되고 있음을 알 수 있다.[16]

---

[16] 차주환, 『한국도교사상연구』, 서울대학교 출판부, 1978; 이석호 역, 『한국기인전·청학집』, 서울, 명문당, 1990; 이석호 역, 『해동이적』, 서울, 을유문화사, 1982; 김낙필, 『조선시

한국도교의 자생설과 전래설에 대한 논의와 유사하게 고려시대 국가 주도로 진행된 '관방도교'에 대해서도 한국도교적 특수성을 지니고 있는가 아니면 단지 중국에서 유래된 도교제례에 지나지 않는가에 대한 논의가 있어왔다. 관방도교란 국가의 공인 아래 교단조직을 갖춘 도교를 말한다. 『삼국사기』에는 연개소문의 도교 정책에 대한 기록이 있고, 고려시대 태조는 팔관회八關會의 내용을 도교적 행사로 확대하고, 15개소의 도교의례 기관을 설치하였다는 언급이 있다. 이와 같이 국가의 안위와 체제 지속성 염원을 위해, 국가 주도로 행해진 도교 의례와 도교 기관에 대한 기록이 있는 것이다. 정재서는 한국의 도교가 중국과는 다르지만, 국가의 안위와 왕권확립에 일조하였다는 점에서 '관방도교'의 성립가능성을 제기한다. 고려시대 도교 의례인 재초제齋醮祭의 시행과 도관인 복원궁의 설립, 도교의 신으로 단군을 추앙하였다는 기록이 이를 뒷받침 한다는 주장이다.[17] 이와 반면에 김성환 등은 고려시대 도관의 경우 제장祭場에 불과하였다고 보고, 중국도교를 분류하는 방식의 하나인 관방도교로 고려시대 도교를 규정할 수 없다고 전제한다.[18]

한국 관방도교의 특수성을 주장하는 측면에서는 고려시대 금국金國 정벌론자였던 묘청의 주청에 의해 세워진 '대화궁'에서 '호국백두악태백선인護國白頭嶽太白仙人'과 같은 우리의 도교 신을 모셨다는 기록에 주목

대의 내단사상』, 서울, 대원출판, 2005 ;금선학회 편, 『선도의 맥을 찾아서』, 서울, 지혜의 나무, 2004 ; 조한석, 「『청학집』 소재 선맥의 이중성과 그 의미」, 2008 한국도교문화학회 춘계발표회; 서영대, 「한국 선도의 역사적 흐름」, 2007 국제뇌교육종합대학원 학술발표대회
17 정재서, 「한국 관방도교의 양상 및 특징 - 중국 도교와의 대비적 고찰 -」, 『한국학논집』26, 한양대 한국학연구소, 1995
18 김성환, 「한국 도관의 철학사상사적 연구 (2): 중세편 -관방도관의 성립과 철폐-」, 『도교문화연구』19, 한국도교문화학회, 2003

한다. 그리고 도관이 가지고 있는 주체적인 위상에 관심을 가진다. 예를 들어 조선 중종 시기 북두칠성·옥황상제 등을 모신 도관인 소격서를 폐지하려 했을 때 폐지 이유로 등장한 것은 '제후국에 지나지 않은 조선이 하늘에 직접 제사지낼 수 없다'는 것이었다. 이 말은 '소격서 폐지'가 중국적 질서 속에 예속되려는 성리학자들의 견해를 대표했다면, '소격서 유지'는 동아시아의 중화 질서와 상관없이 하늘에 주체적으로 직접 제사 지내고자 했던 조선의 자주성과 상관관계가 있다는 지점이다.[19] 이와 같이 한국도교는 전래설과 자생설, 예속성과 자주성, 보편성과 특수성의 관계 속에서 지금까지 논의되어왔다.

---

[19] 고려대 민족문화연구원, 「한국의 도교사상」, 『자료와 해설:한국의 철학사상』, 예문서원, 2001; 이종은, 『한국 도교문화의 초점』, 서울, 아세아문화사, 2000 ; 이종은, 『한국의 도교문학』, 서울, 태학사, 1999; 김성환, 「한국 도관의 철학사상사적 연구 (2): 중세편 -관방도관의 성립과 철폐-」, 『도교문화연구』19, 한국도교문화학회, 2003; 정재서, 「한국 관방도교의 양상 및 특징 - 중국 도교와의 대비적 고찰 -」, 『한국학논집』26, 한양대 한국학연구소, 1995; 이종은 양은용 김낙필, 「고려중기 도교의 종합적 연구」, 『한국학논집』15, 한양대 한국학연구소, 1989; 양은용, 「고려도교의 역사자료」, 『한국종교』10, 원광대 종교문제연구소, 1985; 양은용, 「고려도교의 초례청사(醮禮靑詞)자료」, 『논문집』 20, 원광대, 1986; 김철웅, 「고려중기 도교의 성행과 그 성격」, 『사학지』 28, 단국사학회, 1995

3
한국도교의 범위

이 책에서 다룰 한국도교의 범위는 다음과 같다. 2장에서는 삼국시대와 발해 고려시대의 도교의 풍광을 살펴볼 것이다. 이를 위해 삼국시대와 고려시대의 도가와 도교의 의미를 고찰할 것이다. 또한 고구려벽화를 비롯한 삼국시대 금단도교적 특징을 살펴보고, 관련 자료의 외연을 넓혀 10세기 일본에서 출간된 『의심방醫心方』을 중심으로 삼국시대 도교 의술의 영향도 조망해 보고자 한다. 나아가 발해시기 발굴된 최초의 도교 경전인 『백문결』을 중심으로 발해 도교의 자취를 살펴보고자 한다.

3장에서는 조선전기의 도가사상을 살펴볼 것이다. 『조선왕조실록』을 중심으로 조선전기의 도가 사상의 특징을 탐색하고, 조선전기 이단이라고 규정된 도가의 사유가 15세기와 16세기를 거치면서 어떻게 변모해 나가는가를 살필 것이다. 이를 통해 조선전기 도교사상이 당대의 정치 현실에서 어떻게 이용되고 전개되는가를 포함할 것이다. 또한 도교 수련의 방법을 제시하는 조선시대 구결서를 고찰해 보고자 한다. 구결이란 실제적으로 '어떻게 신선이 되는가'에 대한 구체적인 논의이다. 조선시대 구결서는 수련의 구체적인 방법을 적시한 이론적 교본이다. 대표적 구결서로는 정렴의 「용호결龍虎訣」, 「단서구결丹書口訣」, 「동국전도결東

國傳道訣」을 예로 들 수 있다. 이 구결들은 정렴의 용호결을 제외하면 저자를 알 수 없고, 이 세 가지 모두 여러 가지 판본을 가지고 있다. 조선시대 도교서적은 책의 맨 뒤에 구결서들이 합철되어 있다는 특징이 있다. 이러한 점은 조선도교 구결서들이 민간에 널리 유포되었다는 것을 반증한다. 이 구결서들이 목판이나 활자본으로 간행되지는 않았지만, 여러 종의 이본이 있고 다양한 필사본이 있다는 점에서 더욱 그러한다. 이를 통해 유교국가 조선에서도 많은 현실적 내단 수행이 이루어져 왔다는 것을 유추할 수 있다. 구결서의 차이점에 대한 고찰은 당시 수련도교의 특징을 유추해 볼 수 있고, 당대 조선도교의 현실적 내단 수련방식이 어떠했는가를 고증할 수 있는 계기가 될 것이다.

    4장에서는 조선후기 도가사상을 고찰할 것이다. 조선시대 『노자』 주석서는 총 5 종으로 이이(1536~1584)의 『순언醇言』, 박세당(1629~1703)의 『신주도덕경新註道德經』, 서명응(1716~1787)의 『도덕지귀道德指歸』, 이충익(1744~1816)의 『초원담노椒園談老』, 홍석주(1774~1842)의 『정노訂老』가 있다. 도교사상에서 중요하게 다루어진 도道·체體·용用·무無와 같은 개념들이 각각의 주석서에서 어떻게 해석되고 있는가를 살펴어 조선시대 노자 주석서의 특징을 살펴볼 것이다. 예를 들어 박세당은 '도道'는 '체體'로 '명名'은 '용用'으로 해석하였고,[20] 서명응은 '도는 태극太極이고 명은 음양陰陽'이라고 말하였으며,[21] 홍석주는 "도는 일—이며, 『역경』에서 말한 태극"이라고 말한 바 있다.[22] 이러한 사상적 특징이 한

---

[20] 朴世堂, 『新註道德經』, 1장, "道者體, 名者用. 道以名爲用, 名以道爲體, 體用二者, 廢一不可".
[21] 徐命膺, 『道德指歸』, 1장, "道者, 易所謂太極, 是也.…… 名者, 易所謂陰陽, 是也."
[22] 洪奭周, 『訂老』, 1장, "道之妙, 亦一而已. 然散在萬物, 萬物皆有是道, 此所謂衆妙也.……而所謂一者, 不可見, 此易所謂太極, 子思所謂 所謂上天之載無聲無臭, 周子所謂

국적 도교사상사에서 어떠한 의미를 지니는가를 논의할 것이다. 이러한 작업은 각각의 주석서가 담고 있는 우주론 본체론 가치론에 기반한 조선도가 사상의 세계관을 이해할 수 있는 계기가 될 것이다.

5장에서는 조선 후기 도교관을 살펴보고, 민간도교를 다룰 것이다. 민간도교란 민간에 의해 자발적으로 신앙화 되고 조직화 된 도교를 의미한다. 한국도교는 우리 고유의 토착 문화와 긴밀히 결합되어 무속과 민속, 사상 등 다양한 분야에 영향을 미치며 명맥을 유지해 왔다. 이러한 민간도교의 흐름은 구한 말 신종교 탄생에도 영향을 주었다. 지금까지 이능화의 『조선도교사』에서 '북두칠성신앙'과 '선음즐교'을 소개한 이래로, '관제신앙'과 조선후기 민간도교 교파 가운데 하나로 추정되는 '무상단' 등에 대한 연구가 있었다. 현재까지 구한 말 신종교는 교리와 제의 상의 유불도 합일, 근대사유의 수용, 민중 운동적 양상 등 복합적이면서도 다양한 성격으로 인해 여러 관점에서 연구되어 왔다. 사상적으로는 유교성리학적 관점에서 그 영향관계를 논하거나, 불교적 관점에서 그리고 민간신앙적 관점 등에서 논의되어 왔다. 본 저술에서는 구한 말 최초의 민간도교 교단으로 추정되는 '무상단'을 살펴보고, 민간도교와 신종교의 영향관계를 사상사의 측면에서 다루고자 한다. 그리고 모리스 꾸랑maurice courant(1865~1935)의 『한국서지』에 드러난 한국 민간도교 연구를 고찰해 보고자 한다.

6장에서는 21세기 오늘 날 도교의 위상을 고찰해 보고자 한다. 이를 위해 해방 이후 북한의 도교연구 전개와 변용을 고찰해 보고자 한다. 지금까지 북한의 도교연구는 논의가 부족하였다. 북한에서 도교가 체제 강화를 위해 어떤 역할을 했는지를 살펴보고자 한다. 나아가 4차

所謂無極之眞, 程子所謂 所謂冲漠無朕也."

산업혁명의 시대 도교가 가지는 의미를 생각해 보고자 한다.

요컨대, 삼국시대부터 21세기까지의 한국도교사 기술은 동아시아에서 한국도교가 지니는 학문적 위상을 재정립하는 계기가 될 것이다. 더불어 한국도교의 특수성과 정체성에 한 걸음 나아갈 수 있는 작은 디딤돌이 되어 한국도교 연구의 외연을 확대하고 한국도교 관련 기초연구에 기여하게 되기를 기대한다.

제 II 편

삼국·발해·고려시대의 도교

한국도의의 시작은 어디에서 출발해야 하는가? 문헌적으로 그 물음에 접근한다면 『삼국사기』에 기반 한 삼국시대일 것이다. 삼국시대(신라:BC57-AD700, 고구려 :BC37-AD700, 백제 BC18-AD660)는 '한국 도교'의 기원을 기술하는데 주요한 시기지만, 700 여년의 시간에 비해 문헌자료는 한정적이어서 도교의 모습을 전반적으로 조망하기엔 어려움이 크다. 또한 『삼국사기』와 『삼국유사』 모두 12세에 기술되었다는 점에서 도교관련 내용이 소략할 뿐 아니라, 통일신라 시대 이후 400년이 지나 쓰이면서 실제 사건과 기록 사이에 간극도 클 것으로 생각된다.

『삼국사기』〈고구려본기〉 624년 영류왕 때 기록에 의하면 당나라 도사가 노자 천존상天尊像과 도법을 가지고 와서 『노자』를 강론했다는 기록이 보인다. 그 다음 해인 625년에 왕이 도교의 교법을 배우기를 청하니 황제가 이를 허락했다는 기록도 있다.[23] 이 후 643년 고구려 보장왕 때에는 연개소문이 왕에게 도교의 영향력 확대를 위한 건의를 한다. '유교·불교·도교 3교는 비유하면, 솥의 다리 같은 것인데, 유교·불교에 비

---

23 『삼국사기』, 20권, 「고구려본기」, 〈영류왕〉, "七年春二月, 王遣使如唐, 請班曆, 遣刑部尙書沈叔安, 策王爲上柱國遼東郡公高句麗國王, 命道士, 以天尊像及道法, 往爲之講老子", "八年 王遣人入唐 求學佛老教法 帝許之"

해 도교가 흥하지 않았으므로 당나라에 도사를 요청하라'는 건의였다. 결국 당 태종은 도사 8명을 보내고 『도덕경』을 보내주었으며, 왕이 절을 빼앗아 도사들의 거처로 삼았다는 내용이 나온다.[24] 위의 기록에 따르면, 당시 '도교'는 '도사, 노자상, 도덕경, 오두미교'로 상징된다고 볼 수 있다. 7세기 도교 기록 안에 '단군', '조선의 오악의 신에 대한 재초의식' 등은 포함이 되어있지 않음을 볼 수 있다.[25] 이러한 문헌 외에 다른 도교의 흔적은 없는 것일까? 이 장에서는 '고구려벽화', 일본에서 출간된 『의심방醫心方』, 발해의 도교서적 『금액환단백문결金液還丹百問訣』 등을 활용해서 삼국·발해·고려시대 한국도교의 모습을 살펴보고자 한다.

---

[24] 이 밖에 신라의 기록은 <효성왕> 738년 당나라 사신 형숙이 『도덕경』 서책을 왕에게 바쳤다는 내용이 있다. 『삼국사기』, 「신라본기」, <효성왕>

[25] 조선시대는 단군에 대한 제사는 소격서와는 별도로 논의되었다. '도교'라는 개념 안에 단군이 들어간 것은 조선후기의 일로 보인다.

1

삼국시대 도가와 도교 그리고 황노학과 금단도교

'한국도교'란 무엇인가? '중국도교'와는 어떻게 다른가? '한국도교' 정의를 논하기 전에 우선 '도교'란 무엇인가? '도교'라는 용어가 처음 사용되었던 것은 『묵자』의 「비유」인데, '유가儒家'를 가리킨 것으로 '치세의 도' 혹은 '선왕의 도'로서 '성인·선왕의 가르침'을 의미하였다. 이 후 4세기경에 쓰여 진 불교 경전에서 대다수는 불교를 도교라고 지칭하였다.[26] '도가道家'라는 용어가 처음 사용된 것은 사마천의 『사기』이다. 『사기』 태사공자서太史公自序에서 사마천은 당시의 학자·학술·학파를 총괄하여, '음양가·유가·묵가·명가·법가·도가' 여섯 개로 나눈 바 있다.[27] 육가六家는 춘추전국시대 활동했던 대표적 학술을 총칭하는 말이다. '도가'의 대표적인 사유는 '노자'의 '무위無爲' 정치술로 대다수 학자들은 이 시기 '도가'를 전국시대 말기에 등장한 '황노사상黃老思想'이라고 말한다.[28]

---

26 윤찬원, 『도교철학의 이해』, 돌베개, 26-27쪽 참조
27 『한서』 「藝文志」에서는 유가·도가·묵가·법가·명가·음양가·종횡가(縱橫家)·농업가(農業家)·소설가(小說家)·잡가(雜家)의 10가로 나누었다
28 丁原明, 『黃老學論綱』, 山東大學出版社, 1997; 薩孟武, 『中國政治思想史』, 三民書局, 1998.

도가는 사람들로 하여금 정신을 하나로 모으게 하고, 움직여 합해짐에 형태가 없는데도 넉넉히 만물을 충족시킨다. 도가의 술수는 음양가의 (자연의) 큰 순리를 따르고, 유가와 묵가의 장점을 취하며, 명가와 법가의 핵심을 모았다. 시대에 맞추어 변화하고, 만물에 응하여 변화하니, 속세에서 일을 처리하는 데 적절하지 않은 데가 없다. 도가의 가르침은 작아도 쉽게 파악할 수 있고, 일은 적게 해도 공은 많다.…도가는 '억지로 하지 않는' '무위'를 말하면서 또한 '하지 않는 것도 없는' '무불위'도 말한다. 실질적으로 행하기는 쉽지만 그 말을 이해하기는 어렵다. 도가의 학술은 '허무虛無'를 근본으로 삼고, '순응'을 작용으로 삼는다.[29]

사마천은 도가의 핵심을 『노자』의 '무위'와 '허무'로 이해하고 있음을 알 수 있으며, 당시 도가가 '음양론에 기반 한 술수학' 유가 묵가의 인간을 중심으로 하는 윤리학, 명가와 법가를 기반으로 하는 사회정치술 등을 포괄하고 있었음을 추측할 수 있다. 물론 그 핵심에는 '노자'가 있다. 『한서漢書』, 「석노지釋老志」에서도 도가의 근원이 노자에 있다고 말한 바 있다.[30] 이후 '노자'는 후한의 태평도 오두미교의 초기 교단도교에서 최고의 신이 되었고, 그 『도덕경』은 최고의 경전이 되었으며, 모든 신도들은 '노자'를 숭앙하고 경전을 주문처럼 암송했다. 이 시기 성립된 태평도와 오두미도에 이르러 오늘 날 '신으로서의 노자', '방술', '주술'을 '도가' 혹은 '도교'가 탄생한 것으로 보인다.

일반적으로 '도가'는 철학·사상적 측면에서 사용하고 '도교'는 종교

---

29 『史記』,「太史公自序」, "道家使人精神專一, 動合無形, 贍足萬物. 其爲術也, 因陰陽之大順, 采儒墨之善, 撮名法之要, 與時遷移, 應物變化, 立俗施事, 無所不宜, 指約而易操, 事少而功多…道家無爲, 又曰無不爲, 其實易行, 其辭難知. 其術以虛無爲本, 以因循爲用"
30 "道家之原, 出于老子"

적 측면에서 사용하였다. 도가와 도교를 포괄해서 보는 관점은 '도교' 용어 아래 '도가'를 포괄해서 사용하였다. 도교는 다양하게 정의되어 왔다.'도교란 무엇인가?'에 대한 총괄적인 정의들이 있었다. 첫째는 도교는 샤머니즘적 무술신앙을 기반으로 신선도神仙道와 천사도天師道를 혼합하고 민간신앙을 포함하여 불교와 유교의 사상을 융합한 것으로 노자를 신격화하고 장생불사를 위한 여러 가지 방술을 행한다. 둘째, 신선도는 복이연양服餌練養을 도가철학에서는 치심양성治心養性을 민간신앙에서는 다신을 무축에서 제초의 법을 취하여 종합한 것이다. 셋째, 도교는 옥황상제, 태상노군, 삼청三淸 등의 최고신과 그 아래 다양한 신이 있는 다신교이다. 넷째, 민간도교는 각 지역의 풍토와 지역적 조건을 토대로 전개되는 민족종교적 특징을 가진다. 다섯째, 도교는 교단을 가지고 있는 교단도교와 민간에서 성행한 민간도교가 있다. 여섯째 도교의 내용에는 도가의 철학, 술수-참위, 무축, 음양, 신선, 복서-, 의술을 포함한 방술-벽곡, 복이, 조식, 도인 방중-을 포함한다.[31] 이상은 도교란 무엇인가에 대한 포괄적인 설명이다. 이 밖에도 도교를 한 마디로 정의하면 '도를 닦아 신선이 되는 사상'이라고 규정하기도 한다. 이 수도성선修道成仙 사상이 도교의 핵심이며, 일종의 신비주의적 성격을 가진다고 정의하기도 한다.[32] 서구에서도 '도교'는 중국의 종교 문화적 산물로 연구되고 있으며, 도교가 노자의 철학·종교적 의례·우주론과 종교적 수련 등을 포괄하는 것으로 정의한다.[33]

---

[31] 酒井忠夫, 福井文雅, 『道敎1-道敎とは何か』, 平河出版社, 1983, 7-9쪽의 내용을 윤찬원이 『도교철학의 이해』에서 세밀하게 정리한 바 있다.(윤찬원, 『도교철학의 이해』, 돌베게, 31-34쪽 참조) 그 내용 가운데 중복되는 것을 다시 위와 같이 정리하였다.
[32] 卿希泰·唐大潮, 『道敎史』, 中國社會科學出版社, 1994, 18쪽
[33] 서구의 대표적 도교 개론서로 Livia Kohn의 Daoism Handbook(Boston: Brill,

그러나 이러한 구분과 정의는 '한국도교'를 말할 때는 다르게 논의할 바가 있다. 한국은 도교를 국교화한 역사가 없고, 또한 19세기의 무상단을 제외하고 규모와 조직을 갖춘 '태평도'와 '오두미도'와 같은 교단도교 또한 없었기 때문에 한국의 도교 전개사에서 도교에 대한 정의가 동일할 수는 없기 때문이다. 우선은 삼국시대 '도가'와 '도교'라는 용어가 포괄하는 내용이 무엇인가를 탐구해 보고자 한다.

삼국시대, 도가道家와 도교道敎

한국에서 '도가道家'는 어떤 의미로 쓰였는가?『삼국사기』에서 '도가'라는 용어는 한 번 등장하는데,『노자』의 인용이다. 백제본기 근구수왕의 즉위를 다룬 기사에서, 근초고왕과 함께 한 전투를 소개한다. 고구려인의 첩보를 통해 백제가 대승을 거두는데, 근초고왕의 아들 근구수왕이 도망가는 고구려인을 수곡성까지 쫓아가니 그 수하의 장수였던 막고해가 간언을 한다. "만족할 줄알면 욕을 당하지 않고, 그칠 줄을 알면 위태롭지 않다고 하였습니다. 지금 얻은 바도 많은데 어찌 더 많은 것을 바라겠습니까?"[34]『노자』의 '만족하면 그칠 줄 알아야 한다'는 44 장의 말은 살수대첩의 '을지문덕'의 시에서도 등장한다.[35] 병법 및 처세술로 활용되었던 도가 정치술을 상징하는 구절로 활용되고 있음을 볼 수 있

2000)과 Fabrizio Pregadio의 The Encyclopedia of Taoism(New York: Routlege, 2008)를 들 수 있다. 이 두 책에서는 모두 중국 밖의 도교로 '한국의 도교'를 간략하게 소개하고 있다.
34 『삼국사기』 24,「백제본기」, 근구수왕(近仇首王), 375년 11월
35 『삼국사기』 44, 列傳 4, 乙支文德

다. 그 외에도 『삼국사기』 열전에서 김인문(629-694)의 학문 편력에 대해 '유가儒家의 책을 많이 읽었고, 겸하여 장자·노자·불교의 설도 널리 읽었다.'[36]라고 기록하는데, 이것은 『노자』와 『장자』가 당대의 엘리트들이 학습해야 하는 지식 체계 안에 있었다는 것을 방증한다. 진평왕(579~632) 시기 김후직이 임금이 지나치게 사냥을 좋아하는 것을 보고 『노자』의 "'말 달리며 사냥하는 것은 사람의 마음을 미치게 한다.'"는 구절을 인용해서 임금에게 간했던 것도 그 한 예이다.

한국 고유의 '현묘지도'를 언급한 최치원崔致遠은 난랑비 서문에서 삼교三敎를 논의하면서 "나라에 현묘한 도가 있는데, 이를 풍류風流라고 한다. 가르침의 근원에 대해서는 『선사仙史』에 자세하게 갖추어져 있다"[37] 라고 하였는데, 비문에서 도가 혹은 도교라는 용어를 쓰지는 않는다. 도가 혹은 도교를 '주周나라 주사柱史의 가르침'으로 표현한다. 이 때 도가의 가르침이라고 언급하는 내용은 "무위의 일을 하고, 말없는 가르침을 행하는 것"으로 이는 도덕경 2장을 인용한 것이다.[38] '무위의 일'을 한다는 것 특히 '무위'는 오랫동안 노자의 가르침을 대표했던 것으로 보인다. 당대의 도가 혹은 도교의 대표적인 가르침을 『노자』로 대표하고 있음을 알 수 있다. 이 기사는 김부식이 576년 진흥의 '원화', '화랑' 받들었다는 제하의 기사를 설명하기 위해 최치원의 난랑비 서문을 인용한 것이다.

---

36 『삼국사기』 44, 列傳 4, 金仁問
37 『三國史記』, 「新羅本紀」 4, 眞興王, 576년, "國有玄妙之道, 曰風流. 設敎之源, 備詳仙史, 實乃包含三敎"
38 『노자』, 2장, "天下皆知美之爲美 斯惡已 知善之爲善 斯不善已 故有無相生 難易相成 長短相形 高下相傾 音聲相和 前後相隨 是以聖人處無爲之事 行不言之敎 萬物作焉而不辭 生而不有 爲而不恃 功成而弗居 夫唯弗居 是以不"

'도교道敎'라는 용어가 본격적으로 등장한 것은 7세기 기록이다. 『삼국사기』〈고구려본기〉 624년 영류왕 때 당나라 도사가 노자 천존상天尊像과 교법道法을 가지고 와서 『노자』를 강론했다는 기록이 있고, 그 다음 해인 625년에 왕이 도교 교법을 배우기를 청하니 황제가 이를 허락했다는 기록도 있다.[39] 고구려의 '도교 전래'를 기록한 자료는 『신당서新唐書』「고려전高麗傳」에도 기록되어 있다. 19년 후 643년 고구려 보장왕 때(643) 연개소문은 왕에게 도교의 영향력 확대를 위한 건의를 한다. 삼교三敎는 비유하자면 솥의 발과 같아서 하나라도 없어서는 안 되는데, 유교와 불교에 비해 고구려가 아직 도교가 융성하지 않았으므로 당나라로부터 도교를 가져와 백성들을 가르치자'는 상소를 올린다.[40] 당 태종은 『도덕경』과 도사 8명을 보내준다. 이 후 왕이 절을 뺏아 도사들의 거처로 삼았다는 내용이 나온다.[41] 당나라가 『노자 도덕경』을 보내주었다는 제하의 기사에서 『삼국사기』 '도교'라는 용어가 쓰인 것을 확인할 수 있다.

이상의 기록에서 두 가지 지점을 고민할 수 있다. 첫째는 『삼국유사』 기록을 보면 이미 '오두미교(천사도)'를 민간에서 신봉했다고 기록하고 있는데, 왜 7세기 연개소문은 당 태종에게 도사와 도덕경을 보내달라고 요청했을까이다. 당시 7세기 고구려는 새로운 동아시아의 질서 즉 수와 당이 통일 제국을 만들면서 주변 국가와 국제 관계를 새롭게 재편하는

---

[39] 『삼국사기』, 20권, 「고구려본기」, 〈영류왕〉, "七年春二月, 王遣使如唐, 請班曆, 遣刑部尙書沈叔安, 策王爲上柱國遼東郡公高句麗國王, 命道士, 以天尊像及道法, 往爲之講老子", "八年 王遣人入唐 求學佛老敎法 帝許之"
[40] 『三國史記』 21, 「高句麗本紀」 9, 寶藏王, 二年春三月, "三敎譬如鼎足, 闕一不可. 今儒·釋並興, 而道敎未盛, 非所謂備天下之道術者也. 伏請, 遣使於唐, 求道敎以訓國人."
[41] 이 밖에 신라의 기록은 〈효성왕〉 738년 당나라 사신 형숙이 『도덕경』 서책을 왕에게 바쳤다는 내용이 있다. 『삼국사기』, 「신라본기」, 〈효성왕〉

시대를 맞이하였다. 고구려는 수와의 계속된 전쟁으로 피폐해진 상황에서 당과의 관계가 악화되기를 원하지 않았다.[42] 당 태종의 즉위와 함께 고구려 백제 신라에 대한 간섭이 강화되자 고구려의 영류왕은 631년 천리장성을 쌓고 연개소문을 직접 등용시켰다.[43] 당에 대한 사신 파견을 중지하는 등 강경책으로 선회하였다. 연개소문 정변과 함께 당의 고구려 공격이 가시화 되면서 긴장관계가 유지되었고, 645년 당 태종의 친정親征 정책으로 양국 관계는 전쟁 시기로 돌입하였다. 양국이 긴장상태에서 643년 유화책의 일원으로 도교를 요청한 것이다.[44] 이상은 정치적 관점에서의 도교의 요청이다.

그렇다면 이 때 들어온 도교는 무엇인가? 『삼국유사』에서는 보장왕 때 사람들이 신봉했던 도교가 '오두미교'이고, 당나라 고조가 이 소문을 듣고 도사를 파견하고 노자 천존상을 보내왔다고 기록한다.[45] 당시 고구려 왕실에서 도교에 대한 신봉이 심화된 것은 사실인 것으로 보인다. 650년 고구려 왕실이 도교를 숭상하는 것에 불만을 느낀 보덕화상이 백제로 갔다는 제하의 기사도 볼 수 있다.[46] 수당 이전 남북조시대, 이미 오두미교 즉 천사도天師道는 교주 사후에 육수정, 구겸지, 도홍경 등이 등장하여 천사도의 이론 체계를 재정비하여 북천사도北天使道와 남천사도南天使道로 나누어졌다. 남북조 시기 육수정陸修靜(406-477)

---

42 노태돈, 『삼국통일전쟁사』, 서울대출판부, 2009, 49쪽
43 김지영, 「7세기 고구려의 대외관계 연구」, 숙명여대대학원, 2014, 96-97쪽 참조
44 이만열, 「고구려 사상정책에 대한 몇 가지 검토」, 『유홍렬화갑기념논총』, 을유문화, 1971, 28-33. 도교 수입의 원인 가운데 하나는 당 황실과 깊은 도교를 수입함으로서 당에 대한 연화책을 쓴 것이다.
45 『삼국유사』, 「고구려본기」
46 『삼국사기』, 「高句麗本紀」 10, 寶藏王, 650년 6월, "盤龍寺普德和尙, 以國家奉道, 不信佛法, 南移完山孤大山."

은 남천사도를 창립하였고, 구겸지寇議之(?-448)는 북천사도를 창립하였다. 따라서 당시 고구려의 오두미교는 '천사도'라고 볼 수 있다. 이 밖에 당 태조 이세민의 도교관을 통해 전래된 도교의 모습을 볼 수 있다. 당은 개국 초부터 도관을 짓고 노자에게 제사를 지내는 등 도교를 높이고 불교를 억제하는 숭도억불崇道抑佛 정책을 썼다. 그 주된 이유는 첫째, 불교는 외래 종교이고 도교는 중국 종교라고 규정했기 때문이며, 둘째는 노자(본명:李耳)를 당 태종 이세민(599-649)의 조종으로 숭앙했고, 셋째 당의 개국 이전 기존 권력이 불교를 기반으로 이루어져 이 세력을 견제하기 위해서였다.[47] 이세민은 개국 초기 진시황제와 한 무제가 신선술을 구했던 일을 헛되고 망령되다 비판하였지만, 만년에 이르러서는 그 자신도 다양한 연단술煉丹術에 관심을 가졌다.[48] 당시는 내단술이[49] 발달하지 않은 시기로, 643년 동정산의 도사 '호은요胡隱遙'를 불러서 '섭생攝生'의 도를 물었다는 기록이 있다.[50] 호은요는 금단을 복용하고 방중술을 행하는 '태음연형지법太陰煉形之法'을 주창하는 도사로서,[51] 당시 당 태종이 금단도교의 단약 복용과 약물 채약採藥에 관심이 매우 컸음을 알 수 있다. 또한 당시 노자는 '태상현원황제太上玄元皇帝'라는 최고의 신으로 격상되어 있었으며, 『노자』가 최고의 경전으로 승격되어 과거시험에 출제되었다.[52] 이를 통해 볼 때 고구려의 도교 요청은 당나라 황실에 대한 정치적 지지 입장을 천명하는 의미가 있었을 것이다. 또한 당시 전래

---

47 卿希泰·唐大潮, 『道敎史』, 中國社會科學出版社, 1994, 97쪽.
48 『舊唐書』, 「太祖本紀」.
49 '內丹'이라는 용어 자체가 등장한 것이 수나라 때이다.(이원국, 『내단』, 김낙필 외 역, 성균관대출판부, 2006, 14-15쪽.
50 위의 책, 『道敎史』, 99쪽.
51 胡孚琛, 中華道敎大辭典, 中國社會科學出版社出版, 1995
52 위의 책, 『道敎史』, 100쪽.

된 『노자도덕경』은 경전의 측면만 가진 것이 아니라, 최고신으로서의 노자 즉 '태상현원황제'에 대한 숭앙을 포함하며, 금단 복용과 섭생을 중시하는 금단도교적 특징이 반영되어 있었을 것으로 추측된다. 또한 민간에는 북조의 위나라 남조의 송·유연과의 교류를 통해 천사도가 들어와 있었음도 알 수 있다.

요컨대, 삼국시대 '도가道家' 혹은 '도道'라는 용어는 '노자' 사유를 대표하고, 유교와 불교와는 다른 '도가'의 가르침을 규정하고 있음을 알 수 있다. 때로 '도가' 혹은 '도교'는 통용되어 쓰였던 것으로 보인다. 7세기 전후 당으로부터 천사도와 금단도교가 들어왔던 것으로 보이며, 왕실에서 숭상했던 교단화 된 도교를 언급할 때, '도교'를 사용함을 알 수 있다. 즉 삼국시대 사용되었던 도가 및 도교 용어에는 당나라와의 관계에서 정치적 목적이 있었고, '노자'를 최고신으로 신격화한 도교 그리고 금단도교의 수용 가능성이 보인다.

2
삼국시대 고구려벽화와 금단도교

앞서 우리는 한국도교의 전래설과 자생설을 논의한 바 있다. 5세기 고구려 고분 벽화 속 신선과 도교의 상징물은 7세기 도교가 중국으로부터 전래되었다는 가설을 반박한다. 사실 도교가 가지고 있는 토테미즘·샤머니즘적 특징, 명산에 제사를 드리며 복을 구하는 무속적 특징, 장생불사의 신화에 대한 희구 등은 인류 보편적 사유의 집합물로 동아시아의 한 국경 안-특히 중국-에 종속되는 것으로 보기는 어렵다. 오늘 날 동아시아 국가의 국경 개념 안에서 '도교'를 특정한 한 나라의 전통문화 유산으로 볼 수 없는 이유가 여기에 있다. 따라서 동이계 신화와 신선사상과의 친연성에 주목해 고대의 중국과 한국이 도교의 발생 지역을 공유하고 있다고 보는 견해는 설득력을 가진다.[53] 더구나 7세기 당唐으로부터의 전래 이전에 이미 삼국시대 '국선國仙'이라는 용어가 있었고, '단군신화'를 비롯한 고대 설화 및 민속적 요소에 도교적 세계관이 있다는 점 등은 중국 전래설로는 다 설명하기 어려운 부분이기 때문이다.

---

53 정재서는 「도교의 샤머니즘 기원설에 대한 재검토」(『도교문화연구』 37, 2012)에서 도교의 샤머니즘 기원설을 더 구체화하면서 무속의 원리와 도교와의 발생론적 관계를 고찰하였다. 이는 도교의 발생을 하나의 국가(중국 혹은 한국)에 국한 시키지 않고 동아시아의 유산으로 접근하려는 그의 견해를 드러낸다.

이 장에서는 '고구려 고분벽화' 속 '약사발'의 상징과 '황룡黃龍'의 의미를 7세기 말에서 8세기 초에 저술된 것으로 추측되는 발해 도교 문헌『금액환단백문결金液還丹百問訣』을 중심으로 해석해 보고자 한다. '오회분 4호묘'와 '강서대묘'가 6세기에서 7세기 초에 축조되었다고 볼 때 이 시기와 가까운 도교문헌이 발해인 이광현이 쓴『금액환단백문결金液還丹百問訣』이기 때문이다. 나아가 발해가 고구려의 문화를 계승했다는 점에서 반드시 한국도교사 기술을 위해 참고할 자료라고 생각한다.

고구려벽화 속, '약사발'과 금단도교

삼국시대 비문헌 관련 도교 기술은 백제의 금동대향로를 통해 백제 도교의 유토피아를 형성화한 세계관을 기술하거나[54], 황남대총 등의 적석목곽분에서 발굴된 황화수은(일명 주사, 단약) 운모 등을 통해 금단도교의 흔적을 살피고, 고구려벽화를 통해 고구려 도교의 세계관을 탐구하였다. 이 가운데 고구려벽화는 고구려시대를 이해하는 주요한 통로 가운데 하나로서 다양한 해석이 있어왔다. 우선 초창기 고구려벽화는 불교적 세계관으로 해석되었는데, 집안 지역 벽화의 수 많은 연꽃 장식이 연화화생蓮花化生의 의미를 담고 있다는 것이 그 예이다.[55] 도교 혹은 선불융합적 세계관의 해석에서 주로 다루었던 제재는 벽화 속 선인仙人과 비인飛人 천인天人의 이미지였다. 이러한 도교의 신선 도상들은 중

---

54 정재서,『한국도교의 기원과 역사』, 이화여자대학교출판부, 2006, 31쪽
55 전호태,「고구려고분벽화에 나타난 하늘연꽃」,『미술자료』46, 1990 (전호태,『고구려 고분벽화 읽기』, 서울대학교출판부, 2008)

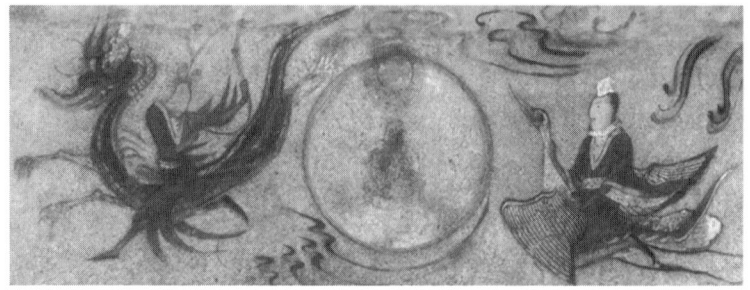

그림 1. 학을 탄 선인과 용을 탄 선인, 오회분 4호묘

국 남북조 시대 벽화 경향을 고구려벽화가 영향 받았다는 결론으로 도출되거나, 동이계 신화와의 연관성 속에서 고구려벽화를 해석하면서 중원문화와는 다른 한국도교만의 특수성도 함께 논의되었다.[56] 고구려벽화 속 도교적 제재인 신선 천인 옥녀는 덕흥리벽화(508), 강서대묘, 오회분묘[57] 등에 두루 등장한다. 예를 들어, 오회분 4호묘에 있는 인물은 모두 10인인데 신선과 천인을 묘사하고 있으며,[58] 옥녀는 덕흥리벽화에 등장한다. 대부분 이들 선인에 대한 해석은 갈홍(283년 ~ 343)의 『신선전』을 통한다.

"선인이란 몸을 들어 올려 구름 속으로 들어가 날개 없이 날아다니기도 하고, 용을 타고 구름에 올라 천상의 궁전을 방문하기도 하며, 새나 동물

---

56 고구려의 중원신화 수용은 중국학자(耿鐵華, 「集安吾盔墳五號墓藻井壁畫新解」, 『北方文物』 3, 1997)의 견해이고, 동이계 신화와의 연관성은 정재서(정재서, 『한국도교의 기원과 역사』, 이화여자대학교출판부, 2006)의 견해이다. 이 밖에 전호태(「고구려 후기 사신계 고분벽화에 보이는 선불 혼합적 내세관」, 『울산사학』 7, 1997)의 견해를 참조하였다.
57 중국 길림성 통화시 집안시(集安市)에서 발굴된 오회분은 고구려의 굴식돌방무덤·벽화무덤으로 축조시기를 6세기 전후로 본다.
58 전호태, 「고구려 후기 사신계 고분벽화에 보이는 선불 혼합적 내세관」, 『울산사학』 7, 1997, 12쪽.

로 변화하여 구름 속을 떠다니고, 강이나 바다에 들어가 명산을 구경하기도 한다. 또한 원기를 마시고 영지초를 먹기도 하는데 인간 세상에 들어가 살기도 하지만 알아보는 사람은 없다.[59]

오회분 4호묘에 등장하는 학을 탄 선인과 용을 탄 선인은 구름 속을 날아다니는 신선의 모습을 묘사한 『신선전』의 인용들로 해석된다. 강서대묘 널방에 등장하는 선인은 검은 약사발을 들고 새를 타고 있는데, 이들은 『신선전』을 통해 고분 벽화 속 옥녀는 중국 곤륜산의 서왕모西王母 신화로 해석되며, 옥토끼, 두꺼비, 삼족오三足烏, 구미호도 서왕모 옆에 있었다고 전해지는 신화의 상징들로 풀이된다.[60] 일반적으로 고구려 고분 벽화의 천인 신선 옥녀의 등장은 도교의 승선적 세계관의 투영으로 이해된다. 다만 『신선전』의 일반적인 신선 묘사와 서왕모 신화의 영향만으로 고구려 고분 벽화 속 도교의 특징을 논하는 것은 매우 소략하다. 당시 5-7세기는 중화지역에서 도교가 흥성했던 시기로 북위北魏(386-534)는 도교를 국교로 삼는 등 정치적 위상이 높았으며, 남종과 북종 등의 교파도교가 난립하면서 다양한 도교경전이 만들어지고 새로운 도교분파들이 등장하는 시기였다.[61] 따라서 도교교단이 국교의 지위를 가지고 복잡한 도교이론의 분화가 있던 시기에 단지 하늘을 날아다니는 도상들이 가지는 도불 융합 혹은 승선적 세계관이라는 해석은 고구려도교에 대한 논의를 다분히 1차원적 일반적 해석에 머물게 한다.

---

59 葛洪, 『神仙傳』 1, 『欽定四庫全書』, "仙人者, 或竦身入雲, 無翅而飛, 或駕龍乘雲, 上造太階, 或化爲鳥獸, 浮遊青雲, 或潛行江海, 翺翔名山. 或食元氣, 或茹芝草, 或出入人間則不可識."
60 김근식, 「덕흥리벽화고분의 선인, 옥녀도 연구」, 『동아시아고대학』 45, 2017
61 卿希泰·唐大潮, 『道教史』, 北京:中國社會科學出版社, 1994, 84-92쪽 참조

물론 고구려벽화가 『산해경』에 기반 한 동이족 신화의 전형을 보여 준다는 연구는 매우 흥미롭다. 그러나 『산해경』은 전설 상의 인물인 우禹의 조력자 백익伯益이 지었다는 선진시대의 도서로 진晉나라 곽박郭璞 (276-324)의 주석서를 기준으로 삼더라도 6-7세기 고구려벽화 제작 시기와는 큰 간극이 있다. 거의 『산해경』이 형성되었던 시기를 기준으로 한다면 최소 600-700년 이상의 거리가 있다.

그렇다면 고구려벽화 속에서 고구려시대 도교의 풍광을 조명하기 위해서 하늘을 날고 있는 신선의 모습을 형상화한 인물상 이외에 당대 도교의 특징을 도출할 수 있는 요소가 있을까? 이 장에서는 고구려 고분 벽화의 도교적 요소를 해석하기 위해 벽화 속 여러 제재 가운데 대표적인 도교 상징 '약사발'에 주목해 보고자 한다. 이미 기존연구에서 오회분 4호묘의 '약사발(약그릇)'의 경우, 금단도교의 영향이라고 설명된 바 있다.[62] 그러나 당시 고구려에서 금단도교가 어떤 위상을 가지고 있었는지, 그리고 고구려벽화에서 수호신으로 등장하는 사신도의 중앙을 장식하는 '황룡黃龍'과 '달 속의 두꺼비'의 의미에 대해서 유기적으로 상세하게 해석되지는 못하였다. 이러한 도상들을 이해하기에 가장 좋은 문헌은 해당 제재가 등장한 고구려 고분 벽화 제작 시기(6-7세기 초) 고구려 도교문헌일 것이다. 그러나 이 시기 현존하는 직접적 문헌들이 남아있지 않기 때문에, 지역적·문화적으로 가장 가깝고 고구려 문화를 계승했다고 추측되는 발해 문헌을 통해 그 의미를 해석해 보고자 한다. 이광현의 『금액환단백문결金液還丹百問訣』(일명 『백문결百問訣』)은 현존하는 발해(698-926)시기 도교문헌으로,[63] 1993년 중국학자 주월리朱越利가

---

62 정재서, 『한국도교의 기원과 역사』, 서울:이화여자대학교출판부, 2006.
63 『도장』에 수록된 이광현의 저서 『金液還丹百問訣』은 도장 안에 들어있는 『海客

『도장』안에서 발견하면서 국내에 알려졌다. 주월리는 이 책이 당나라 현종(685-762)시기 저술된 것으로 주장한다.[64] 지금까지의 연구를 총괄해 보면[65] 『백문결』은 당나라 말 이전시기 7세기 말-8세기 초에 저술된 문헌으로 유추된다. 이 논문에서 주로 다룰 오회분 4호묘와 강서대묘의 축조 시기를 6세기 말에서 7세기 초로 추정할 때 가장 가까운 시기의 고구려 문화권의 도교문헌으로 유추할 수 있다.

『백문결』을 통해 고구려 고분 벽화 속 '약사발'의 의미를 확대해 보자. 강서대묘 널방 고임벽화 부분에 등장하는 선인은 검은 약사발을 들고 새를 타고 있다. 오회분 4호묘의 선인은 두 손에 붉은 액체가 가득한 검은 사발을 들고 있다. 붉은 액체는 불사약의 중요한 재료인 수은을 가리킨다. 이미 강서대묘와 오회분 4묘의 '약사발'을 든 신선의 경우, 단약을 제조하는 '금단도교'의 영향이라고 논의된 바 있다.[66] 사실, 단약을 제조해서 섭취하는 외단外丹 도교 전통은 오래되었다. 유향劉向(BC.77-6)

論』, 『金液還丹內篇』과 내용이 거의 유사하다. 『金液還丹百問訣』, 『海客論』, 『金液還丹內篇』, (이하 『內篇』) 모두 1977년 출판된 『正統道藏』에 포함되어 있다.

64　朱越利(1993), 「唐氣功師百歲道人赴日考-以金液還丹百問訣爲據」, 『世界宗教研究』 3.
65　이광현의 저작관련 주목할 만한 선행연구는 다음과 같다. 朱越利(1993), 「唐氣功師百歲道人赴日考-以金液還丹百問訣爲據」; 王勇(1999), 「渤海商人李光玄について」; 임상선(2000), 「발해인 李光玄과 그의 도교서 검토」, 『한국고대사연구』 20; 韓吉紹(2007), 「金液還丹百問結論略」, 『弘道』 32; 王勇(2008), 「渤海道士李光玄事迹考略」, 『中日文化交流集刊』; 이봉호(2010), 「발해인 이광현의 연단이론-『주역참동계』 연단론의 전개-」, 『도교문화연구』 32집. 朱越利는 이 논문에서 『百問訣』, 『海客論』, 『內篇』이 동일한 내용의 책이고, 이 가운데 『백문결』이 선본이라고 주장한다. 또한 이광현은 발해국의 富商출신으로 중원문화에 영향을 받은 사람이라고 주장한다. 편찬시기는 오대 혹은 북송 초기로 본다. 任繼愈는 中原을 中華로 여러 번 칭한 것으로 보아 '遼人'으로 추정된다. 王勇은 『백문결』이 원저에 대한 개편본이라기보다는 이광현 자신의 저술일 가능성이 높다고 보고 『백문결』 등의 인용서는 당말 이전의 것이라고 주장한다. 이상의 연구서들은 저자의 출신지역에 대한 논쟁과 저작의 원본을 탐구하는 논쟁들을 소개하고 있다.
66　정재서, 『한국도교의 기원과 역사』, 이화여자대학교출판부, 2006, 188쪽

의 『열선전列仙傳』에 열거된 71명의 신선들은 거의 복약을 했으며, 그 가운데 적부赤斧는 '수은'을 먹었다고 기록하고 있다. 그리고 납과 수은을 포함한 다양한 초목과 광물을 섞어 복용하는 도교의 외단술은 위진魏晉 시기 이미 크게 유행하였다.[67]

고구려 고분 벽화에서 등장하는 약사발을 든 신선을 『백문결』로 해석해 보면, 7세기 동아시아 '금단 열풍'의 서사를 더욱 구체화할 수 있다. 『백문결』의 전체 내용을 간략히 요약한다면, 7세기 말 8세기 초 부유한 상인이었던 한 발해인(이광현)이 단약을 만드는 비법을 얻기 위해 바다를 떠돌다가 금단 제조 비법을 가진 스승을 만나 문답한 내용을 적은 것이다. 그는 '돈'과 '권력'은 유한하므로, '금단金丹'을 찾아 불사하는 것이 최상의 가치라는 세계관을 가지고 있다.[68] 이러한 목표는 당시 동아시아 권력 계층이 단약(금단) 복용을 통해 '불사의 꿈'을 실현하려고 했던 당대의 사회적 열풍을 보여준다.[69] 『백문결』에서 '용'과 '호랑이'로 비유된 약재로 단약을 만드는 과정은 다음과 같이 비유된다.

선생이 대답하였다. "신선이 되는 지극한 약의 분량에 어찌 대도가 없겠는가. 금단을 제련하는 때에도 시기가 있다…약의 양은 팔냥 씩 똑같이 넣고 절후가 한 바퀴를 돌아야 비로소 용이 구름을 만나 비를 일으키고

67　이원국, 『내단-심신수련의 역사』, 김낙필 외 역, 성균관대출판부, 2006, 158-159쪽 참조.
68　李光玄, 『金液還丹百問訣』(이하 『百問訣』), 『正統道藏』(洞眞部 方法類, 4책) "郞君家更有何資産. 光玄曰, 余少孤, 兄弟僅僕數人, 家財巨萬. 道人曰, 旣家資如此, 何得遠涉風波…光玄答曰, 我非以財涉此風波, 余暗思人世, 皆如夢幻, 朝霞曉露, 豈可久長, 石火電光, 瞥然則滅. 人生若此, 寧可思惟. 舊冢未乾, 新墳相次. 壘金遍地, 全不關身. 積玉倚天, 豈能留命…道人曰, 爾求延年保命耶, 求金丹大藥耶. 光玄答曰, 非敢揀擇. 但高人知者, 可望垂誨, 終身奉持."
69　『백문결』 안에는 '금단'을 제조 실패에 따른 다양한 인간 유형이 등장한다.

호랑이가 바위 앞에서 울부짖게 되니 (약이 완성되면) 그 때서야 인간 세상의 수명을 연장할 수 있다. 이 때 이르러 약을 복용하면 지상의 평범한 인간이 아니다."[70]

위의 인용에서 용과 호랑이는 '납'과 '수은'을 의미한다. 8냥의 납과 수은을 넣고 제련하는 과정을 설명하고 나서 이 약으로 인간의 수명을 연장할 수 있다고 말하고 있다. 『참동계』에서도 '청룡'과 '백호'는 상징적 동물로 납과 수은을 비유한다. 납과 수은을 결합하여 금단金丹 즉 정精이라는 에센스를 만드는 것이다.[71] 그렇다면 고구려벽화 속 사신도 안의 용과 호랑이는 납과 수은의 상징이며, 사신도는 그 약이 완성되는 작용을 의미하고, 약사발은 불사의 단약을 제조하는 도구를 형상화 한 것으로 이해할 수 있다.

요컨대, 고구려벽화는 고구려도교의 풍광을 살필 수 있는 주요한 자료로서, 지금까지 『신선전』에 기반하여 도교의 승선적 세계관으로만 다루어져 왔다. 오회분 4호묘와 강서대묘의 축조 시기와 가까운 발해의 도교문헌 『백문결』을 통해 볼 때, 고구려의 지배계층은 금단 복용을 통해 불사의 꿈을 실현하려고 했던 것으로 보이며 매장 문화에 그 열망이 투사되어 있다고 여겨진다. 따라서 벽화 속의 약사발 및 호랑이와 용은 수은(호랑이)과 납(용)의 결합을 통해서 만들어진 약물 즉 금단을 담는

70　李光玄, 『金液還丹百問訣』(이하 『百問訣』), 『正統道藏』(洞眞部 方法類, 4책), "先生曰, 神仙至藥分兩, 爭無大道, 金丹燒時有節…分兩則二八同居, 節候乃一星周帀, 方可龍興雲雨, 虎嘯巖前, 定延世上之年, 不是人間之物."

71　魏伯陽, 『周易參同契』, 「龍虎兩弦章」9, "火計不虛作, 演易以明之. 偃月法爐鼎, 白虎爲熬樞; 汞日爲流珠, 青龍與之俱. 擧東以合西, 魂魄自相拘. 上弦兌數八, 下弦艮亦八, 兩弦合其精, 乾坤体乃成. 二八應一斤, 易道正不傾."

것을 의미한다. 사신도의 용과 호랑이, 그리고 약사발은 모두 외단을 만들어 복용하는 금단도교의 중요한 상징물이라고 볼 수 있다.

고구려벽화에서 '황룡'의 의미와 도교

고구려벽화의 '황룡'의 의미를 금단도교 안에서 고찰해 보겠다. 오회분 4호묘에는 사신도가 있는데 청룡 백호 현무 주작 이외에 천정에 황룡이 자리를 하고 있다. 고구려벽화에서는 '황룡'이 그려져 있는 사신도와 '황룡'이 그려져 있지 않은 사신도가 있다.

황룡이 포함된 사신도가 그려진 고구려벽화는 현재까지 밝혀진 바로는 통구사신총(6세기 초), 오회분 4호묘(7세기)와 강서대묘(6세기 말 7세기 초) 총 3묘이다. 사신도는 요동성총遼東城塚 등 4-5세기 고분에서부터 등장했지만,[72] 황룡을 포함한 사신도는 6세기 처음 중심 화제畵題로 등장하였다는 점에서 그 황룡이 지시하는 의미가 특수하다.[73] 강서대묘의 경우, 묘주 방의 청룡·백호·주작·현무가 그려진 사신도 위 중앙 천장에 황룡黃龍이 있다.[74] 황룡이 그려진 사신도는 6세기 왜 등장

---

[72] 사신도가 등장하는 고구려 고분벽화의 예로는 요동성총, 무용총, 쌍영총, 대안리1호분(雙楹塚大安里一號墳), 팔청리벽화고분(八淸里壁畵古墳), 매산리사신총(梅山里四神塚), 고산리1호분(高山里一號墳), 강서대묘(江西大墓), 강서중묘(江西中墓), 진파리1호분(眞坡里一號墳), 내리1호분(內里一號墳), 통구사신총(通溝四神塚)등이 있다.

[73] 전호태는 직접적으로 '황룡'이 가리키는 것이 무엇인지 모르겠다고 말하기도 한다.(전호태, 위의 논문, 20쪽) 그러나 그는 황룡이 오제 가운데 천제인 황제와 관련된 존재이므로 5세기 고구려가 그들의 천하의식에 따른 중앙관념을 성립한 것이라고 보았다.(전호태, 앞의 책, 2000, 303쪽)

[74] 김일권은 「벽화천문도를 통해서 본 고구려의 정체성」(『고구려연구』 18집, 2004) 논문에서 6세기 초에서 7세기에 북극 삼성의 별자리와 황룡이 함께 등장했다고 지적한다. 이를

그림 2. 오회분4호묘 천장 황룡

했을까?[75]

주목되는 해석 가운데 하나는 황룡과 함께 그려진 북극성 혹은 북두칠성의 별자리의 의미를 살펴야 한다는 것이다. 황룡과 북극성(혹은 북두칠성)은 고구려가 주체적인 천자국가라는 자의식 반영이라는 것이다.[76] 여기에서 황룡을 포함한 사신도는 오신도五神圖라고도 호칭되며[77] 황룡이 그려진 고구려벽화가 북극 삼성 별자리 혹은 북두칠성과 함께 그려졌다는 점이 강조된다.[78] 황룡을 천자국의 자의식을 상징한다고 해

그는 ' 모두 북두칠성으로 보이는 별자리와 함께 그려져 있다는 점을 부각해 이 때 황룡의 의미를 고구려가 '천자국'이라는 자의식을 가졌던 것이라고 해석하기도 한다.
[75] 황룡의 등장을 단지 고구려시대 오행사상 유행과 그에 걸맞은 수호신의 완성이라고 해석하기에는 부족한 지점이 있다.
[76] 김일권, 위의 논문, 1054쪽
[77] 김일권, 위의 논문, 1053쪽
[78] 김일권(「벽화천문도를 통해서 본 고구려의 정체성, 『고구려연구』 18, 2004)은 해와 까마귀, 달과 옥토끼 등 벽화 내 요소를 별자리 위치를 기반으로 해석한다. 그러나 황룡이 그려진 강서대묘의 경우, 북극성 혹은 북두칠성 별자리가 보이지는 않는다. 이 부분에 대해서는 해석이 필요할 것으로 보인다.

석하는 실증적 근거는 두 가지이다. 『광개토왕비』(413)를 보면 '하늘에서 황룡을 내려주어, 고구려의 시조 동명왕이 황룡의 머리를 딛고 하늘로 올라갔다'[79]라는 신화가 이미 존재했었다는 것이고, 다른 하나는 『삼국사기』 주몽 연간에 '황룡이 골령鶻嶺 남쪽에 나타났다'는 기사이다.[80] 이 두 개의 황룡 기사는 왕의 상징으로서 황룡이 등장했고, 최소한 413년에 그러한 신화가 완성되어 있었다는 것을 보여준다. 이 두 개의 사료를 기반으로 고구려 사신도의 '황룡'은 고구려의 천자의식 강화로 해석되었다.

그러나 이러한 해석은 광개토대왕 장수왕이 등장했던 6세기 이전의 고구려벽화에 왜 황룡이 없는가에 대한 구체적 설명을 요구한다. 또한 '황룡'의 등장은 6세기 후반(평원왕-영양왕)의 연개소문의 정변이 있기 전 시기로 '광개토왕'·'장수왕' 시기와 같은 영토확장·왕권강화와 같은 정치적 이벤트가 없다는 지적도 있다. 물론 이러한 의문에 대해 황룡이 등장하는 고분이 왕릉이기 때문이라는 해석이 있고,[81], 중원지역의 새로운 통일왕조 수나라의 등장과 같은 국제 정세 불안 속에서 중앙집권을 강화해야 할 요소가 있어서 등장했다는 견해도 있다.[82]

여러 가지 합리적 의문에도 불구하고, 고구려 고분 벽화에서 북두칠성과 황룡의 상징과 등장을 고구려의 천자의식 강화로 해석하는 것은 흥미롭다. 『회남자淮南子』에서 사신도를 '하늘의 숫자로서 음양과 일월의

---

[79] 「廣開土王碑文」, "不樂世位 因遣黃龍來下迎王 王於忽本東罡 履龍頁昇天." 김일권은 광개토왕 비문에 근거하여, 천자국으로서의 자의식이 황룡에 투영되어 있다고 해석한다.
[80] 『三國史記』, 「高句麗本紀」, 東明聖王 3년
[81] 이태호, 「삼국시대 후기 고구려와 백제의 사신도 벽화」, 『고구려연구』 16, 2003.
[82] 최혜진, 「6-7세기 고구려 사신도 고분벽화의 특징」, 부산대석사학위논문, 2012, 38-46쪽 참조

순서'[83]라고 한 정의에 주목한다면 별자리를 형상화한 우주론에 기반해 고구려의 천하관이 벽화에 표출되었다고 해석할 수도 있기 때문이다. 다만 '황룡'이 그려진 강서대묘의 경우, 황룡 주변의 천장 고임에 삼족오가 있는 해 그리고 두꺼비가 그려져 있는 달과 학과 같은 새를 탄 선인들이 둘러싸고 있다는 점을 주목할 필요가 있다. 해와 달도 별자리이기 때문에 그 천문을 형상화했다고 해석할 수 있지만, 황룡을 둘러싼 도교적 상징물들을 유기적으로 연결할 수 있는 도교적 세계관을 고려해 탐색할 수도 있기 때문이다.

앞서 언급한 7세기 발해 문헌 『백문결』에 '황룡'이 상징으로 등장하는 시가 있다. "청룡은 일어나고 백호는 누워있으며, 현무는 날고 주작은 앉아있네, 그 한 가운데 황룡黃龍이 또아리를 틀고 있네"[84]라는 노래이다. 이 시의 구절은 고구려벽화가 담고 있는 청룡·백호·현무·주작의 사신四神과 함께 있는 황룡의 형상을 정확히 묘사한다. 『백문결』에서 '황룡'이 상징하고 있는 것은 '황아黃芽'로 황금의 싹이다. 『백문결』의 주인공이자 저자인 이광현은 이 '황아'를 찾기 위해 한 평생을 보낸다. 이 황아는 바로 이 책의 원제목인 '금액환단金液還丹'과 동일하며 외단인 '금단金丹'을 의미한다. '황아'에 대한 『백문결』의 문답 가운데 하나는 고구려 고분 벽화 가운데 황룡이 포함된 사신도의 그림과 명확히 일치한다.

광현이 여쭈었다. "황아에 대해서는 이제야 그 근본을 알겠습니다. 이 지극한 약은 어떻게 만드는 것입니까? 선생님께서 다시 한 번 가르쳐

---

83 『淮南子』, 「兵略訓」, "所謂天數者, 左青龍, 右白虎, 前朱雀, 後玄武, 是故處于堂上之陰而知日月之次序, 見瓶中之冰而知天下之寒暑"
84 李光玄, 『金液還丹百問訣』, "青龍起, 白虎臥, 玄武飛, 朱雀坐. 黃龍中央自結裹"

주십시오." 선생이 말하였다. "지극한 약은 오직 오행만 사용해야지 다른 잡물(다른 광물 혹은 초목 등)은 사용하지 않는다. 만약 다른 잡물이 들어가면 지극한 약을 이룰 수 없다. 옛 노래에 이르기를 '동쪽의 용을 잡아다가 서쪽의 백호와 짝을 지어놓고, 다시 남쪽의 주작을 가져다가 뒤에 현무를 만나게 한다네. 그 가운데는 오묘하고도 오묘하니 중앙의 길을 잃지 말라'고 하였는데 이를 통해 알 수 있다. 여기에서 오행은 납·수은과 같은 종류이기에 단을 이룰 수 있지만, 만약 같은 류가 아닌 잡물을 사용하면 단丹을 이룰 수 없다.

광현은 스승에게 '황아'를 만드는 방법에 대해 묻는데, 그 만드는 약물과 방법을 모두 청룡·백호·현무·주작으로 설명하고 있음을 볼 수 있다. 이 가운데 가장 중요한 중앙은 '황룡(황아)'이다. 용과 호랑이는 납과 수은이라는 중금속 약물을 의미하기도 하고, 약물이 만들어지는 오행의 오묘한 원리를 설명하는 상징이기도 하다.[85] 따라서 고구려벽화의 황룡을 『백문결』로 이해한다면, 황룡은 '금단'으로 사신도는 금단의 재료와 금단이 완성되는 과정의 법칙으로 이해할 수 있다.

이 시기 금단에 대한 기록 가운데 중당中唐 시기 금단 도교의 현황을 보여주는 매표梅彪의 『석약이아石藥爾雅』(806)에 의하면, 이 시기 외단술이 매우 번성했음을 알 수 있는데, 금단을 만들 수 있는 방법이 70여종 있었고, 당시 이미 이름만 있고 만드는 방법이 사라진 것이 28종이었

---

[85] "光玄曰 黃芽旣得知其根本 至藥如何得成 再乞先生一垂指示. 先生曰 至藥唯用五行 更無雜物. 若有諸類 不成至藥. 古歌曰 捉取東方龍 配與西白虎. 更將南朱雀 後會之玄武. 就中玄處玄 莫失中央路. 此可知也. 此之五行 是鉛汞本類 乃得成丹. 若有非類 卽不成也. 譬如一家父母夫婦 無有別人. 鉛汞五行 亦復如是. 制伏成藥 骨肉精氣血脈皆全 方堪服餌. 古歌云. 何言金木水火土, 留身保神是龍虎. 學人不識五行精 強認他人爲父母"

그림 3. 오회분 4호묘에는 서쪽 면에 두꺼비가 그려진 달이 있고, 왼쪽과 오른쪽에는 용을 탄 선인과 학을 탄 선인이 있다.

다고 기록하고 있다.[86] 수나라(581-618) 시기 소현랑蘇玄朗의 『보장론寶藏論』에서 금단을 만드는 방법이 30여종 있었다고 말한 것과 비교하면 금단의 종류가 세 배 증가한 것이다. 아마도 『백문결』에서 말하는 금단 제조법은 여러 종류의 제조법 가운데 하나였을 것이다.

앞에서도 언급했듯이, 금단(외단)에 대한 열망이 꽃을 피운 수隨와 당唐 시기는 '외단의 황금시대'로 불리운다.[87] 이 시기 귀족들은 금단을 복용하고 장생불사를 추구하여 신선이 되고자 하였다. 이 시기를 외단의 황금시대라고 하는 까닭 가운데 하나는 금단 제련술이 가장 성행하고 발전하였으며 『주역참동계』가 매우 중시되었다는 점이다. 또한 그에 따른 연단 유파도 다양해졌으며, 사용하는 약의 범위도 크게 확대되었다. 당시에 주요한 파로는 황금과 단사를 중시한 금사파金砂波와 납과 수은을 중시한 연홍파鉛汞波 그리고 유황과 수은을 중시한 유홍파硫汞波가 있었다.[88]

고구려벽화와 『백문결』의 내용을 종합했을 때, 중원의 금단 열풍에

---

86 이원국, 『내단』 1, 김낙필 외 역, 성균관대출판부, 2006, 164쪽 참조
87 모종감, 『중국도교사』, 이봉호 역, 예문서원, 2018, 155쪽 참조
88 모종감, 위의 책, 155-158쪽 참조

상응하는 금단도교의 문화가 고구려 안에서도 상당히 유행했을 것으로 추측된다. 『백문결』의 경우 수은과 납의 재료만을 인정하는데, 위의 세 파로 분류한다면 '연홍파'라고 볼 수 있을 것이다. 강서대묘의 황룡과 사신도 주변의 천장 고임에 있는 '달 속의 두꺼비' '학을 탄 선인' 등은 강서대묘의 황룡을 금단의 상징으로 이해했을 때 여러 상징적 제재들과 금단도교의 세계관으로 연결된다. 금단도교의 교과서라고 말할 수 있는 『참동계』 안에는 두꺼비와 토끼의 상징 등이 모두 천부天符의 움직임을 표현하는데, 이 때 천부의 움직임은 해와 달의 운행 법칙을 말한다.[89] 즉 단약을 불로 제련하여 만들 때 필연적으로 불의 강약조절이 요구되는데, 그 불의 조절을 해와 달의 운행법칙을 적용해 조절한다는 의미를 담고 있는 것이다. 그렇다면 벽화 속 '두꺼비'와 '토끼'는 해와 달의 절기로서 단약을 만드는 천지운행의 법칙을 상징한다고도 볼 수 있다.

그렇다면 살아있는 육체도 아닌 죽음 앞에서 왜 신선이 되는 금단 즉 불사약을 찾는 것인가? 도교에서는 살아있는 육체 그대로 신선이 되기를 희구한다. 그런데 왜 묘주의 방에 사신도와 황룡 신선 사신도를 그려서 '금단'의 완성 또는 신선이 되기를 기원하는가? 고구려 고분 벽화에서 묘주의 방에 '황룡'이 그려져 있는 것은 경주 황남대총(5세기로 추측)에서 발굴된 돌절구와 막자사발의 역할과도 유사하다고 여겨진다. 수은을 가는 용도로 쓰인 막자사발은 매장자의 머리맡에 위치해 있었다. 무덤이나 관 속에 수은을 같이 매립하는 것은 한 중 일 동아시아 고분에서 공통적으로 발견되는 특징이다.[90] 이러한 특징 또한 금단도교 세계

---

89   『參同契』,「天符進退」, "三日出为爽, 震庚受西方. 八日兌受丁, 上弦平如绳. 十五乾体就, 盛満甲東方. 蟾蜍与兔魄, 日月炁双明. 蟾蜍視卦节, 兔者吐生光."
90   중국 마왕퇴 1호 고분에서는 관 속에서 수은이 80Kg 발굴되었고, 일본의 大和天神山 고분에서는 묘주의 방 바닥에서 41kg의 수은이 확인되었다. 이 밖에「황남대총 남분 발굴

관의 동아시아적 유행을 추측하게 한다. 살아서 신선이 되지 못했지만, 그 신선이 되는 과정을 매장 문화 속에 구현함으로써 죽음 뒤에도 신선이 될 수 있다고 믿는 것이다.

『백문결』에서는 수은과 납의 결합을 "황아(금단)는 수은과 납이 합한 것이고…용과 호랑이가 사귀는 것인데 물과 불이 서로를 견제하면서 정情이 성性과 합하고 백이 혼을 따라가 바탕을 이룬다"[91]라고 노래한 바 있다. '수은과 납의 결합은 혼과 백이 합쳐지는 바탕이 되는 것'이라는 의미이다. 일반적으로 동아시아에서 인간의 죽음은 혼과 백의 분리이다. 그런데 수은과 납이 만나면, 혹은 단약을 섭취하면 혼과 백이 온전하게 합쳐지는 지극한 대도[92]를 얻는 것이다. 그렇다면 벽화의 황룡은 단약에 대한 열망을 벽화로 형상화 한 것이고, 실제로 함께 매장한 수은은 죽음 뒤에도 불사의 신선이 되기를 희구한 것으로 해석할 수 있다.

요컨대 고구려벽화에서 '황룡'이 그려져 있는 사신도는 현재까지 밝혀진 바로는 통구사신총(6세기 초), 오회분 4호묘(7세기)와 강서대묘(6세기 말 7세기 초) 총 3묘이다. 그 동안 황룡에 대한 주목할 만한 해석은 오회분 4호묘의 경우 북극성과 함께 황룡이 그려져 있는데, 이는 고구려의 주체적인 천자국가로서의 자의식의 반영이라는 것이다. 그런데 황룡은 금단도교에서도 중요한 상징이다. 발해 문헌 『백문결』을 통해 해석하면, 황룡은 '외단'인 '금단'이며, 앞서 말한 것처럼 사신도는 금단의 재료인 '수은'과 '납'을 상징하고, 금단이 완성되는 과정의 법칙으로 이해

조사보고서」(문화재관리국 문화재연구소, 1994)에 의하면 황남대총에서도 황화수은이 발굴되었다.
91   『백문결』, "夫黃芽者, 鉛汞合體…龍虎相交, 水火相制, 推情合性, 以魄隨魂, 成為還返之因"
92   『백문결』, "得天地之精誠 授混元之大道也."

할 수 있다. 또한 강서대묘의 '해와 달' '두꺼비와 토끼'는 해와 달의 절기로서 천지운행의 법칙을 나타낸다. 매장 문화에서 이렇게 금단도교의 세계관을 표현한 것은 수은과 납의 결합이 혼과 백의 결합으로도 해석되기 때문이며, 이것은 죽음 뒤에라도 불사의 신선이 되기를 희구한 것이라고 볼 수 있다. 특히 동아시아에서 마왕퇴고분, 경주의 황남대총 등 수은을 함께 매립한 흑적 등은 금단도교의 세계관이 동아시아에서 이 시기 광범위하게 유행했음을 추측하게 한다. 고구려 고분 벽화 속 '황룡' '사신도' '두꺼비' '토끼' 등의 상징은 오회분 4호묘와 강서대묘가 축조되는 시기, 고구려 지배계층의 금단열풍을 상징한다고 볼 수 있다.

지금까지 '고구려 고분벽화' 속 약사발의 상징과 오회분 4호묘와 강서대묘에 등장하는 '황룡'의 의미를 7세기 말에서 8세기 초에 저술된 것으로 추측되는 발해 도교 문헌 『금액환단백문결金液還丹百問訣』을 중심으로 탐구하였다. 요컨대 첫째, 고구려 고분벽화 속의 약사발 호랑이와 용은 수은(호랑이)과 납(용)의 결합을 통해서 만들어진 약물(금단)을 담는 도구를 상징한다. 사신도의 용과 호랑이, 그리고 약사발은 모두 외단을 만들어 복용하는 금단도교의 중요한 특징이라고 볼 수 있다. 둘째, 오회분 4호묘(7세기)와 강서대묘(6세기 말 7세기 초)의 황룡은 '외단'인 '금단'이며, 사신도는 금단의 재료인 '수은'과 '납'을 상징하고, 금단이 완성되는 과정의 법칙으로 이해할 수 있다. 셋째, 강서대묘의 '해와 달' '두꺼비와 토끼'는 해와 달의 절기로서 금단을 만드는 과정에서 요구되는 천지운행의 법칙을 나타낸다. 넷째, 고구려 고분벽화에서 금단도교의 세계관을 표현한 것은 수은과 납의 결합이 혼과 백의 결합으로 해석되기 때문이며, 이것은 죽음 뒤에라도 불사의 신선이 되기를 희구한 것이라고 볼 수 있다. 다섯째, 오회분 4호묘와 강서대묘가 축조되는 시기, 동아시아의 지배계층에서 불사의 꿈을 실현하고자 했던 사회적 열풍이 있었고, 그 열망이 벽화 속에 투사되었다고 여겨진다.

3
삼국시대 도교와 『의심방醫心方』

삼국시대 외단 도교가 유행했던 측면은 일본의 『의심방醫心方』에서 한 맥을 찾을 수 있다. 『의심방』은 984년 단파강뢰丹波康賴가 지은 일본의 의서로 신라와 백제의 의학 서적을 여섯 번 인용하였다.[93] 『백제신집방百濟新集方』이 2곳 『신라법사방新羅法師方』이 두 곳, 『신라법사유관비밀요술방新羅法師流觀祕密要術方』 『신라법사비밀방新羅法師秘密方』이 각각 1곳씩 모두 여섯 번 삼국시대 의서를 소개하였다.[94] 이 가운데 『신라법사방』 인용은 (의심방 권2) 도교 의술과 불교의 신앙이 만나는 측면을 보여 준다.

복약하며 부르는 노래: 『신라법사방』에서 다음과 같이 말한다 약을 복

---

[93] 필자가 참고한 것은 半井家本 『醫心方』(東京国立博物館)이다. 원문은 도쿄국립박물관 사이트에서 마이크로 필름으로 볼 수 있다.(http://www.emuseum.jp) 『의심방』은 일본에서 현존하는 가장 오래된 의학서이다. 도쿄국립박물관본은 『의심방』 사본 중에서 가장 오래된 것으로 27권이 헤이안 시대에 1권이 가마쿠라 시대에 그리고 2권과 1책이 에도 시대에 필사되었다. 이 나가라이집안본(半井家本)은 1854년 막부에 빌려주기 전까지 집안 대대로 보존해오면서 한 번도 외부에 공개하지 않았다고 한다.
[94] 赤堀昭는 논문 「『의심방』에 인용된 의서」에서 인용된 부분이 총 6곳이라고 말한다.(『한국과학사학회지』 5-1, 1983, 108쪽)

용할 때 다음과 같이 주문을 외운다 나무아미타불 동방에 계신 약사류유광불藥師瑠光佛과 약왕보살, 약상보살 및 기파의왕, 설산동자에게 귀의하오니, 영약을 베풀어 치료해 사기邪氣가 소멸되어 없어지게 하소서. 선신善神이 도와줘서 오장이 평화롭고 육부가 조화롭게 되며, 70 만맥이 저절로 통해 펴지며 사지가 강건해지고 수명이 연장되며 가거나 머무르거나 앉거나 눕거나 제천이 보호하여 주소서. 사바하(동쪽을 향해 한번 외우고는 바로 약을 복용한다).[95]

위의 예문은 약사보살과 싯타르타 시대의 명의로 유명했던 기파의왕[96] 등에게 건강하기를 기도하는 주문이다. 이와 동시에 '오장' '육부'의 안녕을 통한 수명 연장을 희구하는 세계관이 드러난다. '오장육부'는 동진 시기(317-420) 도교 경전인 『황정경黃庭經』에서 도교 신체의 의미가 구성되는데,[97] 『황정경』은 오장 육부의 신을 관상 및 조화하고 호흡법 등을 통해 장생불사의 신선이 될 수 있다고 주장한다. 요컨대 위의 인용문은 도교적 신체구조론에서 주요한 오장과 육부 그리고 장생의 세계관이 부처의 가피력과 결합하고 있음을 보여준다.

또한 『백제신집방百濟新集方』을 인용한 폐병 처방전을 보면 다음과 같다. 황 한 냥을 물로 세 되(4.5리터)를 넣고 한 되의 량이 될 때까지 줄인 후 나누어 두 번 복용한다. 이 방법은 갈씨방과 동일하다."[98] 백제시

---

95 丹波康賴, 『醫心方』(半井家本) 卷2, 東京国立博物館本, "服藥頌, 新羅法師方云: 凡服藥呪曰: 南无东方药师 琉光佛, 药王药上菩萨, 耆婆醫王, 雪山童子, 惠施阿竭, 以疗病者, 邪氣消除. 善神補助, 五藏平和, 六府調順, 七十萬脉, 自然通張, 四肢强健, 壽命延長, 行住坐臥, 諸天衛護, 娑訶(向東誦一遍, 乃服藥)"
96 耆婆는 세존 시대의 명의이다.
97 『黃庭內景經』, 心神, "六腑五藏神体精"
98 『醫心方』, 「治肺痛方」13, "百濟新集方, 治肺痛方, 黃一兩, 以水三升, 煮取一升, 分二

대 약물의 섭취 방법은 대표적인 도교방술서인 갈홍의 『포박자』를 활용하고, 동시에 병을 낫게 하기 위해 부처의 가피력을 희구했다는 점은 당대 '도교'와 '불교'의 습합을 볼 수 있는 점이다. 또한 『신라법사유관비밀요술방』(의심방 권28)은 방중어비房中御妃의 술법을 논한 것으로 방중술법은 신선도가들의 방중보익법房中補益法의 효능을 논한 것이다.[99] 『의심방』을 통해 우리는 신라시대의 도교가 첫째, 신선도가들의 의술에 영향을 받아 오장육부의 조화와 장생관을 가졌으며, 둘째 금단 도교의 대표적 경전인 갈홍의 『포박자』에 영향을 받았고, 셋째 방중술의 영향도 있었음을 간접적으로 확인할 수 있다. 나아가 당시에 도교 의학이 불교신앙과 접목되어 있음도 살필 수 있다.

服.(葛氏方同之)"
[99] 신순식, "고려시대 이전의 한의학문헌에 관한 연구", 『의사학』 4-1, 1995.

4

발해의 도교 이광현의 『백문결』

7세기 이광현李光玄이란 한 발해인이 있었다. 그는 청사, 회수, 절강 등을 돌며 무역을 하다가 한 도인을 만난다. 그 노인은 세상을 살아가는 것이 뜬 구름 같다고 비유하면서, 신라·발해·일본 등 여러 나라를 돌아다닌 이야기를 한다. 갑자기 노인은 이광현에게 묻는다.

"그대는 재산이 얼마나 있소?"
"어려서 부모를 잃고 형제와 하인이 몇 있는데 재산이 많습니다."
"재산이 이와 같은데도 어찌하여 이렇게 멀리 바다의 풍파를 무릅쓰고 무역업을 하고 있소?"
광현이 대답했다.
"재산 때문에 풍파를 무릅쓰는 것은 아닙니다. 내가 인간 세상에 대해 가만히 생각해보니 모두 꿈결과 같습니다. 아침노을과 새벽이슬이 어찌 오래 있을 수 있겠습니까? 전광석화처럼 순식간에 사라지고 맙니다. 인생이 이와 같으니 어찌 생각할 것이 있겠습니까? 옛 무덤이 마르기도 전에 새 무덤이 즐비하게 생겨나고, 산더미 같은 금金이 넘쳐나도 나의 몸과는 아무런 관련이 없으니, 옥玉이 하늘처럼 쌓여있더라도 어찌 목숨을 붙잡아둘 수 있겠습니까?"

도인이 말하였다.

"그대는 수명을 늘이고 목숨을 보전하는 것을 구하는가? 아니면 금단金丹의 대약大藥을 구하는가?"

"어찌 감히 가려 선택을 하겠습니까? 다만 고인께서는 지자知者이시니 가르침을 내려주시기 바라는 것입니다."[100]

위의 일화는 『도장』에 수록된 이광현의 저서 『금액환단백문결金液還丹百問訣』(이하 『백문결』), 『해객론海客論』, 『금액환단내편金液還丹內篇』의 도입 부분에 공통적으로 등장하는 내용이다.[101] 이광현의 『백문결』은 1993년 중국학자 주월리가 『도장』 안에 그의 저작들을 발견하면서 국내에도 알려지게 되었다.[102] 기존연구에 따르면[103] 이광현의 저서들은 발해

---

[100] 李光玄, 『金液還丹百問訣』(이하 『百問訣』), 『正統道藏』(洞眞部 方法類, 4책) "郎君家更有何資産. 光玄曰, 余少孤, 兄弟僅僕數人, 家財巨萬. 道人曰, 旣家資如此, 何得遠涉風波…光玄答曰, 我非爲財涉此風波, 余暗思人世, 皆如夢幻, 朝霞曉露, 豈可久長, 石火電光, 瞥然則滅. 人生若此, 寧可思惟. 舊冢未乾, 新墳相次. 壘金遍地, 全不關身. 積玉倚天, 豈能留命…道人曰, 爾求延年保命耶, 求金丹大藥耶. 光玄答曰, 非敢揀擇. 但高人知者, 可望垂誨, 終身奉持." 한국어 번역서는 이봉호 외(2011), 『발해인 이광현 도교저술 역주』, 한국학술정보.

[101] 『金液還丹百問訣』, 『海客論』, 『金液還丹內篇』,(이하 『內篇』) 모두 1977년 출판된 『正統道藏』에 포함되어 있다.

[102] 朱越利(1993), 「唐氣功師百歲道人赴日考-以金液還丹百問訣爲據」, 『世界宗教研究』 3.

[103] 이광현의 저작관련 주목할 만한 선행연구는 다음과 같다. 朱越利(1993), 「唐氣功師百歲道人赴日考-以金液還丹百問訣爲據」; 王勇(1999), 「渤海商人李光玄について」; 임상선(2000), 「발해인 李光玄과 그의 도교서 검토」, 『한국고대사연구』 20; 韓吉紹(2007), 「金液還丹百問結論略」, 『弘道』 32; 王勇(2008), 「渤海道士李光玄事迹考略」, 『中日文化交流集刊』; 이봉호(2010), 「발해인 이광현의 연단이론-『주역참동계』 연단론의 전개-」, 『도교문화연구』 32집. 朱越利는 이 논문에서 『百問訣』, 『海客論』, 『內篇』이 동일한 내용의 책이고, 이 가운데 『백문결』이 선본이라고 주장한다. 또한 이광현은 발해국의 富商출신으로 중원문화에 영향을 받은 사람이라고 주장한다. 편찬시기는 오대 혹은 북송 초기로 본다. 任繼愈는 中原을 中華로 여러 번 칭한 것으로 보아 '遼人'으로 추정된다. 王勇은 『백문결』이 원저에 대한 개편본이라기보다는 이광현 자신의 저술일 가능성이 높다고 보고 『백문결』 등의

시기 쓰였으나[104] 여러 번 편집을 거쳐 북송 초기에 출판된 것으로 알려져 있다. 『백문결』을 통해 고구려벽화[105] 신라 황남대총 및 천마총의 연단 도교의 흔적을 구체적으로 증명할 수 있게 되었다.[106] 이 책은 발해·일본·신라 등과의 교류, 발해의 종교와 문화를 탐구하기 위한 자료로 활용될 수 있을 뿐 아니라 7세기 한 발해인의 신선이 되기 위한 과정과 당대의 외단 수련 담론을 담고 있다는 점에서 한국도교사적 연구 자료로 큰 의미를 가진다.

위의 인용문을 보면, 이광현은 상인으로 활동하는 재력가이며, 부모와 사별하고 인간 생명의 유한함을 느끼고 신선이 되기 위해 노력하는 사람임을 알 수 있다. 노인은 이광현에게 재산의 대소를 묻고, 금단의 대약에 대해서는 모르지만 수명을 늘려 목숨을 보전하는 것은 가르쳐 줄 수 있다고 말한다. 우리는 위의 인용문을 통해 당대의 도교문화를 다음과 같이 추측할 수 있다. 첫째, 당시 사람들은 인간 삶의 유한함을 깨닫고 신선이 되기 위해 스승을 찾아다니는 공부를 했으며, 구전으로 수련방법을 전승했다.[107] 둘째, 신선이 되는 '금액환단'을 재련하기 위해서는 단재丹材 마련을 위해 많은 비용이 필요했다. 셋째, 금단 대약을 위한 공부와 목숨을 연장하고 수명을 지키는 공부가 각기 달랐다.

인용서는 당말 이전의 것이라고 주장한다. 이상의 연구서들은 저자의 출신지역에 대한 논쟁과 저작의 원본을 탐구하는 논쟁들을 소개하고 있다.
[104] 朱越利(1993)는 위의 논문에서 당 현종 시기에 기록된 문헌으로 본다.
[105] 정재서(2006), 『한국 도교의 기원과 역사』, 이화여대출판부.
[106] 이봉호(2010), 196-198쪽. 그는 이 논문에서 『백문결』이 참동계의 연단과정을 보여준다고 말한다.
[107] 갈홍(283-343?)의 『포박자』에서 신선의 운명을 타고 난 사람도 스승을 만나야 한다고 말한다.(『抱朴子內篇校釋』, 「動求」, 中和書局, 1980, 229쪽) 수당 시기 이러한 신선이 되기 위한 구도의 여정은 일반적인 것으로 보인다.

이 장에서는 한 발해인의 구도 여정 그리고 스승을 만나 단약에 대해 배우는 형식으로 구성된 『백문결』을 중심으로 발해 도교에서 말하는 '불사'의 의미, 그 불사를 위한 방법들, 장생불사의 방법이 오늘날 어떤 공효를 가지는가에 대해 논하고자 한다.

『백문결』, 죽음과 삶의 유한성

『백문결』 첫 부분을 보면 이광현과 노인은(이하 현수玄壽선생) 인간은 누구나 짧은 삶을 향유한다는 시간의 유한함에 대해 말한다. 이광현이 부모와의 사별로 인해 '죽음'을 경험하고 신선이 될 수 있는 비책을 알려줄 '스승'을 만나기 위한 여행을 하고 있음도 알 수 있다. 오늘날 '도교'의 불사는 진시황제로 상징되는 영원한 삶과 단약 그리고 '몸의 양생', '내단 수련' 등으로 상상된다. 그렇다면 『백문결』에 나타난 도교는 '죽음'을 어떻게 이해하고 있을까? 그 비교를 위해 우선은 도교의 대표적 경전 『노자』와 비교해서 살펴보겠다.

『노자』에서 죽음이 드러나는 장은 6장, 33장, 42장, 50장, 67장, 74장, 75장, 76장, 80장 총 9개의 장이다. 이 가운데 6장 "곡신불사谷神不死"에서 '곡신'은 '계곡의 신', '욕망'[108], '텅 비어 있는 도' 등 다양하게 정의되는데, 규정이 무엇이든 불사는 "끊임없이 이어져 써도 끝이 나지 않는 것[綿綿若存, 用之不勤]'으로 정의된다. 42장과 67장의 "강하기만 하면 제 명에 죽지 못한다[強梁者,不得其死]"와 "물러서지 않으려 하면 죽는 길"이

---

[108] 『노자想爾注』, 6장, "谷者, 欲也" 이 논문에서 『노자상이주』는 饒宗頤(1991)의 『노자想爾注校証』(上海古籍出版社)를 참조하였다.

라는 의미도 모두 처세술을 통해 오래 사는 법을 말하고 있다. 74장과 76장, 80장은 위정자의 입장에서 백성들이 죽음을 가볍게 여기거나 가혹한 정치로 인해 더 이상 죽음을 두려워하지 않는 사회 그리고 80장은 도가의 이상적 사회 시스템 아래에서의 죽음을 말한다.

이 가운데 장생의 무리들을 언급한 50장은 사람은 누구나 태어나고 죽는데 '섭생을 잘하는 자들'이 10분의 3이라고 전제하고 자신이 들은 섭생을 잘하는 사람들을 설명한다.

> 섭생을 잘하는 사람은 야산을 다녀도 외뿔소와 호랑이를 만나지 않고, 군중에 들어가도 병기에 당하지 않는다. 외뿔소가 그 뿔로 받을 데가 없고, 호랑이가 그 발톱으로 할퀼 곳이 없으며 병기가 찌를 곳이 없다. 무슨 까닭인가? 그 몸에 죽을 곳이 없기 때문이다.[109]

『노자』 50장에서 '섭생을 잘하는 자[善攝生者]'를 왕필은 "'무'를 생으로 삼아 죽을 곳이 없다"[110]라고 해석했으며, 조선의 성리학자들 가운데 박세당은 "자신의 (도덕적) 마음가짐이 훌륭하다면 외부의 위험에서 벗어날 수 있다"[111]고 말한 바 있다. 주요한 것은 섭생을 잘하면 호랑이를 만나지 않고, 전쟁에 나가도 병기에 죽지 않는다는 것이다. 『노자』의 '사

---

109 『노자』, 50장, "出生入死. 生之徒十有三, 死之徒十有三. 人之生動之死地者, 亦十有三. 夫何故. 以其生之厚. 蓋聞善攝生者, 陸行不遇兕虎, 入軍不被甲兵, 兕無所投其角, 虎無所措其爪, 兵無所容其刃. 夫何故. 以其無死地."
110 王弼, 『노자도덕경주』, 50장.
111 朴世堂, 『新註道德經』, 50장, "我無寢皮食肉之心, 則與物相忘, 雖有惡獸, 無所施其爪角. 我無爭利求勝之心, 則與人相忘, 雖有惡人, 無所施其兵刃. 如此者, 何也. 我無可死之道故也. 死地, 猶言可死之道. 謂生生之厚, 章內凡言夫何故者再, 前以言其蒙禍喪命之由, 後以言其遠害全身之故. 皆所以說問發端, 以致其丁寧反覆之意也."

생관'은 죽음에 초연했던 장자와 비교해 '죽지 않음'에 대해 긍정적인 태도를 가지고 있다고 평가된다. 그러나 이 구절은 바꿔 말하면 『노자』의 시대에 맹수와 전쟁의 위협이 가장 큰 죽음의 요소였고, 가혹한 정치 또한 '죽음에 대한 공포'를 가중시키고 있음을 고발하는 것으로 보인다. 즉 『노자』는 '죽음'과 관련해서 '불사'의 개념을 말하고, 섭생을 잘하면 장수할 수 있으며, 현실적 위험요소(전쟁, 자연재해, 금수)로부터도 안전하다고 이야기한다. 이러한 요소는 초기 교단도교에서는 어떻게 활용되는가?

최초의 도교 경전 『노자상이주』[112]는 오두미도의 교주 장릉[113]과 장노[114]의 저작으로 알려져 있다.[115] 중국역사에서 최초의 교단 형태를 갖춘 도교는 동한 말기의 태평도와 오두미도이다. 장각의 태평도가 『태평경』을 교리로 삼아 활동하였다면, 장릉의 오두미도는 『노자』를 중심 경전으로 삼아서 활동하였다.[116] 『노자상이주』는 교단의 계율실천을 강조한다. 『노

---

[112] 『노자想爾注』는 청말 돈황에서 발견되어 런던 대영박물관에 소장되어 있다. 이 책은 부분적으로 훼손되었으며, 3장의 "不見可欲, 使心不亂" 구절부터 시작해 580행이 남아 있다.
[113] 張陵은 五斗米道의 창시자이다. 『신선전』에 의하면 그는 태학의 학생으로 오경에 두루 통했으나, 유학이 장생에 도움이 안 된다는 것을 깨닫고 장생법을 공부했다고 한다. 그는 사천지방의 명산에서 도를 얻은 후 치병을 중심으로 하는 종교집단을 만들었다. 오두미도의 이름은 바로 신도들에게 쌀 5斗씩을 바치게 한 데서 유래된다. 구보노리다, 최준식 역 (2000), 『도교사』, 분도출판사, 127-130쪽 참조.
[114] 張魯의 字는 公祺이며, 후한 말기 생몰년대는 미상이다. 조부가 오두미교의 창시자인 장릉으로 알려져 있다. 장릉의 교법은 아들 장형(張衡)을 거쳐 손자 장로(張魯)에게 계승되었으며 장로에 의해서 대성되었다. 후한 멸망 직전의 약 20년간 정치와 종교가 일치하는 형태를 갖춘 독립 왕국을 건설하였다. 장로는 215년에 魏의 曹操의 침공을 받았지만, 항복해서 교권을 보장받았다.
[115] 장릉이 저자라는 설은 당대 도사 杜光庭의 『道德眞經聖義』 등에서 보인다. 또 다른 설은 장릉의 손자인 장노의 저작이라는 설이다.
[116] 윤찬원(1998), 『도교철학의 이해-태평경의 철학체계와 도교적 세계관』, 돌베개, 44-45쪽.

자』3장에 관한 주석을 보면, "심心을 움직이게 하지 말라. 만약 스스로의 계율로 심을 움직인다면, 곧 도가 떠나더라도 다시 돌아오지만, 심이 어지러워지면 도는 떠날 것이다. 심은 법도이니, 그 가운데 길함 흉함 선악이 있다. 배는 도의 주머니이니, 기가 항상 차려한다. 심이 흉하고 악하게 되면 도가 떠나가 주머니가 비게 된다. 그 텅빈 곳에 사악함이 들어오면 사람을 죽인다. 텅 비게 해서 심 가운데 흉과 악을 제거하면 도가 돌아오고 배는 가득 차게 된다. 뜻은 심을 따라 선악이 있고, 뼈는 배를 따라 기운을 우러른다. 약한 뜻은 악이 되니 기가 떠나가 뼈가 앙상해지고, 그 악한 뜻이 약해지면 기가 돌아오니 골수가 가득해진다.[117]

『노자상이주』는 '자계自誡'를 통해 개인들 각자가 욕망을 어떻게 조절할 것인가를 말하고 있다. 그런데 이 '마음'이 악해지면 도가 떠나가고 살인을 하거나 죽음에까지 이른다. 심에서 기가 떠나가면 사람은 뼈만 앙상해지고, 기가 돌아와야 골수가 튼튼해진다. '기'를 양생론과 합치시켜 건강한 삶을 말하고 동시에 그 기가 떠나면 '죽음'이라고 설명하고 있음을 알 수 있다. 인간이 살인을 하는 것도 몸에 기가 부족해서 발생하는 문제인 것이다. 달리 말하면 선악의 문제를 인간이 건강한 삶을 사느냐 아니면 병들어 죽느냐의 문제로 치환한다. 이 때 '마음의 선함'은 건강한 삶을 영위하는 데 필수 조건이 된다.

기존의 연구성과에 따르면, 『노자상이주』는 종교화 과정에서 『노자』경문을 의도적으로 개조하고 노자 및 도를 신격화 하였으며, 나아가 신

---

117 『노자상이주』, 3장, "勿令心動. 若動自誡, 卽□道去復還, 心亂遂之, 道去之矣. 心者, 規也, 中有吉兇善惡. 腹者, 道囊, 氣常欲實. 心爲兇惡, 道去囊空. 空者邪入, 便煞人. 虛去心中兇惡, 道來歸之, 腹則實矣. 志隨心有善惡, 骨隨腹仰氣.彊志爲惡, 氣去骨枯, 弱其惡志, 氣歸髓滿"

도신道信와 도계道誡에 의한 신앙체계를 확립했다고 알려져 있다.[118] 『노자』에서 인간의 죽음은 잘못된 처세 혹은 자연재해, 전쟁, 공포정치로부터 온다고 생각했다면 『노자상이주』에 이르면 노자는 도교 최고신 태상노군太上老君으로 숭배되고, 텍스트 『노자』는 참회와 반성을 위한 주문이 되며, 죽음은 기의 흩어짐으로 설명이 된다. 『노자상이주』는 인간을 정기신精氣神 개념으로 설명하고 정을 보존하지 못하면 죽게 된다고 보았다. 초기 『노자』가 처세술을 통한 장생 그리고 섭생의 공효는 말했지만, 인간 몸의 죽음을 정기신의 이론 체계에서 설명하지는 않았다. 그러나 『노자상이주』에 이르면 초기의 정기신 논리의 원형이 드러나는 것이다. 이광현이 단약(금액환단)을 구하기 위한 여행을 하고 있는 것이 '삶'의 유한성이라는 측면에 대한 깊은 깨달음이라고 전제한다면 이광현은 스승과 문답을 통해 어떻게 외단을 제련하는가에 대한 대화를 나누는데, 스승은 '죽음'의 극복에 그치지 않고 금단을 이루면 가난과 질병이 사라지고 유토피아에서 노닐게 된다고 말한다.[119]

『노자상이주』와 『백문결』의 수련법

도교가 유교, 불교와 다른 지점은 도교는 인간의 몸을 수련도구로 보고 육체의 질적 변화를 통해 '완전한 인간'으로 변모할 수 있다는 점

---

[118] 이석명(2004), 「『노자상이주』를 통해 본 노자사상의 종교화 작업」, 『동양철학』 27집, 202쪽. 이외에도 김백희(2006), 「초기 도교의 사유방식: 『노자상이주』」, 『동서철학연구』 40호 참조. 이 가운데 이석명은 『노자상이주』의 종교성을 노자의 신격화 도의 인격신화로 제기한 바 있다.
[119] 『백문결』, "金丹一成, 貧病永失"

이다. 도교는 인간 육체의 질적 변화를 꿈꾼다. 『노자상이주』 9장의 주석을 보면,

> 사람의 정精과 기氣가 장부 안에 가득 차면 아껴 지킬 수가 없다. 저절로 심을 닫지 않으면 씻겨 내려가 크게 잃게 된다. 정精이 맺어져 신神을 이루면 양기는 남아 마땅히 저절로 아끼는데 힘쓰게 되니, 폐심閉心하고 사념들을 끊으면 삿된 음기가 교만해지지 않을 것이다.[120]

『노자상이주』에서 9장의 '금옥만당金玉滿堂'과 '부귀이교富貴而驕'를 사람 몸 안의 문제로 해석한다. 또한 '금옥'과 '부귀'를 도교에서 몸의 구성요소인 '정精'과 '기氣'로 보고 있다. 이 구절은 '정'과 '기'가 '신'의 단계로 변화하지 못할 경우, 정과 기를 잃게 되는 상황을 기술하고 있다. 특히 이 구절에서 당대 이후 구체화된 내단도교의 수련원리인 '연정화기鍊精化氣, 연기화신鍊氣化神, 연신환허鍊神還虛'의 원형적 구조가 보인다.[121] 주목되는 점은 '심心을 닫는다'는 '폐심閉心'이 정과 기를 지키는 수련 용어로 등장하고 있는 점이다. '정'과 '기'를 지키기 위해서는 '폐심'이 되어야 하며, 한편 정과 기가 신으로 변화하면 '폐심절념閉心絶念'은 자연히 된다고 말한다. 도교에서 신선은 인간이 이룰 수 있는 최고의 목표이자 완전한 존재이다. 『노자상이주』에서 신선이 '폐심하는 자'라고 말한다. 『노자상이주』 20장에서는 "선사仙士는 폐심閉心하니 사악하고 이로

---

[120] 『노자상이주』, 9장, "人之精氣滿藏中, 苦無愛守之者. 不肯自然閉心, 而揣挩之, 卽大迷矣. 精結成神, 陽炁有餘, 務當自愛, 閉心絶念, 不可驕欺陰也."
[121] 『노자상이주』에 '연신환허'에 대한 논의는 없다. 일반적으로 '築基, 鍊精化氣, 鍊氣化神, 鍊神還虛'의 수련단계는 당말 오대 시기에 그 원형이 만들어졌다고 말한다. 이원국(2006), 『내단: 심신수련의 역사』, 김낙필 외 역, 성균관대출판부, 67-68쪽 참조)

4. 발해의 도교 이광현의 『백문결』

운 것을 생각하지 않아 마치 어둑어둑한 것처럼 어둡지만, 세상사람들은 세속의 일들을 잘 살필 줄 알아 밝다[122]"라고 하였다. 이 장의 뒷부분에서는 선인들은 속인들과는 달리 부귀영화를 귀하게 여기지 않고 식모食母를 귀하게 여기는데, 이 식모가 바로 '육체'라고[123] 말한다. '폐심'은 선사라면 갖추어야 할 수련방식인 것이다.

그렇다면 『백문결』은 어떠한 수련방식을 말하는가? 도입부분에서는 호흡법, 도인법 등이 거론되는데, 『금액환단백문결』이라는 제목이 시사하듯 정점에는 '외단' 수련 목표를 드러낸다. 구체적인 내단 이론체계가 등장하기 이전 도인법과 호흡을 중심으로 하는 내수법內修法이 언급된다.

> 무릇 도道란 몸에 있는 것이므로 다시 밖으로 일삼을 것이 없다. 그대가 능히 부인을 멀리하고 세상 인연을 모두 버리고서, 바위에 머리를 누이고 샘물로 양치질 하며 번뇌를 제거하고 청정에 나아간다면 원기元氣가 흩어지지 않아 장생에 이를 수 있다. 무릇 원기라는 것은 바로 몸속 혼원混元의 기이므로 사람의 근기根基이다. 생각이 멈추면 기도 멈추고, 신이 움직이면 기도 흩어진다. 이 때문에 지인至人은 숨을 멈추고, 시비를 버리고, 미련을 끊어 버리며, 쉬는 숨이 코 밖에 나가지 않고, 생각을 언제나 단전에 모은다. 만약 세 단전이 충실해지면 천년도 살 수 있다. 또 새것을 받아들이고 옛것을 내보내며, 침을 모아 삼키는 것들은 다 수명을 늘이는 방법으로 모두 몸을 굳게 하는 도道이다.[124]

---

122 『노자상이주』, 20장, "儒士閉心, 不思慮耶惡利得, 若昏昏冥也. 知俗事審明也."
123 『노자상이주』, 20장, "儒士與俗人異, 不貴榮祿財寶, 但貴食母. 食母者, -身也"
124 『백문결』, "道人曰. "夫道在身, 更無外事, 爾能遠離房室, 屛棄世緣, 枕石漱泉, 祛煩就靜, 元氣不散, 可至長生. 夫元氣者, 是身中混元之氣, 是人之根基. 念住則氣停, 神行則

위의 인용문은 정을 지켜 원기를 흩어버리지 않고 신을 잘 모으면 장생에 이를 수 있다는 것이다. 기와 신을 마음의 의지에 따라 조절하며 숨을 단전에 모은다는 것은 모두 원형적 태식법胎息法에 관련된 것으로 외단과는 거리가 멀다. 여기서 말하는 '단전丹田'은 『포박자』뿐 아니라 『황정외경경黃庭外景經』에도 언급되는 것으로[125] 위·진시기 이미 도인, 행기, 태식, 복식 등과 같은 일반적인 도교 양생술에서 주요한 요소였다. 이 내용은 앞에 소개한 『노자상이주』에서 인간을 정기신으로 설명하고 정과 기를 채우는 공부를 말한 기공양생술과 유사하다. 그렇다면 외단이 주가 되는 『백문결』의 도입에서 내단법의 원형으로서의 호흡법을 언급하는 이유는 무엇인가? 앞의 인용문에서 스승이 이광현에게 수명을 늘이고 장수하는 공부를 원하는지 아니면 금단의 대약을 구하는지를 물은 바를 상기할 필요가 있다. 『백문결』에서 '호흡법'과 '도인법' 등은 장수를 위한 공부일 뿐 '불사'의 공부를 위한 금단의 대약은 아니었던 것으로 보인다. 그렇다면 이 책의 성립시기는 중요한 도교사적 의미를 지닌다. 『백문결』을 주월리의 견해대로 오대 말기 혹은 북송 초기 유통된 것으로 본다면 내단학 흥성기에도 여전히 '외단' 수련법이 맹위를 떨쳤던 것으로 유추되는 지점이다. 『백문결』 내용의 9할은 모두 '황아黃芽'와 관련된 외단의 제련 내용들이다.

『백문결』에서 대부분 이광현은 '금액환단'을 얻기 위해 끊임없이 스승에게 '황아'에 대해서 묻는다.

氣散. 是以至人住息, 屛是非, 絶顧盼, 喘息不遊於鼻外, 存思常注於丹田. 若三田得實, 千年可保. 更或納新吐故, 漱液咽津, 悉是延年之門, 皆爲固身之道"

[125] 『黃庭外景經』, 「上部經」, "呼吸廬間入丹田. 務成子注, 呼吸元氣會丹田中. 丹田中者, 臍下三寸陰陽戶, 俗人以生子, 道人以生身"

"세상의 도인들을 만나보면 모두 황아黃芽를 말하는데, 저는 그 지극한 이치를 알지 못하겠습니다. 황아는 대체 무엇이며, 어떤 약으로 만드는 것입니까?" 선생이 말하였다. "연鉛은 연 가운데에서 나와야만 지극한 보배가 되고, 홍汞은 변하여 금홍이 된다. 이 연과 홍이 만드는 기를 황아라고 부른다.[126]

위의 인용문을 통해 발해를 비롯한 중원지역에서 '외단'에 대한 관심이 높았고, 주요한 관심은 황아였음을 알 수 있다. 선생의 답에 의하면 황아는 납[鉛]과 수은[汞]의 결합으로 만들어지는 것임을 알 수 있다. 이광현은 지속적으로 납(연)이 독성이 강한데 어떻게 지극한 약이 될 수 있는지를 묻고, 수은을 고온에서 제련하는 법에 대해서 묻는다. 선생은 금액환단은 완성되면 다섯 가지 빛깔을 함유하는데, 과거의 신선부터 오늘날의 신선까지 모두 금액환단을 만들어 먹었다고 밝힌다.[127] 스승은 세상 사람들이 연을 써서 황아를 얻고자 하는 노력을 많이 기울이고 있는데 제대로 알지 못하기 때문에 얻을 수 없다고 말한다.[128] 스승

---

[126] 『백문결』, "先生曰 夫還丹者 且非別藥. 眞一爲基 鉛汞相依 黃芽是本乃可成也. 光玄起 再拜而問. 先生曰 以見世上道人 皆說黃芽 未知至理. 黃芽者將何物之所爲 以何藥而製造. 先生曰 鉛出鉛中 方爲至寶. 汞傳金汞 鉛汞造氣 乃號黃芽". 이 논문의 심사 의견 가운데 다음과 같은 해석이 있었다. 의미 있는 해석이므로 첨부한다. "납이 납 원석에서 녹아 나오면 비로소 최고의 보배(순수한 납)가 되고, (약 300℃) 수은은 금홍(납·수은 합금, 즉 납 아말감)으로 변한다. 납과 수은이 일정 온도에서 기체를 만들어내면(수은 증기가 배출되는 과정) 이를 황아라고 부른다.(실제로는 아말감 속에 남은 납이 산화되어 사산화삼납이 되는 과정으로도 볼 수 있다. $3Pb + 2O_2 \rightarrow Pb_3O_4$)

[127] 『백문결』, "先生曰: 成藥之日, 是一味水銀神水之胎, 作紫金之粉, 色含五彩, 以表五行成身, 號曰金液還丹, 太古神仙, 皆同一法"

[128] 『백문결』, "直至諸經 唯讚鉛之功能也. 若捨其鉛 如棄父母 而求孩子也. 古歌曰 莫壞我鉛 令我命全. 莫壞我車 令我還家. 鉛斷河車 所作無功. 鉛絶河車 所作無出. 又曰 玄生因金公 巍巍立始終. 又曰 一物含五彩 永作仙人祿"

은 "사람이 황아(금액환단)를 복용한다면 '장생불사' 할 수 있다"고 말한다. 그러나 당대에도 외단의 부작용은 매우 심각했던 것으로 보인다.

> 이것은 모두 신선의 묘술을 얻지 못한 것이다. 선경의 이치를 살펴보지 않고 오행에 따라 약을 제조하지 않아 일월의 정화를 얻지 못한 것이다. 그리고 또 여러 유사한 것을 사용하여 서로 섞고 또 지극히 참된 방법과 꽤 어긋나기도 하니 비록 불로 제련된 수은 천근을 얻었더라도 또한 기와장이나 돌멩이와 똑같다. 그러므로 약을 복용하여 변화할 수 없을 뿐만 아니라 또한 먹게 되면 사람의 수명이 짧아지게 한다. 그러므로 『왕진인전』에 이르기를 옛날에 어느 형제 두 사람이 수은 1근을 가지고 양산곡 속에서 삼년동안 제련하고 화로 제압하여 붉은 옥과 같은 색을 얻었는데 그들이 이것을 지약이라고 말하였다. 형제는 각각 반근씩 복용하자 유월 한여름에도 솜옷을 입어야 했고 또 사람이 부축해주어야 했다. 이것은 수명을 연장하기를 바라다가 도리어 몸을 망치는 재앙을 초래한 것이니 어찌 잘못된 약재를 쓰고 방술이 잘못되어 그런 것이 아니겠는가. 이것을 통해 징험할 수 있다. 이는 정말로 참된 것을 구하는데 달려 있으니 만약 참된 근원을 얻게 되면 만에 하나도 잘못되지 않을 것이다.[129]

위의 부작용의 사례는 '수은' 중독으로 보인다. 그러나 여전히 현수

---

[129] 『백문결』, "先生曰, 此皆不得神仙之妙術, 不按仙經之理, 不依五行製造, 不得日月精華.或用諸類相和, 或於至真違遠, 縱得千斤伏火, 亦與瓦石一般.非惟點化無堪, 亦致服食夭人壽矣.故王真人傳云,古有兄弟二人, 將水銀一斤, 於陽山谷之中, 鍊燒三年, 伏火如紅玻璃之色, 言是至藥.兄弟各服半斤, 六月須著綿衣行, 又要人扶策, 此希延壽, 返有墮身之災 豈非藥類不同, 方術錯悞, 此可為驗.切在求其真, 若得真源, 萬不一失"

선생은 원인을 잘못된 약재 혹은 잘못된 방술 탓이라고 보고 있다. 따라서 이광현이 약의 분량을 묻자 수은과 납을 각기 팔냥씩 넣으라고 주문한다.[130] 현수선생은 금단을 제조했지만 효험을 얻지 못한 경우는 모두 방술이 잘못 전해져 왜곡된 것이라고 말한다.[131] 뒷부분에 스승은 광현에게 함부로 자신이 전한 비전을 전하지 말라고 당부하는데, 그 원인 가운데 하나는 당대 '외단' 복약으로 인한 부작용이 많았고 사회문제가 되었던 것은 아닐까 추측된다. 왜 금액환단만이 약이 될 수 있는가라는 광현의 질문에 스승은 다음과 같이 말한다.

> 네가 우둔해서 여전히 알지 못하는구나. 내가 자세히 말할 테니 들어봐라. 세상 사람이 오행을 품부받아 태어나지 않음이 없는데 어찌 간·심·비·폐·신에 이르러서도 어찌 음양오행을 버릴 수 있겠는가. 환단이라는 것은 오행의 정기를 단련하여 만상의 신광을 머금어서 자금의 신묘함을 얻어서 진액의 이름으로 유전된 것이다. 이것을 복용한 자가 어찌 진실로 사지가 단단하게 보존되고 오장이 견실해져서 저절로 장생하는 경지에 이르지 않겠는가. 인간세상을 벗어나서 신선이 될 수 있는 바탕을 이루는 일이 바로 목전에 있을 것이다.[132]

---

130 『周易參同契』에서 精을 16냥으로 언급한 이래로(「龍虎兩弦章」, 9, "上弦兌數八, 下弦艮亦八, 兩弦合其精, 乾坤體乃成. 二八應一斤, 易道正不傾") 원대 李道純이 지은 『中和集』에 따르면 인간의 태어나면서 얻은 정이 16냥이라고 표현된다. (「三五指南圖局說」, 1, "曰嬰兒是一含眞氣也 十月胎成 入聖基者 三百日胎 二八兩藥 烹之鍊之 成之熟之 超凡入聖之大功也 故曰入聖基也") 16냥(二八兩)은 외단에서 약물의 양으로, 내단에서는 인간이 가진 精의 양으로 해석되었다.
131 구체적인 예로는 礬石을 鉛汞과 같이 쓰는 것 등이 있다.
132 『백문결』, 先生曰: 爾之愚鈍, 猶不知之, 聽吾細說. 且世間之人, 無不稟於五行而生, 至於心肝脾肺腎, 豈棄陰陽五行. 還丹者燒五行之精氣, 含萬象之神光, 得紫金之妙, 流津液之名, 服之者豈不保固四肢, 堅牢五藏, 自然長生有地, 去世成因, 事在目前.

단약의 제련이 '오행 원리'를 중심으로 이론화되었음을 볼 수 있다. 오장의 작용 그리고 오행의 원리를 명확한 이론의 증거로 확정하고, 부작용의 사례에도 불구하고 정확한 분량과 제련법을 통해서 금단이 만들어질 거라고 믿었던 배경에는 당시 도교의 '외단' 문화가 동북아시아 전역에 종교적 신념처럼 퍼져있었던 것이 원인일 것이다.[133] 그렇다면 왜 이렇게도 절박하게 '금단'을 구했던 것일까? 『백문결』의 앞에서 인생의 유한함과 더불어 '전쟁'에 대한 두려움도 있었던 것으로 보인다. 현수선생은 가르쳐 준 이론을 누설하거나 경솔하게 하류들에게 전하지 말라고 당부하면서 전쟁이 한창이라 백성들이 전란을 피해 산으로 숨기 때문에 약을 제련하기가 어렵다는 것을 말한다. 『백문결』에 따르면, 이광현은 불사를 위한 금액환단 제련에 가장 큰 어려움은 첫째, 잘못된 제련 방법에 따른 '단약 부작용'이었던 것으로 보인다-부작용이 생기거나 효과가 없는데도 불구하고, 전승 방법이 잘못 되었다고 생각하고 있다-. 둘째는 전쟁으로 인해 근 3년씩 불가마를 쓰는 행위를 하기 어렵다는 것이다. 전쟁은 단약 제련의 어려움인 동시에 '생존'을 위해 '인간 한계를 뛰어넘는 몸'이 가능한 단약을 만들고 싶은 강력한 동기이기도 했을 것이다. 셋째는 금전적인 어려움이다. 이 글의 서두에 스승 현수는 이광현에게 한 첫 질문이 "재산이 얼마나 되는가"였다. 외단을 위한 '납', '수은', '황금' 등은 당시 고가의 재료들로서 재력이 없다면 단약 제조를 위한 착수 자체가 어려웠다. 그러한 풍경을 『백문결』은 다음과 같이 보여준다.

---

[133] 동아시아의 외단 문화는 대표적으로 葛洪(283-343?)의 『抱朴子』로 유추해 볼 수 있다.

천하의 여러 돌과 온 나라의 여러 반礬·동정銅精·철정鐵精·석록石綠·토록土綠을 다 쓰느라 자금을 죄다 허비하는 사람들이 있는데 모두 다 성취하는 바가 없다. 그러면 정의는 점점 미혹되고 심신心神은 더욱더 어지러워져 신선神仙 방술이 편안하고 심원하다는 것을 믿지 않으니 어찌 대도大道에 번잡함이 없다는 것을 알겠는가? 영단靈丹이 여기에 있지 않다고 여기어 지극한 약이 바다 밖에서 난다고 말하면서 파사국에서 백반白礬, 자반紫礬을 구하거나 회흘지역에서 금강옥설金剛玉屑을 찾느라 자칫하면 많은 세월을 보내고 온갖 미혹된 이야기를 하는데, 설사 그것을 구해오더라도 또한 쓰일 곳이 없다. 이로 인해 근심하여 머리는 흰색으로 변하고 고심하다가 구천으로 돌아가게 되니 이와 같은 것은 모두 약의 성질을 깨닫지 못하고 약의 부류를 알지 못하기 때문이다.[134]

외단의 재료를 위해 다양한 금속과 석기 재료들이 쓰였고, 이로 인해 자금을 허비하는 사람들도 많았던 것으로 보인다. 또한 재료 구입을 위해 먼 지역으로 여행하는 경우도 많았던 것으로 보인다. '파사국'은 오늘 날의 '이란'으로 알려져 있다. '회흘'은 위구르족을 일컫는 말로 위그르 지역은 동쪽으로는 내몽고 서쪽으로는 알타이 산맥 남쪽으로는 고비사막까지 이르렀다고 한다. 이를 통해 볼 때 외단 재료를 구하는 여정이 이란과 위구르족의 지역까지 닿았음을 알 수 있다. 또한 어린아이 소변이나 뽕나무 숯, 아궁이 그을음도 당시 재료로 쓰였다고 기록하고 있다. 발해 이광현은 신선이 되어 불사하거나 양생하여 수명을 늘리기 위

---

134 『백문결』, "更有用盡寰中衆石, 海內諸礬銅精鐵精, 石綠土綠, 罄竭資金, 皆無所就.情意稍迷, 心神益亂, 不信仙方寧遠, 豈知大道無煩.謂靈丹不在此間, 言至藥生於海外, 便向波斯國內, 而求白礬紫礬.或向回紇域中, 尋訪金剛玉屑.動經多歲, 惑說萬途, 縱饒覓得將來, 亦無用處.愁髮因玆變白, 苦心為此歸泉, 如此皆為不曉藥之情性, 不知藥之類聚"

한 '금액환단(단약)' 제조를 위해 사활을 건 것이다.

발해시기, 도교 수련의 공효

『백문결』에서 도교의 불사 공부에 들어간 사람들의 얼굴이 일반인과 같지 않다고 말한다.

도인이 다시 광현에게 물었다. "나의 수염과 머리털, 모습을 살펴보았는가?" "고인께서는 수염과 살쩍에 다름이 있으며, 머리털은 푸르고 얼굴은 어린아이와 같고, 입술은 붉고 이는 흽니다." "이 도를 행하면 마침내 이렇게 된다. 내가 지금 벌써 백세를 지났지만 질병을 알지 못한다. 그대가 어찌 나를 알리오?" 광현이 재배하고 감사하며 말했다. "나이 어린 소자가 대도大道를 들었습니다. 이 어찌 고인께서 굽어 살펴주시어 비결을 가르쳐 주신 것이 아니겠습니까? 종신토록 간직하면서 은덕을 가슴에 새기겠습니다."[135]

도교는 유교, 불교와 달리 공부의 공효를 신체적 특징으로 드러낸다. 도교 불사 수련의 목표는 첫째 늙어감이라는 인간의 한계를 극복함에 있다. 어린아이 같은 얼굴과 붉은 입술, 검은 머리카락이 대표적인 예이다. 두 번째는 수련을 통해 자신만 신선이 되는 것이 아니라 공동체의

---

135 『백문결』, "復問光玄曰, 見吾髭髮儀形否. 光玄曰, 高人髭鬢有異, 紺髮童顔, 朱脣皓齒. 道人曰. 行此道, 遂得如斯, 余今已逾百歲, 不識疾病. 汝豈知我乎 光玄再拜謝曰. 少年小子, 獲聞大道. 豈非高人垂念, 指示秘關, 終身保持, 佩服恩德. 後至東岸下船, 道人自欲遊新羅·渤海, 告別光玄. 光玄乃涕泗交幷, 奉辭道人, 歸還故里"

행복을 추구한다는 목표가 있다. 『백문결』에서도 현수선생은 이광현을 제자로 받을지 말지를 고민하는 순간에 금단의 도를 구하려는 목표가 자신만을 위하는 것인지 아니면 세상 사람들을 구하려는 것인가를 묻는다. 이에 광현은 "첫째는 내 몸을 위해서이고, 둘째는 세상의 인연 있는 사람을 구제하여 함께 연마하려는 것이니, 단지 저만을 위해서가 아닙니다."[136]라고 답한다.

이광현은 위의 질문과 연관하여 금단약을 먹고 신선이 되어 승천할 수 있다 하더라도 현실 삶에서 어떻게 유용하게 쓰일 수 있는가를 묻는다. 이에 대해 현수선생은 다음과 같이 말한다.

> 선생이 대답하기를, "어리석은 사람아! 어찌 금액 환단이 쓰일 데가 없겠느냐? 이 단은 일 년에 십 개월 동안 충분히 과정을 거친 뒤에 화로를 열어보면 자분이 금이 되어있고 솥을 열어보면 황아가 찬란하게 빛나 오색을 머금고 있으며 백령이 모여 있다. 환단이 완성되었는지 시험해 보려면 먼저 이것을 가지고 환단을 가지고 수은에 떨어뜨렸을 때 황금의 증험이 이루어진다. 그것을 복식한 후에 영원히 근골이 단단해지니 목숨을 구제하고 집안을 구제한다는 말이 헛소리가 아니다."[137]

흥미로운 점은 금액환단이 화로 안에 있을 때는 금의 모습을 띤다는 것이다. 불사의 몸을 갖게 되고 개인적 목숨뿐 아니라 많은 사람을

---

136 『백문결』, "光玄曰, 訪尋金液之 一爲己身 二爲提拔世途有分之者 便卽相鑴 非直爲己. 老人曰 子誠意如此卽可相傳. 若爲一身 神仙非許"
137 『백문결』, "先生曰, 迷人, 金液還丹, 豈無使用.此丹 一年滿足十月周圓, 開爐而紫粉成金, 啟鼎而黃芽發耀, 包含五彩, 聚集百靈.先將點制於水銀, 立成黃金爲驗.服食之後, 永固筋骸, 濟命濟家, 且非虛說"

구제할 수 있다고 말한다. 그러나 교만하거나 사치스럽다면 정기가 일곱 구멍에서 새어 나가 단전이 견고하지 못하게 된다는 도덕적 경고도 잊지 않는다. 금단 수련의 공효 가운데 하나는 이상세계에 도달할 수 있다는 것이다. "금화대도를 얻은 자는 흰 사슴을 타고 서쪽으로 가 곤륜에서 노닐 수 있고, 그것을 만난 자는 푸른 소를 타고 동쪽으로 가 부상을 볼 수 있으므로, 천지와 같이 오래 살아 강하가 변하는 것을 보게 된다"라고 말한다. 이광현은 스승을 노자에 비유하고 필요한 단재를 갖추어 약재를 제련하러 간다고 말하면서 글을 마무리한다.

지금까지 이광현의 『백문결』 내용을 중심으로 8세기(당 현종, 712-756) 한 발해인의 구도 과정을 『노자』와 『노자상이주』와의 비교 안에서 살펴보았다. 10세기 이전 한반도의 도교연구를 위한 문헌자료는 『삼국사기』, 『삼국유사』, 일본 고대 의서 등의 단편적 기록밖에 없었다. 그러므로 발해인 이광현이 신선이 되기 위한 방법을 스승과 문답 형식으로 편집한 『백문결』은 발해의 종교문화와 도교사를 새롭게 구성할 수 있는 주요한 자료이다. 『백문결』에서 말하는 불사의 의미, 그리고 구체적 수련 방법들, 수련의 공효는 다음과 같다.

첫째, 『노자』에서 인간의 죽음은 잘못된 처세 혹은 자연재해, 전쟁, 공포정치로부터 온다고 생각했고, 『노사상이주』에 이르면 죽음은 기의 흩어짐이며 인간이 정精을 보존하지 못하면 죽게 된다고 보았으며, 『백문결』에서 인간의 죽음은 '삶의 유한성'을 자각하게 하는 계기인 동시에 '불사'의 목표를 위해 극복해야 할 대상이다. 이광현은 죽음을 극복하기 위해 '단약(금액환단)'의 제련에 자신의 삶을 집중하며 유토피아에 이르기를 희망한다. 둘째, 『노자상이주』에서 수련자는 육체의 '정'과 '기'를 지키기 위해서는 '폐심閉心'이 되어야 하며, 정과 기가 신으로 변화하면 신선이 된다고 말한다면 『백문결』은 7-8세기 이광현을 통해 발해와 중원 지역의 '외단' 열풍을 보여주며, 납과 수은을 제련해 만드는 '금액환단(황아)'의 제조가 불사의 방법임을 드러낸다. 셋째, 불사를 위한 금액환단 제련에서 수은 중독과 같은 부작용, 전쟁으로 인한 어려움, 단재 마련의 어려움이 있었다. 넷째, 불사 수련의 목표는 노화의 극복으로, 육체의 질적 변화를 통해 어린아이 같은 얼굴을 가지게 되며 수련을 통해 자신만 신선이 되는 것이 아니라 공동체의 행복을 추구하며 신선이 되면 이상향에 도달한다는 것이다.

5
고려시대 재초의식과 도가와 도교

『고려사』에서 '도가道家'는 '경신일을 지키는 것' 즉 도교의 제례를 포함하는 의미로 사용된다. 태자가 밤새 잔치를 열고 풍악을 울려 비난을 받았는데, 이것을 왕실에서 도교의 주요한 의례 가운데 하나인 '경신일'을 지키는 것이었다고 반론하였다는 기록이 있다.[138] 이를 통해 보면 당시 '도가'라는 용어가 도교의 대표적 제례를 포함하고 있음을 알 수 있다.

고려시대 대표적인 도관으로는 복원궁福源宮과 구요당九曜堂 등이 있었다. 구요당은 고려 태조 시기 건립되었으며, 당시 다양한 재초의식이 행해졌음을 알 수 있다.[139] 고려 예종 시기 건립된 복원궁은 1110년 송의 도사가 들어와 도관을 세우고 제자를 택하여 서도書道를 가르친 것이 그 시초이다. 복원궁은 나라에서 마련한 도관으로 재초齋醮의 상소였고 도교도道教徒들이 머물렀다고 기록되고 있다.[140] 도교의 최고신인 '원시천존元始天尊'을 안치했고, 삼청三淸(해와 달 별을 담당하는 신격) 신에게 초례를 지냈다. 관련한 복원궁의 건립 경위는 고려 후기의 문인 임춘林

---

138 『고려사』 26, 元宗, 6年, 1265년 4월
139 김철웅, 『고려시대의 도교』, 경인문화사, 2017, 44-56쪽. 이 연구는 고려 사료에 드러난 재초의식을 세밀하게 정리하고 고찰하였다.
140 『고려도경』 17, 「福源觀」

椿의 『서하집西河集』 「일재기逸齋記」에 기록되어 있다. 복원궁의 모습은 1123년(인종 1)에 북송 사신의 수행원으로 따라왔던 서긍徐兢의 『고려도경』에서 살펴볼 수 있다. 그에 따르면 복원궁은 송도의 북쪽 태화문太和門 안에 있으며 정면의 전방에는 '부석지문', 차방에는 '복원지관'이 있었다. 전각 안에는 삼청상三清像(해·달·별을 상징하는 도교의 세 신상)이 그려져 있고 그 중 혼원황제混元皇帝인 노자의 상이 있었는데, 송나라 휘종이 그린 노자의 상과 일치했다고 한다. 복원궁에는 재궁齋宮이 있어 도사 10여명이 낮에 거처하여 여러 가지 도교의 제례의식을 집행하고, 저녁에는 개인 거처로 돌아가곤 하였다. 복원궁과 구요당은 왕실의 양재초복禳災招福을 위하여 재초를 설행하는 것이 주된 임무였으며 이후 강화도 천도 시기 1253년(고종 40)에는 최항崔沆이 대궐의 서쪽으로 옮겨 놓았다가 조선이 개국하면서 1392년 11월에 폐지되었다.[141]

『송사宋史』 고려전과 서긍의 『고려도경』에 도사에 관한 기록이 있는데, 『송사』에는 대관 연간에 도관을 세우고 우류羽流 즉 도사 10여 인을 보내 주었다고 하였다. 『고려도경』에는 도사 2인을 고려에 보내 주었고 예종의 도교신앙이 독실하여 정화 연간에 복원관을 세워 도사 10여 명을 두었다고 하였다. 이러한 중국의 기록에 의하면 복원궁의 창건 동기는 예종의 독실한 도교신앙에서 비롯되었고, 복원궁의 운영을 준비한 도사들은 송 휘종이 보낸 중국 도사들임을 알 수 있다.

『고려사』에는 복원궁과 구요당에서 행해진 재초에 대한 다수의 기록이 남아 있다. 송나라 사신 서긍徐兢(1091-1153)의 『고려도경高麗圖經』(1124)에 따르면, 당시 고려에서 도교를 숭상하는 것이 불교를 뛰어넘는다고 기록된 바도 있지만, 다만 『고려사』의 도교 관련 자료로 사용되는

---

141 양은용, 「고려도교사상」, 1985

재초 기록들만으로 당시 도교의 모습을 추측하기가 쉽지 않다. 흥미로운 것은 고려의 예종이 복원관을 건립하고 난 후 도가의 책들을 전수하여 불교를 대체하려고 하였다는 기록도 있다.[142] 당시 왕실은 도교의 재초의식을 지나치게 신봉한 것으로 보이는데, 재초는 크게 두 가지 측면에서 이루어진 것으로 보인다. 첫째가 왕실의 각종 의례 관련한 출산 및 상례 등이었고, 또 다른 측면은 기우제를 비롯한 각종 제례였다. 기우제의 경우, "기묘 산천 및 여러 신사神祠에서 비를 빌었다. 내전內殿에서 삼계三界에 초제醮祭를 지내고, 복원궁福源宮에서 태일太一에 초제를 올렸다."[143]와 유사한 기록들이 남겨져 있다.

그렇다면 이 시기 도교 모습은 어떠한가? 고려 예종이 도교에 심취하게 된 것은 이중약李仲若(?-1122)의 영향으로 보이는데, 「일재기」에 따르면, 이중약은 어려서부터 도교에 심취하여 수도를 계속하였고, 의술에도 밝아서 숙종의 임종 무렵에 병을 고치기 위해 송도로 불려갔으며, 예종이 도교에 심취하는 데 많은 영향력을 행사하였다. 그 뒤 휘종 치하의 송나라에 가서 도교를 배우고 귀국하여 복원궁을 세우고 도교의 이치를 강론하였는데, 은하수의 뭇별과 같이 많은 사람들이 몰려 들었다 한다. 그렇다면 그가 배운 송나라의 도교는 무엇이었을까? 이 시기 송의 휘종徽宗(1082-1135)은 부록파 도교와 뇌법파 도교에 빠져 있었다. 휘종 옆의 대표적인 도사로 남종南宗 5조 가운데 하나인 장백단의 재전제자 진남陳楠이 있었다. 진남은 단결丹訣과 뇌법雷法을 수행한 도사로, 휘종은 그를 제거도록원사提擧道籙阮事로 발탁하기도 하였다.[144] 진남이 수

---

142 『宣和奉使高麗圖經』 18, 「道敎」
143 『고려사』 17, 毅宗 6년 4월
144 이원국, 『내단』 2, 김낙필 외 역, 성균관대출판부, 2006, 36-41쪽

행한 뇌법 도교는 내단과 부록을 합한 수련 방식으로 신선이 되기를 구하는 교파로서, 안으로는 내단을 수련하고 밖으로는 부록符籙을 수행한다. 부록이란, 신에 대한 기도와 재초 등을 중심으로 행하며 '교화권선 敎化勸善'을 주장한다. 즉 뇌법파는 내단법을 수행함과 동시에 부록 수행을 통해 풍우를 부르고 귀신을 부린다.[145] 특히 송나라 휘종이 이 뇌법파 도교를 좋아했고[146] 결국 북송이 망하는데 결정적 기여를 하였다.

요컨대, 『고려사』를 중심으로 볼 때, '도가道家' '도교道敎'라는 용어는 '경신일'과 같이 민간에 퍼져 있던 도교 의례를 지칭하는 것으로 왕실을 중심으로 하는 하는 도교의례 및 재초를 가리키는 것으로 볼 수 있다. 고려시대 왕실의 안녕을 위한 초례와 재초가 많이 행해졌음을 알 수 있는데, 송나라 휘종 시기 도교의 영향을 받아 고려에서도 복원궁이 건립되었고, 도사가 활동했음도 알 수 있다. 대표적인 도사 이중약이 송에 가서 배운 도법이 아마도 송의 휘종이 침착했던 뇌법파의 도교였을 것으로 추측된다. 그렇다면 고려시대 당시 도교는 재초의식과 같은 도교제례와 내단도교 그리고 부록파 도교를 지칭하는 용어였을 것으로 생각된다.

『동국이상국집』에서의 '도교'

고려시대는 '도가'와 '도교'라는 용어보다는 '재초'와 '초례'라는 용어

---

145   胡孚琛, 『中華道敎大辭典』, 中國社會科學出版社, 1995, 47쪽 참조
146   송의 휘종은 이 내단과 부록을 결합한 뇌법파 도교에 심취해서, 실제로 금이 침입해 황궁을 호위했을때도 道君의 복장을 하고 도술로 금군을 막아낼 수 있었다고 믿었다.

로 '도교'의 풍광을 살필 수 있었다. 그렇다면 당시 고려인들의 '도가' 혹은 '도교'는 어떤 요소로 구성되고 상상된 개념이었을까? 이를 살피기 위해 이규보(1168-1241)의 『동국이상국집』에 나오는 '도교' 요소를 고찰해 보자. 첫째, 가장 주목되는 지점은 장생불사에 대한 욕망이다. '책상에는 참동계가 있지만 주머니에는 불사약이 없네'[147]라는 내용을 보면, 단약서로 『참동계』가 지식인 계층에서 많이 읽혔으며, 그들이 그 책을 통해 '불사'를 논의하는 풍경이 있었음을 알 수 있다. 둘째는 태상노군太上老君, 태상현원황제太上玄元皇帝 즉 신으로서의 '노자'에 대한 언급이다. '자미문에 들어가 노자를 만나 조화로운 기운을 얻어 만인들과 함께 마시고 싶다'[148]는 노래는 당시 도관 '복원궁'에 '노자'가 모셔져 있음을 상기시킨다. 도교의 신으로서의 '노자'를 언급하고, 화기和氣를 마셔 취한다는 양생론 등이 드러나 있음을 알 수 있다. 셋째는 이규보는 여러 차례 노자를 자신의 조상이라고 언급하고 '노자'를 예찬한다. 이규보는 자신에게 주는 글에서 자신이 노자의 후예로 벼슬을 내놓고 자연으로 돌아가고 싶다고 말한다.[149] 넷째는 내단 수행을 통해 '노자'·'장자'가 될 수 있다고 말한다. "도가 이미 내면에 충실하면 윤기가 겉으로 얼굴에 피어나서 자연 어린아이로 환원하여 반드시 신선 중의 인물이 될 것이다.…그 몸이 장자나 노자가 되어 오려는가, 아니면 안기생安期生(신선)이나 선문자羨門子(신선)가 되어 오려는가?"[150] 라는 시를 통해 내단 공부를 통

---

147 이규보, 『동국이상국집』, 1, 「古律詩」, "案有參同契, 囊無不死方"
148 이규보, 『동국이상국집』, 3, 「古律詩」, "唯願一入紫微門, 奉謁玄元太上君, 一吹橐籥鼓和氣"
149 이규보, 『동국이상국집』, 9, 「古律詩」, "故看吾祖五千文, 一篇讀了心虛寂, 反欲休官入白雲"
150 이규보, 『동국이상국집』, 21, 「序」, 거제(巨濟)도에 부임하는 이 사관(李史館)을 전송

해 회춘하고 장자 노자와 같은 신선이 될 수 있다고 언급하고 있다. 다섯째, 도가의 정치술을 논의한다. "노자는 비록 화려한 집이 있더라도 설레지 않고 한가한 마음으로 초연하게 있다."[151]라는 글을 통해 최승제가 큰 누각을 건설한 것을 우회적으로 비판하기도 한다.

이 밖에 다양한 『노자』와 『장자』에 대한 인용이 있으며, 신선에 관련된 경전인 선경仙經을 이야기 한다.[152] 『노자』와 『장자』에서 주로 인용되는 구절은 대부분 자연으로 돌아가 인위적인 마음을 경계하는 내용이거나 육신의 허무함을 이야기 하는 구절이다. 권모술수를 버리고 단박하게 살아야 한다는 의미로 『장자』 「천지」편의 "기계를 쓰려는 마음이란, 곧 인위적이고 불안정한 마음이다."고 하거나, 나라를 부유하게 못 만들면 가난한 살림이 마땅하니, 이것을 천도로 해석한다면 『노자』에서 말하는 '돌아가기를 좋아한다'라고 말한다.[153]

요컨대, 『동국이상국집』을 통해 고려시대의 도교적 풍광을 묘사하면, 당시의 엘리트들은 외단과 내단서의 대표적 서적인 『참동계』를 읽고, 노자와 장자와 같은 신선이 될 수 있다는 것을 믿었던 것으로 보인다. 내단 수행을 통해 장생불사할 수 있다고 생각했다. 또한 태상노군太上老君, 태상현원황제太上玄元皇帝와 같은 노자 신격을 신앙하는 풍조가 있었다. 이 밖에 사상으로서의 『노자』와 『장자』를 읽고 인위적 마음을 경계하거나 처세술을 논의했다. 이상의 풍광과 앞서 논의한 고려시대의 재초와 도교의례 및 송나라 휘종 대의 전래된 도교를 종합해서 고려시대 '도가' 혹은 '도교'로 정의되는 바는 다음과 같다.

---

151 이규보, 『동국이상국집』 24, 「記」, 答崔承制之大樓記
152 이규보, 『동국이상국후집』 2, 「고율시」, "狎鷗聞海客, 相鶴有仙經"
153 이규보, 『동국이상국후집』 3, 「古律詩」, 101, 1백 1수, "渠是三韓宰相官, 從前尸祿尙何顏, 公難潤國私宜涸, 以道觀之是好還"

첫째, '재초'와 같은 도교의례를 의미한다. 또한 재초를 중시하는 부록파 도교의 영향을 볼 수 있다. 둘째, 『참동계』와 같은 내단수련서(외단 포함)를 읽고 기운의 조화를 모아 단을 완성하고 신선이 될 수 있다는 내단도교를 포함한다. 셋째, 노자와 장자 특히 노자는 도교 최고의 신격이며, 그의 사상인 '무위자연無爲自然'은 당대 엘리트들이 향유했던 사유였다.

제 III 편

조선전기의 도가사상과 구결서

1

조선전기의 도가사상

　조선전기[154] 도가사상의 특징 연구는 조선 후기에 비해서 관심이 집중되지 못하였다. 조선 초기 '노씨老氏'였던 노자는 조선후기에 이르면 이충익의 『초원담로』에서는 '현군玄君' 신작의 「노자지략서」에서는 노군老君으로 격상된다. 조선 후기 이충익은 당시의 편협한 이단관을 비판하면서 '노자와 공자는 같은 도를 말했을 뿐'이라고 보았다. 그렇다면, 도가의 위상이 높아지기 이전 시기, 15-16세기 「노자」와 「장자」에 대한 학문적 판단 기준은 어떻게 변모해 나갔는가? 기존의 조선 도가사상 연구에서 다루어져 왔던 5권의 노자주석서(『순언』, 『신주도덕경』, 『도덕지귀』, 『초원담로』, 『정노』)와 2권의 장자 주석서(『남화경주해산보』, 『장자변해』)는 율곡의 『순언』을 제외하고, 모두 임진왜란 이후의 작품으로 연구시기가 조선후기에 한정되었다. 그러다보니 조선 전기의 도가사상에 대한 연구가 부족하였다.

　이 장에서는 조선전기 이단이라고 규정된 도가 사유가 15세기와 16

---

[154] 조선전기는 임진왜란(1592~1598) 이전을 기준으로 삼았다. 다만 16세기 후반기에 태어나 활동했던 사람들의 작품은 정확한 저술 시기를 고증하기 어려운 경우가 많다. 따라서 생몰 연대가 16세기 후반인 학자들의 경우, 임란 이후 50년 안에 있는 자료도 조선전기에 포함시켰다.

세기를 거치면서 어떻게 변모해 나가는가를 살피고자 한다. 조선은 유교국가로 개국 초기부터 도교·불교를 이단시하였다. 정도전은 「심기리편心氣理篇」에서 도교가 도덕의식이 없다고 비판하였다. 인의仁義를 중시하지 않고 양생에만 힘쓰는 것을 거북과 뱀에 지나지 않는다고 비하하였다. 이러한 조선 초 이단의식고취가 15세기와 16세기를 지나면서 어떻게 변모해 나가고 변용되어 나가는가를 고찰하고자 한다. 조선전기 신유학이 성숙되어 가는 시기, 이단의 사유에 대한 당대 지식인들의 이해를 살펴보고자 한다.

정도전의 도교 비판 이후 도가 관련 자료들이 '시' '부' '논설'의 형태로 본격적으로 나오는 시기는 조선 개국(1392) 후 100년이 지난 시점이다. 이 시기는 조선왕조에서 사화가 일어나기 시작한 시점[戊午士禍, 1498]과 유사하다. 당시의 지배층은 신유학을 수용하고 이를 바탕으로 경륜을 펼쳤다. 그렇다면 정파에 따라 어떻게 도가사상이 전개되었는가? 예를 들어 「독노자讀老子」 시와 「장주호접변莊周胡蝶辨」 등을 남긴 이행李荇(1478-1534)은 갑자사화 때 화를 입은 사림이다. 「서도덕경후書道德經後」 논설을 남긴 신흠(1566~1628)은 사림으로, 이이를 옹호하여 동인으로부터 배척을 받기도 하였다. 이렇듯 사화를 겪거나 당쟁에서 피해를 입은 학자들 중심으로 도가 사상에 대해 관심이 있었다는 점은 흥미로운 부분이다. 조선시대 당쟁이 단순한 권력다툼이 아니라 학파의 문제라는 점에서 더욱 그러한다.

15세기 16세기 자료가운데, 현재 조선전기의 저작으로 보이는 도가 주석서는 없다. 대부분이 『노자』와 『장자』를 읽은 독후감을 시詩, 부賦, 논설論說 로 표현한 것이다. 주된 자료는 아래와 같다.

詩		
李荇(1478~1534)	「讀노자」 「노자」	『容齋先生集』 5 『容齋先生集』 7
奇大升(1527~1572)	「讀莊子」	『高峰續集』 1
具思孟(1531~1604)	「讀南華經有感」	『八谷先生集』 2
申欽(1566~1628)	「老子吟」 「讀道德經」	『象村先生集』 8 『象村先生集』 20
姜籀(1567~1651)	「夜讀南華經」	『竹窓先生集』 4
鄭忠信(1576~1636)	「讀老子有感」 「讀南華經有感」	『晚雲集』 1
崔奇男(1586~?)	「讀老子」	『龜谷詩稿』 3

賦		
趙又新(1583~?)	「問禮於老子」	『白潭遺集』 3
柳根(1549~1627)	「偶閱南華經」	『西坰詩集』 3
申欽(1566~1628)	「大覺賦」(『莊子』,「齊物論」)	『象村先生集』 1

論說		
鄭道傳(1342~1398)	「心氣理篇」	『三峰集』 10
金正國(1485~1541)	「莊周胡蝶辨」	『思齋集』 3
李荇(1478~1534)	「莊周胡蝶辨」	『容齋先生集』
申欽(1566~1628)	「書道德經後」	『象村先生集』 37
許筠(1569~1618)	「노자」 「莊子」	『惺所覆瓿稿』 13 『惺所覆瓿稿』 13
張維(1587~1638)	「노자見道體」	『谿谷先生漫筆』 1

조선전기 도가사상은 '억불숭유抑佛崇儒'·'벽도불闢道佛'이라는 명제 아래 논의 되었다. 실제로 조선 초기 도교는 '윤리의식을 버리고 장생만을 추구하는 사악한 사술'로 인식 되었으며, 『노자』의 '인을 끊고 의를 버린다'와 같은 사유는 '인의仁義'가 도덕률로 중시되는 유교사회에서 비판 받았다. 그러나 개국 후 100년이 지나면 '도가'에 대한 인식은 확연히 달라진다. 신흠은 '절인기의絶仁棄義'에 대해 "노자는 도덕만 말하고 인의는 경시하였는데, 인의를 경시한 것은 인의를 병되게 여긴 것이 아니다. 도덕이 없어짐을 병되게 여겨 태고의 순박함으로 돌아가려고 했을 뿐이다[155]"라고 하여 『노자』에 대한 이단 논의를 불식시킨다. 「노자」라는 논설을 남긴 허균許筠(1569~1618)은 '세상 사람들이 『노자』를 육경에 포함시킬 수 없다고 하는데, 『노자』는 『주역』과 『중용』에서도 말하지 못한 바를 말했다[156]고 높이 평가한다. 또한 그는 장자에 대해서는 '『장자』「대종사」편의 안자에 관련된 일화를 들어 『논어』의 표현과 유사하다'[157]고 말한다. 이상의 예는 조선전기 사상사를 논하는 데 있어서 '벽도불'로 설명되지 않는 지점이다. 이와 같이 조선전기의 도가사상을 '벽도불'이라는 규정아래 간략히 논의할 수는 없는 지점이 있다.

이단의식과 도가 비판; 정도전의 「심기리편心氣理篇」

앞서 논의 했듯이, 조선전기의 도가사상은 억불숭유抑佛崇儒, 벽도

---

155 「書道德經後」, 『象村先生集』 37
156 「노자」, 『惺所覆瓿稿』 13
157 「莊子」, 『惺所覆瓿稿』 13

불關道佛의 규정 안에서 논의된다. 그러나 『조선왕조실록』을 보면 불교와 도교는 이단이지만, 동일한 지위에 있지는 않았다. 불교 경전과는 달리, 『노자』와 『장자』는 임금이 읽도록 권장하는 도서이기도 했고, 노자의 사유가 치세治世와 겸양謙讓의 의미로 해석되기도 하였다. 이러한 분위기 속에서 조선후기(16세기~19세기) 5권의 『노자』주석서가 등장하였으며, 유학자들은 노자에 대한 많은 논설을 남기었다. 현재까지 남아 있는 자료에 근거해 볼 때, 『조선왕조실록』에 『노자』가 100번이 넘게 기록되어 있고, 조선시대 문집에는 1500번 이상 언급되어 있다.[158]

조선의 개국 초 정도전은 「심기리편」에서 인의仁義를 중시하지 않고 양생에만 힘쓰는 것을 거북과 뱀에 지나지 않는다고 폄훼하였다.[159] 이것은 『노자』 내용 가운데 인의仁義 비판 사유와 도교의 '장생불사' 목표가 성리학 정신에 위배된다는 신념을 표현한 것이다. 이 장은 개국 초기 사상적 기반이 되었던 정도전의 「심기리편」과 『조선왕조실록』의 『태종실록』에서 임란 이전까지 200여년 간의 사료 안에서 도가 사상에 대한 언급을 발췌하고 이를 분석하였다.

조선 전기 '이단'의식은 주자학 '도통관道統觀'의 영향을 받았다. '이단'이라는 말은 『논어』 위정편의 "이단을 전공하면 해롭다[攻乎異端, 斯害也已]"에서 비롯되었다. 당 대의 한유韓愈는 「원도原道」에서 '벽이단闢異端'을 통해 도교 불교를 배척해야 한다는 견해를 피력하였다. 이러한 입장은 송 대 성리학자들에게 수용되어, 신유학의 벽이단론을 형성하게 된다. 송 대 도학자들은 '정학正學'과 '이단異端'을 엄격히 구분하고자 하였

---

158 한국고전번역원 한국고전종합DB 참조 (http://db.itkc.or.kr)
159 『三峰集』1, "老主乎氣, 以養生爲道……可死則死, 義重於身, 君子所以殺己成仁……不義而壽, 龜蛇矣哉"

다. '도통道統'은 주희가 창시자라는 견해도 있지만[160], 주희 이전 '도통'이 '역대 성왕聖王의 승계'라는 의미로 이미 쓰였다는 연구가 나오기도 하였다.[161] 일반적으로 정주학에서 '도통'은 성인 '도道'의 전승을 의미한다. 주희는 '유학의 도가 요순시대에서 공자·증자·자사·맹자를 거쳐 정자程子로 이어지는 계보를 통해 정주학이 유학의 정통임을 주장하였다.[162] 주희의 도통론은 신유학新儒學 '정주학程朱學'의 위상을 세움과 동시에, 당시 맹위를 떨치던 선종·도교와의 관계 속에서 우월적 지위를 드러내었다. 주자도 젊었을 시절 사대부 층에 유행하였던[163] 대혜종고의 '간화선看話禪'에 매료되었을 정도로 불교의 수양론은 광범위하게 펼쳐져 있었다. 송대宋代는 당대唐代 선종禪宗의 오가五家 종파가 성장하고 독주한 시기였으며, 도교의 측면에서는 수련도교인 '전진교全眞教'가 태동하고 민간도교인 '백운교白蓮教'의 교세가 융성했던 시기였다. 이러한 시대적 상황 아래서 주자는 유학의 정통성을 도통론을 통해 확장시키고자 한 것으로 보인다. 이러한 주자의 도통론은 성리학을 옹호하고 정통성을 강조하는 동시에 도교 불교를 이단으로 규정하고 비판하는 것이 큰 힘을 발휘하였다.

조선의 건국세력들도 고려말기 신진사대부들이 가졌던 문제의식의 연장선에 있었다. 신진사대부들은 성리학을 정치이데올로기로 삼아 당

---

160 「陳榮捷」의 『朱學論集』을 예로 들 수 있다. 林明熙, 「도통개념의 출현과 도학적 도통 관념의 함의」(『인문논총』 68, 2012)에서 참조하였다.
161 Chirstian Soffel, 「朱熹之前的道統論」, 『朱子學國際學術研討會』, 2010.(林明熙 위의 논문, 321~324쪽 참조)
162 『宋史』, 「道學傳三·朱熹」, "嘗謂聖賢道統之傳散在方冊, 聖經之旨不明, 而道統之傳始晦."
163 당시 대혜종고의 書狀을 살펴보면, 간화선의 편지를 수신한 인물의 90%가 모두 각계의 관료이자 사대부였다. (이덕진, 「대혜의 '서장'에 인용된 대승경전에 관한 고찰」, 『한국불교학』 10, 255~257 참조)

시 불교와 결탁한 정치의 폐단들을 개혁하고자 하였다.[164] 정도전(1342-1398)은 자신이 꿈꾸던 성리학적 이상세계를 현실 속에서 실현시키고자 하였고, 성리학을 기반으로 건국의 이념과 제도의 이론적 바탕을 제시하였다. 도교와 불교의 비판 위에서 성리학의 정체성을 확립하고자 하였다. 그는 「심문천답心問天答(1375)」, 「심기리편心氣理篇(1394)」, 「불씨잡변佛氏雜辨(1398)」을 통해서 벽이단闢異端을 다루었다.

> 의롭지 못하고 장수長壽하면 거북이나 뱀 따위일 것이요, 눈 감고 앉아만 있으면 흙이나 나무와 같은 형해形骸일 뿐이다.[165]

위의 말은 「심기리편」에서 정도전이 도교와 불교를 비판한 유명한 말이다. 정도전은 도가(도교)를 비판하면서 도덕성을 갖추지 못한 채 장수하기만을 바란다면 거북이나 뱀과 무엇이 다르겠는가라고 말한다. 또한 불교를 비판하면서는 현실성을 갖추지 못한 채 묵좌하고 있는 것이 흙과 나무와 무엇이 다르겠는가라고 묻는다. 도교를 비판하면서 거북과 뱀에 비유한 것은 도덕성보다도 장생長生이 더 큰 목표인 도교의 세계관을 비판한 것이다. 후자의 비유는 불교 수행의 궁극점이 인간의 세계 즉 현실 속에서 실용적이며, 구체적 행위로서 나타나는 것이 아니라는 것이다. 요컨대 정도전의 도교 비판점은 '도덕성과 무관한 장생長生'이고, 불교의 비판점은 '현실 개혁의 적극적 태도 결여'이다. 이러한 비판의 기조는 권근(1352~1409)의 주석에서도 확연히 드러난다.

164　斥佛정책은 조선의 1대 왕의 시기에도 본격적으로 시행되기 어려웠다. 3대 왕인 太宗에 이르러서야 사찰의 재산을 몰수하고 승려제도를 철저하게 견제하였다.
165　『三峰集』, 卷 6, 「心氣理篇」, "不義而壽, 龜蛇矣哉. 瞌然而坐, 土木形骸."

석가와 노자의 학은 적멸寂滅과 청정淸淨을 숭상하여 이윤彝倫의 중대한 것과 예악禮樂의 아름다운 것도 반드시 제거하여 없애려고 한다. 그 마음에 욕심이 없는 자는 이해利害에 밝은 자와는 다른 듯하나 천리天理의 공정함을 주장하며 인욕의 사사로움을 제재하지 못하므로, 그 일상 언행이 매번 이해에 빠지면서도 깨닫지 못하는 것이다. 또 사람의 욕구하는 바가 삶보다 더한 것이 없고, 싫어하는 바가 죽음보다 심한 것이 없는데, 이제 그들의 학설을 보건대, 부처는 반드시 사생死生에서 벗어나려 하니 이는 죽음을 두려워하는 것이요, 노씨는 반드시 장생長生을 구하고자 하니 이는 삶을 탐하는 것이다. 그러니 이해利害가 아니고 무엇이겠는가? 또 그 가운데에 의리義理의 주장함이 없다.[166]

권근은 불교와 노자의 학이 적멸寂滅과 청정淸淨을 추구해서 이해 관계에서 벗어난 듯이 보이지만, 실제로는 이해利害 관계에 빠져있다고 보았다. 즉 불교는 삶과 죽음에서 벗어나려 하니 이것은 오히려 죽음을 두려워하는 것이고, 도가가 장생長生을 구하려하는 것은 오히려 삶을 탐하는 것이라고 보았다. 불교가 생사에서 벗어나려는 목표는 반대로 생사에 대한 집착을 드러내고, 도교가 장생을 구하는 것은 반대로 장생을 탐하는 것이라고 보았다. 권근은 노자가 유교에 비해 현실의 이익에서 초월한 것처럼 보이지만 실상은 유교보다 더 현실의 이해관계에 둘러싸

---

[166] 『三峰集』, 卷 6,「心氣理篇」, "若夫釋老之學, 以淸淨寂滅爲尙. 雖彝倫之大, 禮樂之懿, 亦必欲屛除而滅絶之. 是其胸中無欲, 與趨於利害者, 疑若不同矣. 然不知主天理之公, 以裁制人欲之私, 故其日用云爲, 每陷於利害而不自知也. 且人之所欲無甚於生, 所惡無甚於死. 今以兩家之說觀之, 釋氏必欲免死生, 是畏死也. 老氏必欲求長生, 是貪生也. 非利害而何哉. 又其中無義理之主, 則枵然無得, 冥然不知, 是軀殼所存, 亦不過血肉而止耳. 此四句雖泛指衆人而言, 切中二家之實病, 讀者詳之."

여 있음을 말하고 있다.

『논어』에 이르기를, "지사志士와 인인仁人은 삶을 구하여 인仁을 해침이 없고, 몸을 희생하여 인仁을 이룸이 있다" 하였다. 이는 의義가 중하고 생명이 경한 것을 말하여 노자의 기氣만 기르고 삶을 탐하는 실수를 밝힌 것이다. 대개 군자가 실지의 이치를 보아 얻으면 마땅히 죽을 자리를 당하여는 그 몸이 차마 하루라도 삶을 편안히 여기지 못하나니, 사생死生이 더 중한가, 의리義理가 더 중한가? 그러므로 유학자는 임금이나 어버이의 어려움을 구할 때 신체와 생명을 버리고 달려가는 자가 있으니, 노자의 한갓 수련에만 종사하며 삶을 탐하는 것과는 같지 않다.[167]

권근은 정도전과 마찬가지로 노자가 도덕성을 버리고 양생만을 추구한다고 비판한다. '살고 죽는 것이 중요한가 아니면 의리義理가 중요한가?' 묻는다. 도가의 도는 자신의 장생불사長生不死를 위해 노력하는 삶이고, 유학의 유자의 삶은 임금이나 부모가 어려움에 처했을 때 그들을 구하기 위해 자신의 목숨 마저도 버리는 삶이라고 설명한다.

정도전은 유교의 '심心'과 '양기養氣'에 대해 "내가 너의 심에 주재하고 있으면 형철瑩澈하고 허명虛明할 것이요, 내가 너의 기를 기르면 호연지기가 생길 것이다."[168]라고 말한다. 이 말은 유교의 '양기養氣' 즉 호연지기가 도교의 장생을 위한 '양기養氣'와는 다름을 말한 것이다. 이에 대해 권근은 다음과 같이 주석하였다.

---

[167] "論語曰, 志士仁人, 無求生以害仁, 有殺身以成仁. 此言重義輕生之事, 以明老氏養氣貪生之失. 蓋君子見得實理, 則當其可死也, 其身不忍一日安於生, 是死生爲重乎. 義理爲重乎. 故儒者當救君親之難, 有隕軀隕命以赴之者, 非如老氏徒事修鍊以偸生也."
[168] 「心氣理篇」, "我存爾心, 瑩徹虛明, 我養爾氣, 浩然而生"

맹자가 말하기를, "나는 나의 호연지기를 잘 기른다."하였다. 이는 성인의 학문이 안팎으로 사귀어 기르는 공효를 말한 것이다. 의리義理로써 심을 간직하여 함양하면 물욕物欲에 가려짐이 없어 마음의 체가 허명虛明하고 그 마음의 쓰임이 어그러지지 않을 것이요, 의義를 모아 양기養氣하여 확충하면 지극히 크고 지극히 강한 기가 호연히 저절로 생겨 천지에 가득 찰 것이다. 본말이 겸비되고 내외가 서로 기르는 것으로 이는 유학자의 학문이 바르다는 것이니 도교 불교의 편벽됨과는 같지 않다.[169]

유교의 심은 '의리義理'로서 함양되어 도교의 '양기養氣'와 불교의 심처럼 편벽되지 않는다고 보았다. 맹자의 '양기養氣'와 도교의 '양기養氣'가 같은 것으로 오인될까 두려워 그 차이를 말하고자 한 것이다. 정도전의 「심기리편」에서 도가는 '도덕이 없는 양생술의 추구'로 비판 받았음을 볼 수 있다. 이와 같이 정도전과 권근은 도교와 불교의 비판 위에서 성리학의 정체성을 확립하고자 하였다.

조선 전기 도가자료의 수집과 해석

조선전기 도가사상과 관련된 십여 편의 논설 속에서 도가에 대한 이해가 가장 두드러진 인물은 신흠과 허균 그리고 장유이다. 조선 전기의 논설 부분은 이 세 명의 학자들을 중심으로 살펴볼 수 있다. 신흠은

---

169 「心氣理篇」, "孟子曰, 我善養吾浩然之氣. 此言聖學內外交養之功. 以義理存心而涵養之, 則無物欲之蔽.全體虛明, 而大用不差矣, 集義養氣而擴充之, 則至大至剛之氣, 浩然而自生, 充塞天地矣. 本末兼備, 內外交養, 此儒者之學, 所以爲正, 而非若二氏之偏也."

서인으로 사림의 신망을 받았고, 월상계택月象谿澤(月沙 이정구, 象村 신흠, 谿谷 장유, 澤堂 이식을 일컬음)으로 칭송되었다. 그는 『노자』의 위대함을 다음과 같이 노래하였다.

팔십 장의 희언을 모두 다 읽었더니	讀盡希言八十章
세상 인연 사라지고 내 몸까지 잊게 되데	世緣消處併形忘
만상을 초월하여 마음이 텅 비었으니	沖然頓覺超無象
혀끝이 굳더라도 이제는 걱정 없네	從此何憂舌本强[170]

그는 또한 「서도덕경후書道德經後」에서 노자에 대해 다음과 같이 말하였다.

"노담은 전연 도덕만 말하고 인의는 경시하였는데, 인의를 경시한 것은 인의를 병되게 여긴 것이 아니다. 도덕이 없어짐을 병 되게 여기어 태고의 순박함으로 돌이키려고 했을 뿐이다. 순박함으로 돌이켜진다면 인의가 여기에 있을 것이다.……후세 사람 중에 노담이 먹다가 남긴 밥을 훔쳐 이익을 본 자가 있었으니, 그는 바로 신불해, 한비자, 도교, 불교인데 그중 불교가 가장 성행하였다. 사람들이 그러한 것을 보고 추켜들어 노담(노자)을 비난하고 있다. 대체로 노담이 난 지 수백 년 뒤에 신불해와 한비자가 나왔고, 또 그 후 수백 년 뒤에 도교와 불교가 나왔다. 저 신불해와 한비 및 도교 불교는 노담이 직접 가르친 것이 아니다. 노담이 비록 신이라 하더라도 또한 수백 년 뒤에 신불해·한비자 및 선·불이 나와서 자신의 도를 훔쳐 그들의 사적인 도구로 삼을 줄을 어떻게 알았겠는

---

[170] 『象村先生集』卷之二十

가.....살펴보면 노담에게 하자가 될 만한 것은 있다. 그가 논리를 세우는 데에 떳떳한 도리에 거슬리고 반대되는 것이 많은데, 이것이 하자인 것이다. 그러나 근본적인 하자가 아니라 어떤 이유가 있어서 그렇게 말한 것이다......대개 사람의 자품은 시대가 내려갈수록 더욱 떨어진다. 그러니 도덕만 말하고 인의를 말하지 않은 것이 무슨 지장이 있겠는가. 떳떳한 도리에 거슬리고 반대되게 말한 것은 대개 격동하여 도道로 가게 하려는 것이었다. 노담이 호되게 꾸짖어야 할 사람이라면 공자와 맹자가 반드시 먼저 배척했을 것이다. 맹자가 양주 묵적만 논하고 노담은 언급하지 않은 것은 무엇 때문인가? 훔치고 빌리고 하는 자들 때문에 수백 년 전에 학설을 세워 놓은 자를 잘못했다고 하는 것은 역시 도와는 거리가 먼 것이기 때문이다. 아, 태고 시대는 멀어지고, 요순의 도는 없어졌다. 가령 노담이 오늘날 다시 태어난다면 또 어떠한 관념을 가질 것인가?"[171]

『노자』가 후세의 유학자들로부터 배척받았던 중요한 이유가 되는 장이 『노자』 19장의 "절인기의絶仁棄義"장이다. 이 부분은 노자가 인의仁義를 부정한 장이라고 여겨지는데, 신흠은 노자의 정신이 순박함으로 돌아가는데 있음을 강조하면서 인의를 경시한 것이 아니라고 말하고 있다.

---

[171] 『象村先生集』, 36권, 「書道德經後」, "老之全言道德而卑仁義小仁義者, 非病仁義也…後之人竊老之餘食以爲利者, 曰申也曰韓也曰仙也曰佛也, 而佛最盛最行, 人見其然也而擧以誚老, 夫老之後數百年而有申韓者出焉, 又後數百年而有仙佛者出焉, 彼申韓也仙佛也, 非老之面命而耳提之也, 老雖神又安知累百年後, 有申韓仙佛者出, 而竊我之道, 以爲自私之具也耶…顧老之可疵者有之, 其建言立說, 多拂經反常者, 此其疵也, 然非固疵也, 有所爲而發也…蓋人稟愈下, 而每下愈況也, 其言道德而不言仁義, 庸何傷乎, 其拂經也反常也, 蓋欲激而之道也, 老而可厚詆, 則孔孟必先斥之, 孟子論楊墨而不及於老何也, 以竊之假之者, 而罪夫累百年之上之立言者, 則亦遠於道也夫, 嗚呼, 邃古邈矣, 堯舜之道亡矣, 使老生於今日, 則又作何如觀也."

또한 한비자 도교 불교 등이 노자의 도를 자신들의 교세 확장을 위해서 함부로 사용한 것이라고 보고 있다. 이러한 점은 노자의 사상을 도교(선도)와도 분리해 존숭하는 것이다. 또한 노자가 비판 받아야 할 사상가라면 공자와 맹자가 먼저 비판했을 것이라는 말로 노자를 비호하고 있음을 볼 수 있다. 위의 논설을 통해 신흠이 도교와 도가사상을 분리하면서 도가사상을 존숭하고, 불교에 대해서는 비판적 논조를 유지하고 있음도 알 수 있다. 이외에도 그는 「노자음」[172]과 같은 시를 남겨 도가사상에 대한 존숭을 드러내었다.

도가에 대해 주요한 논설을 남긴 학자는 장유張維(1587~1638)이다. 장유는 당시 주자학의 편협한 학문 풍토를 비판해 '학문에 실심實心이 없이 명분에만 빠지면 허학虛學이 되고 만다'고 주장하여 양명학자로 분류되는 인물이다. 그의 노자에 대한 대표적 논설은 「노자견도체노자見道體」이다. 그는 "노자는 도체를 보았다"는 논설에서 노자 우주론의 핵심을 말하고, 그 논의의 타당함에 대해 논하였다.[173]

마지막으로 도가와 관련된 주요 논설 가운데 주목할 학자는 허균許筠(1569~1618)이다. 그는 『성소복부고』 13권에서 노자에 대한 자신의 견해를 다음과 같이 밝히었다.

『노자』 분장이 어떤 사람에게서 나왔는지는 모르나, 글의 뜻이 본래 끊

---

172   『象村先生集』, 8권
173   『谿谷先生漫筆』, 卷之一, 「老子見道體」. "老子曰, 天得一以淸, 地得一以寧, 神得一以靈, 谷得一以盈, 萬物得一以生, 侯王得一以爲天下貞. 其五句義甚明, 谷者, 地之虛處, 其曰得一以盈者, 何謂耶, 此與莊子所言在谷滿谷, 在阬滿阬者, 語意相似, 蓋古之有道者, 見得道體在天地間, 充實滿盈, 絶無間斷空缺, 擧目觸物, 在在皆是, 故其言如此, 讀者不可草草."

어지지 않았는데 억지로 끊은 부분이 있어 대단히 잘못되었다. 단지 마땅히 전체를 연결하여 읽어야 비로소 통할 수 있다. 세상에서 이르기를 '『노자』는 육경六經에 포함할 수 없다.'라고 하지만, 대도를 논하는 부분에 이르러서는 현묘하고 은미하여 그 심도를 헤아릴 수 없는 것도 있는데, 이것은 『주역』이나 『중용』에서도 말하지 못한 것을 여기서 집어내어 언급하였으니, 이 점이 바로 『노자』가 독자적으로 분리되어 나가고 육경과는 나란히 서고 싶지 않은 이유이다. 아 그는 신기하도다. 후세에 그의 무리들이 노자의 학술을 전환하여 신비롭게 만들어, 그것이 더 흘러가서는 수련修煉·복식服食·부록符籙·재초齋醮 등의 법을 만들어 괴이하고 황당하여 바르지 못하게 됨으로써 세상을 현혹시키고 사람을 속이는 일이 많았다. 이 무리를 비방하는 자들이 아울러 노자까지 비방하게 된 것이니, 괴이하고 황당한 행동이 어찌 청정淸靜(노자의 사상)의 본뜻이겠는가.[174]

허균은 『노자』의 81장 분장이 잘못되었다는 견해를 피력한다. 『노자』의 81장은 장으로 분절하지 말고, 전체를 관통해서 읽어야 할 것을 주장한다. 자신만의 노자 독법을 제시하고 있는 것이다. 또한 그는 유교의 육경과는 다른 한 차원 높은 경지를 도가가 보여주고 있다고 보고 있다. 이러한 부분은 파격적이라고 할 수 있다. 조선 후기 이광려(1720-

---

[174] 『惺所覆瓿稿卷』, 卷之十三, "老子分章, 未知出自何人, 其意本不斷, 而有强斷處, 殊爲紕繆, 但當全讀之, 乃可通也, 世謂老子可入六經, 至其論大道處, 玄妙淵微, 有不可測度者, 易, 中庸所不道, 而乃拈出言之, 此老子自離而去之, 不欲與六經齒, 噫其神歟, 後世其徒轉神, 其學流而爲修煉服食符籙齋醮等法, 怪誕不經, 而惑世誣人多矣, 訾是輩者, 竝訾老子, 兹豈淸靜本意乎, 其文則經, 而其義則傳, 至於論道, 則直破天窾, 吾不得而摸捉之, 其猶龍乎"

1783)는 『이참봉집』에서 노자를 '육경六經과 같다'고 말한 부분이 있는데,[175] 후학들에 의해 문집의 목판본에는 이 말이 누락되는 일이 있었다. 그런데 허균은 조선전기 노자가 『주역』과 『중용』의 세계관 보다 높은 차원의 경지를 글로서 표현했다고 주장하는 파격을 보여준다. 그는 노자의 학문적 혹은 수양적 경지가 높음을 언급하고, 후세에 비난 받았던 지점은 신선술의 측면이었음을 이야기한다. 도가의 사상과 도교의 양생술과는 분리해서 보아야 함을 지적하고 있는 것이다. 사실 조선 초기 벽도불정책에서 도가와 불교는 동일한 잣대로 논의되지 않았다. 이단 논의에서 도가사상은 수용하려는 분위기가 있었는데, 사상으로서의 도가와 장생불사의 교의를 담은 도교적 측면과는 분리해서 보아야한다는 논조들이 존재하였다. 허균은 대표적으로 도가를 후자의 측면에서 주목하였다. 이러한 기조는 『장자』에 대한 이해에서도 두드러진다.

> 〈대종사〉편의 '안자가 가만히 앉아서 물아物我를 잊었다.'는 한 구절을 유가에서 강력히 비방하지만 『예기』에도 '앉으면 재계齋戒하는 것과 같이 하고, 서면 시동尸童의 모습과 같이 하라.'라고 하였고, 『논어』에는 '안자는 온종일 어리석은 사람 같다.'고 하였다. 이것이 '앉아서 물아를 잊어버렸다.'는 것과 무엇이 다른가. 이 또한 그 말을 부연한 것일 뿐 망언은 아니다. 그리고 '주공과 공자를 비방했다.'는 말도 또한 잘못된 것이다.[176]

『장자』「대종사」에서 안회의 좌망坐忘에 대해 언급한 것으로, 『장자』

175　김윤경, 「하곡학파의 노자 해석에 관한 연구」, 성균관대박사, 2009
176　『성소복부고』, 13권, 「장자」, "其中顏子坐忘一節, 儒家力詆之, 禮曰, 坐如齋立如尸, 而顏子終日如愚. 此與坐忘奚殊. 茲亦謾衍其辭, 非妄也已. 其曰詆周孔者亦非也."

최고의 수련경지인 '좌망'을 유가가 비방하지만, 실은 『예기』에서 '앉아서 재계하는' 경지와 다르지 않다고 변론한다. 유학자들은 대부분 『장자』「대종사」에서 안회와 인의와 예악을 잊었다는 것을 비판한다. 그런데 허균은 「대종사」 속 안회의 '좌망坐忘'에 대한 논의가 유학에 대한 희롱이 아니라, 유교 수양론의 최고 경지와 동일하다는 관점을 제시한다. 도가가 제시하는 수련의 경지와 유학의 공부론과 같음을 변론한 것이다. 허균의 견해를 당대의 견해로 일반화 할 수는 없지만, 조선전기 도가에 대한 이단논의 전개는 유학과 대척점에 있는 사상으로서의 배척이 아니라, 유학의 정신과 회통되었다는 논의로 전개되고 있음을 볼 수 있다.

  이 밖에 조선전기 도가사상 관련 시詩와 부賦 자료를 많이 남긴 학자 가운데 한 명이 이행李荇(1478-1534)이다. 이행은 정치적으로는 조광조로 대변되는 신진사림과 대립하였다. 사림이 정치권을 강화하던 시기 좌천되었다가 사림의 입지가 좌절된 기묘사화 이후 대제학과 우의정에 오르는 등 개국공신 세력에 가까웠다. 이행은 「노자」와 「장자」를 인용한 많은 시와 부를 남기었다. 그 가운데 「만촉蠻觸」과 「혜계醯雞」를 통해 이행의 『장자』에 대한 깊은 이해를 볼 수 있다. 『장자』의 세계관을 보여주는 위의 시 속에 '혜계'는 시의 제목이면서 「만촉蠻觸」 안에 중요한 의미로 등장한다. '혜계'는 술독 속의 초파리를 말한다. 그런데 이 말은 『장자』에서 공자가 자신의 '도道'를 나타낸 말이다. 『장자』「전자방田子方」편에 의하면, 공자는 노자를 만나서 도에 대한 이야기를 듣고 안연顏淵에게 다음과 같이 말한다. "나는 도에 있어서 혜계와 같도다. 선생님께서 나의 마음을 덮은 어리석음을 깨우쳐 주지 않았다면, 나는 천지의 큰 전체를 알지 못했을 것이다." 유학자들은 공자가 노자에게 도를 물었다는 것도 인정할 수 없다. 더구나 노자를 만나고 난 후 공자가 자신의 도가 노자에 비해 형편없다고 말하는 부분은 더욱 그러하다. 그러나 이행은 조선 전기 유학자라면 금기시하는 이러한 논의를 자유롭게 노래한다. 이행의 시와 부는 당대의 '노자' '장자'에 대한 인식의 한 부분을 보여준다. 조선 초기였지만, 「노자」와 「장자」에 대한 깊은 이해가 있었고, 유학 이외의 학문에 대한 열린 시각이 존재했음을 알 수 있다.

『조선왕조실록』 '도가'에 대한 입장, 온건한 이단

조선왕조에서 도가 혹은 도교사유는 정통 교설인 성리학과 대립되는 배타적 사유임에는 틀림없다. 그러나 건국초기를 지나면서 『조선왕조실록』에서 논의되는 '도가'에 대한 기록은 불교와는 차별점이 있다. 조선이 고려시대의 국교였던 불교에 대해서는 배척이 심했지만, 상대적으로 '도가'에 대해서는 온건한 입장을 취하기 때문이다. 노자가 '방사의 사술'로 배척을 받기는 했지만, 조선 전기 성균관 유생들의 상소는 대부분 불교 폐단에 대한 상소가 주를 이룬다. 불교 비판의 지점은 불교가 인륜 도덕을 무너뜨린다는 측면, 사찰이 세금을 도피시키고, 백성들을 미혹해 재물을 모으는 곳이라는 점이다.[177] '도가'가 '소격서'와 관련되어 '이단'의 사유로 논의되는 부분이 많지만, 실록에 드러나는 기록으로 볼 때 불교에 비해 우호적이다.

세종 7년 주자소에서 인쇄한 『장자』를 문신들에게 하사한 기록도 있

---

[177] <세종>, 21년(1439), 4월 18일

고[178], 왜의 교류사절단에게 『노자』를 보내기도 하였다.[179] 또 세조는 신하들과의 술자리에서 『장자』, 『노자』를 강의하게 하였다.[180] 신하들에게 『노자』, 『장자』를 주고 기한 내에 읽도록 시키기도 하였다.

"이제 간택한 문신 1백 7인에게 『주역周易』·『역학계몽易學啓蒙』·『예기禮記』·『주례周禮』·『좌전左傳』·『강목綱目』·『송원절요宋元節要』·『두시杜詩』·『이백李白』·『동파東坡』·『장자莊子』·『노자老子』·『열자列子』를 나누어 주고, 기한을 세워 다 읽도록 하라."[181]

왕들은 주연을 베풀 때 자연스럽게 노자와 불교의 도를 논하기도 하였다. 이 때 노자의 도는 정치적 혹은 처세술의 차원에서 논의되었다. 당시 '노자'는 양생술로 상징되었는데, 양생술로 대표되는 '노자'는 배척을 받았지만, 정치술·처세술로 대표되는 『노자』는 금기시되지 않았다. 세조는 신하들과 연회자리에서 유교·불교·노자의 도를 논의했다는 기록도 자주 나온다.

왕세자를 불러 술을 올리게 하고, 입시하였던 제신이 모두 전에서 내려가니, 권남을 불러 어탑에 나아오게 하여, 유교·불교·노자의 도를 의

---

178 <세종>, 7년(1425), 1월17일
179 <성종>, 16년(1485), 10월10일, "賜大內殿使元肅四書六經韻府群玉韻會翰墨大全事林廣記莊子老子各一件, 從其請也"
180 <세조>, 7년(1461), 1월21일 "御忠順堂, 設酌, 宗親·宰樞及成均大司成徐岡, 判奉常寺事『任元濬』等入侍, 上步至後苑, 使李純之等, 相構芧亭之基, 遂御翠露亭池邊, 命岡·元濬等, 講兵書莊老子韓文等書"
181 <세조>, 13년(1467), 6월 22일, "傳于禮曹曰, 今所揀文臣百七人, 分授易易學啓蒙禮記周禮左傳綱目宋元節要杜詩李白東坡莊子老子列子, 立期畢讀"

논하였다. 권남이 대답하기를, "신은 노자의 도에 적합하지 못하지만 신하로서 몸을 처세하는 도만은 배웠습니다. 이르기를 '그칠 줄을 알면 위태롭지 않고, 족함을 알면 욕되지 않는다.[知止不殆 知足不辱]'고 하였으니, 이와 같을 따름입니다."하였다. 임금이 그칠 줄을 알고 족한 것을 아는 의義를 논하기를, "이것은 노자가 나로 하여금 용병用兵하지 못하게 하려고 하는 것이다."하니, 권남이 대답하기를, "신이 아뢴 것은 다만 인신이 몸을 처세하는 도를 말한 것이니, 상교上敎와는 같지 않습니다."하였다.[182]

권남의 말은 『노자』의 양생의 도는 모르지만 '처세'로서의 도는 배웠다는 것으로 처세술로서의 『노자』 읽기가 용인되었음을 보여준다. 세조는 『노자』 44장의 "그칠 줄을 알면 위태롭지 않고, 족함을 알면 욕되지 않는다.[知止不殆 知足不辱]"가 쿠데타를 일으켜 단종을 폐위시켰던 자신에게는 '용병用兵하지 못하게 하려는' 의미라고 해석을 하고 있다. 세조는 정치술로 『노자』를 이해하고 있다. 성종도 『장자』『노자』『열자』를 강독하자는 전교를 승정원에 내린다. 그러자 홍문관 박사 이거를 필두로 이단의 글들을 읽을 필요가 없다면서 경연에서 진강하는 것을 반대한다. 그러자 성종은 다음과 같이 말한다.

"성현의 글을 읽고서 그 옳은 것을 알고 이단의 글을 읽고서 그 그른 것을 알게 하는 것이 또한 옳지 아니한가?"하였다. 이거가 아뢰기를, "공

---

[182] <세조>, 8년(1462), 5월 22일, "召王世子進酒, 入侍諸臣皆下殿, 召擥進御榻議儒釋老子之道. 擥對曰, 臣不會老子之道, 但學人臣處己之道, 曰知止不殆, 知足不辱, 如斯而已. 上論知止知足之義, 曰是老子欲使予不用兵耳. 擥對曰, 臣之所啓, 但言人臣處己之道, 非如上敎"

1. 조선전기의 도가사상   111

자가 말하기를, '이단을 전공하면 해롭다.'고 하였는데, 그것을 해석한 이가 말하기를, '점점 젖어서 그 속으로 들어간다.'라고 하였으니, 하필 이단의 글을 널리 본 뒤에야 그 옳고 그른 것을 분변하겠습니까?"하니, 전교하기를,"하고 아니하는 것은 내가 마땅히 처리하겠다. 삼자三子에 능통한 자를 기록하여 아뢰라."하였다.[183]

여기서 흥미로운 점은 신하들이 『노자』, 『장자』 등을 해롭다고 보지 말 것을 말하자, 성종은 유학과 도가의 글을 읽어야 그것이 이단이 됨을 알지 않겠는가라는 말로서 유불도의 사상에 대해 열려 있는 가치관을 보여준다. 그러나 신하들은 『논어』의 "이단을 전공하면 해롭다[攻乎異端, 斯害也已]"[184]는 논리로 대응한다. 성리학의 도통관 아래에서 '성인의 가르침이 아닌 교설'을 배제하려는 태도를 보인다. 성종의 이단과 정견을 구분하기 위해서는 합리적 학문 태도가 필요하다는 견해와는 차이가 있다. 성종은 『노자』와 『장자』에 대해서도 단순한 이단서로 보는 것이 아니라, 성리학과 다른 사유체계를 가진 하나의 학문 세계로 보고 수용하려는 자세가 드러난다. 따라서 성종은 신하들의 '학문의 편협성'을 비판하기도 하였다. 우승지 강자평이 『장자』를 잘 모른다고 하자 다음과 같이 꾸짖었다.

임금이 우승지 강자평에게 이르기를, "『장자』·『노자』·『열자』 삼자의 글을 안다는 사람을 그대가 4, 5인만 써서 아뢰었고, 또 말하기를, '젊을

---

183 <성종>, 14년(1483), 1월20일, "讀聖賢之書, 而知其是, 讀異端之書, 而知其非, 不亦可乎. 琚啓曰, 孔子云, 攻乎異端, 斯害也已, 釋之者曰, 浸浸然入於其中, 何必泛覽異端之書, 然後辨其是非乎. 傳曰 爲不爲予當處之, 其疏能通三子者以啓."
184 『論語』,「爲政」

때에 다만 글을 짓기 위하여 대강 보았을 뿐이며 자세하게 아는 데에는 미치지 못하였다.'고 하였는데, 만일 글 뜻을 알지 못하면 글을 짓는 데 쓸 수가 있겠는가? 내가 이단의 글을 보는 것이 비록 잘못이라고 하지만, 임금을 속인 죄도 크다. 이단의 그른 것을 알면 성도聖道가 높이 뛰어난 것을 또한 볼 수 있다. 그대가 내신으로서 이 같은 말을 아뢰어 임금을 속이는 것이 옳겠는가? 지금부터는 이와 같이 하지 말라."하였다[185]

성종은 『장자』 『노자』 『열자』를 모른다는 것은 도리어 유교의 뛰어난 점을 알 수 없다는 것이라고 보고 있다. 그래서 "성경현전聖經賢傳만 알고 제자諸子의 글을 알지 못하면 선악을 분별할 수 없으니, 『근사록』・『전한서』를 다 본 뒤에 『장자』・『노자』・『열자』 삼자의 글을 강하고자 하는데, 경들의 생각은 어떠한가?"[186]라고도 물었다. 유교에서 궁극의 가치는 도덕의 실현이다. 그런데 성종의 견해라면 제자서를 공부하지 않고는 도덕적 인간의 실현이 어렵다는 것을 피력한다. 중종도 "도교도 이단이긴 하지만 불씨처럼 심한 것은 아니다"라고 하여 '노자'가 불교처럼 이단의 해악성이 심하지 않다는 의견을 제기하기도 하였다.[187] 이러한 중종의 태도는 조선 전기 왕들의 도불관의 한 단면을 보여준다. 불교에 비해서 도교의 해악성이 심각하지 않다고 여긴 것이다.

왕이 『노자』 『장자』를 하사하고, 경연에서 『노자』 『장자』를 진강하고,

---

185 <성종>, 14년(1483), 1월 27일, "上謂右承旨姜子平曰, 知莊老列三子者, 爾只以四五人書啓. 又言 有少時, 只爲製述汎見, 而未及詳知者. 如不知文義, 則其可用於製述乎. 予之見異端書, 雖曰非矣, 欺君之罪, 亦大矣. 知異端之爲非, 則亦可見聖道之高出矣. 爾以內臣, 啓如此之言, 以欺君上可乎. 自今毋如此也"
186 성종 14년(1483), 1월18일
187 중종 25년(1530), 5월12일

제자 서를 이단시하는 신하들과 학문의 포용력에 대해 논의하는 점들은 조선 전기를 "벽도불闢道佛"로 간단히 이해하기 힘든 지점이다. 『조선왕조실록』에는 '노불老佛'에 대한 왕과 신하들의 입장차이가 보인다. 대부분 신하는 왕의 '노불'에 대한 관심을 비난하고, 왕은 '노불'에 대한 자신의 입장을 피력한다. 때로는 이러한 입장차이가 죽음을 불러오기도 하였다. 도·불를 지나치게 이단시하여 처형되기도 하였다. 세조 7년 경연에서 서강이 임금의 숭불을 비판하자, 세조는 그에게 장 30대를 내리고 교살했다. 당시 세조가 내린 교형 어찰 내용은 다음과 같다.

> 서강이 전혀 『노자』를 읽지도 않고 헐뜯었으며, 묻지도 않았는데 불교를 배척하여 말하기를, '조박糟粕이 곧 상도常道'라고 하여, 군부를 옳지 않게 여기고 명예를 좋아하는 마음을 스스로 막지 못하였으니, 거짓됨이 어찌 이와 같은가? 만약 법도를 바로잡지 않으면 세도가 크게 어지러워져서 아랫사람이 윗사람을 비방함을 서로 숭상하여 이를 곧 어진이로 삼을 것이니, 군신의 큰 기강을 그 누가 능히 바로잡겠는가? 이는 대단하지 않은 일이 아니니, 교형에 처함이 가할 것이다."하였다.[188]

『조선왕조실록』에서 서강이 어떤 논리로 노자와 불교를 비판했는가는 상세히 나와 있지 않다. 다만 '조박糟粕'은 고인이 남긴 글 속의 진면목을 깨닫지 못하고 껍데기만 익힘을 의미한다. 따라서 『노자』와 불경의 가치를 폄하하는 태도를 보였음을 짐작할 수 있다. 이러한 일화는 세조

---

[188] <世祖> 7年(1461), 1월 28일, "今徐岡專不讀老子而毁之, 不問而闢佛曰, 糟粕是常. 不是君父而好名之心自不能防, 何詐如之. 若不正典, 則世道大亂, 下之訕上, 相尙爲賢, 君臣大綱, 其誰能正之. 此非細故也, 可絞"

가 이유 없이 노불을 이단시하는 태도를 경계했다는 것은 알 수 있다.

『조선왕조실록』에 '노자'는 존칭인 '노군'으로 호칭되기도 하였다. 공조참의 이계기가 세자 책봉을 축하하는 시 속에 노자는 극도의 존칭인 '노군'으로 드러나기도 한다.[189]라고 밝히고 있다.

이상과 같이 『조선왕조실록』에 따르면, 왕이 『노자』『장자』를 하사하고, 경연에서 『노자』『장자』를 진강하고, 제자서들을 이단시하는 신하들과 학문의 포용력에 대해 논의하였다. 몇 몇 임금들은 유학의 궁극적 도가 도가사상에 대한 공부를 통해 더욱 이해될 수 있다는 합리적이고 열린 학문적 태도를 보여주었다. 또한 『노자』를 지나치게 이단시하는 신하는 죽임을 당하기도 하였고, '노자'가 '노군老君'이라는 존칭으로 불리어 지기도 하였다. 『조선왕조실록』에 드러나는 이러한 일화는 조선 전기의 사상적 기조를 간단히 "벽도불"로 이해하기 힘든 지점이다. '노불'에 대한 왕과 신하들 간 입장차이도 보인다. 신하는 왕의 '노불'에 대한 관심을 비난하고, 왕은 '노불'에 대한 자신의 입장을 피력한다. 때로는 이러한 입장차이가 죽음을 불러오기도 하였다.

따라서 필자는 조선시대 이단의 사유였던 노불을 분리해서 볼 필요가 있다고 생각한다. 조선 전기 도가의 사유는 개국 초기에는 '양생술'로 대표되어 이단시 되었으나 점차 정치 혹은 처세술로서 다양하게 읽혀오고 해석되어 왔다. 그러므로 지속적인 배척을 받아온 불교를 '강경한 이단'이라고 한다면, 도가는 '온건한 이단'으로 분리해서 호칭하는 것이 바람직하다고 생각된다.

---

[189] <성종> 14년(1483), 2월11일, "老君이 말하기를, "淸淨은 天下의 正道이다.""

2
조선 전기『조선왕조실록』에 나타난 '노자'의 변용

이 장에서는『노자』의 사유가 사상적으로 어떠한 측면에서 배척 받고, 혹은 용인되었는가를 살펴보고자 한다.『조선왕조실록』에서 도가 사유는 세 가지 측면에서 논의된다. 도교 비판의 이면은 대부분 1차적인 논의들이 대부분이다. '노자'를 '장생을 구하는 사술' 혹은 기복신앙으로서의 '도교 신'으로 보는 측면이다. 2차 논의는 도가사상 안의『노자』와 양생의 '도교'를 분리해서 보려는 시각이다. 3차 논의는『노자』의 정치술과 처세술에 대한 존숭이다.

태종 16년 하윤이 죽자 태종은 제문을 내린다. 그의 줄기 가운데 한 부분은 노불배척에 대한 것이다.[190] 노불 배척이 중요한 이력이 될 정도로 건국 시기에 노불에 대한 배제가 심하였다. 1차 논의를 살펴보면 다음과 같다. 태종 시기 등장하는 '노자'는 소격서의 주요 신이며, 방사의 사술로 비난의 대상이 된다.

(전하께서) 이단의 글을 보아 그 그른 것을 깨닫지 못하고, 도리어 화복

---

190 <태종>, 16년(1416), "當國以來, 專典文翰, 事大辭命, 文士著述, 必經潤色印可而後乃定, 排斥佛老, 預爲遺文, 藏之巾笥, 訓誨子孫, 纖悉周備,

의 설로 인연하여 기양祈禳하는 곳을 만들고자 하여, 곧 왕궁 북쪽에 새로 별전을 지어 불씨와 노씨를 받드시니, 허무적멸의 교와 우괴사망迂怪邪妄의 설은 실로 사람의 마음에 해요, 성인의 道에 황무한 풀입니다.…진 시황과 한 무제가 방사의 설에 혹하여 신선의 방술을 믿고 구하기를 심히 부지런히 하고, 섬기기를 심히 공경스럽게 하였으나, 마침내는 효험을 보지 못하고 천고에 기롱을 받았습니다. ……어찌 불노佛老의 믿지 못할 교의에 귀의하여 볼 수 없는 가운데서 복을 추구하려 하십니까? 불노의 교가 밝게 재앙을 제거하지 못하고, 유명하게 복을 추구하지 못하는데, 전하께서 그 글을 보고 그 신을 받드는 것이 무엇 때문인지 알지 못하겠습니다.[191]

위의 권우權遇의 상소문에서 '노자'는 곧 '도교'로 대표된다. 그리고 '노자'는 '신선의 방술'이다. 태종이 도교와 불교 별전을 궁궐에 둔 것을 비난하는 상소이다. 여기서 빠지지 않고 등장하는 것은 이단의 글을 보았다는 주장이고, 불로를 배척할 것을 주장하고 있다. 이에 대해 태종은 "내가 불노를 숭신한다는 것은 무슨 일로 증험할 수 있느냐?…불노가 비록 이단이기는 하나, 내가 일찍이 한 몸의 사사로움으로 인해 베푼 것이 아니고, 또 혹하여 믿는 것도 아니다.[192]"라고 대응한다. 문종 시기에도 '노자' 혹은 '노씨'는 기복신앙의 도교로 대표된다.

---

[191] <태종>, 9년(1409), 8월 9일, "乃觀異端之書, 不覺其非, 顧緣禍福之說, 欲爲祈禳之所, 直當王宮之北, 新構別殿, 以奉佛老虛無寂滅之敎. 迂怪邪妄之說, 實爲人心之蟊賊, 聖道之蓁蕪…秦皇漢武, 惑方士之說, 信神仙之術, 求之甚勤, 事之甚敬, 卒不見效, 貽譏千古…豈可歸於佛老不可信之敎, 欲追福於冥冥不可見之中哉. 佛老之敎, 明不足以禳災, 幽不足以追福, 則殿下之觀其書而奉其神, 未審何謂也."

[192] <태종> 5년(1405),

기도하고 제사지내기를 좋아하면 무당의 바람이 다투어 나타나서 괴이하고 요망한 말이 일어나고, 인과 관계의 괴탄한 것을 좋아하면 석씨와 노씨의 설이 다시 일어나 속이고, 유혹하는 바르지 못한 말이 유행할 것이니, 한 번 엿보는 바가 있어 그 간교한 것을 올리면, 족히 위로 임금의 마음을 유혹하고, 아래로 나라 정사를 좀먹게 하여 구제할 수 없을 것입니다.[193]

성종 조 소격서 철폐에 대한 논의들이 증가하기 시작하면서 '노자'는 기복신앙의 폐해로 등장하기 시작한다. 물론 세종과 세조 시기에도 소격서 철폐에 대한 논의가 있었지만, 왕들은 선례의 전통을 지킨다는 이유로 철폐 반대 입장을 밝혔다. 그러나 성종에서 중종까지 소격서 철폐는 주요한 사림파의 안건이었고, '노자'는 '도교의 최상위 신'으로 대표된다.

"선유先儒들이 귀신을 불교佛敎와 도교道敎에서 찾으려는 것은 잘못된 것으로 여겼고, 국가에서 비록 불교를 숭상하여 믿지는 않으나, 중들에게 공양하는 비용이 적지 않습니다. 또 소격서는 도교를 위하여 설치한 것으로 마치 송나라가 노자를 천제로 삼아 제사함과 같이 하고 있으니, 이는 함부로 상제를 속이는 것으로 정도에 누가 됩니다."[194]

---

[193] <문종>, 즉위년(1450), 7월 5일, "好禱祀, 則巫覡之風競作, 好怪異妖妄之說興, 好因緣詭誕, 則釋老之談復起, 訞誘不經之說售矣, 一有所窺, 而得進其姦, 則足以上惑君心, 下蠹國政, 而不可救矣."

[194] <성종>, 23년(1492), 1월 12일, "先儒以索鬼神於佛老爲非, 國家雖不崇信佛者, 然供養僧徒, 其費不貲. 且昭格署爲道敎而設, 如宋之以老子爲天帝而祀, 是矯誣上帝, 有累正道"

위의 인용문에서 보듯이 노자는 '천제天帝' 즉 도교의 신으로 비판한다. 이에 대해 왕은 "소격서의 제사는 정도正道가 아니다. 그러나 태조 시기부터 있었으니, 갑자기 혁파할 수는 없다."고 하였다. 그러나 중종 시기에 오면 소격서 혁파 문제가 더욱 심화된다. 사림파들은 우리나라가 천자의 나라가 아니므로 하늘에 제사지낼 수 없다는 논리와 함께 소격서 상단에 노자상을 모시는 것을 문제 삼는다.[195]

그렇다면 왜 이렇게까지 '소격서' 철폐를 말하는 것이며, 소격서 철폐와 '노자'는 어떤 관련이 있는가? 중종 시기의 소격서의 폐해를 고발한 상소문들을 중심으로 분석하면 다음과 같다. 첫째 소격서의 설치가 한대부터 비롯된 것으로 한의 숭복관崇福觀에서 노군老君을 받들고 천진天眞에게 복을 비는 곳 이였다는 점이다. 한무제는 연단鍊丹을 했지만 결국은 병을 얻었다는 주장으로 도교의 연단과 노자에 대한 신앙이 대중을 속이는 것임을 말한다. 둘째 송의 진종眞宗은 노자를 섬겼지만, 수명이 길지 못했다는 예를 든다. 도교가 수명을 연장하는 데 도움이 되지 못한다[196]는 점이다. 역사 속에서 도교 혹은 노자에 대한 존숭이 해악이 되었다는 실례를 통해 도교의 구복 혹은 장생이 현실적으로 불가능한 일임을 이야기 한다. 소격서의 노자 신앙은 도교와 관련하여 이단으로 논의된다. 셋째 노자 즉 이이李珥가 허무하고 거짓된 설을 세워 이단을 창도하였다. 넷째 방사들이 노자를 시조로 삼아 신선설을 열고 방

---

[195] <중종>, 6년(1511), 5월 17일, "천자는 천지에 제사드리고 제후는 산천에 제사드리는 것이니, 우리 나라에서 하늘에 제사드림은 예가 아닙니다. 소격서는 상단(上壇)에 노자(老子)를, 중단에 성신(星辰)을, 하단에 염라(閻羅)를 제사드리며, 심지어 축문을 읽을 때에는 도류(道流)가 어휘(御諱)를 큰 소리로 외치니, 설만(褻慢)하기가 심합니다. 혁파함이 마땅합니다."
[196] <중종>, 6년(1511), 6월21일

탕한 자들이 청허淸虛의 교를 숭상했다. 그리하여 임금과 백성에게 해를 끼쳤다. 다섯째 소격서에서의 구복 행위 혹은 점을 치는 행위는 도덕 실천 사회를 왜곡시킬 염려가 있다는 점이다.[197] 즉 복리福利의 설을 고취시켜 인심을 병들게 하고 정치를 방해하고 요행의 음덕陰德을 바라고 스스로 미혹된 것을 깨닫지 못하게 한다는 것이다.[198] 이는 모두 도가사상의 『노자』와 도교의 신으로서의 '노자'를 구분해서 보지 않는 논의들이다.

『조선왕조실록』에서 도가의 사유에 대한 2차 논의는 도가사상 안의 『노자』와 양생의 '도교'를 분리해서 보려는 시각이다. 정종은 경연에서 동지사 이첨李詹과 유교 불교 그리고 노자와 신선도에 대하여 문답을 나눈다. 왕이 이첨에게 '노자와 신선의 도'에 대하여 묻자 이첨은 『노자』의 '도'와 신선술을 분리해서 다음과 같이 말한다.

"신이 옛날에는 생각하기를, '노자와 신선의 도가 다를 것이 없다.'고 여겼는데, 지금 『통감강목』을 보니, 노자의 도는 허虛와 무無로 종지宗旨를 삼아서 말하기를, '사람이 이 세상에 난 것은, 비유하면 집을 떠나서 여행하는 것과 같으니, 생사의 더디고 빠른 것을 구애하지 말고 빨리 근본으로 돌아가라.' 하였으니, 이것은 생사를 맡겨 근본으로 돌아가는 것을 귀히 여기는 것입니다. 그런데 신선은 오래 살고 늙지 않는 것을 귀히 여겨, 약을 먹고 살기를 구하고 죽으려 하지 않는 것입니다. 석씨의 도는 천당·지옥의 설이 있는데, 착한 일을 한 자는 천당에서 살고, 악한 일을 한 자는 지옥에 떨어진다고 합니다. 그러나, 사람들이 과연 천당에

---

[197] <중종> 18년(1523), 2월7일
[198] <중종> 25년(1530), 5월12일

살고 지옥에 떨어지는 것을 보지는 못하였습니다."[199]

여기서 인용된 『통감강목』은 주희의 역사관이 투영된 책이다. 따라서 이첨의 대답만으로는 그가 『노자』를 직접 읽었는가는 알 수 없다. 『노자』가 '허虛'와 '무無'를 종지로 삼는다는 내용은 3장의 "허기심虛其心"과 "위무위즉무불치爲無爲則無不治" 5장의 "허이불굴虛而不屈" 16장의 "치허극致虛極" 등에서 드러난다. 그러나 내용 가운데, "생사에 더디고 빠른 것에 구애받지 않는다"는 내용은 『노자』 75장의 "오직 삶을 위하지 않는 자가 삶을 귀중하게 여기는 자보다 현명하다[夫唯無以生爲者, 是賢於貴生]"에서 비롯된 것으로 보인다. 그런데 75장의 이 구절은 '백성들이 굶주리는 것이 권력자들이 세금을 많이 걷기 때문이고, 백성들이 죽음을 경시하는 이유가 권력자들이 자신들만 잘 살려하기 때문이다'라는 내용의 뒤에 등장하는 내용이다. 『노자』에서 '生'은 '생사에 구애받지 않는다'는 의미로는 해석되지 않는다. 오히려 『노자』 안에서 '섭생'과 같이 '삶'을 긍정적으로 해석될 부분이 많다.[200] 뒤의 '근본으로 돌아가라'는 부분은 40장의 "돌아가는 것이 도의 움직임이다[反者, 道之動]" 등에서 전거를 찾을 수 있을 것이다. 이상과 같이 볼 때, 이첨의 말은 『노자』 사상에 대해 깊이 있는 이해는 아니다. 그런데 여기서 주목되는 점은 『노자』의 말

---

[199] <정종> 2년(1400), 10월 3일, "問於同知事李詹曰, 老子與神仙之道, 可得聞歟. 詹進曰, 臣昔以爲老與仙道無異. 今見通鑑綱目, 老子之道, 以虛無爲宗, 謂人生此世, 比之離家而行, 不拘生死遲速, 速還本處, 是任生死以反本爲貴. 仙以長生不老爲貴, 服餌求生, 不欲其死也. 釋道則有天堂地獄之說, 爲善者生天堂, 爲惡者墜地獄. 然人未見其果生天堂墜地獄也."

[200] 『노자』 10장의 生之畜之生而不有은 있지만, 40장의 天下萬物生於有 42장의 道生一 50.出生入死, 生之徒十有三, 死之徒十有三, 人之生, 動之死地, 亦十有三, 夫何故 以其生生之厚, 蓋聞善攝生者, 陸行不遇兕虎 51.道生之,

과 '신선의 도'와 차이점을 말한 부분이다. 이첨은 『노자』의 가르침은 '장생'에 대한 탐욕에서 벗어나 근본으로 돌아가라고 하는데, '신선의 도'는 오래살기만을 구한다는 관점을 드러낸다. 이러한 입장은 정도전의 「심기리편」에서 노자를 '장생술'로 등치시키고, 앞의 1차 논의에서 '도교'를 기복신앙의 대상인 신으로 보는 사유와는 차이가 있다.

『조선왕조실록』에 나타난 도가사상의 3차 논의는 1차의 이단 논의에서 벗어나고 2차 논의의 양생술과 신선술에 구분에서도 벗어난 도가 사유이다. 『조선왕조실록』에 노자의 말이 자유롭게 인용되기도 하였다. 주된 부분은 『노자』의 정치술과 처세술에 대한 존숭이다. 가장 많이 등장하는 『노자』의 사유는 '안분지족'한 삶을 강조하는 부분이다. 성종 조 이조 판서 이극증李克增은 사직하는 글에서 다음과 같이 말한다.

"『서경』에 이르기를, '영광된 자리에 있을 때 위태로움을 생각하라.' 하였고, 노자는 이르기를, '만족할 줄을 알면 욕되지 아니한다.' 하였으니, 옛 사람이 이를 경계한 까닭은 명성과 권세의 지위에서 신하의 처신이 어렵기 때문입니다.[201]

위의 글 가운데 인용된 『노자』는 44장은 '만족함을 알면 위태롭지 않다'는 권력에 대한 욕심 조절과 겸양의 덕을 말한 장이다. 『노자』의 처세술은 유학의 겸양지덕과 만나는 지점이 있다. 따라서 『노자』 44장은 사직문에서 주로 인용되었다.[202]

---

[201] <성종> 3년(1472), 9월 4일, "書曰, 居寵思危. 老子曰, 知足不辱. 古人所以戒之者, 以其名勢之地, 人臣之所難處也"
[202] <성종>, 16년(1485), 9월18일, "老子曰, 知足不辱, 知止不殆. 蔡澤曰, 四時之序, 成功者去. 自古有言, 至今爲誡."

성종(22년)은 『노자』 안에서 글의 주제를 뽑아 백일장을 열기도 하였다. 임금은 최고의 글을 쓴 홍문관박사, 성균관전적 등에게 포상을 하였다.[203] 주제는 『노자』 60장의 '큰 나라를 다스리는 것은 작은 생선을 삶는 것과 같다[治國如烹小鮮]의 논론(論論)'이 주제였다. 작은 생선을 요리할 때 자주 휘저으면 생선이 다 부서진다는 의미로 한비자는 「해노解老」에서 "큰 나라가 자주 법을 바꾸면 백성이 고통스럽다"[204]라고 해석했고, 왕필은 "조급하면 해로운이 많다. 그 나라가 커질수록 군주는 더욱 고요해야한다"[205]라고 주석했다. 핵심은 '큰 나라를 어떻게 하면 잘 다스릴 수 있는가'이다. 이상의 내용으로 보았을 때 성종은 『노자』의 치세론에 많은 관심을 가졌을 것이라 추측된다.

이 밖에 중종 36년 시독관 권철權轍이 흉년과 재앙이 국가의 치란과 관계가 있음을 밝힌 후, 대마도 도주의 저의를 의심하는 글에서 다음과 같이 말한다.

"초楚가 싸울 때 오吳나라에서 그들의 죄인을 앞줄에 세워 목을 찌르게 해서 적군들이 모여서 구경하는 헛점을 이용해서 공격을 하였습니다. 노자는 '장차 뺏으려 할 때는 반드시 미리 주고, 장차 오므리려 할 때는 반드시 미리 펴 준다.'고 했습니다. 대마 도주가 죄를 지은 왜구를 잡아 보낸 일이 저의가 있는지 어떻게 알겠습니까."[206]

---

203 <성종>, 22년(1491), 9월12일
204 『韓非子』, 「解老」, "治大國以數變法, 則民苦之"
205 『노자注』, 60장, "躁則多害⋯其國彌大, 而其主彌靜"
206 <중종> 36년(1541), 11월19일, "昔吳楚相戰, 吳立其罪人於前行, 使之觸頸, 敵人聚觀, 乘其不備而擊之.老子曰, 將欲取之, 必固與之, 將欲翕之, 必固張之, 島主捉送罪倭, 安知其不有深意也."

위의 글에서 인용된 '장차 뺏으려 할 때는 반드시 미리 주고, 장차 오므리려 할 때는 반드시 미리 펴 준다'는 『노자』 36장이다. 『노자』 36장은 이 구절 이외에도 "부드럽고 약한 것이 억세고 강한 것을 이긴다[柔弱勝剛强]"로 유명한 장이다. 끝부분은 "국가의 이로운 기물은 남에게 보여줘서는 안된다[國之利器不可以示人]"로 끝맺는다. 이 장은 교묘한 통치술, 권력자의 권모술수 등으로 이해되어 왔다. 『한비자』는 '월나라의 구천이 오나라에 있을 때 전쟁을 부추겨 국력을 소모시켜 나중에 오나라를 제압한 일', '진나라의 헌공이 우나라를 침략하기 전에 큰 옥과 말을 주는 것'과 같은 교묘한 통치술로 이해하였다.[207] 왕필은 "국가의 이로운 기물"을 형벌제도로 해석하였다.[208] 위에서 인용된 『노자』의 말도 왜구의 권모술수를 의심하는 말로 비유되었다.

요컨대 『조선왕조실록』에서 도가는 세 가지 단계로 변용된다. 첫째는 '노자'를 장생의 사술, 신선의 방술, 도교의 최고 신으로 환치시켜 이단시하고 배척하는 단계이다. 건국 초기의 벽도불 의식과 소격서와 관련하여 '노자'를 배척하는 논의들을 다루었다. 둘째는 1차적인 배척의 논의에서 벗어나 도가사상의 핵심으로서의 『노자』와 '신선술' 및 기복신앙의 대상이 되는 '도교 신'인 '노자'와 분리해서 보려는 단계이다. 이 단계가 바로 도가의 사상이 변용되어 가기 시작하는 지점이라고 보여진다. 셋째 3차 논의는 『노자』의 정치술과 처세술에 대한 존숭이다. 3차 논의에서 주로 다루어진 『노자』의 장은 36장, 44장, 60장, 75장이다. 이 장들은 모두 안분지족의 처세술, 정치술을 다루는 장들이다.

조선전기는 '억불숭유'로 묘사된다. 그러나 몇 백년의 사상사를 몇

---

207 『韓非子』, 「喩老」
208 『노자注』, 36장

마디의 말로 정의내릴 수 있는가? 이 논문은 조선 전기 '도가'의 다양한 관점들을 세세히 살펴보고자 하였다. 이러한 작업을 통해 조선 도가 사상사를 기술하는데 있어 작은 시작이 되고자 하였다. 이상과 같이 조선 전기 도가 사상은 건국초기에서 15~16세기에 이르기까지 초기의 강력한 벽도불에서 벗어나 다양한 스펙트럼을 가지고 전개된다. 이러한 점은 조선 전기의 도가를 단순히 성리학의 도통관에 따른 이단논리로 해석할 수 없는 지점이다. 건국 초기의 벽이단론에서 도가에 대한 온정적 태도를 취하게 되고, 유학과 사상적으로 융합되는 처세술과 정치술을 수용하는 변화를 보인다. 즉 '노자'는 비도덕적인 장생불사의 탐욕을 가진 이단에서 유교국가의 처세술과 정치술로 수용되는 것이다. 이러한 수용은 조선 후기로 가면 도가서에 대한 적극적 해석의 모습으로 드러난다.

3

조선시대 구결서 연구, 용호비결

조선시대 수련도교는 어떤 모습인가? 조선시대 수련도교[209]의 직접적인 이론서들은 많지 않다. 조선 도교[210] 이론서들을 살펴보면, 『참동계參同契』・『음부경陰符經』에 대한 몇몇 논설[211]과 두 권의 『참동계參同契』 주석서[212], 그리고 『동의보감東醫寶鑑』 등의 의서醫書 속에 소개된 양생법,

---

[209] 이 글에서는 '내단'이론에 한정한 것을 수련도교로 이름 하겠다.
[210] '한국 도교'의 기원을 두고, '우리 고유의 도교문화가 있었다'는 자생설(自生說)과 '중국으로부터 수입되었다'는 전래설(傳來說)에 대한 논의들이 있어왔다. 한국에서 도교는 유교・불교만큼 세력을 떨치지 못했고, 교단 조직을 갖추지도 못했지만, 한국유교와 한국불교・무속과 민속・구 한말 신종교에 많은 영향을 주었다. 따라서 '한국도교'를 우리 고유의 민간신앙에서부터 논의해야 한다는 주장이 설득력을 가진다. 20세기 초의 『조선도교사(朝鮮道敎史)』를 쓴 이능화는 이러한 한국 도교의 특수성에 초점을 맞추어 한국도교를 '선도(仙道)'라고 명명하였다.(이능화, 『조선도교사』, 서울, 동국대학교출판부, 1959)
[211] 장유의 『음부경해』, 등을 예로 들 수 있다. 南九萬(1629~1711)이 首章을 주석한 것이 있고 그의 제자 鳴谷 崔錫鼎(1646~1715)이 숙종 38년(1712)에 위의 책을 중간하며 남구만의 수장해를 부록으로 실었다. 강헌규의 『農廬集』 권 7에 「家傳參同契跋」이 있다. (김윤수, 「『주역참동계연설』과 農廬 강헌규」, 『한국도교사상의 이해』, 아세아출판사, 1990, 286~287참조)
[212] 권극중의 『易契』, 서명응의 『參同攷』를 들 수 있다. 이 밖에 강헌규(1797~1860)의 『周易參同契演說』은 참동계 주석서가 아니라, 그 당시 여러 단학관련 저서를 모아놓은 책이다. (김윤수, 「『주역참동계연설』과 農廬 강헌규」, 『한국도교사상의 이해』, 아세아출판사, 1990)

양생론으로 해석된 『노자』 주석서[213], 이 논문에서 논하고자 하는 '口訣書' 등이 있다.[214] 이상은 조선시대 도교 자료의 빈약성을 말해준다. 그러나 조선시대가 도교와 불교뿐 아니라 양명학도 이단시하던 시대적 상황을 감안한다면, 다음의 예는 시사하는 바가 있다. 「용호결龍虎訣」의 저자인 정염이 도교적인 이적을 행했다는 기록을 담고 있는 유사들이 한국고전번역원의 문집총간에만 4건에 달한다.[215] 당대의 학자들인 장유張維·허목許穆 등의 문집들 속에 정염의 일화가 자세히 기록되어 있다. 그리고 「용호결龍虎訣」이 각기 다른 판본이 있다는 점, 나아가 도교 관련 저서들마다 여러 수련 구결서들이 합철되어 있다는 점들은 조선도교 구결서들이 민간에 널리 유포되어 있었다는 것을 반증한다. 도교 자료들이 한 번도 목판이나 활자본으로 간행되지는 않았지만, 여러 종의 이본이 있고, 다양한 필사본이 있다는 점도 그렇다. 이상의 예들은 유교국가인 조선에서도 도교에 대한 관심과 현실적 수행이 이루어져 왔다는 것을 유추할 수 있다.

이 가운데 이 장에서는 수련도교의 구체적 모습을 살필 수 있는 자료 가운데 하나인 구결서를 탐구해 보고자 한다. '구결口訣'이란, 불가나 도가에서 구두로 전수되는 도법과 비술에 대한 긴요한 말들을 의미한

---

[213] 조선시대 5종의 『노자』 주석서 가운데, 서명응의 『道德指歸』를 보면, 여타의 주석서들과는 달리 精·氣·神 등의 개념을 사용하여 주석하였다. (졸고, 「서명응의 『道德指歸』에 나타난 태극관」, 『동양철학연구』, 2003 참조.)
[214] 『직지경』, 『중묘문』 등의 저서들이 있지만, 내용 상 중요한 도교 경전들의 핵심 구절을 인용해서 편집을 했을 뿐, 요약자의 견해나 새로운 내단이론들이 제시되지는 않는다. 다만, 조선시대 어떠한 도교경전들이 중시되었고, 어떠한 측면에서 요약을 했는가를 종합적으로 모색해 볼 수 있을 뿐이다. 분명히 이러한 책들이 인용하고 있는 도교경전들에 대한 연구는 필요하다.
[215] 張維의 『谿谷集』의 「北窓古玉兩先生詩集序」, 許穆의 『眉叟記言』의 「鄭北窓」 이외에 이행의 『容齋集』, 조익의 『浦渚集』 등을 들 수 있다.

다.²¹⁶ 이 장에서 다룰 「용호비결」, 「단서구결」, 「동국전도십육결」 등은 내단의 구체적 수련 방법으로 민간에 널리 유포되어 온 것으로 보인다. 구결서는 실제적으로 "어떻게 신선이 되는가"에 대한 구체적인 수련법으로, 조선시대 구결서들은 당대의 사람들에게 '신선이 되는 방법론'을 제시하는 역할을 오랫동안 수행해 왔다.

조선의 대표적 구결서, 『용호비결』

조선시대 대표적인 구결서 가운데 하나는 「용호비결」이다. 「용호비결」은²¹⁷ 북창비결北窓秘訣이라고도 한다. 저자 정염은(1505-1549) 조선 중기의 유의儒醫로, 자는 사결士潔, 호는 북창北窓이다. 1537년(중종 32)에 사마시에 합격한 뒤 음률에 밝고 현금玄琴에도 정통하여 장락원掌樂院 주부가 되어 가곡을 지도하였다. 천문·의약에도 조예가 깊어 관상감觀象監·혜민서惠民署 교수를 겸임하였다. 어려서부터 천문·지리·의서·복서·중국어 등에 두루 능통하였으며, 문장과 산수화에도 능했다. 저서에 『북창집北窓集』, 『북창비결北窓秘訣』 등이 있다. 특히 약의 이치에 밝았는데, 1544년 중종의 병환에 약을 짓기 위하여 내의원제조들의 추천을 받기도 하였다. 그가 일상 경험한 처방을 모아 편찬한 것이라는 『정북창방鄭北窓方』이 있으나 유실 되었으며 다만 양예수楊禮壽가 지은 『의림촬

216　『漢語大辭典』, "佛家、道家以口頭傳授的道法或秘術的要語. 泛指根據學藝方技等的內容要點編成的便於記誦的語句."
217　저작년대 미상. 판각본이나 단행활자본의 출판은 없고 필사본으로 전해지고 있다. 연세대학교 소장본이 있고, 규장각도서에 있는 『해동전도록』 말미에 부록으로 붙어 있는 본이 있으며, 이 밖에 민간 전승본이 있다.

요醫林撮要』에 인용되어 있다.

「용호비결」은 내단 수련의 비법을 제시하는 내용으로 크게 네 개의 부분으로 나눌 수 있다. 첫 번째 부분은 글의 도입 부분으로 단丹을 수련하는 방법이 지극히 간단하고도 쉬운데 요절하는 자가 많은 것은 그 방법을 모르는데 있다고 언급한 뒤 수련의 개요를 설명한다. 나머지 세 부분은 내단 수련의 단계를 '폐기閉氣' '태식胎息' '주천화후周天火候'로 나누어 자세히 논한다. 도입부분에서는 수련의 자세를 설명하고 항상 신과 기로 하여금 배꼽 아래 한 치 세 푼 되는 곳에 머물게 하라고 한다. 이 단계를 지나 '현빈일규玄牝一竅'의 단계에 이르게 되는데, 이 과정을 통과해야만 태식과 주천화후가 가능해지며 이러한 과정을 통하여 무無인 태극太極의 경지로 돌아가는 것이 '선도仙道'라고 말한다. 그 다음, 내단 수련의 첫번째 단계인 폐기에 대해 설명한다. 폐기의 단계가 익숙해지면 그 다음이 태식胎息의 단계로 나아가야 한다고 말한다. 태식은 모태에서의 호흡이며 뿌리로 되돌아가 명을 회복하는 길인데 이 경지에 이르면 호흡하지 않는 것 같은 경지에 이른다고 한다. 그리고 마지막 단계인 '주천화후'에 대하여 설명한다.

용호龍虎란 단학에서 수화이기水火二氣(藥物)를 말하는 것으로 「용호비결」이라고 부른 것은 김시습의 「용호론龍虎論」과 관계가 깊고, 원대元代의 전양자全陽子 유염兪琰의 『참동계발휘參同契發揮』에 대한 깊은 연찬에 바탕한 것이라는 견해가 있다. 또 송대 이후의 참동계학을 섭렵했을 가능성에 대한 분석도 있다. 주목할 점은 각각의 도교 수련 개념들에 대한 언급이다. 그는 수련을 통한 태극太極으로의 복귀를 말하고 있는데, 이러한 부분은 조선의 도교이론 전개에 있어,『역경易經』에서 제시하는 세계관과의 접점이라고도 보여진다. 그리고「용호비결」에서 강조하는 '폐기閉氣'는 갈홍의 『신선전神仙傳』의 팽조 수련법에 폐기내식법閉氣內息

法과 유사한 구조이며, '태식胎息'은 갈홍의 『포박자抱朴子』서도 내련법의 하나로 강조된 바 있었다. 이 밖에 정精·기氣· 신神의 개념 대신 원형적 성격을 지닌 형形·기氣·신神의 개념을 쓰는 점과 '현빈일규'의 개념 등을 볼 때 당말 이후의 내단서의 영향을 받은 것으로 보인다.[218]

---

[218] 김낙필,「북창 정렴의 내단사상」,『도교문화연구』, 한국도교문화학회, 2003; 이경수, 「북창 정렴의 생애와 시세계」,『한국한시작가연구』, 한국한시학회, 2000

4

조선시대 구결서 연구:
「단서구결」과 「동국전도십육결」

한무외의 『해동전도록海東傳道錄』[219]은 조선전기 도맥을 제시한 최초의 책으로 저자는 어떠한 경로를 통해 道를 전수받아 신선이 되었는가를 밝히고, 자신이 「금단구결金丹口訣」를 통해 신선술을 공부했음을 말한다. 이 책의 뒷 부분에는 바로 「단서구결」과 「단가별지구결」「용호결」이 합철되어 있다. 즉 앞에서 신선의 역사와 도맥 전수 과정을 통해 자신의 도통 계승의 정당성을 밝힌 이후에 곧이어 뒷 편에서 어떠한 이론적 체계로 신선이 되었는가를 말하는 것이다. 마찬가지로 조선의 도교서 『동국전도비기東國傳道秘記』『중묘문衆妙門』에도 이상의 구결서가 합철되어 있다. 『동국전도비기』와 『중묘문』은 중국 내단 수련 경전들에서 핵심 내용들을 소개하고 있는 책이다.[220] 그러나 책의 뒷편에 구체적 방법론이 합철되어 있다는 것을 통해 실질적인 수련법에 대한 접근이 이루어져 왔다는 것을 알 수 있다. 당시 구결서들은 정식 출판 과정이 없었

---

[219] 김윤수는 『해동전도록』이 한무외의 저서가 아니라는 정황적 증거를 제시한다. 이에 대해서는 좀 더 치밀한 연구가 필요하다고 생각된다.
[220] 『직지경』『중묘문』 등을 예로 들 수 있다.

지만, 다양한 필사본과 이본의 역사가 말해주듯, 당대의 사람들에게 도교의 핵심이라고 할 수 있는 "인간이 신선이 되는 방법론"으로서의 역할을 오랫동안 수행해 왔다.

그런데 이 신선이 되는 구체적인 방법론인 구결서에 대해서는 심도 있는 연구가 있지 못하였다. 있더라도 독자적으로 다루어진 적은 없으며, 두 구결서가 비슷한 내용을 담고 있다는 취지의 언급이 있을 뿐이다. 그러한 가운데 필자는 이 두 개의 유사한 듯 보이는 구결서들이 약간씩 다른 수련법을 제시하고 있다는 데 주목하게 되었다. 어떠한 방법으로 신선이 되는가를 말하는 구결서에서, 각기 다른 방식을 말한다는 것은 교단도교 안에서는 계파를 달리하는 문제가 된다. 두 구결서의 차이점에 대한 고찰은 당시 수련도교의 특징을 유추해 볼 수 있고, 당대 조선도교의 현실적 수련방식이 어떠했는가를 고증할 수 있는 계기가 될 것이다.

「단서구결」,「동국전도십육결」(『해동전도록海東傳道錄』에는「단가별지구결丹家別旨口訣」로 되어 있다.) 은「용호비결」과 함께 한무외(1517-1610)『해동전도록』(연세대본) 말미에 합철되어 있다. 판각본이나 단행활자본의 출판은 없었으며 필사본으로 전해지고 있다. 『해동전도록』은 저자의 서문 없이 본문이 시작되는데 다만 택당 이식李植의 발문(1647)이 있어서 『해동전도록』이 세상에 전하게 된 과정이 소개되어 있다. 그러나 발문과 본문을 보면 '금단구결'에 대한 언급만 있을 뿐 합철되어 있는「단서구결」과「용호결龍虎訣」에 대한 언급이 없는 것으로 보아, 저자가 밝혀지지 않은 이 두 구결과「용호결」은 이식李植이 발문을 쓰면서 수집하여 합철하였거나, 후대에 합철되었을 가능성이 높다. 『해동전도록』의「단가별지구결」의 경우, 『중묘문』에서는「동국전도십육결」이라는 이름으로 실려 있는데, 제목 아래에 '타본에서는「금단구결金丹口訣」로 이름 지어져 있다.'

라고 씌어져 있다. 『동국전도비기東國傳道秘記』에 「동국전도십육결東國傳道十六訣」이 「금단구결金丹口訣」이라는 이름으로 실려 있는 것으로 보아, '타본'이 『동국전도비기』이거나, 이 밖에도 다양한 판본이 있었던 것으로 추측된다.

'동국전도비기'의 경우 '금단구결'이라고 이름하여 「해동전도록」의 한무외가 김시습 윤군평 등을 통해 전해져 오는 비결서를 전수받은 것으로 언급되어 있다. 그러나, 『해동전도록』 뒤에는 「용호결」 말고도 두 편의 구결서가 덧붙여 있어서 한무외가 받았다는 비결이 구체적으로 어떠한 것인가를 알 수 없다.

「단가별지구결」이라는 이름은 「단서구결」과의 연관성에 초점을 둔 것으로 보이고, 「동국전도십육결」이라는 이름은 '동국'이라는 이름으로 인해 우리 고유의 수련법이라는 측면을 강조한 것으로 여겨진다. 「단서구결」 「동국전도십육결」이 합철되어 있는 저서를 보면 다음과 같다.

조선시대 도교 서명	구결	
	丹書口訣	東國傳道十六訣
『海東傳道錄』	○	○(단가별지구결)
『衆妙門』		○
『東國傳道秘記』		○
『鶴山閑言』		○

표를 통해 볼 때, 조선시대 내단 이론서들 속에 이 두 구결서들이 들어 있음을 알 수 있다. 도교의 이론서들이 합철의 과정을 거쳐 전승된다고 볼 때, 「동국전도십육결」이 더 많이 수록되어 있다는 점은 당시의 수련가들에게 동국전도십육결이 구결로서의 위상이 더 높았음을 추측해 볼 수 있다. 책의 본문 속에 자세한 구결서에 대한 언급이 없기 때

문에 당시에 구결서들이 어떠한 영향력이 있었는가는 점치기 어렵다. 그러나 중요한 이론서마다, 뒤에 구결서가 붙어있다는 것은 앞서도 말했지만, 어떻게 신선이 되는가와 같은 실제적인 실천에 있어서 구결서가 중요한 역할을 했다는 것을 의미한다.

「단서구결」·「동국전도십육결」·「용호결」이 합철되어 있는『해동전도록』에는 '구결'에 대한 언급이 있다.『해동전도록』에 따르면, 당나라에 유학했던 최승우·김가기·자혜는 종남산의 천사 신원지申元之가 있는 절에 머물다가 종리권을 만나게 된다. '종리권이 이들을 찾아왔다'는 부분은 종리권이 여동빈을 찾아와 도맥을 전수하는 대목과 유사하다. 종리권은 이들을 만나『청화비문영보靑華秘文靈寶』『천둔연마법天遁鍊磨法』등의 책을 주고 구결을 전수했다는 대목이 나온다.[221] 이는 이들이 공부한 단학서들 외에 종리권이 직접 전수해준 신선이 되는 묘방이 될 구결이 있었다는 것을 말해주는 대목이다. 이들은 종남산 천사 신원지申元之의 도움으로 수련을 마치고 신라로 돌아오는 뱃길에서 종리권의 편지를 받는다.

"동국은 8백년 후라야 대도가 크게 밝아질 것이니 반드시 이를 전수하면 선문에 들어갈 수 있을 것이다. 너희에게 준 경결經訣과『백양참동계』『황정경』『용호경』『청정심인경』등을 세상에 전하면 불교와 결부되어 명맥을 전할 수 있으니 너희들은 이 공을 힘입어 상진인으로 뛰어오를 것이다."라고 하였다.… 이내 귀국하자 혜공은 오대산으로 들어가고 승우는 관계로 나가서 여러 차례 승진되어 태위에 이르니 구결口訣로 문창

---

221 『海東傳道錄』, "因以靑華秘文, 靈寶畢法, 金誥人頭五岳訣, 內觀玉文寶籙, 天遁鍊魔法書付之, 且授以口訣, 拂袖去."

후와 이청에게 전수하였다.[222]

　인용문은 종리권에서 직접받은 구결을 신라로 돌아와 전수한 과정을 설명한다. 이 구결은 홍유손 윤군평 김시습 등의 여러 도맥 속에서 전승되다가, 묘향산의 곽치우가 『해동전도록』의 저자인 한무외에게 전하게 된다. 곽치우는 한무외에게 다음과 같이 말한다.

　'구결 16조'는 봉해 두었다가 이씨 성을 가진 사람에게 전해주면 저절로 선도가 선양될 것이다. 하물며 800년이 이미 그 수를 다했도다. 선자가 나올 때에 마땅히 이것에(구결 16조) 힘입어 정양正陽의 한줄기 맥이 떨어지지 않을 것이니 힘쓰고 힘쓰라.[223]

　『해동전도록』에서 곽치허는 종리권이 말한 선도가 선양될 800년 후가 도래했다고 말하고, 그 도래에 결정적인 역할을 하는 비전이 구결16조라고 말한다. 그리고 나아가 이 구결 16조로 인해서 '종리권' '여동빈'으로 전해져 내려오는 '종려금단맥鐘呂金丹派'의 맥이 끊어지지 않을 것이라고 말하고 있다. 따라서 『해동전도록』은 조선의 도교는 '종리권'으로부터의 도맥을 전수해 왔다는 것을 강조하고 있다. 『해동전도록』에서의 '구결'은 종리권으로부터의 가르침의 정수이면서, 도맥이 이어지게 해는 방법론이다. 그리고 말미에 붙어 있는 「단서구결」과 「단가별지구결」은

---

[222] 上同 "東國八白年後, 弘明大道, 必籍傳授, 乃可入門. 爾等所授經訣, 及伯陽參同契, 黃庭經, 龍虎經, 清淨心印經, 行於世者, 可燃燈相付一線, 以傳爾, 籍此功, 超登上眞也. … 及返國, 惠公入五臺山, 承祐拜宏屬陞太尉, 以口訣, 授文昌侯及李淸"

[223] 上同, "留封口訣十六條, 致於李性人則, 自可宜揚玄化, 況八百年, 已屆其數乎. 仙子之出, 當賴此, 不墜正陽一線之脈, 勉之勉之"

모두 16조로, 글의 흐름상 이 두 구결 혹은 이 가운데의 하나가 '종리권'으로부터의 가르침이라는 것을 글 전체에서 시사한다.

그러나 주목할 만한 사실은 이 두 개의 16결은 비슷한 조목을 말하는 부분이 있기도 하지만, 각각의 여러 항목에서 지향하는 점이 확연히 차이가 나는 지점이 있다. 『해동전도록』 안에서 '연단鍊丹의 모든 비밀'이 담겨 있다고 하는 '구결'이 수련방식 혹은 수련지향점이 다르다는 것은 필자로 하여금 두 개의 가설을 세우게 하였다. 우선 이 두 개의 16구결 가운데 하나가 원래의 『해동전도록』에 들어 있는 구결이고, 나머지 하나는 『해동전도록』과는 지향점이 다른 구결인데, 합철되었다라는 가설이다. 이렇게 볼 때 두 개 가운데 하나의 구결은 종리권의 수련지향점과 같을 것이고 나머지는 그렇지 않을 것이다.

그렇다면 두 개의 구결서 가운데 어떤 구결서가 『해동전도록』에 들어있던 구결서일까. 『해동전도록』과 거의 동일한 내용을 담고 있는 『동국전도비기』에서 하나의 단서를 찾을 수 있다. 『동국전도비기』에 대하여 김윤수는, 『해동전도록』에 있는 '한무외의 자술' 부분이 없고, 『해동전도록』 안에 있는 '전도록' 이라는 표현이 없는 것으로 보아, 『해동전도록』 보다 먼저 쓰여진 책이라고 추정한다.[224] 그런데 이 『동국전도비기』에 들어있는 구결서는 '동국전도십육결(단가별지구결)'로, 이 책에서는 「금단구결」이라고 명명된다. 『해동전도록』과 『동국전도비기』에는 동일하게 택당 이식이 김집이라는 사람으로부터 '금단구결'을 받았다는 내용이 나온다. 그렇다면 '금단구결'이라는 이름을 가진 구결서가 『해동전도록』과 『동국전도비기』에서 말하는 구결서일 수도 있다. 이 견해에 따

---

[224] 따라서 그의 견해에 따른다면, 『해동전도록』은 위서가 된다. 이 부분은 좀 더 세밀한 논의가 필요하다. (김윤수, 「동국전도비기와 해동전도록」, 『한국도교의 현대적 조명』.)

르면 『해동전도록』과 『동국전도록』에서 강조된 구결서는 '금단구결'이른 별칭을 가진 「동국전도십육결」일 것이다.

그러나 『해동전도록』과 『동국전도비기』는 모두 중국의 종리권으로부터 수련도교의 도맥이 전수되었다는 것을 주장하는 저서이다. 이는 『해동이적』이 단군으로부터 내려오는 도교의 자생성을 강조한 것과는 차별된다. 그런데 두 개의 구결서 모두 단군을 말하고 있지는 않다. 다만 두 개의 구결서 가운데 「단서구결」은 도교의 비조를 '노자'로 여긴다. 그렇다면 『해동전도록』에서 말하는 구결은 「단서구결」일 가능성이 크다.

다음 장에서 두 개의 구결서 내용의 차이점 고찰을 통해 『해동전도록』과 『동국전도비기』에서 말하는 구결서와 가까운 것을 추측해 보고자 한다.

노자신앙과 북두칠성신앙

두 구결서의 내용을 비교해 보면 다음과 같다.

	단서구결丹書口訣	동국전도십도육결東國傳道十六訣
1장	삼교三敎 가운데 도교만이 중도를 유지함	수련할 때의 마음 자세
2장	『도덕경』과 『참동계』가 단학의 비조임.	좌환과 단우丹友 단재丹材의 역할-단서구결5장과 유사
3장	도를 행하고 도를 완성하려면 반드시 중정中正을 요체로함	기의운행과정(단전-미려-협척-쌍관-정중-천정-심궁-단침이 나옴-삼켜서 배꼽으로 보냄)-단서구결13장과 유사
4장	도를 배우는 사람은 모름지기 중화中和의 기질이 있어야 함	단침이 나온 후 배꼽아래 기운을 30일간 봉쇄-신광神光이 나옴

	단서구결丹書口訣	동국전도십도육결東國傳道十六訣
5장	도를 배우려면 반드시 단재丹財와 도우道友가 있어야 함	신광이 나오면 태가 완성될 조짐과 그 때의 주의사항
6장	삼관법三關法(초정, 중정, 삼정)이 도에 들어가는 첫 관문임	수련의 시간-단서구결 12장과 유사
7장	수련의 자리에 들어가는 데에는 반드시 적당한 시일이 있음	단기가 무너지지 않도록 의념으로 잡음
8장	삼충三虫을 제거하는 방법	단기의 확립(14장과 유사)
9장	마귀를 제압하는 방법에는 반드시 합당한 물건이 필요함	이런 과정을 거쳐 3년후 연허의 과정이 끝남
10장	외마를 제압하는데 등불이 있어야 함	양신陽神을 잘 지킬 것-육통을 자랑하지 말것
11장	수마를 제압하는 법	5년 정좌하고 9년 포일하면 공부를 마침
12장	화후의 방법	먹고 자는 것 등의 금기할 것
13장	운기법	보아야 될 책들
14장	태胎를 이루어 포일抱一하는 법	공부가 안될 때 북두칠성에게 절할 것
15장	지난 허물을 참회하는 방법	마귀의 환란을 조심할 것
16장	허虛를 지키는 법	단경 자서 가운데 참동계의 뜻을 따를 것

표에서 보듯이 우선 두 구결서의 공통점은 '단우'와 '단재'를 중시하는 부분이다. 「단서구결-이하 '단결丹訣'이라 하겠다-」의 5장과 「동국전도십육결-이하 '동결'이라 하겠다」의 2장은 모두 도를 배우려면 반드시 단재丹財와 도우道友가 있어야 한다는 점을 말한다.

【단결 5장】도를 배우는 자는 반드시 먼저 단재를 축적하고 또한 반드시 도우가 있어야 착수할 수 있다. 만일 단재가 없으면 배고픔과 추위가 그 마음을 어지럽히고, 도우가 없으면 외부사물이 정精을 흔듦으로써 의념과 호흡이 꺾이어 단기丹基가 대뜸 무너지고 말게 되니 두려워하지 않

을 수 있겠는가.²²⁵

【동결 2장】좌환坐環은 꼭 깊은 산속에서 할 필요가 없으며 큰 도회지를 피할 이유도 없다. 오직 단우를 결성하고 단재를 넉넉히 쌓아 둔다. 추우면 수행자에게 먼저 옷을 입혀주고, 배고프면 수행자에게 먼저 죽을 주어서 먹거나 쉬려는 생각이 마음에서 싹트지 않도록 하라.²²⁶

도의 착수법에 있어서 도와줄 사람인 단우과 수련을 하는 데 필요한 재물 즉 단재를 언급하는 점은 이 두 구결이 현실적 방법론을 중시한 부분이다. 이 밖에 단기丹基의 확립을 강조하는 점(단결 14장과 동결 8장) 등과 수련시 마귀를 물리쳐야 한다는 부분들(마귀를 물리치는 방법은 약간 다르다)이 유사하다.

그러나 두 구결의 차이점은 「단결」의 1장을 보면 확연히 드러난다. 우선 「단결」은 1장에서 삼교三敎의 가르침 가운데 도교의 가르침이 최상임을 다음과 같이 말한다.²²⁷

천지인을 삼재三才라 하고 유불도儒佛道를 삼교라 한다. 삼재가 성립되자 삼교가 생겼다. 유교는 인륜을 중시하여 하학下學²²⁸을 말한 부분이 많고, 불교는 명심明心과 견성見性을 중시하여 상달上達을 말한 부분이 많다. 유

---

225 『海東傳道錄』,「丹書口訣」, "凡學道者, 必先積丹財, 而亦必得道友, 乃可下手. 若不得丹財則饑寒亂其心, 不得道友則, 事物搖其精意, 息或虧, 丹基輒敗, 可不懼哉."
226 『海東傳道錄』,「東國傳道十六訣」, "凡坐寰, 不必深山, 不避通都. 惟結丹友, 厚積丹財, 寒先添衣, 饑先進粥, 勿使食息之念忽萌於心."
227 이상의 단서구결과 동국전도십육결은 『해동전도록』에 합철본을 기준으로 보겠다.
228 하학(下學) : 이는 『논어』의 "아래로 배워서 위로 도달한다(下學而上達)"는 구절에서 나온 말로서, '하학(下學)'은 일상생활의 인사(人事)를 주로 공부한다는 뜻이고, '상달(上達)'은 천명(天命)을 알게 된다는 뜻이다.

교는 하학을 말하는 부분이 많으므로 천근淺近한 일들에 치우쳐 상달에 미치지 못하고, 불교는 상달을 말한 부분이 많으므로 허원에만 힘써 하학은 완전히 빼버렸다. 우리 도교 가운데에는 인륜을 끊지 않아 하학의 공부를 폐하지 않는 측면도 있고, 명심과 견성을 대단히 중시하면서도 완공頑空[229]에 빠지지 않는 측면도 있다. 요컨대 삼교 가운데 도교만이 지나치거나 모자람이 없어 그 중도를 유지하고 있다.[230]

「단결」은 유불도 가운데 도교가 최상의 가르침이라는 배타적 견해를 견지하고 있다. 유교가 현실적인 측면만 말해서 상달의 세계를 논의하지 않았고, 불교는 상달의 세계에만 지나치게 몰두해서 현실적인 측면이 도외시되었다고 비판한다. 도교만이 명심과 견성의 공부를 갖추고 있는 절대적 진리라는 것이다. 이러한 측면은 당시 조선이 유교사회였다는 점을 감안할 때 자신의 종교가 '가장 완전하다'고 보는 배타성을 엿볼 수 있다. 물론 이 글의 3장에서 『중용』과 『주역』이 언급되고 있지만, 여전히 1장에서 도교를 최승의 자리에 두고 있다. 「단서구결」은 더 나아가, '노자'를 신격화한 호칭인 '태상노군'을 말한다.

태상노군을 상고해 보니 실로 우리 도교의 비조로서 오천여자의 도덕경을 지었다. 백양진인이 나와서 노자의 가르침을 이어받아 주역참동계 3

---

[229] 완공(頑空): 본래 불교용어로서, 어떠한 지각 작용도 없는 정신의 경계를 가리키는 말인데, 불교가 지나치게 공허함을 비판하기 위한 용어로도 쓰였다.
[230] 「단서구결」, "夫天地人曰三才, 儒佛道曰三敎, 三才旣立, 三敎斯生. 儒敎主人倫而下學處多, 佛敎主明心見性而上達處多. 下學處多, 故涉於淺近而不及於上達, 上達處多, 故務於虛遠而專闕其下學. 惟我道敎, 或未嘗絶人倫, 而不廢下學之功, 最貴其明心見性, 而亦不墜於頑空. 要之, 三敎之中, 自無過不及而執其中也."

편을 지었는데 우리 도교의 종지가 이 두 편의 경에 모두 담겨져 있다. 그러나 그 글이 심오함은 많고 평이함이 적으니, 평이한 곳은 우둔한 사람이라도 알 수 있으나 심오한 곳은 지혜로운 자라도 미칠 수 없다.[231]

이 글에서는 '노자'를 신격화하여 도교의 비조로 보고, 『노자』와 『주역참동계』가 도교의 종지임을 말하고 있다. 여기서 주목되는 부분은 '오도吾道'라는 표현인데, '오도'가 지시하는 바는 '도교'로서 위상을 드러낸다. 그리고 도교의 종지를 담은 경經으로 『노자』와 『주역참동계』를 말하고 있다. 여기서 『주역참동계』는 『해동전도록』과 『동국전도비기』에서 이미 경전으로 언급되었지만, 『노자』는 『해동전도록』과 『동국전도비기』에 언급되지 않았다. 『해동전도록』과 『동국전도비기』에서 도교의 주요 경전으로 언급되지 않았는데도 불구하고 '단결'에서는 도교의 창시자로서 지칭되는 점은 특이하다. '노자'를 중시한 점은 중국도교의 신관과 맥을 같이 한다. 중국도교에서 '노자'는 최고의 신 가운데 하나로[232] 도맥 전수에서 중요한 역할을 한다. 중국도교 가운데 전진교의 경전인 『천선정리직론天仙正理直論』을 보면 다음과 같다.

한나라의 장도릉, 갈현선옹, 구겸지, 간길은 모두 태상노군(노자)이 강림하여 도를 전했다. 북한대의 종리권은 동화제군이 강림하여 전수하였고, 당나라의 여순양은 종리권이 강림하여 전해주었다. 송나라의 왕중양과

---

231 「단서구결」, "若稽太上老君, 實惟吾道之鼻祖, 洒作道德五千餘言, 洎夫伯陽眞人之出, 以接夫老氏之傳, 乃述參同三篇, 盖吾道之旨, 於斯二經盡矣. 然其爲書多深晦而少平易, 平易處, 雖愚夫可以與知, 至於深晦處, 雖智者亦有所未至焉."
232 심지어 西晉시대에는 노자가 인도로 가서 부처가 되었다는 『노자화호경』이 만들어지기도 하였다.

연나라의 유해섬은 종리권과 여동빈 두 진인이 강림하여 전해주었다.[233]

한나라의 신선들에게 도를 전수한 자로서 '노자'를 말하고 있다. 이러한 도맥은 여동빈에게까지 미친다. '노자'를 도교의 창시자로서 보는 것이다. 이와 마찬가지로, 「단결」도 노자를 도교의 비조로 여기고 노자의 도를 위백양[234]이 계승하여 참동계를 저술한 것으로 보았다. 도교'를 최상의 가르침 즉 오도吾道로 여기고, '태상노군'을 도교의 비조로서 강조하는 점을 통해 「단결」은 도맥의 시작을 중국 전래의 도교에 두고 있음을 알 수 있다. 또한 「단결」이 배타성을 띤 종교체계에서 나온 것임을 유추해 볼 수 있다.

그러나 「동결」은 이와 다르다. 도교의 절대 우위를 말하지 않으며, 단지 『참동계』를 중시한다. 「동결」의 13장과 16장을 보면 다음과 같다.

처음 좌환에 들어 삼년이 지나 단이 견고해 지면 또한 책을 보아도 좋다 선仙과 불佛의 경전 및 주역·중용·장자·열자 등의 책은 모두 좋은데 음란한 서적은 절대 보면 안 된다. 음부경·도덕경·금벽경·참동계·황정경·도인경 등은 향을 피우고 예를 갖춰 송독해야 된다.[235]

단경 자서 천권 만편은 모두 상을 빌려 이름을 세운 것이기에 은어로 되

233　『天仙正理直論』,「後발」,"汉之张道陵葛玄仙翁寇谦之于吉, 皆太上降下而传. 北汉时之钟離正阳, 乃东华帝君之降传. 唐之纯阳吕翁, 乃钟離之降传. 宋之王重阳, 燕之刘海蟾, 乃钟吕二真人之降传."
234　백양진인(伯陽眞人) : 위백양(魏伯陽)을 말함. 동한(東漢) 시대의 인물인 위백양은《주역참동계(周易參同契)》를 저술하여 이후 도교발전에 큰 영향을 끼쳤다.
235　13장, "初入寰, 及三年丹固之後, 亦可看書. 如仙佛二典及周易中庸莊列等書俱可, 切勿見邪淫之書, 陰符道德金碧參同黃庭度人等經, 焚香禮誦可也."

어 있어 이해할 수 없다. 잘못 읽은 자는 금석金石과 채전採戰을 추구하게 되니 모두 제거하여 절대 눈에 들이지 말아야 한다. 한 마음으로 참동계의 큰 뜻을 받들어 견지하여 물러나지 않고 정성을 들이고 또 정성을 들이면 귀신이 이끌어주어 스스로 신선이 될 것이다.[236]

여기서 '금석金石'이란 '외단外丹'을 중시하는 수련법을 말하고, '채전採戰'이란 '성교'를 통한 수련법을 의미한다. 「동결」은 음란서를 제외한 유불도의 모든 서적을 섭렵해도 상관없다고 말한다. 그리고 앞의 「단결」이 『참동계』와 『노자』를 중요서적으로 꼽는다면, 「동결」은 『음부경』·『도덕경』·『금벽경』·『참동계』·『황정경』·『도인경』을 말한다.[237] 『참동계』를 최고의 경전으로 삼는다는 점에서는 「단결」과 유사하다. 그리고 위의 「동결」 16장은 단경 자서가 수만권이지만, 은유가 심해 제대로 이해하기 어려워 외단으로 빠지는 것을 경계하고 있는데, 이러한 부분은 이 논문에서 함께 다루지는 않지만, 정염의 「용호결」과 맥이 닿아 있다.[238] 또한 유불도의 모든 서적을 용인한다는 내용은 「단결」의 배타성과는 다른 보편적 태도를 엿볼 수 있다.

「단결」이 '노자'를 '태상노군'으로 존숭한다면, 「동결」은 이와 다르게 '북두칠성'신앙을 중시한다.

---

[236] 16장, "丹經子書, 千卷萬編, 皆假象立名, 黃絹幼婦, 不可解見. 誤讀者猜金石採戰, 一切除去, 慎勿入眼, 一心奉持參同大旨, 不使退轉, 誠之又誠, 鬼神將引之, 能得仙也"

[237] 이러한 서적은 중국 전진교에서 진치허의 금단전수 체계에서 중요시 되는 서목들과 흡사하다. 그러나 『참동계』를 최상위 저서로 보는 점에 있어서는 진치허의 중시 서목과 다르다. 진치허는 『음부경』과 『도덕경』을 최고로 여긴다.(『김낙필 외 역, 『내단』 2, 성대출판부, 2006, 172쪽 참조)

[238] 「용호결」은 첫 구절에서 단서의 양은 많지만, 잘못하여 장생을 얻으려다 요절하는 사람이 많음을 경고한다. (修丹之道 至簡至易 而今其爲書 汗牛馬充棟宇 且其言語 太涉恍惚 難了 故古今學者 不知下手之方 欲得長生 反致夭折者多矣)

좌환에 들어 오래 되었는데도 효험을 보지 못하면 날마다 북두칠성에 두 번씩 절한다. 경건하게 속으로 신령께 고하여 지난날의 죄와 허물을 소급해 참회한다면 자연히 보이지 않는 가운데 도움이 있을 것이다.[239]

수련이 진전되지 못할 때 북두칠성에게 기도를 하고, 또 북두칠성 신령에게 참회와 반성을 하라고 조언한다. 「단결」에서도 지난 허물을 참회하는 방법을 제시하는데, 죄과를 남김없이 씻어내라는 것이지[240], 북두칠성신앙을 말하지는 않는다. 북두칠성신앙은 도교 신앙 가운데 가장 오랜 연원을 가지고 있다. 우리 고유의 선도에서 북두칠성 신앙이 있었고, 고구려 벽화에서도 그 흔적을 볼 수 있다.[241] 특히 조선 후기로 가면, 민간도교에서 '북두칠성' 신앙이 성행하였다. 이러한 점은 「동결」이 우리 고유의 도교 문화를 계승한 면이 있다고 추측되는 부분이다.

이 밖에 「단결」에서는 도에 들어가는 처음 공부를 '삼관법三關法'으로 설명한다.

도를 배우는 자는 맨 처음에 반드시 몸을 단련하면서 때를 기다려야 한다. 그 방법은 깨끗하고 한적하게 막힌 곳을 찾아 고요히 앉아 생각을 단련하는 것이다. 처음 백일 동안 앉아 있는 것을 초정관初定關이라 하고,

---

[239] "入寰久不能見效 逐日拜斗 各二拜 虔誠暗祝 追懺前日罪過 則自然有陰佑也"
[240] 抱一을 이루고 나면 수련에서 할 일은 모두 끝난 것이다. 그러나 돌이켜 보아서 전날의 죄과가 심중할 경우에는 또한 급히 세상을 떠나 仙界로 가서는 안 되므로 마땅히 착한 행실을 쌓아 죄과를 남김없이 씻어 버려야 한다. 그런 연후에 자기가 하고 싶은 대로, 육신을 남겨 이 세상에서 살아 地仙이 되어도 되고, 육신을 버리고 떠나가 天仙이 되어도 안 될 것이 없다. (凡抱一之後, 能事畢矣. 然若計前日罪過深重, 則亦不可遽去世超昇, 而當以積善, 消盡無餘. 然後從心所好, 或留形住世, 或解化而去, 爲地仙爲天仙, 無所不可.)
[241] 정재서,『한국도교의 기원과 역사』, 이화여대 출판부, 2006, 183~185쪽;이능화,『조선도교사』, 보성문화사, 2000, 185~192쪽 참조

다시 백일 동안 앉아 있는 것을 중정관中定關이라 하며, 또다시 백일 동안 앉아 있는 것을 삼정관三定關이라 한다. 삼관에 걸쳐 앉아 있는 동안 또한 반드시 나누어지는 과정이 있지만, 어지러운 생각과 속세의 일들은 일절 쓸어 버려야 한다. 만일 삼관 동안 앉아 있지 않으면 비록 태식胎息[242] 같은 작은 수련단계도 성공할 수 없다.[243]

도교에서 '삼관三關'은 여러 의미를 지닌다. 그 가운데서 미려 협척 옥침의 세 부위를 말하거나, 원대元代의 진치허陳致虛가 말하는 정기신精氣神을 중심으로 한 '적정화기積精化氣, 연기합신煉氣合神, 연신환허煉神還虛'이 삼관의 일반적인 의미이다.[244] 즉 인체의 세 부위이거나, '연정화기, 연기환신, 연신환허'의 삼단계를 통해 신선이 되는 과정인 것이다. 그런데 「단결」에서 '삼관법'이란 수련시기를 바탕으로 하는 기초수련기간을 의미한다. 「단결」은 삼관법을 통해 단기를 확립하고 9년간의 포일공부를 해야한다고 말한다. 그러고 나서 '공허의 경지로 돌아간다'는 언급이 있다. 그러나 「동결」에서는 수련 기간에 대한 언급이 다르다.

단기가 이미 확립되고 나서 3개월이 되면 그 크기가 계란만해지고, 5개월이 되면 복숭아만해지고, 7개월이 되면 모과만해지고, 9개월이 되면 갓난아기만해지고, 십개월이 되면 수련이 완성된다. 그러면 긴장을 풀

---

242 태식(胎息) : '단전호흡(丹田呼吸)'과 같은 말로 숨이 입과 코로 이루어지는 것이 아니라, 배꼽 부근에서 이루어지는 것으로 의념하는 수련법이다.
243 「단서구결」, "凡學道者, 其始也必鍊己待時, 其法乃擇潔淨靜關之地, 而坐關煉念, 初坐一百日, 卽初定關也. 又坐一百日, 卽中定關也. 又坐一百日, 卽三定關也. 其坐三關之時, 亦必有分, 而胡思亂想, 俗務塵緣, 一幷掃却也. 若不坐三關, 雖胎息之小道, 亦不可成也."
244 『내단』 1, 104~105쪽

고 편안히 앉아 배고프면 먹고 피곤하면 잠을 자되 한결같이 처음 좌환에 들 때처럼 한다.[245]

이상과 같이 삼년동안 수련을 하면 연허煉虛의 과정은 끝난다. 이에 귀에는 맑은 음향이 들리고, 모발과 살갗은 점점 아름다워지며, 잠잘 때 꿈을 꾸는 일이 전혀 없어지고, 흉터는 사라지고 입은 향기로우며, 술을 마셔도 취하지 않음을 저절로 느끼게 된다.[246]

또 오년 동안 정좌靜坐하고 구년간 포일抱一의 공부를 완전히 끝마치면 응당 날아서 옥경玉京에 오를 것이다. 그러나 죄와 허물이 깊이 쌓여 있다면 수련과 음덕으로 없애야 한다. 혹 육신을 가지고 속세에서 살고 싶다면 풍속을 교화하고 정치를 보좌하는 것도 나쁠 것 없다.[247]

「동결」은 이 연허煉虛의 과정이 수련의 최종 단계가 아니다. 이 이후에 오년간의 정좌와 구년간의 포일의 공부를 말한다. 「단결」이 삼관법(단기확립)-9년간의 포일-최종단계로서의 '연신환허煉神還虛'를 말한다면, 「동결」은 단기 확립-연신환허-5년 정좌-9년간의 포일을 공부의 완성으로 보고 있다. 수련기간과 이에 대한 관점이 차이가 있다는 것은 구체적인 수련법 상에서 많은 차이가 있다는 것을 시사한다.

요컨대 「단결」은 유불도 가운데 도교를 최승으로 두고 '노자'를 도

---

[245] "丹基旣立, 然後三朔大如雞卵, 五朔如大桃, 七朔如木瓜, 九朔如嬰兒, 十月功畢. 卽解嚴安坐 饑殘困睡, 一依初入竇之日."
[246] "行之凡三年, 煉虛已訖. 自覺耳有淸韻, 毛肉漸韶, 夢寐絶無, 瘢滅口香, 飮酒不醉."
[247] "又行五年打坐, 全九載抱一之功, 則當飛昇玉京. 但罪過深積, 以功行陰德消之. 或欲留形住世, 則訓俗輔治, 無有所妨."

교의 비조로 본다면 「동결」은 유불도를 모두 수용하고 북두칠성신앙을 중시하고 있음을 볼 수 있다. 이 두 개의 구결서가 지향하는 사상적 종교적 세계관이 다름을 확인할 수 있다. 단군으로부터의 도맥을 강조하는 『해동이적』과 달리, 『해동전도록』은 도교의 중국전래설 즉 중국으로부터의 도맥전수를 말한다. 따라서 『해동전도록』에 등장하는 구결서는 「단서구결」일 가능성이 크다고 생각된다.

이상과 같이 『해동전도록』과 『동국전도비기』 『중묘문』 등의 조선시대 내단이론서 뒤에 합철되어있는 「단서구결」과 「동국전도십육결」을 비교해 보았다. 두 구결 가운데 '단서구결'이 『해동전도록』과 『동국전도비기』에서 언급한 '구결'일 것으로 추측된다.

『동국전도비기』는 『해동전도록』의 한무외 자술 부분만 없고, 『해동전도록』과 내용이 대동소이하다. 이 두 책은 모두 종리권으로부터의 '도맥'의 전수를 말하고 있다. 두 구결서를 비교해 본 결과, 단우丹友와 단재丹財를 강조하고 단기 확립의 중요성 등을 말하는 점에 있어서는 두 구결서가 비슷한 부분이 있었다. 그러나 「단서구결」은 유불도 가운데 도교가 최상의 가르침이라는 배타적 견해를 견지하고 있고, '노자'를 신격화한 호칭인 '태상노군'을 말하면서, 『노자』와 『주역참동계』가 도교의 종지임을 말한다. 그러나 「동국전도십육결」은 수련이 진전되지 못할 때 북두칠성에게 기도를 하고, 또 북두칠성 신령에게 참회와 반성을 하라고 조언한다. 「단결」에서도 지난 허물을 참회하는 방법을 제시하는데, 죄과를 남김없이 씻어내라는 것이지[248], 북두칠성신앙을 말하지는 않는다. 조선

---

[248] 포일(抱一)을 이루고 나면 수련에서 할 일은 모두 끝난 것이다. 그러나 돌이켜 보아서 전날의 죄과가 심중할 경우에는 또한 급히 세상을 떠나 선계(仙界)로 가서는 안 되므로 마땅히 착한 행실을 쌓아 죄과를 남김없이 씻어 버려야 한다. 그런 연후에 자기가 하고 싶은 대로, 육신을 남겨 이 세상에서 살아 지선(地仙)이 되어도 되고, 육신을 버리고 떠나가 천선

도교의 특징 가운데 하나가 북두칠성신앙이라고 볼 때, 「동결」의 북두칠성신앙의 강조는 이 구결서가 「단결」과 다르다는 것을 반증한다. 그리고 이 두 구결은 수련의 완성기간에 있어서도 미묘한 차이점을 보였다. 「단결」이 수련에서의 삼관법-9년 포일-연신환허의 단계를 말하고 있다면, 「동결」은 단기확립-연신환허-5년 정좌-구년 포일을 말하였다.

요컨대, 『해동전도록』과 『동국전도비기』에서 말하는 구결은 「단서구결」이며, 이는 『동국전도십육결』과는 다르다. 「동국전도십육결」은 유불도를 종합하려는 사유와 북두칠성 신앙을 보인다. 「동국전도십육결」은 「단서구결」과 달리 조선 도교의 주체적인 인식이 있다고 생각된다. 그리고 조선시대 도교이론서에 가장 많이 합철되어 있는 구결서가 「동국전도십육결」이라는 점에서 당시에 내단구결서로서 「단서구결」보다 더 영향력이 있었다고 추측된다. 「동국전도십육결」로서 유추해 볼 때 내단수련법에 있어서 조선도교는 유불도 삼교 합일의 정신을 중시했고, 우리 고유의 북두칠성신앙을 중시했음을 알 수 있다.

(天仙)이 되어도 안 될 것이 없다. (凡抱一之後 能事畢矣 然若計前日罪過深重 則亦不可遽去世超昇 而當以積善 消盡無餘 然後從心所好 或留形住世 或解化而去 爲地仙爲天仙 無所不可)

제 IV 편

조선후기 도가사상

1
서명응의 『도덕지귀』의 태극론과 음양론

조선시대 『노자』 주석서는 총 5권이다. 이이(1536~1584)의 『순언醇言』, 박세당(1629~1703)의 『신주도덕경新註道德經』, 서명응(1716~1787)의 『도덕지귀道德指歸』, 이충익(1744~1816)의 『초원담노椒園老談』, 홍석주(1774~1842)의 『정노訂老』가 그것이다. 이 다섯 권의 주석서가 모두 조선 후기에 지어졌고 이 가운데 4권이 17, 18세기의 저작물이라는 것은 시사하는 점이 크다. 『노자』에 대한 주석서가 희귀한 가운데 『도덕지귀』는 조선 후기 성리학자들의 노·장 이해의 단면을 살펴볼 수 있는 중요한 저작물이다. 저자인 서명응은 정조의 스승이면서 규장각의 제학으로 방대한 『보만재집총서』를 남길 만큼의 학문적 기반을 지니고 있어서, 『노자』를 해석하는데 기존의 주석서와는 다른 사유를 보여준다.

그 동안 서명응의 노자 주석서인 『도덕지귀』에 관한 연구는 지금 까지 세 개의 방향성이 있었다. 첫째는 '이유석노以儒釋老' 즉 유학으로써 노자를 해석한 시각으로 성리학의 관점에서 태극음양론太極陰陽論으로

『도덕지귀』를 해석한 것이다.[249] 둘째는 양생론적[250]인 해석이다.[251] 마지막으로 상수학적 관점으로 『도덕지귀』를 해석한 것이다.[252] 이 가운데 상수학적 관점은 『도덕지귀』의 상수학적 편제를 해석하고[253], '선천학先天學'이라는 용어로 서명응의 학문 전체의 틀을 아우르는 시도가 보인다.[254] '이유석노'와 '양생론적' 관점은 각각의 한 부분에만 치우쳐 『도덕지귀』 전체를 조망했다고는 보기 어려우며, 상수학적 관점은 방대한 서명응의 학문적 틀에만 치우쳐서, 노자 주석서인 『도덕지귀』 안의 세세한 의미는 간과한 면이 있다고 여겨진다. 따라서 이 장에서는 『도덕지귀』 안의 '태극' 관념을 본체론적 시각과 양생론적 시각 안에서 살펴보고자 한다.[255] 본체론적 시각에서는 태극과 무극과의 관계성을 주렴계의 '無무극이태극極而太極' 논의에서 살펴보고, '도道'를 리기론의 틀 속에서 조망해 보겠다. 양생론적 시각에서는 '중토中土'와 '포일지도抱一之道'로써 해석하겠

---

249 송항룡의 「韓國道敎思想에 관한 연구」(성균관대박사, 1986)와 조민환의 「서명응의 도덕지귀에 관한 연구」를 들 수 있다.
250 양생은 仙人 또는 神仙(도와 합일된 인격으로서 영원불멸한 생명과 무한한 조화력을 갖춘 경지를 의미)을 목표로 인간의 몸과 마음을 온전히 보존하고 삶을 확충해 나가는 노력 전반으로 볼 수 있다. 이원국은(『내단(원제: 도교 기공양생학), 김낙필 外, 성대출판, 2006) 양생학의 기본 이론으로 '重人貴生' '形神統一' '性命雙修' '逆修返源'을 들고 구체적인 방법으로는 靜功, 動功, 氣功, 房中, 外丹, 內丹을 말한다. 이 장에서는양생을 몸을 온전히 보존하는 內丹적 방법의 측면에서 사용하였다.
251 이강수의 논문을 들 수 있다. 그러나 그는 양생에 대한 내용이 있지만, 徐命膺이 儒家의 修己治人의 관점에서 탈피하지 못하였다고 보았다.
252 이봉호의 「서명응의 선천학 체계와 서학 해석에 관한 연구」(성균관대박사, 2004)와 김학목의 「『도덕지귀』 편제에 나타난 보만재 서명응의 상수학」,(『철학연구』 64집)을 들 수 있다. 이 밖에 『道德指歸』에 대한 연구는 아니지만, 徐命膺의 養生觀을 알 수 있는 『參同攷』를 연구한 김윤수(「徐命膺의 '參同攷'와 '易參同契詳釋'」,『한국도교와 도가사상V』, 아세아문화사, 1991)의 논문을 들 수 있다.
253 위의 김학목의 논문
254 위의 이봉호의 논문
255 역학적인 부분은 추후에 연구를 하여 보강하겠다.

다. 그리고 더불어 이 둘이(본체론과 양생론) 어떻게 회통하는지를 살펴봄으로써, 노장과 성리학이 만나는 지점에서 '태극'이 어떻게 인식되고 있는가를 살펴보고자 한다.

태극의 본체론적 해석

'노자 사상'에서 중요한 의미를 차지하고 있는 '도道'의 문제는 그 핵심적인 위치에도 불구하고 명확하게 답하기가 어렵다. 기존의 '도'에 대한 문제들은 대체로 다음의 다섯 가지[256]로 정리할 수 있다. 첫째는 자연법칙을 의미하는 경우, 둘째는 '도'를 하나의 실체로 보는 경우[257] 셋째 그 실체가 드러난 모습으로 보는 경우, 넷째 '도'를 '덕德'과 같은 의미로 보는 경우, 다섯째 '도'가 구현된 사물 혹은 사람의 궁극적 상태로 보는 경우이다. 이 다섯 가지의 경우는 각각 사용하는 범주가 다르다.

그러나 이를 분류해 보면 크게 세계의 근원과 현상이라는 부분과, 사물과 인간의 궁극적인 상태라는 부분으로 분류가 된다.[258] 서명응이 노자의 '도'를 해석하는 관점도 이 두 개의 범주를 벗어나지는 않는다. 본 논문에서 해석 기제로 다루는 본체론과 양생론도 전자는 세계의 근원과 현상의 측면이고 후자는 그 도달방법에 대한 것이라고 해석할 수

---

[256] 袁保新(『노자哲學之詮釋與重建』, 文津, 民國86, pp.20-29)은 기존의 학자들인 胡適, 徐復觀, 勞思光, 方東美, 唐君毅, 牟宗三의 '道'에 관한 입장들을 정리하고 비판한다. 이 가운데 唐君毅의 六分說과 嚴靈峰의 四分說이 가장 대표성을 가진다고 말한다. 필자는 이 가운데 唐君毅의 六分說이 설득력이 있다고 생각한다. 박원재(「도가의 이상적 인간상에 대한 연구」, 고대박사, 1996, p.54-56)도 唐君毅의 견해를 중심으로 하고 있다.
[257] 陳鼓應, 『노자註譯及評介』, 中華書局, 1984, p.54
[258] 오오하마 아끼라, 『노자의 哲學』, 임헌규 譯, (인간사랑, 1992) p.11

있겠다. 우선 본체론적 시각에서 서명응의 『도덕지귀』에 나타난 '도'에 대한 정의를 살펴보면 다음과 같다.

> 도는 역易에서 말하는 태극太極이 이것이다.[259]
> 도는 태극을 가리킨다[260]

'도'는 '태극'이라고 명명된다. 『도덕경』이 도를 최고의 범주로 삼아 만물의 본원 혹은 근거로 제시한다면, 서명응은 『도덕경』에서의 도를 '태극'이라고 주석함으로써 그의 도관道觀을 제시했다. 우리는 이를 논점으로 삼아 두 가지를 유추할 수 있다. 첫째, '도'를 '태극'이라고 보는 시각은, "역에는 태극이 있는데 이것이 양의兩儀를 낳고 양의는 사상四象을 낳았다."[261]고 하는 『역』의 우주관에 바탕을 두고 있다는 것이다. 둘째는 주렴계의 『태극도설太極圖說』[262]에 영향을 받았다는 것이다.

'도'를 『역』의 "역유태극易有太極"으로 보는 주석은 새로운 것이 아니다. 조선시대 다른 『노자』 주석서에서도 '역유태극'의 주석이 보이는데, 율곡은 『순언醇言』에서 '주자가 말하길 도는 역의 태극이다'[263]라고 했고, 홍석주도 『정노訂老』에서 '도는 역에서 말하는 태극이다'[264] 라고 했다.

---

[259] 『道德指歸』, 「1章」, "道者, 易所謂太極, 是也"
[260] 上同, 51章 "道, 指太極也"
[261] 『周易』 「繫辭上」 易有太極 是生兩儀 兩儀生四象.
[262] 『노자』 42장 "道生一, 一生二, 二生三, 三生萬物……"의 '道의 分化說' 또한 주렴계의 태극도설과 상통한다는 견해가 있다. (小柳司氣太, 『노장사상과 도교』, 김낙필 譯, 시인사, 1994, p.74참조)
[263] 1장, "朱子曰道卽易之太極"(『醇言』은 『노자』의 내용 중 총 40장을 가려 뽑은 것으로, 1장의 경우 통행본 42장에 해당한다.)
[264] 1章, "此易所謂太極"

주렴계의 우주관을 도식화하면 무극이태극無極而太極 - 음동양정陽動陰靜 - 오행五行 - 건도乾道와 곤도坤道에 의한 기화氣化 - 만물화생萬物化生²⁶⁵이 되는데, 서명응은 『도덕지귀』 1장에서 주렴계의 『태극도설』의 우주관을 그대로 보여준다. 또한 『노자』의 우주관을 보여주는 42장의 "도생일道生一, 이생이一生二, 이생삼二生三, 삼생만물三生萬物,"에 대한 주석을 보아도 이러한 『태극도설』에서 드러나는 우주관은 그대로 반복된다.

> 명名은 역에 이른바 음양이 이것이다. 기화하여 이미 형체가 있은 연후에 움직여 열리는 것을 이름 지어 양이라 하고, 고요하여 닫힌 것을 이름 지어 음이라 하니……음양이 화생하고 오행이 뒤섞여 만물이 되니 음양은 곧 만물의 어미이다.²⁶⁶

'일一'은 양陽을 가리키는 일一이다. '이二'는 음陰을 가리키는 이二이다. '삼은三'은 음양의 사귐을 통해 성립되는 충기沖氣이다. 음양이 충기를 얻은 후에 만물이 발생한다. 속수사마씨가 말했다. '도가 일을 낳는다[道生一]는 것'은 무에서 유가 발생함自無而有을 말한다. '일이 이를 낳는다[一生二]는 것'은 음양으로 나누어짐分陰分陽을 말한 것이다. '이가 삼을 낳는다[二生三]는 것'은 음양이 서로 사귀어 충화한 기를 발생시킴[陰陽交而生和]을 말한다. '삼이 만물을 낳는다[三生萬物]는 것'은 충화한 기가 모여들어 만물을 발생시킴[和氣聚而生萬物]을 말한 것이다.²⁶⁷

---

265 『太極圖說』
266 『道德指歸』 1章 "名者, 易所謂陰陽, 是也. 氣化已形然後, 動而闢者, 名之爲陽, 靜而闔者, 名之爲陰……陰陽化生, 五行錯綜爲萬物, 則陰陽, 乃萬物之母也"
267 『道德指歸』 42章, " 一者, 陽之一也, 二者, 陰之二也者, 三, 冲氣立于陰陽之交也, 陰陽得冲氣, 然後萬物生焉, 涑水司馬氏曰, 道生一, 自無而有, 一生二, 分陰分陽, 二生三, 陰

태극에서 음양으로 음양에서 오행으로 오행에서 만물로의 흐름이 『태극도설』의 흐름과 유사하다. 주렴계는 "무극이태극"이라고 하였는데, 육상산과 주자는 이 언표를 보는데서 다른 관점을 드러냈다. 당시 사람들은 '자自'와 '위爲'를 붙여 '자무극이위태극自無極而爲太極'[268]이라고 하여 '무극無極'으로부터 '태극太極'이 생겨난 것으로 보았다.[269] 그러나 후에 주자는 '무에서 유를 낳는다'는 것은 불교나 도가의 학설일 따름이라고 주장한다.[270] 주자의 논리에 의거하면 무극과 태극은 '하나에 대한 이의적' 즉 '일이이一而二'의 측면이다. 무극과 태극은 본래 같은 것으로 무극만을 말하면 공적에 빠질 수 있고, 태극만을 말하면 한정적인 것이 되므로 주렴계가 무극이면서 태극이다라고 말했다는 것이다.[271]

즉 주자는 무극과 태극을 체용 일원으로 봄으로써 무극에서 태극이 나왔다는 도가의 사상과의 단절을 시도한다. 무극이라는 언표는 태극의 일원적인 성격을 강조하기 위한 것으로 보았다. 그러므로 "무극이태극"을 "상천의 일은 소리와 냄새도 없으나 실은 조화의 추뉴요. 품휘品彙의 뿌리이다. 그러므로 무극이요 태극이니 태극밖에 다시 무극이 있는 것이 아니다"[272]라고 말한다.

陽交而生和, 三生萬物, 和氣聚而生萬物."
[268] 洪邁, 『宋史』, 「주돈이전」을 보면 실제로 주자는 『송사』의 기록인 "自無極而爲太極"의 구절에서 自와 爲를 빼려고 노력했다고 한다.(김병환, 「'自無極而爲太極'인가 '無極而太極'인가」, 퇴계학보, 1997 참조)
[269] 시마다겐지, 『주자학과 양명학』, 김석근 譯, (까치, 1998) p.43
[270] 『周子全書』, 序, "其後雖有刊本 , 往往附太極圖於通書之後 , 又有妄增圖說 首句, 作 「自無極而爲太極」, 或且以太極圖出於希夷 , 而疑其近於노자之說"
[271] 『晦庵集』卷36 書, 「答陸子美」 "무극을 말하지 않으면 태극이 하나의 사물과 같아져 만가지 변화의 뿌리가 되기에 부족지고 또한 태극을 말하지 않으면 무극은 空寂에 빠져 만 가지 변화의 뿌리가 될 수 없다.(不言無極 則太極同於一物 而不足爲萬化之根, 不言太極, 則無極淪於空寂 而不能爲萬化之根)"
[272] 『太極圖說解』 "上天之載 , 無聲無臭, 而實造化之樞紐 ,品彙之根柢也 . 故曰:「無極

서명응은 『도덕지귀』 1장 주에서 '태극'을 '소리와 냄새도 없으며 방체도 없다.[無聲臭 無方體]'[273]라고 설명한다. '무성취 무방체' 가운데 '무성취'는 『태극도설해』 '무성무취無聲無臭'의 주석과 같고, '무방체'는 『주역』 「계사 상」에서 보인다.[274] 즉 무극은 태극의 무성무취한 특징을 가리키는 것으로 '무성취 무방체'로서, '도'의 형이상적 의미를 말한 것이다. 『태극도설해』의 우주론 전개방식이나, '무성취 무방체'의 설명방식을 볼 때, 서명응의 『도덕지귀』에서의 '무극태극관'과 주자의 '무극이태극관'과 일치하고 있음을 알 수 있다.

> 무명은 곧 무극이다. 천지가 바야흐로 생겨나는 처음에 이미 무극이 있으니 어지럽구나 오묘하구나! 본래 그 이름이 없었기 때문에 천지가 이미 생성난 후에는 태극이 비록 갖추어져있지만 또한 형상은 무극이라 이름 지을 수 없다.[275]

여기서 '천지방생지시天地方生之始'와 '천지기생지후天地旣生之後'라는 시간의 개념은 일견 시간의 선후로 여겨져 태극에 앞서 있는 존재로서의 무극을 상정하고 있는 것 같다. 만약 시간적 순서로 본다면 선천으로서의 무극과 후천으로서의 태극이 존재하게 되는 것이다. 그러나 위의 인용문을 보면 '천지기생지후'의 태극과 무극이 병존한다. 그러므로

而太極」. 非太極之外, 復有無極也"
273 『道德指歸』, 1장 註, "道者, 易所謂太極, 是也. 無聲臭無方體, 若指名以爲道, 則非經常悠久之道也."
274 "範圍天地之化而不過, 曲成萬物而不遺, 通乎晝夜之道而知. 故神无方而易无體"
275 『道德指歸』1章 註, "無名, 卽無極也. 天地方生之始, 已有無極混兮窈兮, 本無其名. 故天地旣生之後, 太極雖具亦象無極, 不可以名之也."

서명응의 '천지방생지시'와 '천지기생지후'는 선후의 관계가 아니라 체용의 관계로 이해할 수 있다.

> 대개 도는 우리의 마음에 태극이 갖추어진 것이지만 그것의 '소종출所從出'로 말하면 무극인 것이다. 태극은 조화롭고 담박하고 깊어서, 무극이 있는 듯도 하고 없는 듯도 한 것과 같다. 그러므로 "상제보다 앞선 듯하다"고 한 것이다. 지금 상象이라는 말을 살펴보건대 문제가 있다. 도를 상제보다 앞선 것 같다고 여긴 것은 미세하게나마 도와 더불어 둘이 되는 병통이 있게 한다. 이것이 노자의 도가 유학의 도와 같지 않은 곳이다. 유학의 도는 선천지의 무극은 곧 후천지의 태극이며, 후천지의 태극은 곧 선천지의 무극이니, 처음과 끝이 일치되고, 미묘함과 드러남이 일관하니……[276]

이 주장은 도가의 사상이 무극과 태극을 둘이 되게 하는 병통이 있다는 비판이다. 즉 '상제지선象帝之先'은 무극으로부터 태극이 나온다는 혐의를 제공함으로써 결국은 무극과 태극을 이원화하는 병폐가 발생한다는 것이다. 유교는 무극과 태극을 일원으로 해석한다는 것을 말하고 있다. 그러므로 서명응의 언급 속에 드러나는 '선천지'와 '후천지'의 '선'과 '후'의 개념은 '천지방생지시天地方生之始'와 '천지기생지후天地旣生之後'와 마찬가지로 시간의 선후가 되어 각기 다른 것을 말하는 이원적 해석

---

[276] 37) 『道德指歸』, 4장 註, "盖道卽太極之具於吾心者, 而其所從出則無極是也. 太極冲湛淵深, 一似無極之若有若無. 故曰象帝之先也. 今按象之爲言, 頗也. 以道爲象帝之先者, 微有與道爲二之病. 此又老道與儒道不同處, 儒道則曰先天地之無極, 卽後天地之太極, 後天地之太極, 卽先天地之無極, 始終一致, 微顯一貫……"

이 아닌 일원적인 세계관 안에서 해석되어질 수 있다.[277] 이러한 본체가 작용이고 작용이 본체인[278] 체용론적 관점에서 태극을 이해하고 있음을 알 수 있다.

'무극이태극'을 체용으로 보는 서명응은 구체적으로 다음과 같이 설명한다. 『노자』 24장 "유물혼성 선천지생[有物混成 先天地生]"의 주석을 살펴보자.

> 물은 무극이다. 천지가 있기 전에 먼저 무극이 있어서 태극의 바탕이 된다. 이른바 1장에서 말한 '무명無名은 천지의 시작이다'가 바로 이것이다.……탁연히 홀로 서서 음양에 의해서 그 형체가 섞이거나 바뀌지 않는다는 말이다. 두루 운행하지만 위태함이 없다는 것은 태극은 음양의 추뉴이니 만 가지로 변화하지만 처음부터 끝까지 한결 같아서 조금의 차질도 없음을 의미한다. '천하의 어미가 된다'는 것은 음양이 합벽하는 사이에 만물들이 모두 무극을 말미암아서 화생함이 마치 자녀가 어머니에게서 태어남과 같다는 말이다.[279]

여기서 '탁연독립卓然獨立'은 무극의 체로서의 속성을, '주행이불태周行而不殆'는 태극의 용으로서의 속성을 드러내고 있다. 즉 무극이 무형체

---

[277] 이 부분은 서명응의 『先天四演』에서의 '先天易'과 '後天易' 혹은 '先天'과 '後天'의 개념과 유사하다.

[278] 최일범, 「선불교와 노장사상의 사유방법에 관한 연구」, 『백련불교논집』, 1999, pp.51-59.

[279] 『道德指歸』 24章註 "物, 無極也. 未有天地, 先有無極, 以爲太極之本, 所謂無名天地之始, 是也.…… 卓然獨立, 而不爲陰陽所雜改其形體也. 周行而不殆, 言太極樞紐陰陽, 萬轉萬變, 終始一轍, 無所差跌也. 爲天下母, 言陰陽闔闢之間, 萬物由是化生, 如子女之生於母也"

무방체로 형이상적이지만 항상 존재한다는 항존성을 '탁연독립'으로 말하고 있고, 그 무극이 음양 속에서 도가 되는 변화성은 태극으로 설명하고 있는 것이다. 따라서 서명응은 태극으로 우주 본체의 실체성과 변화의 주재성을 동시에 드러내고 있다.

태극의 실재성

『노자』 4장 "혹 차지 않아도 깊도다! 만물의 우두머리 같구나[或不盈, 淵兮, 似萬物之宗]"에 대해 서명응은 다음과 같이 주석한다.

'혹이라고 말하고 마치라고 말한 것'은 모두 기의 모양을 말한 것이다. 연은 깊음이다. 만물의 우두머리는 태극이다. 대개 이것은 모두 중中에서 충화沖和가 쌓여 밖으로 드러난 것이다.[280]

여기서 우리는 그가 『노자』 원문의 '만물지종萬物之宗'을 '태극'으로 규정하였음을 알 수 있고, '충화沖和'는 『노자』 4장의 '도충이용지道沖而用之'에 서명응의 주석을 볼 때 '태극이 음양의 충기에 깃들여 있음'을 의미한다.

충은 충화沖和다. 태극이 음양의 충기沖氣에 깃들어 있음을 말한 것이다.

....

280 『道德指歸』, 4章註, "曰或曰似, 皆以氣象言之也. 淵, 深也. 萬物之宗, 太極, 是也. 凡此皆沖和之積于中, 見于外也."

그러므로 사람이 도를 씀은 또한 마땅히 충화沖和로써 해야 한다[281]이른 바 후천의 범주로 본다면, 태극은 음양의 충기에 깃들어져 있다고 볼 수 있다. 이를 리기의 관계로 환원하면, '만물지종'과 '태극이 깃들어 있음'은 리로서 설명할 수 있고, '충화가 쌓여 밖으로 드러남'과 '충기'는 기의 관념으로 설명할 수 있다. 즉 리가 기속에 깃들어 있다는 것으로 표현될 수 있다. 그러나 위의 인용문을 보면 '리가 기속에 깃들어 있다'는 것은 리의 측면을 강조한 것이 아닌, 활동하는 기를 강조한 주석임을 알 수 있다.

일반적으로 주자학에서 리기理氣를 설명하는 틀은 형이상과 형이하, 선후 등이다. 그러나 이러한 틀의 근원으로 들어가면, 리와 기의 관계를 기본적으로 불상리不相離와 불상잡不相雜의 관계로 보는 관점이 내재되어 있다. 예를 들어, "리理라는 것은 형이상의 도로서 생물의 근본이다. 기라는 것은 형이하의 기器로서 생물의 갖춤이다"[282]가 리기가 명백히 구분되는 '불상리不相雜'의 측면을 말한다고 본다면, "리理는 또한 별도의 일물一物이 되는 것이 아니라 바로 기氣 가운데 있으니 기氣가 없다면 리理는 의지처가 없는 것이다."[283]는 리기理氣의 '불상리不相離'의 측면을 말한다고 볼 수 있다.

도에 대한 서명응의 정의를 다시 보자.

'도'라는 것은 태극이 지극히 고요한 가운데에 타서 음양의 추뉴가 되고,

---

281 『道德指歸』4章註 "冲, 冲和也. 言太極寄于陰陽之冲氣. 故人之用道, 亦當以冲和也."
282 『性理大全』, 권26, 「理氣一」, "理也者, 形而上之道也, 生物之本也. 氣也者, 形而下之器也, 生物之具也."
283 위의 책, "理又非別爲一物, 卽存乎是氣之中, 無是氣 卽是理亦無掛搭處"

일기一氣가 두루 흘러 그침이 없는 것이다.²⁸⁴

이를 통해 본다면 앞에서의 충기沖氣는 일기一氣가 음양의 조화로운 가운데서 드러남이며, 이 충화沖和의 기氣와 태극의 불상리한 측면을 '도道'의 관념을 통해 설명하는 것이라고 할 수 있다. 서명응은 『노자』를 주석하는데 있어 도인 태극을 '리기의 불상리不相離'적인 측면에서 바라 보고 있는 것이다. 이것은 도인 태극의 자리를 리와 기로 함께 보고 있는 것이며 불상리의 입장에서 리의 원리성보다는 기의 실현성을 강조하는 주석이라고 볼 수 있을 것이다. 서명응의 태극의 '일기一氣'는 '허虛'의 개념과 맥을 같이 한다.

태극은 허를 근본으로 삼는다. 그러므로 사람의 마음이 허함을 극도로 이루어 내면 태극이 거기에서 드러난다.²⁸⁵

천하의 지선至善한 것은 허에서 다함이 없고 무에서 쓰임이 있는 것이니 곧 태극과 음양이 조짐도 없고 형체가 없지만 천지의 온갖 변화를 만들어내는 것이다.²⁸⁶

'태극이 허를 근본으로 삼는다'고 할 때의 허虛는 텅비어 조짐도 없고 형체도 없는 무無의 존재가 아니라 모든 변화를 유출시키는 역할을 하고 있음을 알 수 있다. 이것은 무형하지만 그 속에는 실유實有가 있다

---

284 『道德指歸』22章註, "道者, 太極乘于至靜之中, 以樞紐於陰陽, 一氣周流無窮已"
285 『道德指歸』16章註 "太極本虛. 故人心致虛之極, 則太極於是乎著矣."
286 47)『道德指歸』26章註, "天下之至善, 不屈於虛 有用於無者 乃太極陰陽 無兆朕無形體 而出天地之萬化也"

는 의미이다. 이는 마치 공空과 유有의 관계와도 흡사하다. 즉 '허'하지만 만물의 변화를 주재하는 '실유實有'가 있다는 것이다.

서경덕의 경우 일기一氣를 강조하는데, '태허太虛의 기氣는 무형無形하지만 없는 것이 아니라는 실재성實在性을'[287] '허즉기虛卽氣'로서 말한다.

> 노자가 허가 기를 낳는다고 했는데 (그럴 때의) 기는 시작이 있고 한계가 있다.[288]

서경덕은 노자의 '허생기虛生氣'에서 '기氣가 실재하지 않을 때의 허虛는 말 그대로 허일 뿐'이라는 것으로 허虛와 기氣의 관계를 '생生'으로 보는 노자의 견해를 비판하고 허와 기의 관계를 두 개의 개념이 즉자적으로 시간의 선후 공간의 다름을 초월해서 하나의 두 가지 측면인 '즉卽'으로 규정한다.[289] 말하자면 화담에게서 허는 곧 기이며, 허와 기는 근원과 파생의 관계가 아니므로 별도의 존재 근원을 전제하지 않으며 또 현실 존재와 형이상이 별개로 떨어져 있는 것이 아니다.

이러한 화담의 관점을 참고한다면, 서명응이 말한 '태극본허太極本虛'는 일기一氣의 항존성恒存性을 말하고, '불굴어허不屈於虛'는 일기의 실재성을 드러낸 것이라고 이해 할 수도 있을 것이다. 이 가운데 일기의 항존성은 주자 리기설의 기의 국한성과는 대비가 된다. 이 때의 일기는 형이하자이며, 태극과의 관계에서 근원자와 파생자의 관계를 갖는 것은 아니다. 형이상인 도가 실현된 것이다.

---

287 황광욱, 「화담 서경덕의 철학사상」, 성균관대박사, 2002. pp.94-106
288 『花潭集』, 「理氣說」, "老氏曰, 虛能生氣, 是則氣有始有限也"
289 황광욱 위의 논문, p.103

그렇다면 서명응이 리기의 불리성不離性안에서 도를 보고자 하는 것은 '화담철학의 기의 강조가 사실성을 떠난 공허함을 지양止揚하는 것'[290]이라는 해석과도 맥이 닿는다고 생각된다. 서명응은 노자의 '도'를 초월적 형이상학적 도가 아닌, 현실에서 실재하는 도임을 강조[291]하고자 한 것이다. 이것은 논의의 중심을 초월로부터 현상세계로 끌어내림을 의미한다. 그리고 이러한 사상적 특징은 '기'를 강조한 화담철학과의 관련성 속에서 살펴볼 여지가 있다고 보여진다.

태극의 양생론적 해석과 단전

이 장의 '양생론적 해석'의 '양생養生'은 '선인 또는 신선(도와 합일된 인격으로서 영원불멸한 생명과 무한한 조화력을 갖춘 경지를 의미)을 목표로 인간의 몸과 마음을 온전히 보존하고 삶을 확충해 나가는 노력 전반'을 일컫는 말로 규정한다.[292] 양생적 방법으로는 몸을 온전히 보존하는 내단 방법의 측면으로 한정하여[293] 논의를 시작하고자 한다

---

[290] 이동준, 「栗谷哲學에 있어서 理의 生動性에 관한 論究」, 『현담 유정동박사 화갑기념 논총』, 1981, p.53
[291] 이러한 道의 實在적인 해석은 뒤에서 다룰 '道와 德의 修養論的 해석'에서도 여실히 드러난다.
[292] 김낙필, 『조선시대의 내단사상』, (한길사, 2000), p.35
[293] 이원국은 (『내단(원제: 도교 기공양생학), 김낙필 外, 성대출판, 2006) 양생학의 기본 이론으로 '重人貴生' '形神統一' '性命雙修' '逆修返源'을 들고 구체적인 방법으로는 靜功, 動功, 氣功, 房中, 外丹, 內丹을 말한다. 그러나 주정충부는 '『도교란 무엇인가』(민족사,1991, pp.204-205)'에서 양생술을 보통 벽곡, 복이, 조식, 도인, 방중 등 다섯가지로 분류하기도 한다. 벽곡과 복이는 외적인 방법인 外丹이고 나머지는 내적인 방법인 內丹이다. 서명응에게서 외단적 방법론은 언급되지 않는다.

앞에서 노자의 '도'에 관한 문제를 분류하면, 세계의 근원과 현상이라는 부분과, 사물과 인간의 궁극적인 상태와 그 도달방법이라는 부분으로 나뉜다고 언급하였다. 이제 부터 다루게 될 양생론적 해석은 "'도'를 과연 어떻게 체인하는가"의 문제이다. 즉 서명응의 "도인 '태극'을 어떻게 체인할 수 있는가"이다. '태극'의 초월성과 내재성을 동시에 이해하기란 어려운 문제가 아닐 수 없다. 우리는 '통체일태극統體一太極', '각구일태극各具一太極'을 말하지만, 태극의 내재성을 어떻게 경험할 수 있는가? 서명응은 태극의 내재성을 '몸으로의 체인'이라는 양생론적 개념으로 드러낸다. 서명응의 이러한 해석 안에는 전통적으로, 『노자』를 해석하는 두 가지 방법인 도의 근원을 형이상학적으로 탐구하는 해석과 양생론으로 해석하는 방법[294]이 고스란히 녹아 있는 것이다.

그는 『도덕지귀』 「후서」에서 다음과 같이 말한다.

> 나의 기질은 거칠게 드러내는 일이 많고 마음속에 간직하는 경우가 적어, 처세에서도 또한 입조심을 하지 않아 다른 사람에게 미움을 받아 어려운 입장에 빠진 적이 여러 번이었다. 이 책을 깊이 연구한 이래로 깨달음이 많아져, 지금으로부터 그 충허와 겸하의 도를 아울러 취하여 양생과 처세의 방법으로 바탕 삼고자 한다.[295]

즉 그에게서 양생론은 인간의 삶을 천지의 리듬에 조화시킴으로서 천지의 운행과 같이 인간 삶을 자연스럽게 영위하자는 데서 성립된다.

---

294 대표적인 주석자로 왕필과 하상공을 들 수 있다.
295 『道德指歸』, 「後序」, "余之氣質, 多暴露少含蓄, 其於處世亦以尙口屢憎於人, 幾陷顚躓者數矣, 自緼理此書, 多有省悟, 欲自今兼取其冲虛謙下之道, 以資於養生處世之方."

그렇다면 서명응은 '도'를 양생론적으로 어떻게 이해하고 있는가 살펴보자.

> a) 갓난아기가 처음 태어나는 것이 즉 천지가 처음 생겨날 때이니 태극이 음정을 갖춘 때로서 도가 여기에 있게 된다. 그러므로 비록 갑옷과 투구, 활과 칼이 없어도 환란을 제압하는 것이니, 독충과 맹수 송골매도 자연히 (아기에게) 상처를 줄 수 없다. 북계진씨가 이른바 '호랑이는 계곡 옆의 아이를 잡아먹지 않는다'고 했는데, 또한 그 하나의 단서를 증거할 수 있다. 사람 중에 덕을 숭상하는 자가 만약 갓난아기의 마음을 잃지 않는다면 또한 도와 더불어 하나가 되어 만물을 굴복시킬 수 있다.[296]

앞에서 보았듯 서명응은 도를 '태극'으로 정의한다. 이 태극은 우주 만물 생성의 근본으로 제시된다. 그 태극이 '음정陰靜한 상태'가 인간의 몸에서는 우주가 처음 생성될 때와 같은 '갓난아기의 온전한 상태'라는 것이다. "독충이 쏘지 않고, 맹수가 할퀴지 않고, 송골매가 잡아채지 않는다"[毒蟲不螫, 猛獸不據, 攫鳥不搏, 螫音釋, 攫厥縛反, 搏音博]에 대해서 서명응은 맹수로부터 안전할 수 있는 때는 갓난아기의 마음과 같을 때이고 갓난아기의 때가 바로 인간의 몸이 완전한 때임을 말한다. 이러한 논리는 우주의 질서와 내 몸의 질서가 일치한다는 가치관의 전제 위에서 가능한 것이다. 그렇다면 '갓난아기 때'가 지나버린 성인들은 어떻게 '태극의 음정한 상태'를 체인할 수 있는가?

---

[296] 『道德指歸』55章註, "言赤子始生之初, 卽天地始生, 太極含具陰靜之時, 而道於是乎在. 故雖無甲冑弓刀爲之禦患者, 而毒蟲猛獸攫鳥自不得傷之. 陳北溪所謂虎不食溪邊兒, 亦可驗其一端. 人之尙德者, 若能不失赤子之心, 則亦可以與道爲一而伏物也."

b)내가 생각하건데 갓난아기가 처음 태어나서 손 아귀힘이 매우 견고한 것은 순양으로서 지극한 정을 품고 있기 때문이다. 순양이 지극한 정精을 품고 있기 때문에 이를 일러 "건괘乾卦의 체가 충화한 중토中土의 금단을 얻었다"고 한다. 그러므로 「참동계參同契」는 '15일에 건체가 가득 찬 것을 한달의 중中(보름)'으로 말하였으니, 가령 양생을 추구하는 자가 갓난아기의 정을 손상하지 않으면 또한 도와 더불어 하나가 되어 장생할 수 있다.[297]

a)에서는 태극이 음정을 갖춘 때를 갓난아기의 때라고 설명한다. b)를 보면 갓난아기가 태극과 같은 상태를 가지는 것은 1) '순양으로서의 지극한 정을 품고 있어서'이고, 2) 순양으로서의 지극한 정을 품을 수 있는 것은 '중토에서 금을 얻었기 때문'이라는 것이다. 그리고 3)도와 하나 되고자 하는 자는 '갓난아기의 정을 손상시키지 말라'고 권고하고 있다.

그렇다면 '중토에서 금을 얻은 상태'가 '태극이 음정한 상태'의 의미가 될 것이다. 즉 그 온전한 상태는 중토(단전丹田)에서 금단을 채취했을 때이다. 그러므로 양생론적 관점에서의 '태극의 음정한 상태'는 '갓난아기의 상태'일 때가 '온전한 체'이며 그 중심은 중토中土인 단전에 있다. 서명응은 중토를 '태극이 음정을 갖춘 상태'로 인식함으로써 그 태극의 작용성 안에서 몸 안의 태극의 개념으로 중토를 이해하고 있는 것으로 여겨진다.'중토中土'는 한대 이후 유행한 음양오행론이 중국의 모든 사상 영

---

297 『道德指歸』, 55章註, "愚按赤子始生手握甚固者, 以純陽含至精故也. 以純陽含至精, 是謂乾體而得冲和中土之金. 故參同契, 以十五乾體滿, 言一月之中, 而使養生者, 不虧赤子之精, 則亦可以與道爲一而長生也."

역에 적용되면서 도교의 교리도 음양오행적 관점에서 재해석되면서 나온 것으로 사람의 장기도 음양오행적 관점에서 해석한 것이다. 서명응은 중토를 다시 '신信[298]'으로 설명한다.

 a) 대개 신신信은 성誠이고 중中이고 토土이다. 토는 음과 양 두기를 충화하고 중은 만물의 운행을 제어하고 성은 만물의 변화를 다스린다. 그리고 신은 네 가지 덕을 꿰뚫는다.[299]
 b) '신信'에 이르러서는, (그것이) 집으로 삼는 것은 토土이고, 그 신신信의 위치는 중中이다. 또한 전체로서는 성誠이고, 그 묘용으로서는 일一이며, 그 기를 전일하게 하는 것으로써는 충이다. .[300]

'신信'은 오행 가운데에서는 토이고 방위로는 중이며 그 드러나는 측면을 성誠이라고 함을 알 수 있다. 천지에 오행이 있는 것과 같이 인체에도 오행이 있다고 볼 때 이를 사람의 몸에 비유하면 금(폐-북방)과 수(신장-남방)는 중앙의 토에 복귀한다. 이 금과 수가 합하는 곳은 음양이 융회하며 감리가 화합하는 곳이다. 환언하면 금수金水의 융화는 목화木火를 포함하게 된다. 그런데 이 금수목화金水木火는 모두 중앙의 무기戊己 즉 토土에 복귀 환원하여 천지간의 일원기一元氣 즉 건양이 된다. 이렇게 운행될 때만이 인체 내의 오행의 기 즉 오장의 신기神氣가 갱신하여 늙지 않고 젊음을 유지할 수 있다는 것이다. 이 때 환원된 양기를 금단이

---

[298] 내단학에서 '信'은 '精 氣 神'의 '神'으로도 해석된다.
[299] 『道德指歸』, 22장 註, "盖信者, 誠也, 中也, 土也. 土沖二氣, 中制萬運, 誠統萬化. 信貫四德."
[300] 『道德指歸』, 37章 註, "至於信者, 以其宅則土也, 以其位則中也, 以其全體則誠也, 以其妙用則一也, 以其專氣則沖也."

라고 한다.[301]

신信은 토土에 속하는데, 토는 음양에서의 충기沖氣이다. 따라서 노자는 오행 가운데서 유독 토土만을 취하였다.[302]

앞에서 토는 두 양기를 충화한다고 하였는데, 서명응은 따라서 토의 기운을 충기沖氣라고 한다. 그렇다면 '신信'은 중앙이자 복귀처이고 인체 내 기운의 운행을 충화하는 운행처이자 오묘한 작용이 그침이 없는 곳인 것이다. 따라서 서명응은 신인 토의 중요성을 말한 것이다. 즉 노자는 신의 역할과 중요성을 알아서 노자 가운데 신을 중요시했다는 것이다. 또한 이 신이 처한 위치는 토이며 그것이 태극임을 미루어 알 수 있다.

태극을 '중토中土'로 표현하는 것은, 표면상은 주자와 다른 견해이다. 주자의 경우는 '중'으로 해석되는 것에 대해서는 극구 반대했기 때문이다.[303] 주자는 태극을 '총천지만물지리總天地萬物之理', '리지극지理之極至', '리지존호理之尊號'등으로 표현하여 전 존재의 형이상학적 근거를 확립하려 하였다.[304] 그러나 여기서의 중토의 개념은 본체론의 범주에서의 '중中'의 개념과는 다르다고 생각된다. 양생론에서의 '중토'는 인간의 몸이

---

301 양생서인『참동계』를 보면, 양생의 목적을 달성하기 위하여 천지의 법칙에 따라 단(내, 외)을 제련하는데, 이 때 천지의 법칙으로 말하는 것이 漢易의 '虞飜納甲法'이다. 납갑설은 건상이 곤상과 상합하여 임계에 들어간 후 다시 중앙의 戊己에 만나 坎,離가 일체가 되어 하늘의 一元氣 一陽의 기로 형성되는 것을 보여주는 이론이다. 따라서 중앙의 戊己(土)는 坎·離가 작용하여 단을 제련하는 곳인 것이다. (小柳司氣太,『老莊思想과 道敎』, 김낙필 譯, 시인사, 1994, pp.261-262 참조)
302 『道德指歸』, 17章 註, "蓋信屬土, 土爲陰陽之沖氣. 故노자於五行獨取土焉."
303 상산이 태극을 중으로 본 것은 陰陽五行의 中正함 그 자체를 극이라고 호칭한 것이다.
304 최영진,「역학사상의 철학적 탐구」, 성균관대 박사, 1989. pp.56~60

1. 서명응의『도덕지귀』의 태극론과 음양론 169

라는 한정적 조건아래에서 '중토'가 '태극'과 같은 작용을 한다는 측면에서 이해해야 할 것이다. 즉 '태극'의 작용적 측면을 '단전'으로 해석해 낸 것이다. 내단학에서 '단전'은 정기신精氣神 을 단련하여 온갖 변화를 낳게 하는 근원적인 곳이다. 즉 우주본체론 안에서의 태극의 역할과 소우주인 인간의 몸에서의 단전의 역할의 일맥상통하는 부분을 말하고자 한 것이다. 태극을 사람 몸에 '중토'로 해석하는 경우는 비단 서명응만의 생각은 아니다. 서명응보다 앞선 시대를 살았던 권극중[305]도 우주의 궁극적 본체를 태극이라고 부르며 노자와 역을 일치시키는 『참동계』[306]의 사상을 받아들여 이것을 다시 내단사상에 적용시켰다.[307] 태극의 개념을 사람의 몸으로 끌어들이고 이를 다시 오행으로 풀이하여 양생론에 적용시킨 것은 양생론에서는 자연스러운 발로라고 여겨진다.

태극의 체화體化

서명응은 태극을 양생론적으로 설명함에 있어 내단의 운영원리로 설명할 때는 중토中土의 개념으로, 인간의 몸에 태극이 체현된 상태는 '갓난아기[308]의 상태'로 설명하고 있음을 볼 수 있다. 그렇다면 '갓난아

---

305 靑霞 權克中(1585~1659), 양생이론서로 『참동계』 주석서인 '易契'가 있다.
306 참동계는 그 사상이 주역과 같은 원리이며 뜻이 통하고 대의가 합한다는 의미이다. 참동계의 내단사상은 연명장수의 목적을 달성하기 위하여 천지의 법칙에 따라 단을 제련하는 것이다.(小柳司氣太, 노장사상과 도교, 김낙필 譯, 시인사, 1994, p.260 참조)
307 김낙필, 「권극중의 내단사상」, 서울대박사, 1990 p.95 참조
308 참동계에서는 선천약물의 상호작용을 통해 금단이 형성되는 것을 남녀간의 성적 교섭에서 어린이가 잉태되는 것에 비유하여 이를 聖胎라고 표현한다. 서명응이 강조하는 '젖먹이'도 이 聖胎와 유사한 개념으로 생각된다.

기'의 상태는 어떻게 이루어지는가? 앞 절에서는 금단金丹 체득이 '갓난아기'의 상태에 이르는 길임을 말하였다. 양생론적으로 해석되는 『노자』 10장의 원문을 보자.[309]

> 영백을 싣고 일을 감싸 안고서[載營魄抱一] 떨어지지 않게 할 수 있는가? 기를 모아 부드럽게 하여 嬰兒와 같게 할 수 있는가? 현묘한 거울을 깨끗이 닦아 티끌이 없게 할 수 있는가?[310]

위의 『노자』 원문을 보면, '영아와 같게 함'과 '영백營魄을 포일抱一함' '현묘한 거울을 닦아 티끌이 없게 함'이 모두 같은 선상의 일임을 말하고 있다. '영아와 같게 함'과 '영백을 포일함'은 '완전한 상태'를 말하는 것이다. 이에 대한 서명응의 주석을 보기 전에, '포일抱一'의 의미를 살펴보면 다음과 같다.

'포일抱一'을 주석한 주석가들의 견해는 대체로 두 가지로 구분된다. 첫째는 일一을 순수한 정신으로 풀이하는 견해이며, 둘째는 우주를 생성하는 근원적 원기元氣로 풀이하는 견해이다. 대표적 주석서인 왕필과 하상공을 비교해 보면 『노자』 10장 "재영백포일載營魄抱一, 능무리호能無離乎"에 관하여 왕필은 '청신淸神이 떨어지지 않는다면 만물이 저절로 손님이 될 것이다'[311]라고 풀이했다. 그러나 하상공은 '사람이 하나를 간직해 몸에서 떠나지 않게 할 수 있다면 장생할 수 있다. 하나란 도에

309　노자를 양생론적인 입장에서 해석한 주석으로는 " 河上公의 『노자장구』, 張陵의 『노자想爾注』, 葛玄의 『노자節解』, 白玉蟾의 『道德眞經寶章』, 李道純의 『道德會元』, 劉惟永의 『道德眞經集義大旨』" 등이 있다.
310　『노자』, 10장, "載營魄抱一, 能無離乎. 專氣致柔, 能嬰兒乎. 滌除玄覽, 能無疵乎."
311　왕필, 『노자』, 10장, "淸神能常無離乎 則萬物自賓也"

서 나온 태화의 정기를 뜻한다.³¹² 라고 풀이한다. 이 둘의 해석은 미묘한 차이를 드러낸다. 왕필은 포일抱一을 맑은 마음을 간직하는 것으로 이해하는 반면, 하상공은 포일을 태화太和의 정기精氣를 간직하는 것으로 풀이한 것이다. 이 때의 '정과 기'는 내단수련에 있어서의 '삼원三元'인 '정精·기氣·신神'의 '정精·기氣'를 의미한다.

'포일'에 대한 언급은 『참동계』에서도 보이는데 '주천화후周天火候³¹³를 통해 오장이 순화되고 오행의 상호작용이 상생작용으로 변화된 다음 오행이 하나로 귀일하는 것'을 의미한다. 즉 금단을 채취하는 주천화후의 과정을 통해 금단을 형성하고, 이에 의해 인체를 순양의 선천기로 변화시킨 후의 단계를 의미하는 것이다. 『장자』에서는 포일 대신 수일守一이라는 표현이 나타나는데 그 의미는 왕필이 해석한 포일과 유사하다.³¹⁴ 또 『포박자』에서는 일一, 즉 태일太一의 신에 관한 구체적 모습까지 묘사하고 있다.³¹⁵ 포일이란 개념은 위백양의 참동계에서도 나타난다. 『참동계』의 후반에 첨가된 「정기가鼎器歌」를 살펴보면 "포일하여 놓지 아니하면 능히 장생할 수 있다"[抱一無舍 可以長存]는 내용이 보인다. 이는 하상

312　하상공, 『노자』, "言人能 抱一使不離於身 則長存 一者道德所生太和之精氣也"
313　도교의 外丹家에서 煉丹하는 과정 중에 火力의 운전과 조절을 가리키는 말이, 陰陽日辰의 설(60時-5일-를 1候로 삼아 9轉이 되어 丹이 이루어진다)과 결합하여 內丹에서는 火의 공험을 말한다. 여기서의 火는 흩어지면 氣가 되고 변화면 水가 된다. 이러한 작용의 一周를 '周天火候'라고 한다. 서명응은 『參同攷』, 8장註에서 火候를 '武火'와 '文火'로 나누기도 한다.("炎炎張于下者, 抽添之始炎炎燖溫, 是於火候爲文火也. 晝夜聲正勤者, 抽添之終烈烈烹煎, 是於火候爲武火也")
314　김낙필, 「권극중의 내단사상」 p.172-174
315　『포박자』, 「地眞篇」. 포박자에서 제시한 守一은 남북조시대의 도교에서 다시 중시되기에 이르렀다. 여기에는 불교의 영향이 컸다. 당시의 불교에서도 성격은 달랐지만 守一의 수련을 중시했기 때문이다. 도교의 수일이 인체내의 三丹田에 있는 神을 관조하는 것인데 반해 불교의 守一은 인체 밖에 문자인 一字를 상상하고 거기에 마음을 집중하는 방법이었다.吉岡義豊, 『道敎と 佛敎』, 제 3, 國書刊行會 1976 p.291-394

공 주석에서 "사람이 능이 일을 간직하여 몸에서 떠나지 않게 하면 장생할 수 있다."라고 한 내용과 흐름을 같이 한다. 따라서 이 때의 일一은 하상공 주석과 같이 '근원적 일기一氣'로 풀이된다. 기록상 조선조'포일抱一' 논의는 김시습에서 비롯되었다고 본다.[316] 김시습은 양생의 방법을 존삼포일存三抱一[317]로 제시한 바 있기 때문이다.

그렇다면 서명응의 '포일抱一'에 대한 견해를 보자.

> 재載란 혼魂이 백魄을 실음을 말한 것이다, 영營이란 혼이 백을 영위함을 말한 것이다. 백은 음이요 둘이니 체질을 위주로 하고, 혼은 양이요 하나이니 영위를 위주로 한다. 그러나 a)혼은 형체가 없기 때문에 반드시 백에 붙는다.[318] 따라서 지인은 혼이 곧 백이오 백이 곧 혼이어서 혼합되어 구분이 없다. b)그러므로 혼이 올라가고 백이 내려가면 죽는다. 혼백이 왕성하면 수명을 연장하게 된다. 대개 혼으로써 백을 싣고 그것을 영위하기를 반드시 백에서 하고, 백으로 하여금 항상 '혼의 양일'을 껴안아 하나가 되게 하여 잠시라도 떨어짐이 없게 함을 말한 것이다. '떨어지지 않을 수 있겠는가?'라고 한 것은 그 일을 어렵게 여겨 경계한 것이다.[319]

---

316 위의 논문, pp. 173-175 참조
317 존삼포일은 남북조시대에 출현한 『三天內解經』에 보이는 元氣, 玄氣, 始氣와 일치시킴을 고려하면 그의 존삼포일도 삼천내해경에 보이는 존삼수일과 유사하다. 삼천내해경의 존삼수일은 도를 인체의 삼단전에 관조하는 방법으로서 김시습의 존삼포일은 內觀法에 해당한다고 볼 수 있다. 이와는 달리『해동전도록』에 거론된 抱一은 先天眞一之氣를 얻은 후 聖胎를 견고히 하는 단계라고 하므로 대체로 도를 간직한다는 넓은 의미로 이해된다.(김낙필, p.174)
318 『朱子語類』, 卷125,「노자書」, "魂是一, 魄是二"
319 『道德指歸』, 10章 註, "載謂魂之載魄也, 營謂魂之營魄也. 盖魄陰而二, 主乎體質, 魂陽而一, 主乎營爲, 然魂無形體必附麗於魄. 故至人魂卽魄, 魄卽魂, 混合無間, 故魂升魄降則死亡, 魂魄旺則延年. 盖言以魂載魄, 凡厥營爲 必於魄, 而使魄恒抱魂之陽一, 無小暫離也. 能無離乎, 難其事而戒之也."

서명응은 위에서 보았듯이 '포일'을 혼과 백이 하나가 된 상태로 보고 있다. 따라서 포일을 이루지 못한 자는 혼이 많기도 하고 적기도 하는 등 부조화의 상태에 이른다. 즉 혼과 백이 하나가 되었는가 되지 못하였는가는 장수하는가 그렇지 못하느냐로 결정이 나는 것이다. 이렇게 볼 때 서명응의 주석은 왕필보다는, 양생적 주석인 하상공에 가까운 것임을 알 수 있다. 그리고 혼과 백은 위의 인용문 a)를 보면 '음양'의 관계 같지만, 그 둘 사이의 조화의 균형이 중요함을 말하고 있다. 일반적으로 혼은 넋의 양성적인 측면을 백은 넋의 음성적인 측면을 나타낸다. 이러한 해석은 『예기』의 영향[320]이라고 보여지며, '포일을 통하여 장 수 할 수 있다는 것은 『참동계』 '포일'의 개념[321]과 상통한다.

사람 중에 덕을 높이는 자가 만약 갓난아기의 마음을 잃지 않는다면 또한 도와 더불어 하나가 되어 사물들을 굴복시킬 수 있다.[322]

'태극의 상태'인 '갓난 아기'의 상태는 '도와 더불어 하나가 됨'과 같으며 이것을 양생론적으로 해석하면 포일하여 생명을 연장한다는 의미와 통할 것이다. 따라서 '포일'은 '갓난아기'의 상태로 가기 위한 방법론적인 측면을 말한 것이라고 여겨진다. 앞 절에서 태극을 중토[丹田]로서 설명했다면 이 절에서는 '태극'의 상태로 가기 위한 '포일'을 말한 것이다.

---

[320] 인간의 精神形骸은 혼과 백으로 이루어지는데, 혼은 天氣의 陽氣이고 魄은 地氣인 陰氣이다. 인간은 혼에 의해 精神을 이루고, 魄에 의하여 形骸를 이루기 때문에 사람이 죽으면 혼은 천으로 돌아가고 백은 땅으로 돌아간다.(『禮記』,「郊特生」, "魂氣歸于天, 形魄歸于地")

[321] 『참동계』,「鼎器歌」, "抱一無舍 可以長存"

[322] 『道德指歸』, 55章註, "人之尙德者, 若能不失赤子之心, 則亦可以與道爲一而伏物也."

요컨대, 서명응은 노자의 '도'를 '태극'이라고 해석하는데 그가 말하는 태극은 무극과의 관계에서 체용론적인 관점을 가지며, 서명응이 말하는 '태극'은 氣의 변화 중시 속에서 리를 보고자 하는 리기불리성理氣不離性이 강조된다. 둘째, 서명응이 양생론적 주석에서 '태극'을 '중토中土'와 '포일抱一' '충기沖氣'로 해석하는 부분은 조선시대 '도가'를 이단시하는 긴장감 속에서, 기존의 조선시대 주석가들이 유학의 사상으로써 도가를 해석하는 것과는 궤도를 달리한다. 셋째, 서명응은 '태극' 형이상학적 본체론의 해석에 머물지 않고 실천적 수양론(수양론의 방법으로 양생론을 말할 수 있다고 본다.)을 강조하였다. 그렇다면 서명응에게서 노자의 '도'는 초월적 형이상학적 도가 아닌, 현실에서 실재하는 살아있는 도임을 강조한 것이라고 여겨진다. 그러므로 넷째, 서명응에게 있어 본체론과 양생론은 자연스러운 흐름의 발로라고 생각된다.

2
이광려의 「독노자오칙」의 유무론

『초원담노椒園談老』는 저자 이충익李忠翊이 하곡학파[323]의 일원으로,

---

[323] '霞谷學派'라는 용어를 쓴 이유는 다음과 같다. 정인보가 『양명학연론』(「조선의 양명학파」, 동아일보연재, 1933)에서 '조선의 양명학파'를 분류하고 연구 방향을 제시한 이래, 여러 방향에서 조선의 양명학에 대한 연구가 진행되었다. 첫째 양명학의 전래 시기와 조선시대 양명학자를 누구로 볼 것인가에 대한 연구였다. '정인보' 이외에 이능화 「朝鮮儒界之陽明學派」, 『청구학총』 25, 1936; 현상윤 「양명학의 유입과 그 배척」, 『조선유학사』, 민중서관, 1949 등을 예로 들 수 있다. 이 후에는 사상적 측면에서 '格物致知', '良知', '知行', '『傳習錄』에 대한 논변' 등을 중심으로 조선의 양명학자를 규명하려는 시도가 있었다 (유명종, 『성리학과 양명학』, 연대출판부, 1994) 둘째는 전체적인 학파 조망에서 벗어나 霞谷 鄭齊斗를 중심으로, 조선 양명학의 특징이 연구되었다(김길환, 『한국양명학연구』, 일지사, 1981; 윤남한, 『조선시대의 양명학 연구』, 집문당, 1982; 김교빈, 「하곡철학사상에 관한 연구」, 성균관대, 1994). 셋째는 조선 양명학이 실학 및 천주교·독립운동 및 유교개혁운동으로 전개되는 과정이 연구되었다(유준기, 「강화학파의 학맥과 사상사적 전개」, 『한국근대유교개혁운동사』, 아세아문화사, 1999; 송석준, 「한국양명학과 실학 및 천주교와의 사상적 관련성에 대한 연구」, 성균관대, 1992). 넷째는 범위를 넓혀 鄭齊斗 학파 전반에 대한 연구가 진행되었다.
이상의 연구 성과 속에서 鄭齊斗 학파를 어떻게 명칭하는가에 대한 문제가 제기되었다. 민영규는 鄭齊斗학파가 지역과 혈연을 기반으로 하고, 학파로 귀속하기에는 각각의 구성원들이 다양한 학문적 영역을 보여준다는 점을 근거로 해서 '江華學派'라는 용어를 처음 사용하였다(『강화학 최후의 풍경』, 우반, 1994, 79~80쪽). 즉 '하곡학파' 또는 '조선양명학파'라고 명명할 수 없는 이유가 구성원들의 '학문의 다양성'이라는 측면 때문이라는 것이다. 그러나 단지 지역과 혈연에 한정시킨 '江華學'이라는 명칭은 학파의 정체성을 모호하게 만드는 측면이 있다. 하나의 학파라고 명명하기 위해서는 '학파의 특징'을 구체화하는 연구가 필요하다고 본다. 필자는 李匡呂, 李忠翊, 申綽의 『노자』 이해 속에서 鄭齊斗로부터 일관되게 내려오는 '허위의식에 대한 비판'과 '도덕실천의 의지'라는 家學的 특성을 보았고, 이러한 측

하곡학의 『노자』 독법을 보여준다. 하곡학파는 1709년(숙종 35년) 소론계였던 정제두鄭齊斗가 낙향해 신대우申大羽와 이광사李匡師의 형제 자손들에게 강론하면서 학맥이 형성되었다. 그 후 문예, 사상, 사학 등의 방면에서 자기 정체성을 가진 학파로 발전하게 된다. 하곡학파는 『노자』에 대해 높은 관심을 가지고 있었다.[324] 이충익의 『초원담노』 외에도 이광려(1720~1783)의 「독노자오칙」과 신작申綽(1760~1828)의 「노자지략서노자旨略序」가 있다. 이광려의 「독노자오칙讀老子伍則」은 『노자』에 대한 논설이고, 신작의 「노자지략서」는 『노자지략』의 본문이 유실되고 남은 서문이다.

조선시대는 유교국가로서 개국 초기부터 도·불을 이단시하는 풍조가 있었고, 이광려·이충익·신작이 살았던 영·정조 연간에도 이단 논쟁에서 자유로울 수 없었다. 이광려 사후에 간행된 목판본 『이참봉집』의 모본인 필사본 『이참봉집』의 「독노자오칙」을 보면, '노자와 육경六經이 동일하다'[325]라고 한 단락이 있다. 그러나 목판본 『이참봉집』 안에는 이 단락이 빠져있는데, 당시 문집을 간행하는 과정에서 이 구절을 누락시킨 것으로 보인다. 아마도 목판본을 만들면서 『노자』를 육경六經과 동일시한 시각이 문제의 소지가 될 수 있다고 여긴 듯하다. 이를 통해 당시 시대 분위기를 유추해 볼 수 있다.[326] 정쟁이 심화되고, 성리학이 지

면이 霞谷學派라고 명명할 수 있는 근거가 될 수 있음을 확인하였다.

[324] 李匡呂와 李忠翊은 노자를 호칭하는데 있어서도 '玄聖' '老君'이라고 하는데, 이런 점을 통하여 그들의 사유 안에서 『노자』라는 저서의 위상을 볼 수 있다.

[325] 『李參奉集』, 필사본(개인 소장), 권1 雜著, "노자之言道, 卽用而明之耳. 夫道豈可言哉. 使노자處요순之世殷周之盛時, 其言不如此矣. 又未必言也. 識其所爲言道德之意, 而玩其文, 思過半矣. 然使孔氏生於上古, 其爲言直如今論語而已矣. 則雖曰道無二致, 爲人之爲異也, 顧學之何如耳. 第其隱約參互, 意在於所未言者, 六經與五千文一也."

[326] 아마도 少論인 후손과 제자들이 당대 유명한 시인이었던 李匡呂의 문집을 영인하는 과정에서, 李匡呂가 『노자』를 '六經'과 동일한 경전으로 여겼다라는 구절을 싣지 않은 것으로 보인다. 乙亥獄事를 겪은 霞谷學 후손들이 노론에게 정쟁의 기미를 줄까 두려워했을 것

배 이데올로기로서의 위치를 장악하던 조선 후기, 한 학파 안에 세 편의 『노자』 저작이 나왔다는 사실은 의미 있는 일이다.

이광려(1720~1783)와 「독노자오칙」

이광려·이충익·신작의 관계를 보면, 이광려는 이충익의 9촌 숙부이자 스승이었고[327], 신작은 이충익과 이종사촌 간으로 학문적 교류가 많았다.[328] 이광려(1720~1783)는 이덕성의 세째 아들 아들이다.[329] 자는 성재聖載이고 호는 월암月巖 칠탄七灘이며, 이광사李匡師의 문인으로 강세황, 신대우 등과 교유하였다. 그의 집안은 육진팔광六眞八匡[330]이라고 이를 정도로 당대의 석학이 많았다. 그의 문집이 『이참봉집』으로 붙게 된 이유는 생전에 자호自號한 적이 없어서라고 한다. 『이참봉집』[331]은 이광려 사후(64세에 졸) 23년 만에 나왔는데 서문을 쓴 이들 가운데 한 명이 이충익이다. 서문에 의하면 이광려는 당대에 시인으로 유명세를 떨치고 있이다.

[327] 李忠翊, 『椒園遺藁』,(한국문집총간 255, 민족문화추진회영인본-이하는 모두 이 판본을 인용하였다.),「李參奉集叙」, "君於忠翊, 父屬而師道也"
[328] 이충익은 申綽의 아버지 申大羽의 묘표를 남기었으며, 申綽은 이충익의 묘표를 남기었다. 『石泉遺稿』(한국문집총간 279, 민족문화추진회영인본-이하는 모두 이 판본을 인용하였다.) 卷 3, 『椒園公墓表』
[329] 이광려의 가계와 생애에 대해서는 한국고전번역원의 김성애 「이참봉집해제」와 심경호의『강화학파의 문학과 사상』1(한국정신문화연구원, 1993)을 참고하였다.
[330] 六眞은 '李眞儉, 李眞望, 李眞淳, 李眞儒, 李眞伋, 李眞卿'을, 八匡은 '李匡德, 李匡師, 李匡贊, 李匡誼, 李匡會, 李匡世, 李匡輔, 李匡顯'을 말한다.
[331] 한국문집총간 237, 민족문화추진회영인본-이하는 모두 이 판본을 인용하였다.

었다.[332] 이광려는 어려서 원교 이광사李匡師(1705~1777)[333]로부터 학문을 배웠으며[334] 이광사는 하곡에게서 학문을 배웠다. 하곡에서 이광사로, 이광사에게서 이광려로 다시 이광려에게서 이충익으로 학문적 흐름이 연결되고 있음을 볼 수 있다.

이광려는 '양명학'과[335] 『노자』를 비롯한 도교서적에도 많은 관심을 가지고 있었던 것으로 보인다.[336] 서무수와 『노자』의 장생구시長生久視와 출생입사出生入死에 대한 자신의 견해를 밝히기도 하였다.[337] 또한 그는 법의학서인 『무원록無冤錄』과 '고구마 재배'와 '수레' 등 민생에 실용적인 학문에도 깊은 관심을 가졌다.[338] 이광려는 농서를 통해 고구마가 구황작물로서 가치가 크다는 것을 알고 민간에 보급시키려 노력하였으며, 중국 벽돌이 우리의 기와보다 실용적이므로 굽는법을 배워야 한다고 주장하기도 하였다. 이광려의 문집을 엮은 이충익은[339] 이광려의 학문하는 태도를 평가하기를 '묵묵히 내면을 수양하여[默默內修] 수다스럽게 아첨하는 것을 부끄럽게 여겼다'라고 표현하였다.[340] 이충익은 이러한 이광려

---

332 『이참봉집』, 李晩秀의 「序文」에 의하면 이광려는 일찍부터 시로 알려져 당세 제일의 시인이라는 평가를 받았다.
333 원교 이광사는 을해옥사에 연좌되어 목숨을 거두게 된다
334 (『이참봉집』,「員嶠先生墓誌銘」, "小子又少學於員嶠公")
335 영인본 『이참봉집』이 아닌 필사본 『이참봉집』의 권1 筆記 부분에는 '致良知'와 '知行合一'에 관한 자신의 견해가 드러나 있다. 이에 대한 최초의 논문으로는 이현일의 「이광려의 實心實學과 經世學(『민족문학사연구』35, 민족문학사학회,2007)」가 있다.
336 심경호, 『강화학파의 문학과 사상』1, 한국정신문화연구원, 1993, 332쪽
337 심경호,「이광려의 서찰에 관한 일고찰」, 『어문논집』63, 민족어문학회, 2011
338 金景善, 『燕轅直指』, 권6, 『燕行錄選集』, 民族文化推進會, 1976, "大凡車者, 出乎天而行乎地, 用旱之舟, 而能行之屋也. 有國之大用莫如車, 吾嘗與洪湛軒聖保, 李參奉聖載講車制."
339 『이참봉집』, 序文, " 族父參奉君家集若干卷, 忠翊僭爲刪定. 爲詩二卷, 文二卷."
340 『椒園遺藁』,「이참봉집書」, "是以君之爲學, 默默內修, 以多言足恭爲恥."

의 삶의 태도를 존숭하였다.

이광려의 「독노자오칙」은 목판본 『이참봉집』 권4에 수록되어 있다. 「독노자오칙」이라는 제목은 후인들이 문집을 만드는 과정에서 지어졌을 것으로 추측된다. 영인본으로 만들어지기 전의 母本인 필사본 『이참봉집』 안에는 「독노자오칙」이 「노자설」이라는 제목으로 들어있다. "노자와 육경이 같다"라고 한 단락이 들어있다. 이 단락을 제외한 나머지 내용은 영인본과 필사본이 같다.[341] 「독노자오칙」에서 주로 인용된 『노자』 장은 1장·2장·39장이다. 이광려는 『노자』의 이 세 장을 중심으로 자신의 견해를 다섯 부분으로 정리하였다. 첫째 단락은 『노자』 1장에 대한 설명이면서 『노자』 전체에 대한 개괄적 성격을 띠고 있다. 여기서 이광려는 '가도可道'와 '상도常道' '가명可名'과 '상명常名'의 관계에 대해서 설명한다. 둘째 단락은 『맹자』의 "도에는 두 가지가 있으니 '인仁'과 '불인不仁'일 뿐이다[342]"라는 구절을 인용하면서 『노자』의 2장을 '명名'과 '실實'의 관계로 설명한다. 셋째 단락은 『노자』 39장을 인용하여 왕과 제후가 '고孤' '과寡' '불곡不穀'이라고 칭하는 이유를 설명한다. 넷째 단락과 다섯째 단락은 『논어』 「공야장」에서 공자가 비판한 '미생고微生高'가 '직直'의 '명名'을 해친 사람이었다고 비판하였다.

---

341 『이참봉집』, 필사본, 권1 雜著, "老子之言道, 卽用而明之耳. 夫道豈可言哉. 使老子處堯舜之世殷周之盛時, 其言不如此矣.… 六經與五千文一也."
342 『孟子』, 「離婁上」, "孔子曰道二. 仁與不仁而已"

이광려의 「독노자오칙」: 선악의 명실과 직의 중시

「독노자오칙」에 인용된 『노자』의 장은 1장·2장·39장으로, 이 세 장을 중심으로 이광려는 자신의 견해를 다섯 부분으로 정리하였다. 이 가운데 『노자』 2장에 대한 관점은 이광려 『노자』 이해의 총괄이다. 그렇다면 이광려는 왜 『노자』 81장 가운데 유독 2장에 관심을 가졌는가? 『노자』 2장은 '유무상생有無相生'이 언급된 장으로 미美와 오惡, 선善과 불선不善의 관계가 등장한다. 그는 2장을 중심으로 「독노자오칙」의 상당 부분을 '미美와 오惡' '선善과 불선不善'의 대립적 도덕 가치에 대한 문제로 할애하였다. 『노자』에서 선善과 악惡에 대한 문제는 크게 주목받지 못하였다. 『노자』 주석사에서 주된 논의는 '도道와 덕德' '유有와 무無' '무위無爲와 유위有爲' 등에 있었지, 선善과 악惡에 대한 문제는 『노자』 주석사에서 중요하게 다루어진 문제가 아니었다.

> 공자는 말하기를 "도에는 두 가지가 있으니 인과 불인일 뿐이다"라고 하였다. 그러므로 제 2장에서 즉 '미와 오', '선과 불선'을 말하였다. 도가 흥하고 폐함, 천하가 다스려짐과 어지러움이 어찌 다른 데에 있겠는가? 오늘날 논리를 세우고 책을 저술하여 남를 깨우치게 하기 위해 고심하는 것이 어찌 다른 데에 있겠는가? 미美라는 것은 미의 실질이고 선善이라는 것은 선의 실질이지만 미가 미가 되고 선이 선이 됨은 그 명名이니, 여기에서 명名과 실實이 드러나는 것이다. 이것을 통해 선과 악이 생기는데, 도의 흥망과 천하의 치란이 여기에 달려있다. 2장의 '유무상생有無相生'에서 부터 '전후상수前後相隨'까지는 유무, 난이, 장단, 고하, 음성 전후는 명이 드러난 것이다. 유有이면서 무無이고 어려움이면서 쉬움이어서 그 명名이 항상될 수 없으니 도의 안에서는 훼

손된 것이다.³⁴³

위의 문장을 보면, 이광려는 『맹자』, 「이루상」에 "도에는 두 가지가 있으니 인仁과 불인不仁일 뿐이다"라는 공자의 말과 『노자』 2장을 같다고 보았다. 이런 부분은 이광려가 유학자의 시각에서 『노자』를 이해하고 있는 측면이라 하겠다. 「이루상」에서 이 부분의 내용은 군자가 성인이 되려면 요순을 본받아야 된다는 취지에서 나온 문장이다. 그래서 주자도 "요순을 본 받으면 군신의 도리를 다하여 인仁할 것이고, 요순을 법받지 않으면 군주에게 불경하고 백성을 해쳐 不仁할 것이니, 이 두 가지 이외에 다시 다른 길이 없다. 여기에서 벗어나면 저기로 들어가니, 삼가지 않을 수 있겠는가³⁴⁴"라고 하였다. 즉 성인을 본받으면 '인仁'이고, 성인을 본받지 않으면 '불인不仁'이라는 것이다. 그런데 이러한 내용과 『노자』 2장과는 무슨 관련이 있는 것인가? 『노자』 2장의 원문 내용은 다음과 같다.

천하 사람들이 모두 아름다운 것[美]이 아름다운 줄 아는 것은 저 추함 때문이고, 모든 사람들이 선善이 선善인 줄 아는 것은 저 불선不善 때문이다.[天下皆知美之爲美, 斯惡已, 皆知善之爲善, 斯不善已] 그러므로 유有와 무無는 상생相生하고[有無相生], 어려움과 쉬움이 서로 이뤄지고, 길고 짧은 것이

---

343 『이참봉집』, 「독노자오칙」, "孔子曰道二. 仁與不仁而已. 所以此第二章. 卽言美惡, 善與不善也, 夫道之興廢. 天下之治亂. 豈有他哉. 今所爲立言著書. 苦心喩人者. 又豈有他哉. 美者美之實. 善者善之實. 而美之爲美善之爲善. 其名也. 名實形矣. 善惡之所由生. 而道之興替. 天下之治亂係焉. 有無之相生云云. 至前後之相隨勢也. 有無也難易也長短也高下也音聲也前後也者. 名之所形也. 有而無 難而易. 而名不可常矣. 而毁於道焉."

344 『孟子集註』, 「離婁上」"法堯舜, 則盡君臣之道而仁矣. 不法堯舜, 則慢君賊民而不仁矣. 二端之外, 更無他道. 出乎此則入乎彼矣, 可不謹哉."

서로 드러나며, 높고 낮음이 서로 차이 나며, 음절과 음률이 서로 조화를 이루고, 앞과 뒤가 서로 뒤따른다. 그러므로 성인은 무위의 일에 처하고, 말이 필요 없는 가르침을 행한다."[345]

『노자』 원문의 "天下皆知美之爲美, 斯惡已, 皆知善之爲善, 斯不善已"는 두 가지로 해석된다. 첫째는 천하 사람들이 아름다운 것이 아름다운 줄 아는데 사실 그것은 추하다는 해석과 두 번째는 아름다운 것을 아름답다고 인식할 수 있는 것은 추한 것이 있기에 가능하다는 해석이다. 첫 번째 해석은 천하 사람들이 인식하고 규정하는 '미美'와 '선善'이 사실은 '추함' '불선함'일 수 있다는 것을 말함으로서 '미'와 '선'에 대한 세상의 일반적 규정을 반성한다. 두 번째 해석은 '미美'와 '선善'이 '오惡'와 '불선不善'이라는 상반된 가치를 통해 서로의 개념을 규정하고 있다는 것을 말한다. 즉 아름다움을 아름답다고 느끼게 되는 것은 추함이라는 상대 가치가 있기 때문이고 착한 것을 착하다고 여기는 것은 불선이 존재하기 때문이라는 것이다. 아름다움과 추함 선과 불선이라는 상대적인 인식 안에서 우리는 미美와 선善을 인식한다는 것이다.[346] 첫 번째 두 번째의 해석이 모두 '미美'에 대한 인식기준에 대한 반성 혹은 '미美'의 가치 존립의 근거를 찾는 논의라면, 이광려는 『노자』 2장을 보고 공자의 "도에는 두 가지가 있으니 인과 불인일 뿐이다"와 동일한 논리로 이해하였다. 그는 『노자』 2장에 대해 곧바로 "도가 흥하고 폐함, 천하가 다스려짐과 어지러움이 어찌 다른 데에 있겠는가?"라고 묻는다. 왜 세상이 혼란

---

345 『노자』, 2장, "天下皆知美之爲美, 斯惡已, 皆知善之爲善, 斯不善已. 故有無相生, 難易相成, 長短相形, 高下相傾, 聲音相和, 前後相隨. 是以聖人處無爲之事,"
346 陳鼓應은 후자의 해석을 따른다.(『노자註釋及評介』, 中華書局 1984, 64쪽)

한가이다. 그리고 이에 대해 답을 하기를, '미라는 것은 미의 실질이고 선이라는 것은 선의 실질인데 거기에서 명名과 실實이 드러난다'라고 한다. 그 명名에(예를 들면 美와 善) 걸맞는 실질이 없기 때문에 이를 통해서 선과 악이 생기고 세상이 혼란스러워진다는 것이다.

따라서 『노자』 2장에 있어 유무有無, 난이難易, 고하高下, 성음聲音, 전후前後 가 대립되는 구조는 모두 명名과 실實이 일치하지 못해서 생기는 결과로 도의 훼손이다. 이를 『맹자』에서 인용된 공자의 말에 비추어 본다면 성인의 교화에 의해서 그 대립되는 구조가 일치될 때가 바로 명과 실이 온전히 일치하는 것이고, 세상이 혼란스럽지 않게 된다는 것이다. 즉 이광려는 『노자』에서 선과 불선의 개념들이 존재하는 구조를 '명실'의 구조 안에서 이해하였고, 왜 세상이 혼란스러워졌는가에 대한 문제에 해답을 구하고자 한다. 이는 조선 후기를 살았던 유자로서의 문제의식이 『노자』를 해석하는데 반영된 것이라고 여겨진다.[347]

그는 『노자』 2장의 원문에서 '미美와 선善' 이라는 두 개의 가치가 상대적으로 대립할 수밖에 없는 현실적 원인에 대하여 관심을 가진다. 결국 그는 세상이 혼란한 이유를 '선善'이라는 이름에 걸맞는 실질을 갖추지 못하는 일들이 많기 때문이라고 보았다. 할 때 그것이 '불선'이 된다고 보았다. 그는 『노자』 1장과 2장을 '명실'의 문제로 해석하고 사회 부

---

[347] 이러한 虛名에 대한 비판과 實에 대한 견해는 明代의 황종희(1610~1695)의 논리 속에서도 드러난다. 황종희는 '仁義禮智樂'가 실천적인 행위를 통해서만 구현되며, 실천적 행위를 떠나서는 결코 그 의미를 획득하지 못한다는 것을 말하고 있다. 仁義란 현실적 관계 안에 있어 실질적인 도덕적 활동 아래에 있을 때 가능하다고 보았다. 黃宗羲, 『孟子師說』(『四庫全書』), 권3, 仁之實章, "仁義禮智樂, 俱是虛名. 人生墮地, 只有父母兄弟, 此一段不可解之情, 與生俱來, 此之謂實. 於是而始有仁義之名, 知斯二者而弗去, 所謂知及仁守實有諸己, 於是而始有智之名. 當其事親從兄之際, 自有條理委曲, 見之行事之實, 於是而始有禮之名, 不待於勉强作爲, 如此而安, 不如此則不安, 於是而始有樂之名."

조리의 원인을 '명실 불일치'에서 찾고자 하였다. 그래서 그는 '명名'과 '실實'이 어긋난 사람의 대표로서 『논어』의 「공야장」에 등장하는 미생고를 예로 든다. 그는 「독노자오칙」의 다섯 단락 가운데 두 단락을 할애해 미생고를 통렬히 비판한다.

> 미생고는 정직하지 않은 적이 없었다. 그는 처음에 정말로 있는 것은 있다하고 없는 것은 없다고 한 자였다. 그가 이윽고 정직이 정직이 됨을 알고 나서 이에 그 이름에 탐이 나서 정직하려고 한 것이다. 이미 이름에 탐이 나서 정직하려고 하였으니만큼, 비록 있는 것을 있다하고 없는 것을 없다고 하더라도 정직한 것이 될 수는 없다. 더구나 없으면서도 있다고 하고 이웃에서 빌려다주는 것에 있어서는 말할 것이 있겠는가? 그러므로 미생고의 정직하지 못함이 오히려 백성을 속이는 행위보다 심하다고 한 것이다.[348]

여기서의 미생고는 '직直'이라는 이름만을 탐하여 거짓된 행위를 하는 자이다. 그는 겉으로는 '직'이라는 이름에 맞는 실질을 갖추고 있는 것처럼 보이지만, '직'에 위배된 거짓된 행동[不直]으로 위장하고 있다. 따라서 그의 '부직不直'은 백성을 속이는 행위보다 심하다고 하였다. 미생고의 인위적인 태도인 '부직'도 또한 명과 실이 분리된 결과이다. 그런데 그는 왜 이렇게 미생고를 유독 비판하는가? 이에 대해 그는 다음과 같이 말한다.

---

[348] 『이참봉집』,「독노자오칙」, "微生高未嘗不直也. 其始也固有有而無無者也. 旣而知直之爲直. 於是乎吝其名. 求爲之直焉耳. 夫旣吝於名而求爲之直. 雖有有無無. 不足以爲直. 況無而爲有而至於乞隣乎. 故曰微生高之不直. 猶甚於罔之爲也."

세상에 정직하지 못한 자는 매우 많지만 성인이 일찍이 말하지 않았다. 그런데 유독 미생고에 대해 이웃에서 그 초를 빌린 일을 꾸짖으며, 정직하지 못하다고 하였으니 그렇다면 부직함이 미생고보다 심한 사람이 없는가? 이는 그렇지 않다. 미생의 일은 매우 미미한데 불과하고 천하에는 도적질하고 거짓말하는 자가 이루 다 말할 수 없을 만큼 많다. 비록 그렇기는 하지만 다른 사람의 정직하지 못함은 정직하지 못함으로 끝나지만 미생고의 일은 이미 정직하지 못한데다가 또한 정직을 해쳤기 때문에 성인의 말은 그 직을 해치게 됨에 대해 말한 것이다. …… 저 정직하지 못한 것은 정직과 마주하면 정직이 드러나지만 정직을 위해서 정직하지 못한 행동을 한 것은 그 정직하지 않음이 드러나지 않을 뿐만 아니라 이른바 (이 때의) 그 '정직'이라는 것은 그 정직으로써 정직을 어지럽혀 그 정직이 마침내 없어지고 마니 어찌 매우 해가 되지 않겠는가? [349]

그는 미생고의 '직直'을 위한 '부직不直'이 단지 '부직不直'의 차원이 아니라, '직直'을 해치게 되는 결과를 낳았기 때문에 그의 '부직不直'을 비판한다고 말한다. 오히려 악한 일이라고 여기는 도둑질보다 더 안 좋은 일임은 선을 행한다고 하면서 그 선의 실질에 맞지 않았기 때문이다. 이광려는 '인'과 '의'라는 '도덕법칙'을 인위적 사유활동을 통해 이해하는 태도에 대해 비판하고, '인'과 '의'와 같은 도덕법칙이 저절로 발현되어 도덕행위로 나아가기를 지향하였다. 아마도 당시에 이광려가 비판하고자

---

[349] 『이참봉집』,「독노자오칙」, "世之不直者甚多也. 而聖人未嘗言. 獨於微生高譏其乞隣之一事. 謂爲不直. 則天下之不直. 無甚於高者乎. 是不然. 微生之事乃甚微. 而天下之盜行而僞言者. 乃不可勝言也. 雖然他人之不直者. 不直而已矣. 微生之事. 旣不直矣. 又害直大焉. 聖人之言. 爲其害直而言之也. … 夫不直者. 猶對直而直見焉. 直而不直者. 不但不見其不直. 而所謂直者. 以直亂直而遂亡焉. 豈不甚害矣乎."

하는 사람은 유학의 인 의를, 실천해야 할 도덕규범으로 상정해 놓고도, 인위적으로 인식할 뿐 실제적인 도덕행위로 실천하지 못하는 사람들일 것이다. 이는 왕양명이 주창하는 지행합일과 맥이 닿아 있다. 그는 이러한 사람들이 눈에 보이는 '부직不直'을 행하는 사람보다 더 악하다고 보았다. 이는 유학의 도덕적 실천 덕목인 인仁·의義 등이 즉각적 발현을 통해 진정한 도덕적 행위로 드러나지 못하고 왜곡되고 있는 현실에 대한 비판인 것이다. 그가 강조하는 명실名實의 합일은 도덕적 실천에 있어서 실천하려는 의지과 행위 사이에 조금의 간격도 없어야 한다는 그의 도덕실천의 요지를 드러내는 것이다. 이광려의 일화 가운데 다음과 같은 내용은 시사하는 바가 있다.

> 그대는 일찍이 자장이 허리띠에 적었다는 것은 안연이나 염백우가 "더 말씀해 주십시오"한 것만 못하다고 말하였다. 말씀을 듣자마자 이내 실천한다면 허리띠에 쓸 만한 겨를이 없다.[350]

이 글은 이충익이 「이참봉집서」에 쓴 고인을 회고하는 글로 이광려가 지행합일을 강조했던 일화를 이렇게 표현한 것이다. 그의 말을 통해 본다면 올바른 도덕적 실천은 '지'와 '행' 사이에 조금의 간격이 있어서는 안된다는 것을 의미한다. 이러한 그의 '지행합일'의 실천론은 그의 '선·악' '직·부직'의 문제에 대한 관심과 상통한다고 여겨진다.

---

[350] 『椒園遺稿』, 「이참봉집敍」, "君嘗言子張之書紳, 不如顏冉之請事斯語. 聞斯行之, 不容復書紳爲也."

3

이충익의 『초원담로』의 유무론과 선악론

이광명과 이광려에게서 배운 이충익은 세자세마를 지낸 이진급의 셋째 광현의 둘째 아들로 태어나서, 이진위李眞偉의 외아들인 광명(1701~1778)의 양자가 된다.[351] 이충익의 자는 우신虞臣이고 호는 초원椒園·수관거사水觀居士이다. 이충익의 「선고비합장지先考妣合葬誌」에 따르면 [352] 이충익은 양자가 되기 전 이광명에게 배웠다. 이충익은 을해옥사로 인해 생부인 이광현이 영남 기장으로, 양부 이광명이 갑산으로 유배되자, 남북을 오가며 두 부친을 봉양하였다. 을해옥사는 1755년(영조 31) 소론 일파가 노론을 제거하기 위해 주도한 역모 사건을 말하며 '윤지尹志의 난' 혹은 '나주 괘서 사건'이라고 한다. 윤지는 서울과 지방 각지의 소론을 모으고, 기반을 구축하여 거사를 일으키고자 하였으나 발각되었고, 1755년 2월에 처형당하였다. 이 을해옥사에 이광명의 백부 이진유에게 역률이 추가되어 광명을 비롯한 사촌들이 귀향을 가게 되었다. 이충익은 귀향 간 친부와 양부를 봉양하기 위해 길 위에서 많은 시간을 보냈

---

351 申綽, 『石泉遺稿』, 권3, 「椒園公墓表」, "椒園李公, 系出璿支, 諱忠翊宇虞臣, 綽之從母夫, 海嶽丈人無子, 取從父昆弟子子之."
352 "先考往來多從文康公, 學于江華之鎭江山下…正宗/戊戌十一月十一日, 終于謫舍, 壽七十八. 有二女無子, 嘗以從父弟子庭孝爲子, 未娶死, 先妣沒後, 復子庭孝之從弟, 卽忠翊."

다. 신작은 '(이충익은) 두 부친을 남북을 오가며 봉양하고, 집이 가난해지자 행장도 꾸리지 못한 채 다녔으며, 부친이 죽자 1000리 길을 관을 따라 걸어서 집으로 돌아왔다'[353]라고 기록하였다. 이충익은 서법과 문장에 뛰어났으나 집안이 당쟁의 화를 입어 벼슬길에 나갈 수는 없었다.

이충익은 고단한 자신의 삶을 다음과 같이 한탄하였다.

나는 평생 대부분 집이 없어서 폭염과 찬바람을 몸소 다 겪고 떠돈 것이 수 만리였다. 거처를 또 자주 옮겼으니 정미년(1787, 44세) 봄 강화도에서 배를 타고 동량에 갔고, 거기서 5년 동안 서너 곳을 이사 다녔으며, 신해년(1791) 가을에 송악 남쪽으로 이사 갔고, 다시 7년을 장단에서 사는 동안 다섯 번을 옮겨 살면서 납산에서는 이웃집까지 불태웠던 적도 있었다.… 이제 나도 늙었다. 도를 사모하였지만 끝내 듣고 본 바가 없고 처자가 주리고 추위에 떠는 것을 보면서 오악에 놀 수도 없었다. 떠돌이 신세 일정한 곳이 없어 근심스럽기만 하다.[354]"

길에서 보낸 고단한 삶과 어려운 현실 속에서 이충익은 다양한 학문적 관심을 가졌던 것으로 여겨진다. 25살 되던 해에는 불교에 심취하여 강화도 마니산 망경대에 암자를 짓고, 폭포암주인으로 자호하기

353　申綽, 『石泉遺稿』, 권3, 「椒園公墓表」, "本養二親, 薰胥以謫南北極邊, 公奔走炎朔(남북)以扶持之. 最後家益貧, 無以辦裝, 以見丈人. 丈人執手泣曰何曾聞如此孝子乎… 丈人以天年終, 公扶號隨櫬, 跋涉千里, 以至於家"

354　『椒園遺稿』, 「龜槎說」, "余平生多不在家, 炎風朔雪, 身備經之, 所履行蓋累萬里. 居又數遷, 丁未春. 自沁島舟至幢梁, 在幢梁五年三四遷, 辛亥秋, 至松岳之陽, 復七年卜居于長湍之都納山下, 其間五移屋焉, 比至納山, 卽日遇鄰家失火. … 然今余老矣. 平生慕道, 至竟無所聞見, 憂妻子飢寒, 不能爲五嶽游. 流離不常, 悒悒焉"

도 하였다가, 관금이 두려워 철거한 일도 있었다.[355] 이광사는 이충익에게 무너진 가문을 일으키려면 불교에 빠져서는 안 된다고 훈계하였다.[356] 또한 신재는 "불교의 말을 계산의 학에 붙이지 말라[莫將夷語附稽山], 계산의 실리는 공관空觀과의 거리가 천리라네[實理空觀千里間]"라는 시를 지어 이충익의 불교성향을 비판하였다. 그러나 이충익은 이에 대해서 "계산으로 건넌 뒤에는 그것도 버릴 일[捨筏稽山已度人], 삼승의 가르침도 결코 참이 아니네[三乘時敎揔非眞]"라고 하였다.[357] 이충익은 성인이 되는 깨달음의 측면에서 보면 불교나 양명학이나 하나의 방편에 지나지 않다고 보았다.

이충익의 다양한 학문적 관심에 대해 신작은 "(이충익은) 노자·장자·불교·의학의 핵심을 알았으며 한 가지라도 모르면 깊이 부끄러워하였으니, 그 요점은 경술을 근간으로 하고 인륜을 사랑함에 있었다"[358]라고 하였다. 신대우도 "친척 동생인 충익은 재기가 높고 기이하여 술 잘 마시고 논변을 잘하며 박학하였다"[359]라고 하였다.

이충익의 『초원담노』는 필사본으로 2권1책 이며, 저술 시기가 명확하지 않다.[360] 그러나 내용상으로 이광려의 「독노자오칙」보다는 뒤인 것으로 보이며, 신작의 『노자지략』이 대략 1793년경에 쓰여진 것으로 추

---

355 李令翊, 『信齋集』(한국문집총간 252), 권1, "虞臣近長佛理, 聞與釋子. 構小庵於摩尼山望京臺漫布下, 自號瀑布庵主人. 甫落, 畏官禁,旋撤材藏埋, 不覺絶倒. 走筆寫十四絶句以寄."
356 『圓嶠集』(한국문집총간 221), 「答再從子忠翊書」
357 심경호, 『강화학파의 문학과 사상』 3, 「신재이영익론」, 한국정신문화연구원, 1995, 212~214쪽
358 申綽, 『石泉遺稿』, 권3, 「椒園公墓表」, "如老子嚴周之文, 迦維岐黃之書, 亦皆窮其宗歸, 殆以一事不知爲深恥. 然其要則根經術而愛人倫."
359 申綽, 『石泉遺稿』, 권 1, "其從弟忠翊虞臣才氣高奇, 快飮辨博."
360 이 연구는 고려대본을 정본으로 삼았다.

정되므로³⁶¹, 이보다 몇 년 먼저 저술된 것으로 보인다. 『초원담노』는 이본에 대하여 고찰하거나, 장구의 자의에 충실한 주석서는 아니며, 각 장마다 그 장 전체의 의미를 평한 형태로, 『노자』의 원문에 대하여 구체적인 의견을 밝힌 경우는 31장 밖에 없다. 『노자』 31장의 '兵者, 不祥之器' 구절이 '옛날의 의소義疏였는데 경문에 들어간 것 같다'고 한 왕순보王純甫의 견해를 옳다고 언급한 것이다.³⁶² 명대의 왕순보가 『노자억』에서 밝힌 것³⁶³을 초횡이 『노자익』에서 인용했는데, 이충익이 이 부분을 옮겨 온 것이다. 이 밖에 61장에서 71장까지 11개장이 뜻이 통하며,³⁶⁴ 72장부터 75장까지 4개의 장도 뜻이 통한다³⁶⁵고 하였는데, 이렇게 몇 개의 장을 묶어서 일관된 내용으로 본 부분은 초횡의 『노자익』과는 다른 점이다. 따라서 이충익 개인의 견해인 듯하다. 『초원담노』는 역대의 대표적인 주석을 체계적으로 싣거나 구체적으로 언급하지 않았다. 31장에서 보인 왕순보의 견해 말고 51장에서 '古注云'으로 시작되는 견해가 있는데, 이 부분이 왕필(226~249)의 『노자도덕경주』 51장을 인용한 것이다.³⁶⁶ 초횡의 『노자익』에는 이 주석이 인용되지 않았다. 따라서 이충익이 『노자익』 말고도 '왕필본'을 보았을 것이라고 추측된다. 그런데 '옛 주에서는'이라고 소개를 할 뿐 왕필의 주석을 인용하고도 출전을 밝히지 않았

---

361 「노자지략序」말미에 "時, 上之十七年三月甲子也."라고 표기되어 있다.
362 『椒園談老』, 31장, "自兵者不祥之器以下十字, 似古之義疏, 渾入于經者. 其言良是," – 이충익은 이 말 뒤에다 毛奇齡이 『易』에 의소가 경전으로 들어간 경우가 있다고 말한 것을 예로 든다.
363 王純甫, 『노자億』, 『無求備齋노자集成』, 권19, " 愚按此章, 自兵者不祥之器以下, 似古之義疏語而傳習之久, 混入於經者也"
364 『椒園談老』, 71장, "自大國者下流, 至此十餘章, 意相串通, 讀者知之".
365 『椒園談老』, 75장, "民不畏威至此四章, 意亦串通."
366 『椒園談老』, 51장, "古注云亭以品其形, 毒以成其質, 是也"

3. 이충익의 『초원담로』의 유무론과 선악론   191

는데, 이것은 배위裵頠(267~300)의 「숭유론崇有論」을 고스란히 인용한데 서도 마찬가지다.[367] 「후서」에서 왕필과 배위로 대표되는 '귀무론貴無論' 과 '숭유론崇有論'에 대하여 비판하면서도 구체적으로 왜 출전을 밝히지 않았는가는 생각해 볼 점이다.[368] 왕필의 『노자도덕경주』은 『노자』의 통행본으로 여겨질 만큼의 대표적인 주석서이지만, 조선시대 그 주석이 직접 인용된 것은 『초원담노』가 처음이다.

이충익의 『초원담노』: 선악의 상인相因, 거짓에 대한 비판

이충익도 『노자』 2장에서 선과 악에 대하여 본질적인 접근을 한다.

'미美'와 '선善'이라고 이름 할 수 있는 것은 자연에서 나오지 않았다. 그런즉 천하 사람들이 모두 미美와 선善을 추구해야 한다고 아는데, 악과 불선은 상인相因이 되어 이루어진다. 유가 있으면 반드시 무가 있고, 어려운 일이 있으면 반드시 쉬운 일이 있으며 길고 짧음 높고 낮음이 수없이 존립해 있어서 심지어 수학에 능한 사람이라도 계산할 수 없다. 이런 까닭으로 성인은 그 함을 자부하지 않고 그 공을 자처하지 않아서 자연으로 되돌아가 그 미와 선이 항상 유지되어서[常其美善] 오래도록 떠

---

[367] 『椒園談老』, 「後序」, "今有家之言曰, 至無者, 無以能生, 故始生者自生也. 以明其不生於無, 而自生之特有."–이 내용은 裵頠『崇有論』의 "夫至無者, 無以能生, 故始生者自生也"를 그대로 인용한 것이다.

[368] 저자가 이름을 고의로 누락시킨 것인지 아니면 당시의 학자들이 보았던 도가서에 이미 '古注云'으로 인용한 것을 이충익이 재인용하였는가에 대해서는 당시의 제자백가류 저서에 대한 연구가 선행되어야 할 것이다.

나지 않는다.[369]

이충익은 '미'와 '선'은 이미 사람이 명명한 '명名'의 차원이기 때문에 '자연'에서 나온 것이 아니라고 말한다. '자연'에서 나오지 않았다는 것은 '상도常道'와 '상명常名'이 아니라는 것이다. '상명常名'이 아닌 '명名'은 '인간'에 의해서 규정되므로 상대적인 세계 안에서 서로 존재하게 된다. 그러므로 자연에서 나오지 않은 '미美'와 '선善'은 윗 구절에서 말하는 '상미常美'·'상선常善'이 아니다. 여기서 주목되는 것은 '상인相因'이라는 말이다. 불교에서는 '육인六因'이라는 용어가 있는데, 일체 법의 원인을 6개로 나누었거나, 무시無始이래 망상의 습인習因을 6개로 나눈 것을 말한다.[370] 이 가운데 망상의 육인六因 가운데 하나가 '상인相因'이다. '상인'은 '전념이 멸하자마자 후념이 이어서 생기는 선악의 업상'을 가리킨다. 이충익이 말하는 선악의 '상인'이란 사람들이 '미와 오', '선과 불선'의 상대적인 인식 안에서, '미'와 '선'만을 추구하게 되면, '오惡'과 '불선不善'이 따라온다는 것이다. 그러나 일반 사람들과 달리, 성인은 '무위지사無爲之事'와 '불언지교不言之敎'로서 행하기 때문에 이 때의 '미'와 '선'은 '상미常美'와 '상선常善'이 될 수 있다. 즉 이충익은 '무위지사無爲之事'와 '불언지교不言之敎'가 아닌 인위적인 '미美'와 '선善'의 추구는 결과적으로 '오惡'과 '불선不善'을 가져온다고 보았다. 그래서 인위적인 '미'와 '선'의 추구와 그에 따른 '오'과 '불선'의 존립성을 '상인'의 구조로 이해하였다. 그렇다면

---

[369] 이충익,『椒園談老』, 2장, "美善可名, 而不出於自然, 則天下皆知美善之可欲, 而惡與不善, 相因以成. 有有必有無, 有難必有易, 長短高下, 熾然存立, 乃至巧歷所不能算. 是故聖人不恃其爲, 不居其功, 乃能反乎自然, 常其美善, 而長不去也."
[370] 『佛光大事典』, 1256쪽 하단, 망상의 習因에 따라 當因, 屬因, 相因, 作因, 顯示因, 待因(相待因)의 6종으로 나뉘어진다.

'선'과 '악'을 왜 '상인'의 관계성 속에서 이해한 것일까.

이충익은 『노자』 20장에 대해 주석을 달면서, 『노자』 2장의 "天下皆知美之爲美, 斯惡已"를 다시 한 번 언급하게 된다. 『노자』 20장은 "학문을 그만두면 근심이 없다.[絶學無憂]…착함과 악함의 차이가 얼마나 나겠는가?…나만이 남과 달라 食母를 소중히 하고 있다.[371]"를 말하는 장으로 첫 구절 '절학무우絶學無憂'는 19장의 '절성기지絶聖棄智'와 함께 유학자들로부터 많은 비판을 받는 부분이다. 『노자』에서 이 장은 "절학무우絶學無憂"를 어떻게 해석하고 뒷 구절에 있어 '식모食母'를 어떻게 이해하느냐에 따라 주석의 기조가 바뀐다. 이 장에서 등장하는 '나[我]'라는 인물은 '절학무우絶學無憂'를 주장하고, 선악의 거리가 없다고 생각하며, 바보처럼 행동하며 '식모食母'를 귀하게 여긴다. 이에 대해 이충익은 『노자』 2장의 『노자』 "天下皆知美之爲美, 斯惡已" 구절을 인용하여 다음과 같이 주석하였다.

> 온 세상 사람들이 선善이 선善이됨을 아는 것은 저 악惡이 있기 때문이니, 악惡 역시 저절로 악惡이 되는 것이 아니라 선善과 대對가 되어서 이루어진다. 그렇다면 선善과 악惡은 '네'나 '네에'와 같아서 서로 간의 거리가 조금의 차이도 없다. 선함이 선하다는 것을 알아서 유위로 선을 행하는 자들은, 선함에서 시작했지만 불선함에서 끝나지 않은 적이 드물다. 대체로 선을 선일줄 알아 자취를 따라 근본을 어지럽히면 대도가 폐해져 지혜가 나온다. 은근히 악이 악됨을 알지 못하고서 스스로 선을 행한다고 여기는 자가 있으니 이것은 악과 선의 거리가 얼마 되지 않기 때문이다. 사람의 두려움이란 부끄러움도 없이 악을 행하는 것 보다 심하니 그

---

371 『노자』, 20장, "絶學無憂 … 善之與惡, 相去何若… 我獨異於人, 而貴食母."

또한 두려워할 수 있는 것이며 근심할 수 있는 것이다. 무엇이 이 보다 크겠는가? 사람들은 그 근심과 두려움을 알지 못하고서 이에 심을 가지고 잔치를 실컷 즐기고, 눈을 가지고 아름다운 풍광을 즐기는 것이다. 나만이 홀로 그 조짐이 없음을 두려워한다는 것은 그 단서가 드러날까 두려워하는 것이며, 아직 웃지 못하는 어린아이 같다는 것은 그 악이 드러날까를 두려워하는 것이며, 우왕좌왕 돌아갈 곳이 없는 것 같다는 것은 그 향배 취사의 차이를 두려워하는 것이고, 마치 잃어버린 것 같다는 것은 가운데에 머무는 것을 두려워하는 것이다. 멍청하고 우물쭈물하다는 것은 그 작은 것을 분변하려하지 않으려는 것이며, 흐리멍텅한 것 같고 어두운 것 같다는 것은 그 작은 사리에 밝지 않으려는 것이다. 그칠 바가 없다는 것은 물과 더불어 감화하여 엉기어 막히지 않은 것이다. 우둔하고 촌스럽다는 것은 심근이 깊이 감추어져 있어서 사람이 볼 수 없는 것이다. '사람들은 어미에게서 먹는 것을 귀하게 여기지만 나만은 그 먹여주는 어미를 귀하게 여긴다'는 먹고 사는 사람들은 모두 어미를 의지하기 때문이다.

이충익은 이 장 전체를 '선악'의 문제에 초점을 맞추어 주석했음을 알 수 있다. 그는 선善과 악은 '대대對待'의 관계이면서 조금의 간격도 없다고 말한다. 여기서의 '대대對待'는 이원적으로 분리되는 상대相對의 의미는 아니다. 왜냐하면 두 개념의 사이에 관계성에 주목하기 때문이다. 앞서 설명한 '상인相因'의 관계처럼 단절된 의미의 상대相對가 아니라, 동시에 서로에게 영향을 주는 관계를 의미한다. 따라서 이충익은 그러한 특징에 주목해서 '상인相因'이라 하고 조금의 간격도 없다고 하였다.

이렇게 조금의 간격도 없다는 것은 어떤 의미를 지니는 것인가? 그는 '선함이 선하다'는 것을 알아서 유위有爲로 선을 행하는 자들은 불선하다고 하고, 선을 변별해서 선을 행하는 자들의 행위는 도를 어지럽히고 여기서 대도가 폐해져 지혜가 나온다고 보았다. 그렇다면 이 장의 첫 구절 '절학무우絶學無憂'에서 '절학絶學'은 유위有爲로 선한 행위를 하는 지혜와 선을 변별하는 지혜에 대한 배움을 끊는 것이라고 하겠다. '선善'이라는 이름에 걸맞는 행위를 선택해서 행하고, 계산해서 행하는 태도에 대한 비판이라고 할 수 있다. 이러한 이충익의 견해는 앞서 이광려의 견해와 일치한다. 그도 마찬가지로 '선善'에 걸맞지 않는 유위有爲의 행위들과 변별의 지혜들을 비판하는 것이다. 그는 이렇게 불선不善을 행하는 이유가 선악의 거리가 너무 짧기 때문이라고 보았다. 이 장의 주인공인 '나[我]'는 선악의 사이는 간격이 없고, 조그만한 유위에도 악으로 흐를 수 있기 때문에 경계하고 두려워할 수 밖에 없다.

이렇듯이 『노자』 20장을 이충익은 온전히 '선악'에 대한 견해로 해석하였다. 이상과 같이 살펴볼 때 선과 악의 간극이 없다는 것은 선악의 문제를 행위에 대한 평가의 관점이 아니라, 철저히 '심'의 문제에서 보고 있음을 반증하는 것이라 하겠다. 그리고 '선악'의 간격이 없고 조그마한 유위에도 악으로 흐를 수 있다는 관점은 왕양명이 심체의 '지선至善'함에서 '마땅함'을 잃으면 악이 된다는 태도[372]와 뒤에서 다룰 정제두가 '지선至善'의 '선'을 '선악'의 대립관계로 보지 않는 태도와 상통한다. 이충익에게 있어 '선'은 조그마한 유위의 마음에 의해서도 언제든지 악으로 흐를 수 있기 때문에 조심하고 두려워해야 한다. 따라서 그는 20장의 절학무우絶學無憂의 '학學'도 선한 행위를 '유위'로 하는 것, 그리고 선한

---

[372] 『傳習錄』 권3, 97쪽, "問先生嘗謂선악只是一物. 선악兩端, 如冰炭相反, 如同謂只一物. 先生曰, 至善者, 心之本體. 本體上才過當些子, 便是惡了. 不是有一箇善, 卻又有一箇惡來相對也. 故선악只是一物. 直因聞先生之說, 則知程子所謂善固性也, 惡亦不可不謂之性, 又曰, 선악皆天理, 謂之惡者, 本非惡, 但於本性上過與不及之間耳, 其說皆無可疑."

행위를 그대로 하지 못하고 인위적인 계산된 마음으로 변별하는 행위에 관한 지혜를 배우는 것으로 보았다. 이런 식의 지혜를 배우는 것을 끊는 것을 '절학'이라고 이해한 것이다.

따라서 이충익에게서 선악의 문제는 행위의 결과를 '선'과 '악'으로 가치지우는 문제가 아니라, 주체 안의 심체의 문제이다. 따라서 그는 '선악'의 관계성에 주목하여 '상인相因'으로 표현하였고, '심心'이 한 순간 인욕에 의해 마땅함을 잃어 악이 드러나는 것을 경계하고 두려워해야 한다. 이충익에게서 '선악'은 철저히 도덕 실천론의 입장에서 이해되고 있음을 알 수 있다.

또한 이충익은 이광려가 '미생고'의 거짓 '인'을 비판한 것과 동일한 해석 기조를 보인다.[373] 『노자』 18장은 "큰 도가 행해지지 않자 인仁과 의義가 있게 되고, 지혜가 나오자 큰 거짓[大僞]이 있게 되었다. 친족이 화목하지 않자 효도와 자애가 있게 되고, 나라가 혼란해지자 충忠과 신信이 있게 되었다.[374]"이다. 이 장은 19장의 "절인기의絶仁棄義"와 함께 유교 인문주의에 대한 반성을 엿볼 수 있는 부분으로 '인의'를 조선시대 공동체의 도덕률로 생각하는 유자들에게는 비판의 대상이 되었다. 이에 대해 이충익은 다음과 같이 주석하였다.

> 무엇 때문에 큰 도가 행해지지 않자 인仁 의義가 있게 됨을 아는가? 친족이 화목하지 못하고 나라가 혼란해져서 충忠과 효孝가 있게 되기 때문에 그것을 알 수 있다. 무엇 때문에 지혜가 나오자 큰 거짓이 있게 됨을

---

373   실제로도 이충익은 문집인 『椒園遺藁』에서 '眞假說'이라는 두 편의 논설을 짓기도 하였다.
374   『노자』, 18장, "大道廢, 有仁義, 智慧出, 有大僞. 六親不和, 有孝慈, 國家昏亂, 有忠信."

아는가? 인정을 어기고 충효의 명名을 쫓는 자가 있기 때문에 그것을 알 수 있다.[375]

이충익은 대도가 폐해져 인의가 있게 됨은 나라가 혼란해져서 충효가 있게 되기 때문에 알 수 있다고 말한다. 그리고 지혜와 큰 거짓[大僞]이 있게 됨에 대해서는 충효의 명을 쫓는 자가 있기 때문에 알 수 있다고 하였다. 이상의 내용으로 볼 때 이충익은 인의 충신을 부정하는 것이 아니라, 그 이름만을 쫓는 행위에 대해 비판하고 있음을 알 수 있다. 이러한 주석태도는 조선시대 여타의 『노자』 주석서와도 차별점을 보인다. '인의'에 대해 부정한 이 장을 율곡은 『순언』에 포함시키지 않았으며, 박세당(1629~1703)은 18장을 근원적 모순이 있는 장으로 간주하였다.[376] 그리고 홍석주(1774~1842)는 『정노』에서 18장은 '노자가 격분해서 말한 것으로 그 말을 교훈으로 삼아서는 안된다'[377]고 하였다. 이충익의 주석 경향과는 차이가 있다. 그는 "大道廢, 有仁義"의 구절을 유학의 입장에서 부정적으로 해석하지 않고, '인의'를 실현하는 주체의 입장에서 '명으로서의 인의'와 '실질적인 실천행위로서의 인의'를 구분하고 있음을 알 수 있다.

도덕적 이상 가치에 부합하는 실질적 실천행위가 있어야 한다는 그

---

375 『椒園談老』, 18장, "何以知大道廢而有仁義也. 以親不和國昏亂, 而有忠孝, 知之. 何以知知慧出而有大僞. 以有違情以徇忠孝之名者, 知之."
376 朴世堂, 『新註道德經』, 18장 주, "國家昏亂, 而後知有忠臣, 失在昏亂, 非忠臣之過也. 六親不和, 而後有孝慈, 失在不和, 非孝慈之過也. 大道廢, 而後知有仁義, 失在道廢, 非仁義之過也. 노자於此, 可謂不揣其本矣. ……大道行, 雖無義之名, 不害其爲仁義也. 人皆欲爲忠臣, 則國家治矣. 人皆欲爲孝慈, 則六親和矣. 人皆欲爲仁義, 則大道行矣. 此聖人所以貴仁義也. 或曰此노자憤世之辭也."
377 『訂老』, 18장 주, "其意則有激云爾, 其言則不可以訓矣"

의 언급은 5장의 주석에서도 드러난다. 5장은 "천지불인天地不仁"과 "성인불인聖人不仁"을 말한 장이다.[378] 이 장도 마찬가지로, "성인불인"이라는 부분이 유학의 이상과 대립되는 부분이라고 할 수 있다. 이상적 인격체인 '성인'이 '불인不仁'하다는 부분은 유교와 도가의 이단 논쟁에 있어 중요한 논쟁거리가 되어왔다. 이충익이 이 부분을 어떻게 해석하느냐는 중요한 문제인 것이다.

> 천지의 도는 해와 달이 운행하여 한 번 추워지고 한 번 더워짐에 따라 만물이 창생하게 하는 것이며, 군자의 도는 공경스러운 몸가짐으로 임금의 자리에 가만히 앉아 있음으로써 뭇 생명이 이룩되게 하는 것이다. 그러므로 초목은 봄바람을 타고 번영하지만 봄바람을 감사하게 여기지 않고 사람은 제왕의 힘으로 인해 즐거움을 누리지만 그 즐거움을 제왕의 힘이라고 여기지 않는다. 만약 화육의 은혜를 자처하여 스스로 그 인애仁愛를 사용하대, 어긋나게 백성들에게 베푼다면, 백성들이 은혜에 감동되지 않고 거짓으로 응하는 자들이 있을 것이다. 그러므로 함 없는 중을 지킴으로써, 성대하게 저절로 감화되게 하니만 못하다.[379]

이충익은 『노자』 5장의 '천지의 도'와 '군자의 도'의 동일성에 주목하였다. 이 동일성이란, '천지의 도'와 '군자의 도'가 '인위人爲의 도'가 아닌 '무위無爲의 도' 즉 '자연의 도'를 지니고 있다는 것이다. 천지가 만물을

---

378 『노자』, 5장, "天地不仁, 以萬物爲芻狗, 聖人不仁, 以百姓爲芻狗. 天地之間, 其猶橐籥乎. 虛而不屈, 動而愈出, 多言數窮, 不如守中."
379 『椒園談老』, 5장, "天地之道, 日月運行, 一寒一暑而百昌生. 君子之道, 恭己南面, 垂衣裳而羣生遂.是以草不謝榮於春風, 人不歸樂於帝力. 如有呴兪之惠, 自用其仁愛, 以橫施於民, 民所不懷而應之以詐者, 有之. 故不如守中無爲 芸芸而自化者矣."

'무위의 도'로 화육하듯이 '군자의 도'도 '무위의 도'로 백성들을 다스린다는 것이다. 그래서 그는 『논어』,「위령공」편의 '공기정남면恭己正南面'이라는 구절을 인용해 성인의 치도가 천지의 치도가 유사함을 말한다. 그런데 위정자가 은혜를 자처하면서 인仁이라는 이름을 빌려서 어긋나게 사용하면, 백성도 마찬가지로 거짓으로 응한다는 것이다. 따라서 그에게 있어서의 '천지불인天地不仁','성인불인聖人不仁'의 '인仁'은 거짓된 인을 말한다. 결국 이충익에게서 '악惡'이라는 것은 '선善'의 헛된 이름을 쫓는 거짓된 행위인 것이다.

 이와 같이 볼 때 이충익은 『노자』에서 유학과 대립되고 비판받는 내용이 들어있는 장마다, 일관된 주석의 형태를 보여주고 있음을 볼 수 있다. 그 일관된 주석이란, 유교의 도덕적 가치인 '인의' 등을 실질적인 실천행위가 없이 그 이상적 이름[名]만을 구하려는 태도들을 비판한다는 것이다. 이러한 입장은 이광려의 부분에서도 다루었듯이 도덕적 실천의 관점에서 유교의 이상적 가치를 이해하기 때문에 생기는 주요한 관점이다. 이러한 태도가 하곡학파가 『노자』를 해석하는 주요한 시각이다.

4

신작(1760-1828)의 「노자지략서」

　신작申綽은 이충익의 이종사촌으로 영조 36년(1760) 강화 옹일리에서 태어났다. 자는 재중在中이고 호는 석천石泉이다. 신작의 아버지 신대우는 하곡의 손녀사위로 강화도로 1754년 들어오게 된다.[380] 신대우가 세 아들을 데리고 글 공부 하던 때의 모습을 이충익의 아들 이면백李勉伯은 다음과 같이 묘사하였다. "그 옛날 선생이 진강에서 글 읽으실 때 방이라 해야 단 한 칸뿐이었다. 벽에 둘러 시렁에 올려놓은 것은 경사였다. 선생이 아랫목에 앉고 다 큰 아들 셋이 책을 들고 솔밭처럼 모시고 앉았으므로 동네 사람들이 오더라도 몸을 둘 데가 없어 감히 오래 앉아 어지럽히지를 못했다.[381] 신작은 자서전에서 이렇게 말한다. "작은 어려서 곧고 깨끗한 지조를 품었고 자라서는 고요하고 먼 데 뜻을 두어 기이한 것을 높이고 옛것을 좋아했다. 책을 사랑하고 좋아하며 경전을 섭렵하여 많이 읽었다. 일찍이 모시학毛詩學을 전공했고 아울러 제가를 종합하였다"[382] 라고 하였다.

380　『石泉遺稿』,「先妣遺事」
381　『岱淵遺藁』, 권2「宛丘申齋先生六十一世壽序」, 신작의 생애에 대해서는 정양완, 『강화학파의 문학과 사상』4(정신문화연구원, 1999)을 참조하였다.
382　『石泉遺稿』,「自叙傳」, "綽幼抱貞介之操, 長有蕭逸之志, 尙異好古. 愛樂書林, 涉獵

신작은 경학 관련해서 『시차고詩次故』, 『역차고易次故』, 『서차고書次故』를 집필하였고 하곡학의 노자 연구 전통을 이어 『노자지략』를 집필하였다. 그는 한대의 경학에 정통하였고, 청나라 건륭, 가경 연간의 훈고학파의 영향을 받아 「시경」, 「상서」, 「노자」 등을 고증하였다. '차고次故'라는 이름을 통해 신작이 훈고학적 학문 방법론을 고수했음을 알 수 있다. 신작은 1787년 강화 진강에서 서울 교외의 현호玄湖로 이사와서「시차고」를 편찬하면서 정약용과 교유하였다. 정약용은 1819년 자신의 저작 『상례사전』『매씨서평』을 『시차고』와 교환해 보기 시작하여 상례와 역설에 대해 1830년까지 신작과 논의하였다. 상서연구에서 신작은 정현의 『주례』 주석을 중시하면서 이를 보완하는 입장이었다면, 정약용은 정현의 주석에 반박하였다.[383] 이러한 점은 신작의 한학漢學 중시 사유를 볼 수 있는 지점이다.

정인보는 신작의 학문을 다음과 같이 평가하였다. "신작(석천)은 경학이 전문이라 문원文苑과는 길이 달라, 아름다운 문채가 다소 못하지만 그러나 그 멋이 있고 아담한 기운이 절로 농후하여 문사 조어가 자연 위진시기의 글에 가깝다."[384]라고 하였다. 또 정인보는 다산 정약용을 경세가로 석천 신작을 경사가로 규정한 바 있다. "석천이 전문한 학문은 고경古經을 돕자는 데 있으니 뒷날 국조 학술사를 전공할 사람은 유문박학에서 당연히 석천을 대종으로 추대해야 할 것이니, 그 공이 어찌 적겠는가? 앞으로 경전을 전공할 사람이 석천을 알게 되면 옛 사람이 학문하는 궤범을 알게 될 것이다."[385]라고 하였다. 정인보는 석천이 경학 연

經典, 多所觀覽. 昔治毛詩學, 兼綜諸家, 著詩次故廿二卷外雜一卷異文一卷."
383 김문식, 「정약용과 신작의 육향제 이해」, 『한국학보』 61, 163~196쪽 참조.
384 정인보, 정양완 역, 『薝園文錄』 下, 태학사, 2006, 289쪽
385 위의 책, 290쪽

구에 함부로 사견을 개입시키지 않고 고주를 선별하여 경전을 해석하고자 한 태도를 가졌다 평가하고, 그러한 태도가 『노자』의 '무위자정無爲自正'·'자정청정自正淸淨'의 정신과 연관이 있다고 보았다.[386] 석천의 고증학에 대한 관심은 당대에 보편적 가치 준거였던 경전을 새로운 방식으로 재해석하고자 한 시도였다고 볼 수 있다.

신작의 「노자지략서」는 정조 17년 계축년(1793) 그의 나이 33세에 쓴 것이다. 「노자지략서」는 『석천유고石泉遺稿』[387] 2권에 필사본으로 들어 있다. 『노자지략』과 「노자지략서」는 1793년에 지은 것으로 추정된다. 현재 『노자지략』은 전하지 않고, 이 서문만 전하고 있다. 신작은 『노자』 사상의 정수가 '허정虛靜'·'관간寬簡'·'박신樸信'이라고 하면서, '체무어유體無御有'등을 『노자』의 대의라고 보았다. 그러나 여타의 『노자』 주석가들이 그 진수를 이해하지 못했기 때문에 자신이 『도덕경』 주석을 하게 되었다고 말한다. 그는 장자·신불해·한비자·왕필·하안 등을 비판하고, 『도덕경』이 난해한 저서임을 피력하였다.

이충익의 『초원담노』와 이광려(1720-1783)의 「독노자오칙」, 신작(1760-1828)의 「노자지략서」는 하곡학파의 『노자』 독법을 보여준다. 하곡학파의 『노자』 자료의 특징을 살피기 위해서는 기존의 조선시대 『노자』 주석서와의 차별성에 주목해야 된다. 조선시대 『노자』 주석서들은 유교의 '수기치인修己治人'으로 『노자』를 이해하고, 『노자』의 형이상학을 논할 때 '태극음양론太極陰陽論'이나 '체용론體用論'을 중심으로 해석한 특징이 있다. 예컨대, 율곡은 『순언』에서 성리학적 수신修身의 입장으로 『노자』 81장 가운데 '수기치인'의 내용과 일치하는 것만 뽑아 40장으로

---

386 위의 책, 288쪽
387 申綽, 『石泉遺稿』 卷2, 「노자旨略序」.

재편성하였다. 또 박세당의 『신주도덕경』은 『노자』의 형이상학을 '체용론'의 구조로 이해하였다.[388] 그리고 서명응의 『도덕지귀』는 역학적 관점에서 『노자』 81장을 다시 편장하고, 『노자』의 형이상학을 논하는 입장에서는 '태극음양론太極陰陽論'의 해석체계로 주석하였다. 홍석주의 『정노』는 노자의 도를 공자나 자사, 주자周子나 정주程朱의 도道와 동일한 것으로 보고[389] 『노자』를 해석함에 있어서도 주로 유교경전 및 『주자어류』를 인용하여 주석하였다.

그러나 하곡학파는 『노자』를 해석하면서, 위·진 시기의 '유무론有無論'과 양명학의 '선악론'을 말하였다.[390] 이충익의 『초원담노』를 보면, 『노자』에서 형이상학적 논의가 있는 곳마다 '유무론有無論'을 중심으로 주석한 점이다. 이충익은 「후서」에서 "유와 무의 관계가 제대로 성립되지 않아서 당시의 학문이 서로 조화하지 못하고 대립하는 관계가 되었다[391]"고 분석하였다. 노론과의 대립에서 정쟁[乙亥獄事]을 겪은 이충익은 권력화 된 학문의 배타성을 '유有'와 '무無'의 관계 속에 투사하였다.[392] 당시 학문을 총체적으로 '유가有家-유학-'·'무가無家-도가와 불교-'로 분류하고, 이를 대립관계로 이해한 것이다. 이충익의 스승인 이광려도 『노자』에서 말하는 '천지의 시작'과 '만물의 어미'는 '명名'의 유有와 무無에 관 한 것

---

[388] 최일범,「朴世堂의 유무론」,『도교문화연구』(구:『도교학연구』) 13, 한국도교학회, 1994
[389] 김학목,『洪奭周의 노자』, 예문서원, 2001, 293~390쪽 참조.
[390] 졸고,『하곡학파의 노자 해석에 관한 연구』, 성균관대박사, 2009
[391] 『椒園談老』,「後序」, "無家, 卑世學之迷其本, 有家, 嫌玄理之不綜物, 各者主奴, 不相融攝, 有無俱不成立, 而道術熱."
[392] 이충익은『椒園遺稿』의「君子之過說」에서 당파를 짓고, 당론대로 여론을 몰아가는 당대의 정치 실정을 비판하기도 하였다.

이라고³⁹³ 말함으로써 자신의 유무론을 피력하였으며, 신작 또한 「노자지략서」에서 '무를 체로 삼아 유를 다스림[體無而禦有]'³⁹⁴에 대해서 말하였다.

이들이 말하는 유무론은 『노자』 경전의 '유와 무는 서로 낳는다[有無相生]', '유는 무에서 생겨난다[有生於無]'라는 일차적 해석에 의존한 '유무론'이 아니며, 『노자』 주석사의 '유무론' 해석 전통이 반영되어 있다. 예컨대 이충익과 신작은 위진시대의 하안何晏(193-249)과 왕필(226-249)의 '귀무론貴無論'과 배위裴頠(267-300)의 '숭유론崇有論'을 동시에 비판한다. 이충익은 『초원담노』 「후서」에서 '귀무론'와 '숭유론'이 서로를 공격하는 논리를 '조삼모사'에 비유하였다.

> 무가無家는 세상 학문이 그 근본을 알지 못한다고 업신여기고, 유가有家는 현리玄理가 物을 총괄하지 못한다고 의심한다. 이렇게 각자 자신들의 학문은 소중히 여기고, 남의 학문은 천시하여 서로 융합되지 않는 바람에 유와 무가 모두 성립되지 않아서 도술이 분열되었다. …지금 유가有家는 말하기를 "지극한 무는 생성할 수가 없다. 그러므로 처음 생성된 것은 저절로 생성된 것이다."라고 하였으니…그렇다면 '유有'를 숭상하여 '무無'를 공격하거나 '무無'를 숭상하여 '유有'를 공격하는 것은 '조삼모사朝三暮四'의 논리인 것이다.³⁹⁵

---

393 『이참봉집』, 「독노자오칙」, "其曰天地之始, 萬物之母, 乃名之有無耳, 非二言也."
394 『石泉遺稿』, 「노자지략서」, "夫體無而禦有, 因樸而止名, 貴愛其身, 而常善救人. 宏紆大辯, 而守之以訥. 老氏之術有如是者."
395 『椒園談老』, 「後序」, "無家, 卑世學之迷其本, 有家, 嫌玄理之不綜物, 各自主奴, 不相融攝, 有無俱不成立, 而道術熱. 夫老子之言, 曰有無相形, 非有, 無以形無, 非無, 無以形有也. 又曰, 無名天地之始, 有名萬物之母, 兩者, 同出而異名. 有與無, 名異而同出, 有無卽有有, 而天地之始與萬物之母, 非有異同, 非有先後也. 今有家之言曰, 至無者, 無以能生, 故

'유가有家'의 대표적 견해로 제시된 "지무至無는 생성할 수가 없다. 그러므로 처음 생성된 것은 자생한 것이다."라는 구절은 '귀무론貴無論'을 비판한 배위의 「숭유론」 핵심 문장이다. '유'를 숭상해서 '무'를 공격하거나 '무'를 숭상해서 '유'를 공격하는 학문적 폐단을 비판하였다. 이러한 내용을 볼 때 이충익의 유무관이 현학자들의 숭유론과 귀무론을 염두에 두고 이를 극복하고자 하는 의도가 있었다고 생각된다. 이러한 점은 신작의 글 속에서도 드러난다. 신작은 "왕필과 하안은 무에 빠져서 리유利有에 소홀했기 때문에 그 잘못은 허탄한 데로 흘러갔으니 이것은 모두 하나에만 치우쳐 둘은 보지 못한 것이다.[396]"라고 비판하는 대목이 있다. 신작 또한 왕필의 '귀무론'이 '유'의 측면을 간과한 결과라고 보고, 이를 하나에만 치우친 견해로 해석하고 있다.

위진시대의 유무론에 대한 관심과 더불어 하곡학파의 『노자』 해석에서 주목되는 지점은 『노자』를 도덕적 실천의 문제로까지 확대시킨 점이다. 다음은 하곡학파가 『노자』를 해석하면서 '선악'의 도덕론으로 어떻게 이해했는가를 다루었다.

始生者自生也. 以明其不生於無, 而自生之特有. 夫天地生而後方有天地, 若指天地自生之始, 而號之曰, 有, 天地之名不立, 不成爲有. 故因旣生之後, 推原自生之始, 而號之曰, 無. 此無因有而立名者, 故曰同出而異名也. 自生者, 不得不生者也, 自然者, 不得不然者也. 天地以之高厚, 萬物以之芸芸. 旣生而然, 方謂之有. 有有斯有無, 乃指其生而然者之始, 謂無也. 生者自生, 順有而爲形, 然者自然, 本無而語, 故此其所以同出異名, 而强爲之字曰, 道者也. 然則崇有而攻無, 與崇無而攻有, 卽朝三之論也."

396 "王何流於無, 而疏於利有, 故其失也誕. 此皆偏於一, 而蔽於二也."

신작의 「노자지략서」, 거짓으로 인한 도道의 쇠퇴

신작의 『노자지략』은 저자의 고증학적인 학문태도와 서문에 언급된 인용 주석서들을 보았을 때, 역대의 대표적 『노자』서들을 총괄한 역작이었으리라 추측된다. 신작의 「노자지략서」는 '도'의 쇠퇴에 대한 비난에서 시작된다.

> 대도가 감추어졌다 들어났다 함에 따라 순박한 풍속은 날로 멀어져서 삼황시대에서 오제의 시대로 낮아지고, 오제의 시대에서 왕도의 시대로 낮아지고, 왕도의 시대에서 패도의 시대로 낮아졌다. 윗 사람들은 충과 신이 박해지고, 아래 사람들은 거짓으로 꾸미게 되었다. 노군老君이 주나라 말기에 태어나 주나라의 도리가 문식文飾으로 인해 피폐해진 것을 보고는 문을 구제하기에 '질박함[質]'만한 것이 없다고 여기었다. 그러했기 때문에 그가 존중했던 것은 허정虛靜 관간寬簡 박신樸信이었고, 천하게 여겼던 것은 성지聖知 예의禮義 교리巧利였다. 그러므로 "선을 행하는 것은 명예를 구하려 한 것이 아니었는데, 명예가 따랐고, 명예를 이로움으로 여기지는 않았는데 이로움이 돌아갔으며, 이로움을 다투려 하지 않았는데 다투게 되었다"라고 한 것이다.[397]

신작은 대도가 시간이 흘러가면서 점차로 쇠퇴해지는 현실을 비탄한다. 대도가 쇠퇴하면서 시대는 패도의 시대가 되었고, 충忠과 신信이

---

[397] 「노자지략서」, "大道隱現, 淳風日遠. 皇降而帝. 帝降而王. 王降而霸. 忠信薄於上. 詐僞飾於下. 老君生于周末, 見周道之斃於文. 救文無如以質, 故其所尊者, 虛靜寬簡樸信也. 所薄者, 聖知禮義巧利也. 故曰, 爲善非以爲名也, 而名隨之. 名不以爲利, 而利歸之. 利不與爭期, 而爭成之."

박해지고, 아래 사람들은 거짓으로 꾸미게 되었다고 보았다. 그는 주나라 말기 '도'가 '문'에 의해 피폐해지고, 거짓이 드러나게 되어, 이를 '노자'가 '질박함'으로 구제하려 했다고 보았다. 신작은 '도'의 훼손을 '거짓'을 꾸미는 사회로 묘사하고 있는데, 이러한 부분이 이충익의 '가假'에 대한 비판적 태도와 연결되는 부분이라고 할 수 있다. 이충익도 『초원담노』「후서」에서 "주나라 쇠퇴기를 맞아 방술을 전공하는 사람들이 유행을 따라가다가 시초를 추구하는 것을 잃어버리는 바람에 사기와 거짓이 아울러 일어나 천하가 어지러워졌다. 노자가 분연히 구제의 방도를 생각하다가 또한 말하기를 '그 근본으로 돌아가라'라고 하였을 뿐이다."[398]라고 하였다. 이충익이 주나라 말기에 '도'가 쇠퇴하게 된 원인을 '사기와 거짓이 아울러 일어났다.[詐僞並作]'라고 보는 것처럼, 신작도 주나라 말기의 혼란한 상황에 대한 원인을 '아래 사람들은 거짓으로 꾸미게 되었다.[詐僞飾於下詐僞]'로 보고 있음을 알 수 있다. 세상이 어지러워진 상태를 설명한 말인 '사위'는 하곡학인들이 당대의 현실을 표현한 말과도 일맥상통한다. 이충익과 신작 모두 '도'가 쇠퇴하게 된 원인을 '거짓[詐僞]'로 보는 것이다. 이들이 모두 '거짓'으로 위장하는 태도를 비판했다는 것을 보여준다. 또한 신작이 '노자'를 '노군'이라고 호칭하고 있는데, '노군'이라는 호칭은 '노자'를 신격화하는 과정에서 생겨난 호칭이다. 이충익도 노자를 '현군玄君'이라고 호칭하는데, '노군老君' '현군玄君'이라는 호칭은 '노자'에 대한 존숭의 의미를 담고 있다고 볼 수 있으며, 하곡학파에서 『노자』의 위상을 짐작하게 한다.

신작의 논리대로 라면 도의 순박한 풍속이 사라져서 거짓으로 꾸미

---

398 『椒園談老』,「後序」, "當周之衰世之治, 方術者, 隨流逐迹, 迷失原始, 詐僞並作, 天下大亂, 老子慨然思撟救之方, 亦曰反其本而已."

는 일들이 횡행하였으므로 박樸으로 돌아가는 정신을 노자가 제창하였다는 것이다. 신작은 '박樸'에서 멀어지면서 거짓으로 꾸미는 시대가 되어서 『노자』가 '인의'를 배제한 것은 당시 인의仁義가 이미 박樸의 정신을 잃었기 때문이라고 말한다.

> 그렇다면 노자가 인의를 배제한 것은 근본과 질박함으로 되돌아가 점점 다투지 않는 덕을 이루려고 한 것이다. 무를 체로 삼아 유를 다스리고 박을 바탕으로 삼아 명을 종식하고 자신을 아껴 항상 남을 잘 구하며, 달변을 검속해서 어눌한 것으로써 지켰으니 노씨의 법이 이와 같은 점이 있다.[399]

『노자』가 조선시대의 유학자들로부터 비판을 받은 것은 '인의' 등의 도덕적 가치를 '도'의 말단으로 보았다는 점이었다.[400] 위의 인용문에서 신작은 '인의'를 두 가지로 나누어보고 있음을 알 수 있다. 박의 정신을 상실한 거짓된 인의와 박의 정신이 살아있는 인의이다. 따라서 이러한 구분 아래서 본다면, '박樸'의 정신을 상실한 인의는 '도'의 말단이 된다. 그는 거짓된 사회에서 『노자』의 '박樸'의 정신이 요구됨을 말하였다.

---

[399] 「老子旨略序」, "然則老子之黜仁義, 殆欲歸根反質, 而馴致不爭之德也. 夫體無而禦有, 因樸而止名, 貴愛其身, 而常善救人. 宏紆大辯, 而守之以訥. 老氏之術有如是者."
[400] 대표적으로 『노자』 19장의 '絶聖棄智'와 '絶仁棄義'를 들 수 있다.

하곡학파는 왜 『노자』에서 '선악'을 논하는가

하곡학인들은 '진정한 선' '진정한 인의' '진정한 직直'에 대하여 고민하였다. 그들은 명실名實의 합일, 즉 도덕률과 구체적 도덕 실천행위의 일치를 꿈꾸었다. 그리고 선악을 상대적 개념으로 규정하고, 인식에 의해 선善을 규정하는 것을 경계하였다. 또한 인위적으로 작위적으로 성인의 말들을 사욕에 적합하게 빌려 쓰거나 거짓되게 행동하는 것에 대해 비판하였다. 그리고 '지행합일知行合一'이 구체적으로 실현되는 데 있어서 『노자』의 '무위無爲' 정신이 요청됨을 말하였다. 즉 '무위無爲'를 통해 공동체의 선(예・仁義)이 구체적 도덕실천행위로 발현되기를 갈망하였다.

그렇다면 하곡학파가 『노자』 안에서 '선악'의 문제에 대해 관심을 가지는 이유는 무엇인가? 이러한 논의가 가능했던 이유는 정제두로부터 출발한 '선악'에 대한 논의와 조선 후기 부조리한 현실에서의 도덕적 요구였을 것으로 생각된다. 우선 정제두의 '선악론'을 살펴보면, 정제두는 『하곡집』 안 「선악무정형善惡無定形」이라는 논설을 통하여, 선과 악에 대한 논의를 밝히었다.[401] 정제두는 「선악무정형」에서 왕양명의 '무선무악심지체無善無惡心之體' 논의의 초점이 '심지체心之體'를 '무선무악無善無惡'으로 볼 것인가, '지선至善'으로 볼 것인가에 대한 자신만의 독법을 제시하였다. 이 논의는 양명학의 중요한 화두로, 양명좌파 우파의 분기점이다.[402] 정제두는 왕양명王陽明이 심체를 '무선무악'

---

[401] 鄭齊斗는 陽明의 '四句敎法' 전체를 직접적으로 언급한 바는 없지만, 문집 곳곳에서 간접적으로 '四句敎法' 관련된 논의를 말하였다.
[402] '四句敎'에서 王龍溪의 '四無說'과 錢德洪의 '四有說'의 분기점은 '無善無惡心之體'에서 '心之體'를 '無善無惡'으로 보느냐, '至善'으로 보느냐에 달려 있다.(졸고, 『하곡학파의 노자 해석에 관한 연구』, 성균관대박사, 2009, 2장 참조)

과 '지선'으로 동시에 정의한 것을 바탕으로 '무선無善'과 '지선至善'이 동일한 경지로 성립할 수 있는 근거를 밝히었다.[403]

정제두는 '무선무악'을 '선악'의 '정명定名' 혹은 '정형定形'이 없다는 말로 이해하였다. 여기서 '정명'·'정형'이 없다는 의미는 인간의 인식에 의한 규정이나 한정이 없다는 뜻이다. 양명도 "성인의 '무선무악'은 단지 작위적으로 좋아함도 없고 작위적으로 싫어함도 없어서 기에서 움직이지 않는다.[聖人無善無惡, 只是無有作好, 無有作惡, 不動於氣]"라고 하였다.[404] 여기서 '작호作好'와 '작악作惡'이란 '작선作善'과 '작악作惡'을 의미하고, '작作'이란 '억지로 의도함'이다. 어떠한 선한 마음 혹은 선한 행위라도 그것이 '의도'의 대상이 되는 순간, 그것은 '선함'을 잃어버린다. 그래서 양명이 말하는 '선'이 될 수 있는 '순리'는 '리理'를 선험적 도덕법칙의 대상으로 상정하고 따르는 대상이 아니며, 오직 어떠한 인위적 혹은 작위적 의도에 한정되지 않는 '리理'의 발현이다. 정제두도 선은 '순리循理'이며, 이 '순리'의 '선'은 '정형'할 수도 없고 '정명定名'할 수도 없다고 말하였다. 또한 정제두는 당대의 학자들이 주자의 학문을 자신의 위세로 삼아서 개인적인 목적을 달성하는데 쓴다고 비판하였다.[405] 이러한 정제두의 '정명定名의 선善'과 '가假'에 대한 비판은 「독노자오칙」에서 '실제적인 실천[實]'이 따르지 않는 '도덕법칙[名]으로서의 인의'를 비판하는 태도로 드

---

403 『霞谷集』(한국문집총간 160, 민족문화추진회 -이하는 이 판본을 인용하였다), 「存言」下, "善惡無定形. 以其循本然之理者謂善, 動於氣而用事者謂惡, 其行雖善, 苟有動於氣則非善之本也. 故善不可以一定爲善, 故不過以循理者謂之至善性善而已. 實無善之可定名, 故曰無善. 然則無善之善字, 是定名之善字也, 非至善之善字也."

404 『傳習錄』, 권1, 29쪽.

405 『霞谷集』, 권 9, 『存言下』, "朱子之學, 其說亦何嘗不善. 只是與致知之學, 其功有迂直緩急之辨, 其體有分合之間而已耳, 其實同是爲聖人之學, 何嘗不善乎. 後來學之者, 多失其本, 至於今日之說者, 則不是學朱子, 直是假朱子, 不是假朱子, 直是傅會朱子, 以就其意, 挾朱子而作之威, 濟其私."

러나며, 이충익과 신작이 '가假'와 '사위詐僞'를 비판하는 태도와 상통한다.

하곡학파가 『노자』에서 '선악론'을 말한 또 하나의 원인은 당시의 시대인식에서 비롯된 것이다. 이충익은 앞에서 언급했듯, 당대의 편협한 학문관을 '무가'와 '유가'의 대립으로 보고, 세상 사람들은 저마다 자신이 우월하다고 믿는 학문의 체계 아래에 있으려 할 뿐 서로를 인정하고 융합해서 보려는 태도가 없다고 비판한다. 하곡학파가 조선시대 '이단'이라고 비판받는 『노자』에 대하여 이렇게 깊은 관심을 가진 바탕에는 '도가'와 '유학'을 다른 체계를 가진 각각의 학문으로 보지 않고 보편적 진리의 측면에서 그 뿌리가 같은 것으로 이해하였음을 알 수 있다. 이러한 태도는 『노자』를 '현성玄聖'과 '노군老君'으로 호칭한데서도 알 수 있다. '노자'의 '도'와 '공자'의 '도'는 하나이므로 이를 구분지어 대립적으로 보는 태도가 없어야 한다는 하곡학파의 『노자』인식은 조선 후기 당시의 '이단' 논의의 허구성을 비판하는 것이다.

이충익은 당시의 정치적 현실을 「군자지과설君子之過說」이라는 논설을 통해서 비판하였다. 그는 당파에 치우쳐서 군자의 과실을 공격하는 방식이 어떻게 진행되는지를 다음과 같이 말한다.

> 편당을 지어 공격하는 자들은 흔연히 그 시기를 틈타 말하기를, "저들은 이미 그 과실을 인정하였으니 저들이 어찌 군자가 될 수 있겠는가? 저들은 소인 중에서도 특히 형편없는 자이며, 그는 비렴과 악래와 같은 자이다"라고 한다.… 어찌 군자가 성현을 빌려서 자기의 과실을 꾸미며, 성현을 빌려서 거듭 사람들의 말을 막는 자가 있겠는가? 이는 바로 당나라

무씨 위씨의 무리들과 같은 것이다.[406]

    그는 군자에게 과실이 있으면 어떠한 상황 아래서 그러한 잘못이 있게 되었는가를 보지 않고, 당파에 맞추어 그 잘못을 비판하는 현실을 비판하였다. 이 때 상대를 공격하는 중요한 수단은 '성현의 말들'이다. '성현의 말'이 사욕을 위한 '당쟁'의 수단이 되는 현실의 폐단이 드러난다. 이러한 '당쟁의 수단'으로서 거짓으로 꾸미는 '가假'에 대한 비판은 하곡학파의 『노자』 이해의 전반에서 드러난다.

    하곡학파가 『노자』를 선악론을 중심으로 이해한 배경에는 이단 논의의 허구성을 밝히고, 도덕적 허위의식을 비판하는 진정성이 담겨 있다고 생각된다. 하곡학파는 당대 '이단'이라고 규정하는 『노자』에서 '무위無爲'의 정신에 주목하였다. 양명학의 훈습을 받은 이들은 새로운 사상적 모색을 감행하였고, 그러한 모색 가운데 하나가 『노자』에 대한 연구였다. 하곡학파는 『노자』를 통해, 세상의 혼란이 당대 지식인들의 '위선僞善'·'가이유위假而有爲'하는 태도에 있음을 고발하고, '위선僞善'을 극복할 대안으로서 '무위無爲'의 정신을 요청하였다. 이러한 이해의 바탕에는 양명학의 '양지良知의 속이지 않는 공부법'과 정제두의 '가학假學'에 대한 비판 정신이 고스란히 반영된 것이다.

---

[406] 『椒園遺藁』,「君子之過說」, "其攻之者, 欣然得其便曰, 彼旣服其過矣, 彼焉得爲君子也, 彼小人之尤無狀者, 彼飛廉惡來也.… 豈有君子而假聖賢以文其過者, 假聖賢之重以禦人者也. 卽如唐之武韋之黨."

5
조선시대 노자 주석서의 인의의 문제

　조선시대 총 5권의『노자』주석서에는 어떠한 사상적 흐름이 있는가. 조선시대『노자』주석서가 연구된 이래로 관련 연구자들은 이러한 고민을 해왔다. 조선시대가 유교국가라는 점에서 '유학자들의 노자읽기'라는 일반적 논리가 제기되기도 하였지만, 이 말 자체가 아직은 그 특징을 대표할 연구 성과가 없다는 반증일 뿐이다. 지금까지 5종 주석서각각에 대한 소개와 주석자에 대한 연구는 있었지만, 조선사상사 안에서『노자』주석사의 흐름이 체계적으로 연구되지는 못하였다. 가장 큰 이유는 조선시대『노자』주석서가 5권에 불과하지만 주석가의 학문적 배경과 시대적 분위기에 따라 다양한 해석체계를 보여주기 때문이다.

　이이(1536-1584)의『순언』, 박세당(1629-1703)의『신주도덕경』, 서명응(1716-1787)의『도덕지귀』, 이충익(1744-1816)의『초원담노』, 홍석주(1774-1842)의『정노』의 공통점을 도출해 보면 첫째 5권의 주석서가 모두 16세기 18세기에 쓰여 진 것임을 알 수 있다. 둘째 주석자 가운데 박세당, 서명응, 이충익이 정치적으로 소론이라는 점을 들 수 있다. 이러한 특징을 통해 우리는 다음과 같은 문제의식을 가질 수 있다. 16~18세기 어떠한 사상적 흐름이 억불숭유의 유교국가에서『노자』주석서의 등장을 촉발했는가 이다. 이에 대해 답할 수 있다면 16세기 18세기 조선사상사의 한 축을 담당할 또 다른 퍼즐이 될 것이다. 그러나 어려운 점은 이 시기를 중세의 해체기로 보고, '정주학적 학문질서 속에서도 이단서에 대한 관심이 높았다'는 일반적 논의는 가능하지만, 각각의 주석서가 보이는 면면을 살펴보면, 논리 비약에 빠지기가 쉽다. 왜냐하면 이이는 정주학의 수양론적 해석에서 조금도 벗어나지 않았으며, 같은 18세기 주석자 가운데 서명응·이충익이 주자학에서 벗어난 좀 더 독자적이고 새로운 해석체계를 보여준다면, 가장 후대 인물인 홍석주는 오히려 박세당보다 한층 더 정주학의 논리 속에서 『노자』를 해석하고 있기 때문이다.

두 번째 특징은 소론의 학문적 특징과 『노자』 주석서와의 상관관계이다. 혹자는 소론이라는 정치세력의 『노자』에 대한 관심을 그 정치세력의 학문적 개방성과 연관시키거나 조선 후기 실학적 사유와 연결하기도 한다. 그러나 여기에는 문제가 따르는데, 이들 세 사람이 정치적 맥은 크게 볼 때 동일하지만, 일맥상통한 학문적 입장을 견지하고 있지 않기 때문이다. 정치적으로는 동일한 계열로 분류되지만, 『노자』 해석에 있어서 박세당은 정주학적 형이상학에 기반 한 이해방식을, 그리고 서명응은 상수역과 도교적 해석방식을, 이충익은 하곡학 나아가 양명학적 해석태도를 취하기 때문이다.

이상의 논의로 미루어볼 때, 조선시대 『노자』 주석서의 특징을 고찰하기 위해서는 통시적으로 '시기' 혹은 '정치세력'으로 논하거나, '주자학' '양명학'과 같은 큰 범주로 묶어서 논하기가 어렵다는 것을 살필 수 있다. 앞으로 조선시대 『노자』 주석서의 특징을 논구하기 위해서는 좀 더 미시적인 접근이 요구된다.

따라서 『노자』 주석서에서 '인의仁義'와 '사私'개념의 해석 경향을 추적해 보고자 한다. 왜 '인의'와 '사'의 개념을 논하는가? 『노자』 안에서

'인의仁義'는 유교 인문주의에 대해 비판한 '절인기의絶仁棄義'로 대표된다. 이 지점은 정주학에서 말하는 천리로서의 '인의'와 상충된다. 이에 대해 고찰함으로써 주석자가 당시 정치 이데올로기였던 정주학과 관련해 어떠한 태도를 보이는가를 살필 수 있다. 그리고 '인의'는 조선시대 공동체의 도덕률이었다. 공동체 선의 변화 추이를 통해 『노자』 주석사의 흐름을 읽고자 한다. '사'는 『노자』에서 '무사無私'와 대립되어 쓰였다.[407] '인의' 개념은 결국 개인이 어떻게 그러한 도덕률을 수용하는가의 문제와 밀접한 연관을 맺는다. 조선후기 공동체의 도덕률이 개인에게 어떻게 이해되고 있는가를 『노자』 주석사의 전개 속에서 살피고자 한다.

'공동체의 선'에 대한 인식 변화

『노자』 18장의 "대도가 없어지자 인의仁義가 생겼다[大道廢, 有仁義]"와 19장의 "인을 끊고 의를 버린다[絶仁棄義]"는 유가의 최고 덕목인 '인仁'과 '의義'를 부정적 관점에서 본 장이다. '인'과 '의'는 유학에서 도덕실천의 규범이며, 성리학에서는 인성에 내재한 천리의 속성으로 이해된다. 따라서 '인의'에 대해 부정한 이 장을 율곡은 『순언』에 포함시키지 않았으며, 17

---

[407] '私'를 번역하면 현대어에서는 '개인'인데, 개인은 일본이 메이지 유신 이후 'individual'을 번안해 사용한 말이다. 서양의 'individual'이 17세기 이후 '고유개체', '주제로서의 개인', '자유의지를 실현하는 주체'라는 의미를 함의하고 있다고 볼 때 조선시대 '私'를 현대적 의미의 '개인'으로 환치시켜 논하는 일은 위험하다. 조선시대의 '私'는 사실 군주제 아래의 백성이므로 'subjects'에 가깝다. 따라서 이 논문에서 '개인'을 언급하더라도, 이 말이 서구근대 사회에서 탄생한 '개인'의 개념은 아님을 밝힌다. 또한 서구 근대 사회에서 개인을 국가단체의 구성요소로서 볼 때 국가의 정통성은 시민(citizens)에게서 나온다.(Benedict Anderson, Imagined Communities, London:Verso, 1991, p.19) 따라서 'state'를 '國'으로 환치시키는 일도 경계해야 한다.

세기 박세당(1629~1703)은 18장에 대해 다음과 같이 논파하였다.

> 국가가 혼란한 이후에야 충신이 있음을 알게 되니, 잘못은 혼란에 있지 충신의 잘못이 아니다. 육친이 화목하지 못한 이후에야 효도와 자애가 있음을 알게 되니, 잘못은 불화에 있지 효도와 자애의 잘못이 아니다. 대도가 없어진 다음에 인의가 있음을 알게 되니, 잘못은 도가 없어진 데 있지 인의의 탓이 아니다. 노자의 이 부분은 근본을 이해하지 못했다고 평할 수 있다. …… 위대한 도가 행해지면 인의라는 명칭이 없어도 그것이 인의를 실천하는 데 방해가 되지는 않는다. 사람들 모두가 충신이 되려 한다면 국가가 잘 다스려질 것이고, 모두가 효도와 자애를 행하려 한다면 육친이 화목할 것이며, 모두 인의를 실천하려 한다면 위대한 도가 행해질 것이다. 이것이 바로 성인이 인의를 귀중하게 여기는 이유이다.[408]

박세당은 우선 『노자』의 "대도가 없어지자 인의가 생겨났다[大道廢, 有仁義]" 부분이 근본을 잘못 이해한 장이라고 보았다. 그는 문제의 초점이 되어야 할 부분은 '혼란한 국가', '가족의 화목하지 못함', '대도의 없어짐'이지, '충신', '효자孝慈', '인의仁義'가 아니라고 보았다. 따라서 그는 모든 사람들이 '효자', '인의'를 실천할 것을 요청한다. 박세당에게 있어 '인의'는 당대 사회의 윤리적 표지이며, 모두가 따라야 할 공동체의 선이

---

[408] 朴世堂, 『新註道德經』, 18장 주, "國家昏亂, 而後知有忠臣, 失在昏亂, 非忠臣之過也. 六親不和, 而後知有孝慈, 失在不和, 非孝慈之過也. 大道廢, 而後知有仁義, 失在道廢, 非仁義之過也. 老子於此, 可謂不揣其本矣.……大道行, 雖無仁義之名, 不害其爲仁義也. 人皆欲爲忠臣, 則國家治矣. 人皆欲爲孝慈, 則六親和矣. 人皆欲爲仁義, 則大道行矣. 此聖人所以貴仁義也. 或曰此老子憤世之辭也."

다. 따라서 그는 『노자』의 '인의' 부정을 근원적 모순이 있는 장으로 간주하였다.

또한 홍석주(1774~1842)는 『정노』에서 18장 "대도폐大道廢, 유인의有仁義~" 구절은 '노자가 격분해서 말한 것으로 그 말을 교훈으로 삼아서는 안된다'[409]고 하였으며, 19장 "절성기지絶聖棄智"의 '성聖'은 유가에서 말하는 성인이 아니라고 보았다.[410] 즉 유학에서 말하는 '성인'의 '성聖'과 '절성絶聖'의 '성聖'을 동일하게 보지 않으려는 의도이다. 홍석주는 『노자』의 이 장을 비판하기보다 개념의 차이를 설명함으로서 『노자』와 유학의 충돌 지점을 완화시키고자 하였다. 이러한 의도 속에는 천리天理로서 '인의仁義'의 지위를 훼손시킬 수 없다는 의지가 있다. 박세당과 홍석주가 18·19장을 유자儒者의 측면에서 비판하는 측면이 있다면 서명응과 이충익은 해석을 달리한다. 서명응의 18장에 대한 주석을 살펴보면 다음과 같다.

> 노자의 뜻에 따르면, 대도大道는 이른바 태극과 음양이며, 인의仁義는 곧 음양이 나누어져 오행이 된 이후에 생겨난 것이니, 순미純美하고 손상되지 않는 대도大道와는 같을 수 없다. … 한유는 말하기를 "노자가 인의를 과소평가 한 것은 그것을(인의를) 비난한 것이 아니며, 그가 본 것이 편협하였을 따름이다.…"고 하였다. 인의仁義 또한 마땅히 목木과 금金 두 기氣 가운데 들어있는 태극이라고 말할 수 있는데도, (노자는) 성명性命에 근본하지 않고 다만 그 작용을 인의로 삼았을 뿐이다.[411]

---

409 『訂老』, 18장 주, "其意則有激云爾, 其言則不可以訓矣"
410 『訂老』, 19장 주, "老子之所謂聖, 猶言聰慧耳, 非後世所稱聖賢之聖也."
411 『道德指歸』, 18장 주, "老子之意, 以爲大道卽所謂太極陰陽, 而仁義乃陰陽分爲五行然後生焉, 則不能如大道之純美無斁… 韓子曰, 老子之小仁義, 非毁之也, 其見者小也.…

서명응은 '대도'를 '태극음양'으로 비유하고, '인의'를 태극·음양·오행 이후에 생겨난 것으로 보았다. 그는 '대도'와 '인의'는 차등이 있다고 보았지만, 여기서의 차등은 대도와 인의가 단절된다는 의미는 아니다. 태극이라는 근본과 그 작용으로서의 인의이다. 목木과 금金이란 오행의 기이며 인[木]·의[金]를 설명한 것으로 '각구태극各具太極'이라고 볼 수 있다. 서명응은 '대도폐大道廢'에서 '폐廢'를 부정적 의미로 본 것이 아니라, 태극 이후의 음양 오행처럼 대도 이후의 인의의 차원으로 이해한 것이다. 대도인 태극이 현실 속에서 발현되는 용用의 측면을 강조하였다. 그래서 "절인기의絶仁棄義"에 대해서도 기존의 모든 주석가들이 틀렸으며, 『노자』의 본의가 본말론에 있음을 강조하였다.[412] 따라서 그는 한유가 「원도原道」에서 '인의'를 "널리 사랑하는 것을 인이라 하고, 행하되 마땅함이 있는 것을 의라고 한다[博愛之謂仁, 行而宜之之謂義]"는 말로 정의하고[413], 노자가 인의를 비난한 것이 아니라 단지 보는 관점이 좁았다는 견해를 받아들인다. 즉 이 구절은 노자가 '본本'보다 '말末'의 차원에서 논한 부분이라고 보았다. '인의'가 태극의 작용의 측면임을 말한 것이다. 서명응의 『도덕지귀』에서 '태극'은 '갓난아기'의 상태로, "사람 중에 덕을 숭상하는 자가 만약 갓난아기의 마음을 잃지 않는다면 또한 도와 더불어 하나가 되어 만물을 굴복시킬 수 있다."라고 언급된다.[414] 서명응은 박세당과 달리 『노자』 "대도폐大道廢, 유인의有仁義"와 "절인기의絶仁棄義"를 유

則宜言仁義亦是木金二氣中之太極, 彼乃不本於性命而徒以其用爲仁義也."
[412] 『道德指歸』, 19장 주, "此一段前後, 註家皆錯解之. 不惟全失本旨, 且使意趣無所歸宿. 今悉正之. 盖노자之道, 以本始制末終."
[413] 韓愈, 「原道」, 『古文雅正』, 四庫全書(전자판)
[414] 『道德指歸』 55장 주, "言赤子始生之初, 卽天地始生, 太極含具陰靜之時, 而道於是乎在. 故雖無甲冑弓刀爲之禦患者, 而毒蟲猛獸攫鳥自不得傷之. 陳北溪所謂虎不食溪邊兒, 亦可驗其一端. 人之尙德者, 若能不失赤子之心, 則亦可以與道爲一而伏物也."

학의 입장에서 부정하지 않으며, 노자의 본말론에서 이해하려하고 있음을 알 수 있다. 그는 '인의仁義'를 태극의 작용으로 보았고, 나아가 태극은 갓난아기의 상태와 같은 것으로 보았다.[415] 서명응은 『노자』 안에서 '인의仁義'를 '태극음양론太極陰陽論'과 '본말론本末論'으로 해석하고, 이를 양생적 관점에서 재수용 하였다. 이러한 해석은 '인의'를 '갓난아기 상태의 유지'라는 개인의 영역에서 이해하고자 하는 시도로도 해석될 수 있다. 이충익은 18장에 대해 다음과 같이 말한다.

> 무엇 때문에 큰 도가 행해지지 않자 인·의가 있게 됨을 아는가? 친족이 화목하지 못하고 나라가 혼란해져서 충과 효가 있게 되기 때문에 그것을 알 수 있다. 무엇 때문에 지혜가 나오자 큰 거짓이 있게 됨을 아는가? 인정을 어기고 충효의 이름을 쫓는 자가 있기 때문에 그것을 알 수 있다.[416]

이충익은 대도가 폐해져 인의가 있게 됨은 나라가 혼란해져서 충효가 있게 되기 때문이라고 말한다. 그리고 지혜와 큰 거짓[大僞]이 있게 됨에 대해서는 충효의 명名을 쫓는 자가 있기 에 알 수 있다고 한다. 이러한 주석의 전개는 몇 가지의 시사점을 던진다. 우선 첫째 인·의·충·효의 명을 탐하는 행위에 대한 언급이다. 둘째 인·의·충·효의 명을 탐하는 행위로 인해 지혜와 큰 거짓[大僞]가 나온다는 부분이다. 그렇다면 인·의·충·효의 '명'을 탐하는 '큰 거짓'과 '명'을 탐하지 않는 '진실된 행위'의 구분이 있는 것이다. 즉 그는 "대도폐大道廢, 유인의有仁義"의 구절

---

415 김윤경, 「徐命膺의 『道德指歸』에 나타난 태극관」, 『동양철학연구』 48, 동양철학연구회, 2006
416 『椒園談老』, 18장 주, " 何以知大道廢而有仁義也. 以親不和國昏亂, 而有忠孝, 知之. 何以知知慧出而有大僞. 以有違情以徇忠孝之名者, 知之."

을 유학의 입장에서 부정적으로 해석하지 않고, '인의'를 실현하는 주체의 입장에서 '진인의眞仁義'와 '가인의假仁義'를 구분하려는 태도로 이해하였다.[417] 나아가 그는 도덕적 이상 가치에 부합하는 실질적인 실천행위가 있어야 한다고 말한다. 이러한 이충익의 견해는 『노자』 5장에서도 드러난다. 5장은 "천지불인天地不仁"과 "성인불인聖人不仁"을 말한 장으로[418], "성인이 불인하다"는 구절이 '성인'이라는 유학의 이상과 충돌된다.

천지의 도는 해와 달이 운행하여 한 번 추워지고 한 번 더워짐에 따라 만물이 창생하게 하는 것이며, 군자의 도는 공경스러운 몸가짐으로 임금의 자리에 가만히 앉아 있음으로써 뭇 생명이 이룩되게 하는 것이다. 그러므로 초목은 봄바람을 타고 번영하지만 봄바람을 감사하게 여기지 않고 사람은 제왕의 힘으로 인해 즐거움을 누리지만 그 즐거움을 제왕의 힘이라고 여기지 않는다. 만약 화육의 은혜를 자처하여 스스로 그 仁

---

[417] 이충익은 문집인 『椒園遺藁』의 「假說」에서 '假仁義'를 다음과 같이 비판한다. "공자와 맹자는 仁義를 빌린 자가 仁義를 해침이 不仁 不義한 자보다 심하다는 것을 알았으므로, 仁義를 빌려서 자기 소유로 여기는 자를 천시하고 미워하는 바가 배반하는 것이나 몸이 찢어지는 것보다 심하게 하였다. 그러므로 온 세상이 제 환공과 진 문공을 칭송하는 때에 공자의 문하에서는 동자도 그들을 말하는 것조차도 부끄럽게 여기게 함으로써 그들이 삼왕의 죄인이 됨을 분명하게 말한 것이다. 양혜왕은 맹자에게 "어떡하면 우리나라를 이롭게 할 수 있겠습니까"라고 물으니, 맹자는 대답하기를 또한 "오직 인의만 있으면 됩니다."라고 하였으며, 陽貨는 말하기를 "인하면 부유하지 않고 부유하면 인하지 않다"라고 하였는데, 군자는 '義理'에 밝고, 소인은 '이익'에 대해 밝은 바가 이처럼 같지 않다. 그러나 그들이 모두 '仁義'와 '功利'는 병행할 수 없다는 것을 알고 있었다.(孔孟知假仁義者之禍仁義, 甚於不仁不義, 而假而爲有者, 其可賤惡, 甚於顯倍貳而身毁裂者也. 故當擧世頌義之時, 能使童子羞稱道, 而明言其爲三王之罪人也. 梁惠王問何以利吾國, 孟子對以亦唯仁義而已, 陽貨曰, 爲仁不富, 爲富不仁, 君子小人之喩於義於利不同. 然皆知仁義與功利之不可以並行也.)
[418] 『노자』, 5장, "天地不仁, 以萬物爲芻狗, 聖人不仁, 以百姓爲芻狗. 天地之間, 其猶橐籥乎. 虛而不屈, 動而愈出, 多言數窮, 不如守中."

愛를 사용하되, 어긋나게 백성들에게 베푼다면, 백성들이 은혜에 감동되지 않고 거짓으로 응하는 자들이 있을 것이다. 그러므로 무위 가운데 중을 지켜 저절로 감화되게 하니만 못하다.[419]

이충익은 『노자』 5장의 '천지의 도'와 '군자의 도'의 동일성에 주목하였다. 이 동일성이란, '천지의 도'와 '군자의 도'가 '인위의 도'가 아닌 '무위의 도' 즉 '자연의 도'를 지니고 있다는 것이다. 천지가 만물을 '무위의 도'로 화육하듯이 '군자의 도'도 '무위의 도'로 백성들을 다스린다는 것이다. 그래서 그는 『논어』, 「위령공」편의 '공기정남면恭己正南面'이라는 구절을 인용하여서 성인의 치도가 천지의 치도가 유사함을 말한다. 이충익의 스승이었던 이광려도 「독노자오칙」에서 '인의' 혹은 '직直'의 도덕적 규범이 '명名'에 걸맞는 실질적인 실천행위로 드러나는가를 중시하였다.[420]

어떠한 '인仁'의 행위에 있어서 그것이 의도적인 도덕적 행위인가 아니면 의도하지 않은 도덕적 행위인가에 대한 판단은 오로지 '개인'에게 있다. '인의'가 무조건 따라야 하는 도덕률일 때의 관점에서는 공동체의 선에 대해 각 개인들의 순종이 있을 뿐이지만, '진인의眞仁義'와 '가인의假眞義'를 나누는 태도에는 개인이 스스로에 대한 반성 즉 판단주체의 자각의 과정이 요구된다. 예를 들면 어떤 善한 행위를 하는 데 있어서 누군가에게 보여주려는 마음이 있었는가, 아니면 자신의 마음에서 우러

---

[419] 『椒園談老』, 5장 주, "天地之道, 日月運行, 一寒一暑而百昌生. 君子之道, 恭己南面, 垂衣裳而羣生遂.是以草不謝榮於春風, 人不歸樂於帝力. 如有昫兪之惠, 自用其仁愛, 以橫施於民, 民所不懷而應之以詐者, 有之. 故不如守中無爲 芸芸而自化者矣."
[420] 김윤경, 「이광려의 독노자오칙에 대한 독법」, 『정신문화연구』 32, 한국학중앙연구원, 2009

나온 행위인가에 대한 판단을 요구하는 것으로 타인이 판단할 수 있는 문제가 아니다. 타인은 '선한 행위'만 볼 수 있기 때문이다.

요컨대 조선시대 『노자』 주석가 가운데 이이·박세당·홍석주는 『노자』 텍스트 상의 '인의' 부정에 대해 유자의 입장에서 『노자』를 비판하였고, 당대 공동체의 선인 '인의'를 적극 변호하였다. 그러나 서명응과 이충익에 이르면 '인의'는 태극의 체인이라는 범주에서 이해되거나 판단 주체의 도덕적 자각이 우선되는 도덕률로 언급된다.

사私와 무사無私 그리고 천리天理와 무사無私

『노자』에서 '사私'의 개념은 7장 19장에서 볼 수 있다. 7장을 보면 다음과 같다.

> 천지는 길고 오래간다. 천지가 길고 오래갈 수 있는 까닭은 자생하지 않기 때문이다. 그러므로 장구할 수 있다. 이 때문에 성인은 몸을 뒤로 하지만 몸이 앞서게 되고, 몸을 도외시하지만 몸이 보존된다. 무사無私하기 때문이 아니겠는가[非以其無私耶]? 그러므로 그 사私를 이룰 수 있다[故能成其私].[421]

이 때의 '사私'는 '성인'의 '무사無私'함을 설명하기 위한 것이다. 이 장에서 천지가 오래감, 성인의 몸이 보존됨은 '무사'하기 때문이다. 즉 '무

---

[421] "天長地久. 天地所以能長且久者, 以其不自生. 故能長生. 是以聖人後其身而身先, 外其身而身存, 非以其無私耶. 故能成其私."

사'하면 영원히 오래 산다는 의미이다. 그래서 '무사'하면 '성기사成其私'라고 말한다. '사私'에는 오래살고 싶은 개인의 욕망이라는 측면이 함축되어 있다. 그런데 노자는 이 욕망을 부정하지 않는다. '성기사成其私'라는 구절에서 알 수 있듯이 인위적으로 오래 살려고 노력하는 마음이 없다면 저절로 그 오래 살려는 욕망을 이룬다고 말한다. 그래서 왕필은 7장의 '무사無私'를 "자신에게 작위함이 없다[422]"라고 해석하였다. 이 밖에 '사私'는 19장의 "바탕을 드러내고 질박함을 껴안으며[見素抱樸], 사私를 작게 하고 욕심을 적게 해야 한다[少私寡欲]"라는 말 속에서 드러난다. 이 구절에서 "견소포박見素抱樸"과 대립하는 "소사과욕少私寡欲"의 '사私·욕欲'은 '소少'와 '과寡'라는 말에서 볼 수 있듯이 작게 하고 적게 해야 할 대상이지 완전히 제거되어야 할 대상이 아니다. 『노자』 19장의 윗 구절에서 말한 '절인기의絶仁棄義'의 '인의'가 완전히 끊고 버려야 될 대상이라면 아래 구절의 "소사과욕少私寡欲"의 사私와 욕欲은 줄여야 될 개체의 욕망일 뿐 그 욕망이 부정되지는 않는다.

반면에 송대 성리학에서 '사私'는 '천리天理'와 대립되는 '인욕人欲' 개념과 결합하였다. 주자는 『논어』 "오직 인한 자라야 다른 사람을 좋아할 수도 싫어할 수도 있다[惟仁者, 能好人, 能惡人]"에 대하여 "사심이 없은 후에야 호오好惡가 이치에 합당하다[423]"라고 하였고, 『맹자』의 "인의일 따름입니다"에 대하여, 주자는 "인의는 인심의 고유함에 근본하니 천리의 공이고, 이심利心은 남과 나의 서로 드러남에서 생겨나니 인욕人欲의 사私이다[424]"라고 하였다. 즉 송대 성리학에서 말하는 '사'는 '천리'와 '인욕'이라는

422 　王弼, 樓宇烈 校釋, 『노자道德經注』, 7장 주 "無私者, 無爲於身也"
423 　『論語集註』, 「里仁」, "蓋無私心然後, 好惡當於理"
424 　『孟子集註』, 「梁 惠 王」, "仁義, 根於人心之固有, 天理之公也, 利心, 生於物我之相形, 人欲之私也"

새로운 개념과 결합함으로서 의미가 확장된다. 따라서 주자에게 인의는 보편적 윤리규범으로 자리하고, '인욕의 사'는 제거되어야 할 대상이 된다.

그렇다면 『노자』 주석서 상의 '사私'와 '무사無私'의 개념을 살펴보고 이를 '인의'와의 관계 속에서 살펴봄으로서 유학과 노자의 개념 차이가 어떻게 드러나는지 보자. 우선 율곡의 『순언』에는 이 장이 들어있지 않다. 다만 '사' 혹은 '인욕'에 대한 언급을 보면, 『노자』 33장의 "남을 이기는 자는 힘이 있지만 자신을 이기는 자는 강하다[勝人者, 有力, 自勝者, 强]"에 대하여 "자승자自勝者는 의리義理의 용기이다. 극기복례하면 인욕에 굴하지 않는다"[425]라고 하였다. 왕필이 '자승자自勝者'를 '자신에게 밝고[明用於己]' 혹은 '자신에게 노력하고[力用於己]'는 사람으로 주석한 것과 달리 율곡은 '자승자自勝者'를 '의리'가 있는 자이며, 극기복례하여 인욕에 굴하지 않는 자라고 하였다.

박세당은 7장의 "(자신을 내버려 두어도 자신이 보존되니), 사사로움이 없어서가 아니겠는가? 그러므로 사사로움을 이룰 수 있다[非以其無私耶, 故能成其私]"에 대해서는 『노자』 원문에 가까운 해석을 하였고, 홍석주는 '사私'와 '무사無私'에 대한 구별을 구체적으로 시도하였다.

> 성인께서는 천하에서 남을 우선하고 자신을 뒤로 하며 공公을 서두르고 사私를 잊어버리니 일찍이 어떤 마음도 없으셨던 것 같다…성인께서 어찌 뜻을 두고 이러한 효과를 구하셨겠는가? 남을 편하게 해주는 자는 남도 그와 더불어 편안하고 남을 보존하게 해주는 자는 남도 그와 더불어 보존되기를 즐기니, 이치가 진실로 그러할 뿐이다. 성인의 말씀에

---

425 『醇言』, 9장 주(통행본 33장), "自勝者, 義理之勇也. 克己復禮, 則不屈於人欲"

"너는 단지 교만하지 말지어다. 천하에서 아무도 너와 능력을 다투지 않을 것이다…"라고 하셨는데 그 말씀이 평탄하고 도리에 맞아서 흠이 없으니, 본문의 '능성기사能成其私'와는 다르다. 그러나 노자의 의도도 사람들이 사욕을 제거함으로써 천리를 보존하도록 하려는 것이었다. 혹 이 구절로 인해 마침내 의심컨대 본래 의도가 오로지 사기私己에만 있다고 여겨, 마치 양주가 '터럭 하나를 뽑아서 천하를 이롭게 할지라도 하지 않는다'고 한 것처럼 생각한다면, 또한 지나친 것이다.[426]

 홍석주는 7장의 '무사無私'와 '사私'를 '공공公'과 '사私'로 해석하고, 『상서』「대우모」편의 말이 『노자』가 말한 '능성기사能成其私'와는 다르다고 보았다. 그는 『노자』 원문의 '성기사成其私'라는 말이 사욕을 어느 정도 인정한 말로 해석될 수 있다고 보고 경계한 것이다. 그러면서 노자의 말도 '인욕을 제거하고 천리를 보존하게 하기 위한 것이다'라고 말한다. 이를 통해 볼 때 홍석주는 7장의 '무사無私'와 '사私'를 주자가 말한 '천리天理의 공공公'과 '인용人欲의 사私'로 해석하고 있음을 확인할 수 있다. 홍석주는 '성기사成其私'가 어느 정도 개체 욕망을 인정하고 있다고 여겨서, 이 부분을 유학의 성인의 말에는 못 미치는 것으로 치부하였다. 그러면서도 동시에 『노자』7장의 '무사無私'가 '천리를 보존하고 인욕을 제거하는' 유학의 목표와 다르지 않다고 말한다. 그래서 『맹자』의 양주의 말과는 구별해서 볼 것을 권고하고 있다. 즉 그는 개체적 욕망의 '사私'를 제

---

[426] 『訂老』, 7장 주, "夫聖人之於天下也, 先人而後己, 急公而忘私, 若未嘗有其心者 … 聖人豈有意, 求斯效哉 安人者, 人亦與之俱安, 存人者, 人樂與之俱存, 理固然爾. 聖人之言曰 "汝惟不矜, 天下莫與汝爭能, … 其言平正而無斃, 與所謂能成其私者, 異矣. 然老子之意, 亦未嘗不欲人去私, 以全其天也. 或因是遂疑其本旨之專在於私己, 如楊氏之拔一毛利天下而不爲者, 則亦過矣"

거해야 할 대상으로 여기는 것이다. 이러한 점이 철저히 성리학적 체계 안에서 『노자』를 이해하고 있다고 평가할 수 있는 부분이다. 따라서 홍석주는 개인이 인욕을 제거하고 천리를 따를 것을 권고하고 있다.

서명응도 7장의 가운데 '능성기사能成其私'에 대해 의문을 제시하지만, 전반적인 해석의 기조는 홍석주와는 다르다.

> 자신의 몸을 남의 뒤에 두면 남이 우러러 사모하여 자연히 존귀하고 영화로워지기 때문에 자신이 앞서게 된다. 그 자신을 명예와 이익에서 벗어나게 하면 명예와 이익이 이르지 않고 화란 또한 멀어지기 때문에 자신이 존재한다. 대개 먼저 서고자 하면 반드시 먼저 뒤에 거처하고, 보존하고자 하면 반드시 먼저 자신을 명리의 밖에 두어야 한다. 이 모두는 겸허謙虛의 이로움을 밝힌 것으로, 성인이 진실로 그 사私를 이루고자 했기 때문에 무사無私가 된 것이 아니다. 독자는 말 때문에 뜻을 해치지 않아야 한다.[427]

서명응은 성인이 '무사無私'함은 겸허謙虛하기 때문이라고 보았다. 서명응의 『도덕지귀』에서 겸허는 덕의 속성으로[428], 도를 따르는 행위의 상태이며[429], 성인의 속성[430]이다. 서명응은 '무사無私'와 '사私'를 '천리天理의 공'과 '인욕의 사'로 해석하지 않고, 또 '무사'의 지향점을 천리로서의

---

[427] 『道德指歸』, 7장 주, "以其身而後於他人, 則他人仰慕自然尊榮, 故身先. 以其身而外於名利, 則名利不到, 禍患亦遠, 故身存. 蓋欲先, 則必先居後, 欲存, 則必先自外, 皆所以明其謙虛之受益而已. 非謂聖人眞欲成其私而故爲是無私也. 讀者, 不以辭害意可矣"

[428] 『道德指歸』, 40장 주, "有, 發動也, 無, 翕寂也, 德之謙虛生出無限道理, 何以異於此哉"

[429] 『道德指歸』, 48장 주, "守謙虛"

[430] 『道德指歸』, 66장 주, "聖人以謙虛在上在前. 故民不以爲重爲害也"

'인의' 등에 상정하지 않으며, 『노자』의 '겸허'라는 '도'의 속성으로 말하고 있음을 볼 수 있다. 서명응의 논리대로라면 '무사'와 '사'는 겸허함을 갖추었는가 그렇지 못한가의 문제이지, 천리를 따르고 인욕을 제거하는 문제가 아니다. 개체가 겸허함을 갖추는가 그렇지 못한가의 문제는 현실적 처세에 가깝다.

이충익은 7장에 대해 다음과 같이 말한다.

> 천지는 자생하지 않는다. 그렇다면 누가 천지를 낳는가? 도가 천지를 낳는가? 아니다. '도'는 천지의 운행을 따르는 것인데 그 말미암아 운행하는 것을 명하여 '도'라고 하니 진실로 천지가 없다면 도의 이름도 연립할 수 없다. 신이 천지를 낳는가? 아니다. '신'은 천지의 변화를 주관하고 있는데 그 주관하고 있는 뿌리를 명하여 신이라고 하니 진실로 천지가 없다면 신의 이름도 독존할 수 없다.…그렇다면 그 누가 천지를 낳는가? 도가 시작이 되고 신이 뿌리가 된 것이다. 그리하여 그렇게 하지도 않고 그렇게 시키지도 않았는데 부득불 그렇게 된 것이니 그것을 일러 자연이라고 한다. 그 자연의 삶을 바탕으로 삼아 자생하는 삶을 살지 않았기 때문에 장생할 수 있었던 것이다. 가령 자생해서 그 자연에 오래 누를 끼친다면 그 피폐함이 어떠하겠는가? 사람이 살아갈 때에도 자연과 같이 해야 한다. 그런데 만약 자사自私를 위해 자생하려한다면 그 삶을 손상시키지 않을 수 없다. 그러나 성인은 이미 삶의 사정에 통달하기 때문에 천지를 본받아 무사無私하다.[431]

---

[431] 『椒園談老』, 7장 주, "天地不自生, 孰生之與. 道生之與. 非也. 道者, 循天地之運, 而名其所由行者, 曰道. 苟無天地, 道之名, 無緣立也. 神生之與. 非也. 神者, 擥天地之變, 而名其爲之根者, 曰神. 苟無天地, 神之名, 不獨存也. … 曰然則竟孰生之. 道爲之始, 神爲之根, 莫爲之, 莫使之, 不得不然而然, 謂之自然. 因其自然之生, 而不以生自生, 故能長生. 如

이충익은 7장의 "천장지구天長地久"에 대하여 천지는 도가 시작이 되고 신이 뿌리가 되어 저절로 그렇게 된 것, 즉 '자연'이라고 말한다. 그래서 천지는 '자생'하는 삶을 살지 않아서 '장생'할 수 있었다고 말한다. 유학에서 '도가 당위적인 것이라면'[432], 『노자』에서의 '도'는 천지의 운행 원리임에도 어떠한 목적성을 가지지 않는다. 이충익도 천지 즉 현실세계를 운행하고 주관하는 '도'와 '신神'이 필연적 목적성을 가지지 않는다고 말한다. 그래서 '사私'와 '무사無私'는 '자사自私를 위해 자생自生하는 삶'과 '무사無私하는 삶'으로 구분된다. 전자가 인위적이고 목적성을 가지고 있다면, 후자는 어떠한 당위와 목적이 없다. 그리고 '자사를 위해 자생하는 삶'은 천지와 어긋나 손상이 있다고 말할 뿐이다. 따라서 이충익에게서 '사私'와 '무사無私'는 '인욕人欲'과 '천리天理'의 공식으로 해석되지 않음을 볼 수 있으며, 나아가 천리天理로서의 '도道'는 현실 세계에 어떠한 필연적 목적이 없다. 무위자연일 뿐이다. 그래서 그는 19장의 '소사과욕少私寡欲'에 대해서도 동일한 관점에서 '성지聖知'의 당위성을 부정하고, '천리天理'인 '명名'으로서의 '인의仁義'를 비판한다.[433] 앞에서 이충익은 '도'와 '신'은 현실세계 속에서 현현하지만, 그것은 오로지 '무위자연'의 원리에 따라 존재하고 운행되는 것이다. 이충익은 이러한 '도'의 모습처럼 성인의 지혜도 동일한 원리에 의해서 존재한다고 보았다. 따라서 첫 구절의 '성지聖知가 없다'는 의미는 인위

使自生以累其自然, 久矣其斁也, 何也. 人之生也, 同乎自然, 若自私焉以自生, 而益生焉, 未有不傷其生者. 聖人旣能達生之情, 故能法天地, 而無私"

432 『中庸』, 1장, "天命之謂性, 率性之謂道, 修道之謂教"

433 『椒園談老』, 19장, "聖知分上, 自無聖知, 衆人則不識不知, 而天下治矣. 何必太息言仁義而後利哉. 未有重孝慈而蘄不和, 賢忠信而蘄昏亂者. 然則孝慈忠信, 所以爲不和昏亂之文美, 而不足以願於者. 故孝慈忠信, 還之和靖, 而名不立焉則幾矣. 見素抱樸, 少私寡欲, 則聖智仁義, 還源反本, 不待絶棄, 而自無所用矣."

적으로 드러나는 '성지'가 없다는 의미이지, 존재 자체에 대한 부정이 아니다. 그래서 그는 성지는 부지불식간에 다스려지는 것인데, 왜 인의를 말하는가라고 반문한다. '인의'는 혼란스러움을 꾸미는 말이며, 명을 세우지 않는다면 도에 가까울 것이라고 말한다. 따라서 '견소포박見素抱樸'하고 '소사과욕少私寡欲'한다면 '인仁을 끊고 의義를 버리지 않아도"인의'가 부지불식간에 저절로 행해질 것이라고 말한다.

이충익에게서 '소사과욕'은 '인위적 인의' 즉 개인의 이익을 위해서 실천하는 '인의'를 근본인 성지의 상태로 돌리는 것으로, 천리를 따르기 위한 개인적 욕망의 제거가 아니다. 율곡과 홍석주가 '천리의 공'으로서의 '인의'의 추구가 무사無私라고 본다면, 그는 오히려 '천리'인 '인의'가 인위적으로 드러나지 않는 상태가 '소사과욕'의 상태라고 보고 있다. 즉 전자가 천리와 인욕을 상대적으로 대치시켜 천리의 순정성을 확보하고, 그것을 따르는 상태를 무사라고 한다면, 후자는 인위적 으로 천리를 따르는 상태를 반성하는 기제로서 '소사과욕(=무사)'을 말하고 있다. 사실 천리와 인욕의 인의가 우리가 지켜야 될 도덕규범이 되는 순간, 그것은 명으로의 이름을 지닐 뿐 실질적인 삶 속의 행위로서의 인의가 아니다. 그는 인의가 공동체의 도덕률로서 강요될 때 '인의'의 본래 의도가 손상될 수 있음을 강조하였다. 즉 '무위'의 정신을 잃은 '인의'에 대해 반성할 것을 요구한 것이다. 이 때 반성의 주체는 오직 개인에게 있다. 공동체의 도덕률을 표지로 삼고 순종하는 개인이 아니라 판단하고 반성하는 개인인 것이다. 이러한 이충익의 해석은 주체적 인식이라는 측면에서 기존의 『노자』 주석서와 큰 차이를 보이지만, 명대 이탁오(1527-1602)가 욕망을 긍정하고, 황종희(1610-1695)가 사적 소유욕을 긍정하며, 진확(1604-

1677)이 인욕을 천리로 본 시각과는 다르다.[434]

요컨대, 박세당이 '인의'를 당대 사회의 윤리적 표지이며, 모두가 따라야 할 공동체의 선으로 보고 노자가 '인의'의 근본을 보지 못했다고 비판한다면 홍석주는 개념의 차이를 설명함으로서 『노자』와 유학의 충돌 지점을 완화시키고자 하였다. 그러나 의도 속에는 천리로서 '인의'의 지위를 훼손시킬 수 없다는 의지가 있었다. 이와는 다르게 서명응은 유학의 입장에서 노자를 부정하지 않고 '인의'는 태극의 작용이며, 이 태극을 갓난아기의 상태와 같은 것으로 보았다. 서명응은 『노자』 안에서 '인의'를 '태극음양론'과 '본말론'으로 해석하고, 이를 양생적 관점에서 재수용하였다. 이충익은'인의'를 실현하는 주체의 입장에서 '진인의眞仁義'와 '가인의假仁義'를 구분하려는 태도를 보여주었다. 이이·박세당·홍석주가 『노자』 텍스트 상의 '인의' 부정에 대해 유자의 입장에서 비판하거나, '인의'를 적극 변호한다면, 서명응과 이충익은 '인의'가 '공공선'의 위상에서 벗어나, 태극의 체인이라는 범주에서 이해되거나 판단 주체의 도덕적 자각이 우선되는 도덕률로 언급됨을 볼 수 있다.

『노자』가 말하는 '사私'와 '무사無私'에서 사욕은 줄여야 될 개체의 욕망일 뿐 그 욕망이 부정되지 않는다. 그러나 송대 성리학에서 '사'는 '천리'과 대립되는 '인욕' 개념과 결합하면서, 인의는 보편적 윤리규범으로 자리하고, '인욕의 사'는 제거되어야 개체의 욕망이 된다. 『순언』에서 율곡은 극기복례를 통한 인욕의 제거를 말하였고, 홍석주는 '무사無私'를 성리학적 해석 안에서 '인욕을 제거하고 천리를 보존함'으로 주석하였다.

---

[434] 미조구찌 유조는 明代 16세기부터 중국의 독자적인 '근대'의 과정이 있었다고 보고 그 예로서 이탁오, 황종희, 진확 등의 사유를 제시한다. (정태섭·김용천 역, 『중국의 공과 사』, 신서원, 2006, 16~34쪽 참조)

그는 '무사'와 '사'를 주자가 말한 '천리의 공'과 '인욕의 사'로 보았다. 따라서 그는 개인이 인욕을 제거하고 천리를 따를 것을 권고한다. 이와는 달리 서명응은 '무사'와 '사'는 겸허함을 갖추었는가 그렇지 못한가의 문제이지, 천리를 따르고 인욕을 제거하는 문제가 아니라는 현실적 처세에 가까운 주석을 했다. 율곡과 홍석주가 '천리의 공'인 '인의'의 추구가 무사라고 본다면, 이충익은 '천리'인 '인의'가 인위적으로 드러나지 않는 상태가 '소사과욕少私寡欲(=無私)'의 상태라고 보았다. 그에게서 무사란 개체의 이익을 위해 인의를 따르는 것을 반성해야 되는 상태이다. 이 때 반성의 주체는 사회공동체가 아닌 개인이다.

이상과 같은 논의를 통해 우리는 조선시대 『노자』 주석서가 5 종에 불과하지만, 시대에 따른 변화의 양상이 있음을 확인하였다. 조선 중기에서 후기(16-18세기)로 가면서 공동체의 도덕률을 둘러싼 함의가 달라지고 있는 것이다. 그리고 이러한 변화 양상이 시대적 분위기-서명응이 서학의 영향을 받고, 이충익이 양명좌파의 영향을 받음-가 원인이 될 수도 있지만, 가장 후대의 인물인 홍석주의 예로 보듯이 정파에 따라 해석 기조가 달라질 수 있음도 목도하였다.

요컨대 이러한 조선시대 『노자』 주석사 안에서 '도덕률'에 대한 인식 변화는, 천리의 당위성이 강조되는 중세시기에서 근대로 넘어가면서, '공동체의 선'이 해체되는 과정을 보여준다고 생각된다. 이 안에서 개인은 도덕률의 순종자에서 도덕률의 판단 주체로 변모하였다. 서명응 이충익의 이러한 새로운 시도 안에는 18세기 정치 이데올로기화 된 정주학에 대한 반성과 극복의 과정이 투영되어 있다.

6

조선시대 『노자』 주석서의 '주자'이해

 이 장에서는 조선시대 『노자』 주석서의 특징을 밝히기 위해 '주자'의 견해를 중심으로 살피고자 한다. 왜 주자를 중심으로 살피는가? '유학'과 대척점이 있는 사유체계 속에서, '주자'의 견해가 어떻게 인용되는가는 조선시대 도가사상의 특수성을 고찰할 수 있는 계기이다.

 조선시대 『노자』 주석서에서 '주자'의 '주자'의 인용 빈도는 다음과 같다.

서명	'주자' 인용 빈도
율곡의 『醇言』	5회
박세당의 『新註道德經』	2회
서명응의 『道德指歸』	18회
이충익의 『椒園談老』	없음
홍석주의 『訂老』	7회

 인용된 '주자'의 말 가운데 사전적인 의미를 주석한 것을 제외하면 '주자'의 견해는 크게 두 가지 지점에 집중적으로 인용된다. 첫째는 『노자』의 '도'를 어떻게 이해할 것인가와 둘째는 『노자』 안에서 도교의 양생론養生論이 만나는 지점을 어떻게 해석할 것인가이다. 따라서 본 논문

에서는 이 두 지점을 중심으로 논의를 전개하고자 한다.

이 장에서는 『노자』의 '도'를 설명하기 위해 왜 '주자'를 인용하는가를 설명하겠다. 조선시대 『노자』의 주석자들은 『노자』가 이단서가 아니라는 점을 피력하기 위해서, '유가'와 '도가'의 합치점을 말하였다. 즉 성리학에서 말하는 '태극太極'과 『노자』의 '도'를 동일하게 간주하는 태도를 취한다. 그리고 그 근거를 '주자'와 『역』에서 찾았다. 율곡은 『노자』 42장에서 '도'로부터 '만물'이 어떻게 생성되었는가를 말한 "도는 일을 낳고, 일은 이를 낳으며, 이는 삼을 낳고 삼은 만물을 낳는다[道生一, 一生二, 二生三, 三生萬物]"[435]에 대해 주자의 견해를 인용하였다.

> 주자가 말하기를 도는 『역』에서 말하는 태극이니, 일은 양의 홀수이고 이는 음의 짝수이며 삼은 홀수와 짝수가 쌓인 것이다. 그것을 '이가 삼을 낳는다'라고 하니 이른 바 이 더하기 일이 삼이 되는 것과 같다. 그것을 '삼이 만물을 낳는다'라 고 하니 즉 홀수와 짝수가 합해져 만물을 낳는 것이다.[436]

『노자』의 '도'를 『역』의 '태극'으로 이해하고 있음을 알 수 있다. 『노자』에서 말하는 만물의 궁극적 근원인 '도'를 '태극'으로 해석함으로서 '노자'의 가르침과 '유학'의 가르침이 상통함을 '주자'의 말을 통해 표현하

---

[435] 『노자』, 42장, "道生一, 一生二, 二生三, 三生萬物. 萬物負陰而抱陽, 沖氣以爲和. 人之所惡, 惟孤寡不穀, 而王公以爲稱. 故物, 或損之而益, 或益之而損. 人之所教, 我亦教之. 強梁者不得其死, 吾將以爲教父"
[436] 『醇言』, 1장 주, "朱子曰, 道卽易之太極, 一乃陽之奇, 二乃陰之耦, 三乃奇耦之積. 其曰二生三, 猶所謂二與一爲三也. 其曰三生萬物, 卽奇耦合而萬物生也". 율곡의 『순언』 내용은 송대 董思靖의 『태상노자도덕경집해』의 주석을 많이 참고하였다. 이 장 또한 동사정본의 주석을 그대로 옮겼다.

였다. 나아가 박세당은 '도'를 '태극'으로 보면서 동시에 주자의 '체용론'의 구조로 이해하였다. 그는 『노자』 1장의 '도'를 '체', '명'을 '용'으로 보고 그 관계의 일원성一源性을 설명하였다.

주자가 말하였다. "정이천이 말한 '지극히 은미한 것이 리理이고, 지극히 드러남이 상象이다. 체와 용이 일원一源하여 은미하고 틈이 없다[437]'는 말은 다음과 같다. 리理로 말하자면, 체體에 나가자마자 용用이 그 가운데 있음을 뜻하니 이것이 일원一源이다. 상象으로 말하자면 드러나자마자 은미함이 그 안에 있는 것이니 이것이 이른바 틈이 없다는 말이다". 또 말하였다. "체용일원體用一源은 지극한 이치로 말하자면 고요히 텅 비어서 조짐이 없지만 이미 만상을 분명하게 갖추고 있다는 뜻이다. 또 현미무간顯微無間은 지극히 드러나는 상으로 말하자면, 모든 사물에 나가자마자 이 리가 존재하지 않는 곳이 없다는 뜻이다. 리를 말할 때는 체를 앞세우고 용을 뒤로 한다. 대개 체를 예로 들었지만 용의 리 또한 이미 갖추고 있으니, 이것이 일원인 이유이다. 또 사事를 말할 때는 드러나는 것을 앞세우고 은미한 것을 뒤로 한다. 따라서 사事에 나가자마자 리理의 체體를 볼 수 있으니 이것이 '틈이 없기' 때문이다.[438]

박세당이 말한 체용의 관계로 『노자』 1장 첫 구절 "道可道非常道,

---

[437] 『二程集』, 「易傳序」, "至微者理也, 至著者象也, 体用一源, 显微无间" 朱熹解释说: "盖自理而言, 则即体而用在其中, 所谓一源也; 自象而言, 则即显而微不能外, 所谓无别也,"
[438] 『新註道德經』, 1장 주, "朱子曰至微者理也, 至著者象也. 體用一源, 顯微無間. 蓋自理而言, 則卽體而用在中, 所謂一源也. 自象而言, 則卽顯, 而微不能外, 所謂無間也. 又曰, 體用一源者, 以至微之理言之, 則冲漠无朕, 而萬象昭然已具也. 顯微无間者, 以至著之象言之, 則卽事卽物, 而此理无所不在也. 言理, 則先體而後用. 蓋舉體, 而用之理已具, 是所以爲一源也. 言事, 則先顯而後微. 蓋卽事而理之體可見, 是所以爲无間也."

名可名, 非常名"을 해석하면 "도를 도로만 여기면 쓰임이 없어서 항상된 도가 아니고, 명을 명으로만 여기면 체가 없어서 항상된 이름이 아니다[439]"가 된다. 즉 도의 체와 명의 용이 일원화 되어야 진정한 상도常道와 상명常名이 된다고 보았다. 율곡과 박세당 뿐 아니라 서명응은 '도는 태극이고 명은 음양'이라고 말하였으며,[440] 홍석주는 "도는 일이며, 『역경』에서 말한 태극"이라고 말하였다.[441] 다만 '주자'에 대한 언급이 전혀 없었던 이충익은 『노자』의 '도'를 태극이라고 보지 않고, '도'는 행위의 근원으로 '명'은 '사물의 호칭'으로 이해하였다.[442] 이충익의 해석은 『노자』의 통행본인 진대晉代의 왕필본 해석과 유사하다.[443]

그렇다면 조선시대 『노자』 주석자들이[444] 주자의 말을 빌려 '도를 '태극'이라고 인용한 것은 어떤 의미가 있는가. 이를 위해 『노자』 주석사에서 '도가 어떻게 이해되었는가를 간략하게 살펴볼 필요가 있다. '도'는 『노자』에서 가장 중요한 개념이기 때문이다. 중국 진대의 왕필본[445]은 '도'를 만물의 근원인 '무無'로 보았다. 왕필 철학의 핵심인 '무'로 이해한 것이다.[446] 또 중국 한대의 대표적 주석서인 하상공은 '도'를 '자연장생의

---

439 『新註道德經』, 1장, "道而但可爲道, 則無其用而體不能自立, 非所謂常道矣. 名而但可爲名, 則無其體而用不能自行, 非所謂常名矣" 주석을 바탕으로 해석함.
440 徐命膺, 『道德指歸』, 1장, "道者, 易所謂太極, 是也.…… 名者, 易所謂陰陽, 是也."
441 洪奭周, 『訂老』, 1장, "道之妙, 亦一而已. 然散在萬物, 萬物皆有是道, 此所謂衆妙也.……而所謂一者, 不可見, 此易所謂太極, 子思所謂 所謂上天之載無聲無臭, 周子所謂 所謂無極之眞, 程子所謂 所謂冲漠無朕也."
442 『椒園談老』, 1장 주, "道之可道者, 行之緣而跡之寄也. 名之可名者, 形之喩而物之號也."
443 『노자주』, 1장 주, "可道之道, 可名之名, 指事造形, 非其常也. 故不可道, 不可名也"
444 이충익은 제외함. 이충익은 '도'를 태극으로 보지 않았다.
445 帛書노자가 발견되고 나서 왕필본의 위상은 더욱 높아졌다.
446 『노자주』, 42장, "萬物萬形, 其歸一也. 何由致一. 由於無也. 由無乃一"

도'로 표현했다.[447] 인간이 장생할 수 있는 방법 혹은 진리로 이해한 것이다. 중국 당대의 성현영은 불교의 영향을 받아 '도'를 '텅비어 통하는 것[虛通]'으로 이해하였다.[448]

이렇듯 『노자』의 '도'는 각 시대의 사상적 흐름과 주석자의 세계관에 따라 다양하게 해석되어 왔다. '우주의 근원' 혹은 '존재의 근원'을 '무엇'이라 지칭하는 것은 주석자가 어떠한 형이상학 체계를 가지고 있는가에 달려 있다. 위에서 논의한 왕필은 궁극적 실체를 '무'로 보았는데 이 때의 '무'는 진대의 우주관이 투영되어 있다. 하상공은 '도'를 그대로 '도'라고 지칭했는데 이 도는 황로학의 산물인 자연장생의 도이다. 또한 성현영이 말한 '허통虛通한 도'는 불교의 영향을 받아 '空과의 관계에서 논의된다. 따라서 '도'를 '태극'으로 이해한 지점은 조선시대 『노자』 주석자들이 송대 성리학의 형이상학적 체계에 영향을 받았다는 반증이다.[449]

그런데 이러한 조선시대 『노자』 주석자들이 가지고 있던 '주자성리학의 형이상학적 체계'는 타자화 될 때 더욱 굳건해진다. 홍석주는 『노자』를 이해하면서 동시에 서양의 '천주' 개념을 '주자'의 견해를 통해 반박한다. 『노자』 4장의 "도는 텅 비어 있지만 쓰임이 다하지 않는다…나는 누구의 아들인지 모르겠다. 상제보다 앞서 있는 듯하다[道沖而用之或不盈.…吳不知誰之子, 象帝之先]"에 대해 다음과 같이 말하였다.

어떤 사람이 나에게 "노자가 말한 '상제보다 앞서 있는 듯하다'는 말이

---

447 『道德經河上公章句』, 1장 주
448 『노자義疏』, 1장 주, "道以虛通爲義"
449 그러나 주석서의 전반적 내용이 주자성리학의 영향 안에 있지는 않다. 그 부분에 대해서는 뒤에서 다시 논하겠다.

서양 천주교에서 하느님을 말하는 것과 같은가"라고 질문하였다. 나는 다음과 같이 답하겠다. "서양인들이 말하는 하나님은 형상이 있고 높이는 것이니, 아마도 하나의 사물로 볼 수 있을 것 같다. 그러나 이것이 바로 어긋나는 지점이다. 『노자』가 말한 것은 『역경』에서 말한 '태극이 양의를 낳는다'는 것이요, 주자가 말한 '천지가 있기 전에 먼저 이런 이치가 있다'는 것이니 어찌 서양인의 하느님과 비교할 수 있겠는가? 그러므로 성인(유교의 성인)은 이러한 말을 할 때 '하늘이 하는 일은 소리도 없고 냄새도 없다'고 말할 뿐이다. 그런데 노자는 그렇지 않아서 '나는 그것이 누구의 자식인지 모른다'고 하고 또 '뒤섞여 이루어진 것이 천지보다 앞서 있다'라고 했으니, 그 말이 황홀하여 알지 못하는 자들을 쉽게 미혹하도록 했다. 성인(유교의 성인)은 고원한 것에 대해 감히 가볍게 말하지 않았다.[450]

홍석주는 이 장에서 서양의 '하느님' 개념과 동양의 '하느님' 개념의 차이를 『역』과 주자의 논리로 설명한다. 홍석주는 『노자』 4장의 '상제보다 앞서 있다[象帝之先]'에서 '상제'를 천주교의 '하느님'로 이해하는 것은 안된다고 보고 있다. 아마도 『정노』를 쓴 19세기 초기, 서학이 확대되면서 이런 문제점이 제기되었던 것으로 보인다. 상제지선象帝之先의 '제帝'는 실제로 서양에 번역될 때 신God으로 번역되어[451] 기독교적 신으로

---

[450] 『訂老』, 4장 주, "曰洋人之稱天主也, 形象之, 尊奉之, 殆若有一物可見者. 然此其所以悖也. 老子之所云, 則易所謂太極生兩儀, 朱夫子所謂未有天地, 先有此理者也. 豈可與洋人比哉. 然聖人之言此也, 則曰上天之載無聲無臭而已. 노자則不然, 曰吾不知誰之子, 又曰'有物混成, 先天地生. 其爲辭, 鼓舞恍惚, 易以使不知者惑. 此聖人所以不敢輕語高遠也."
[451] Translated by James Legge, The Tao Te Ching, Oxford University Press, 1891, Chater 4

이해되기도 하였다. 그는 『노자』의 '상제지선'은 '태극이 음양을 낳는다' 혹은 '천지가 있기 전에 리理가 있었다'는 의미라고 역설한다. 그리고 '太極' '理'는 형이상자라서 논의의 대상이 될 수 없다고 지적한다. 천주처럼 구체적 형상이 있거나 숭배의 대상이 아니라는 것이다. 유학의 성인이라면 형이상학은 논의의 대상으로 삼지 않는데, 도교의 노자(사상가 노자)는 논의함으로써 사람들에게 혼란을 줬다고 비판한다. 홍석주는 태극음양론에 기반 한, 태극을 '리'로 보는 사유 체계를 『노자』를 해석하는데 투영한다. 이와 같이 조선시대 『노자』 주석자들은 주자성리학과 『역』의 형이상학적 체계로서 『노자』의 '도'를 이해하였으며, 서학의 하느님으로 이해하는 것을 부정하였다.

'주자'를 통한 방어와 대안: '주자' 인용의 이중성

앞 장에서 조선시대 『노자』 주석서가 '도'를 주자의 견해를 통해 어떻게 해석하고 있는가를 살피었다. 조선시대 『노자』 주석서에서 '주자'가 가장 많이 인용된 장은 '양생養生'과 관련된 장들이다. 서명응과 홍석주는 양생을 논한 장마다 '주자'의 견해를 들어서 인용하였다. 그러나 둘의 입장차이가 있다. 서명응이 '양생'을 논한 장마다, 주자의 견해를 들어서 '양생'의 설을 보완하려 했다면, 홍석주는 양생을 말한 설마다 주자의 견해를 통해 『노자』에서 '양생'에 대한 논의가 공허한 담론임을 드러내려 하였다.

서명응은 조선시대 『노자』주석자 가운데 가장 '주자'의 견해를 많이 인용하였다. 예를 들어 그는 『노자』 6장의 '곡신은 죽지 않는다谷神不死' 의 '곡谷'은 '텅빈 계곡'을 의미한다고 보고 "곡신에 대한 해석은 사람마다 다른데 오직 주자의 해석만이 올바른 생각이다"라고 말한다.[452] 또한 『노자』 1장의 '항상 유욕으로 그 경계를 본다[常有欲,以觀其徼]'에서 요徼의 의미도 주자의 견해를 따른다.[453] 이렇게만 보면 앞 장에서 논의한 '도'의 해석과 더불어 서명응은 『노자』 해석에서 '주자'의 견해를 충실히 따른 것으로 보인다. 그러나 해석방식의 실상을 따라가면 결코 그렇지 않다. 다음은 『도덕지귀』의 1장 주석이다.

> 노자는 "대역(복희역)이 오로지 음양만을 말하고 오행은 말하지 않은 것으로 보았다. 오로지 태극이 음陰의 고요함을 갖추는 것이 천지가 생겨나는 본연이며 도가 이 때 거기에 있게 된다"고 생각하였다. 그러므로 몸을 닦고 본성을 다스리며 백성을 교화하고 나라를 다스리는 것이 모두 도에 기반하여 응용해 나간 것이다. 무로써 유를 제어하고 텅빔으로 가득참을 제어하며 유약함으로써 강하고 굳센 것을 제어하였다. 비록 인의 같은 것이라 하더라도 또한 오행이 부여한 것이라 보았기 때문에 대수롭게 않게 여겼다. 노자는 이 책을 지을 때 스스로 그 말이 조화를 본뜬 것이라 여겼기 때문에 또한 장과 절을 구분함에 있어서도 모두 역수易數로써 형상을 세웠던 것이다. 공자는 "지혜로운 자는 도를 보고 지혜라고 한다"라고 했고, 중용에서는 "지혜로운 자는 지나친다"라고 하였는데 이는 모두 노자를 가리킨 말이다. 그러나 노자는 역易의 이치에서 매우 절실한 것을 간파해 내었다. 그렇기 때문에 소강절은 "노자는 역의 체를 얻었다"라고 하였고, 주자는 "노자가 이 도리를 이해하였다"

---

452 『道德指歸』, 6장, "谷神之解, 人各異說, 惟朱子所解, 乃其正意. 谷, 虛谷也."
453 『道德指歸』, 1장 주, "徼, 舊註讀作竅, 而朱子以爲當作邊徼之徼",『주자어류』, 125권, "又問常有欲以觀其徼, 徼之義如何. 曰徼是那邊徼, 如邊界相似, 說那應接處. 向來人皆作『常無』『常有』點, 不若只作『常有欲』『無欲』點."

라고 하였다…이처럼 앞선 유학자들이 노자를 인정한 점이 이미 많다.[454]

위의 인용문에서 "비록 인의仁義 같은 것이라 하더라도 또한 오행이 부여한 것이라 보았기 때문에 대수롭게 않게 여겼다"는 『노자』 19장의 '인을 끊고 의를 버린다絶仁棄義'에 대한 설명이다. 이 장은 '인과 의'를 부정하여 유학과 대립하는 장이다. 서명응은 『노자』가 인의仁義를 부정한 것은 인의가 오행이 부여한 것이라 대수롭지 않게 여겼다고 말한다. 그러면서 노자는 역의 체를 얻었다는 소강절의 견해를 인용한다. 서명응은 『노자』를 대역(선천역)의 진리체계를 담은 것으로 이해해 오로지 음양만을 말하고 오행은 말하지 않는다고 이해하였다.[455] 오행을 말하는 것은 후천시대의 진리체계라고 생각하였다. 즉 『노자』의 '절인기의'는 인의에 대한 부정이 아니라, 『노자』가 선천역의 간이함을 담고 있기 때문에 논의하지 않았다는 것이다. 그는 심지어 『노자』 81장을 자신만의 방식으로 장과 절을 구분하는데[456], 이 모든 방식이 『노자』가 81장을 역수로서 상을 세웠기 때문이라고 믿었다.[457] 서명응은 『노자』 원문의 간이함이 선천역을 고스란히 반영한다고 보았다. 이와 같이 『노자』가 선천역

---

[454] 『道德指歸』, 1장 주, "盖老子見大易專言陰陽, 不言五行, 遂以爲太極具於陰靜之中者, 乃天地始生之本然而道於是乎在也. 故修身理性化民治國, 皆是道之推焉, 而以無制有, 以虛制實, 以靜制動, 以柔弱制强剛, 雖如仁義, 亦以五行所稟, 而不屑爲也. 其爲此書, 自以其言侔擬造化, 且凡分章作節, 皆以易數立象. 孔子曰知者見之謂之知, 又曰知者過之, 指老子也. 然其於易理則看得深切. 故邵子曰, 노자得易之體, 朱子曰老子見得此箇道理, 又曰至妙之理, 有生生之意… 其許與노자亦已多矣."

[455] 『道德指歸』, 1장, "盖노자見大易專言陰陽, 不言五行, 遂以爲太極具於陰靜之中者, 乃天地始生之本然而道於是乎在也."

[456] 서명응은 노자 81장도 역수로 장과 절을 구분해서 도경과 덕경을 36장과 45장으로 나누고 이를 다시 소음절 소양절 태음절 태양절로 분장하였다.

[457] 『道德指歸』, 1장, "亦以五行所稟, 而不屑爲也. 其爲此書, 自以其言侔擬造化, 且凡分章作節, 皆以易數立象."

의 체계를 따랐다고 주장하는 서명응은 소강절이 말을 인용하고, 곧이어 주자의 "노자가 이 도리를 이해하였다"는 말을 인용한다. 자세히 보지 않으면 소강절의 말에 주자가 찬성하는 말로 보이지만, 실은 주자의 말은 『주자어류』에서 질문자가 "선생(주자)께서는 옛날부터 항상 노자가 이 도리를 알았다고 하셨습니다"로 시작되는 의문문에 등장하는 말이다.[458] 놀랄만한 점은 『주자어류』에서 주자는 소옹의 견해인 "노자는 역의 체를 얻었다"에 대해 소옹이 잘못 이해했다고 평가한다. 오히려 주자는 노자의 체용과 맹자의 체용이 어떻게 다른지에 대해 설명한다.[459] 그리고 '지극히 묘한 이치에는 생생의 뜻이 있다[至妙之理 生生之意]'에 대해 '정자가 노자에게서 취한 설이다'는 말은 주자의 말이다. 그러나 주자의 이 말은 '곡신불사'장에 대한 평가일 뿐이지 서명응이 말한 '대역大易의 진리체계를 노자가 담고 있다'는 것에 대한 동의 표현이 아니다.[460] 즉 서명응은 '대역'의 체계로 노자를 이해하는 자신만의 해석법의 타당성을 '주자'의 권위에 기대어 말하고 있음을 볼 수 있다.

서명응은 주자의 권위를 통해 선천역의 해석법을 말할 뿐만 아니라, 『노자』 안에서 '양생'를 다룬 장들을 중심으로 '주자'의 견해를 인용하여, '양생론'으로 해석할 수 있는 부분을 강조하였다. 『노자』 59장의 "나라의 근본을 소유하면 장구할 수 있으니 이를 뿌리가 깊고 단단하며 오래

---

458 『朱子語類』, 125권, "甘叔懷說, 先生舊常謂노자也見得此箇道理, 只是怕與事物交涉…"
459 『朱子語類』, 125권, 「老氏」, "康節嘗言, 老氏得易之體, 孟子得易之用, 非也. 노자自有노자之體用, 孟子自有孟子之體用也. 將欲取之, 必固與之, 此老氏之體用也, 存心養性, 充廣其四端, 此孟子之體用也."
460 『朱子語類』, 125권, 問, 谷神不死. 曰, 谷之虛也, 聲達焉則響應之, 乃神化之自然也, 是謂玄牝. 玄, 妙也. 牝是有所受而能生物者也. 至妙之理, 有生生之意焉. 程子所以取老氏之說也.

살고 오래 보는 도라 한다[有國之母, 可以長久, 是謂深根固抵, 長生久視之道]"에 대하여 다음과 같이 주석하였다.

> 세 번째 구절에서는 '하늘 섬김의 검소함'에 대해 말하고 있다. 대개 '양생'을 '하늘 섬김'으로 여기는 것은 맹자의 "그 마음을 보존하고 그 본성을 기르는 것이 하늘을 섬기는 것이다"라는 말과 같다. '유국지모有國之母'는 앞 장에서 말한 '만물지모萬物之母' '천하지모天下之母'와 같으니 한 몸이 곧 한 나라의 근본이 됨을 말한 것이다. 사람의 정精과 기氣는 하늘에서 받아 두루 운행되어 천도와 항상 상응하니, 만약 일에 앞서 아껴 보존하여 그 생을 장구하게 할 수 있다면 마치 나라를 지닌 자가 덕을 거듭 쌓는 것과 같으니 이것이 또한 하늘을 섬기는 도이다. '오래도록 본다久視'의 '봄視'은 곧 '안으로 봄內視'이다. 주자는 "수양은 이 몸이 건강할 때 또한 아껴 더욱 기르는 것이니, 이것을 '미리 거듭 쌓음'이라 한다. 만약 이미 건강을 잃은 후에 기른다면 그 손실을 보충할 수는 있지만 '거듭 쌓는 것[重積]'이라고는 할 수 없다. '조복早服'을 귀하게 여기는 이유는 건강을 잃기 전에 미리 깨달아 아낄 수 있기 때문이다. 만약 내 몸이 이미 노쇠함이 마치 동쪽을 지탱하면 서쪽이 무너져 내리는 집과 같은 상태라면, 수양을 하고자 한들 또한 무슨 이익이 있겠는가…"라고 하였다. 생각건대 주자처럼 이단을 분별하는 엄격한 사람조차도 수양에 관해서는 노자를 취함이 이와 같다. 성현이 다른 사람의 좋은 점을 취함에 있어서의 넓은 공평한 마음을 볼 수 있다.[461]

---

[461] 『道德指歸』, 59장 주, "第三節言事天之嗇. 盖以養生爲事天, 猶孟子所謂存其心養其性, 所以事天也. 有國之母, 如上文萬物之母, 天下之母, 言一身爲一國之本也. 人之精氣得之於天, 其流行運用與天道常相應, 若能先事保嗇長久其生, 如有國之重積德, 則是亦事天之道也. 久視之視, 亦內視也. 朱子曰, 修養者, 此身未有所損失, 而又加以嗇養, 是謂早服,

서명웅은 이 구절을 '하늘을 섬기는 검소함'이며, '양생養生'이 바로 '하늘 섬김[事天]'이라고 보았다. 그리고 '양생'을 맹자의 '존기심양기성存其心養其性'에 비유하고, 개인의 몸이 나라의 몸이라고 보았다. 자신을 수양하는 행위 즉 자신의 정精·기氣를 잘 운용하여 장생할 수 있다면 이것이 '하늘 섬김'이라는 것이다. 또 구체적으로 원문에서 말하는 '오래 봄久視'를 '안으로 봄內視'이라고 보았다. 여기서 '내시內視'는 『황정경黃庭經』에서 말하는 도교 수련법의 하나로, 자신의 몸의 장기를 관상하여 몸 안에 있는 장기의 신신들과 교감하여 '불사不死'를 실현하는 방법이다. 조선시대 『노자』 주석서에서 양생론적 해석이 강조되는 주석서가 바로 서명웅의 『도덕지귀』이다. 이러한 자신의 양생관의 정통성을 부여하기 위해서 다시 '주자'의 견해를 인용한다. 주자가 '조복早服'을 노쇠하기 전에 몸을 잘 기르는 것으로 해석하고 이를 '적덕積德'에 비유한 구절이다. 서명웅은 이 구절을 인용하고 덧붙여 주자가 이단을 분명히 하면서도 수양에 관해서는 노자를 취했다고 평가했다. 그러나 오히려 이 장에서의 중심은 정기精氣를 운용의 양생법-구체적으로 내시법內視法-을 '하늘 섬김'이라고 본 부분이다. 이 밖에도 10장의 '전기치유專氣致柔…영백포일營魄抱一'에 대해서도 주자의 주석을 소개하고 난 뒤, 이러한 '포일抱一' 공부가 장생과 요절의 분기점이 된다고 보았다. 또한 포일 공부의 예를 장량張良(?~BC186)이 벽곡을 수행한 것으로 예를 들었다.[462] 여기서

而重積, 若待其已損而後養, 則養之方足, 以補其所損, 不得謂之重積矣. 所以貴早服者, 早覺未隕而嗇之也. 如某此身己衰, 如破屋東扶西倒, 雖欲修養亦何能有益邪…愚按以朱子辨異之嚴也. 而其於修養, 取노자如此. 此可見聖賢取人爲善, 廣大公平之心也."

[462] 『道德指歸』 10장의 "專氣致柔, 能如嬰兒乎"에 대한 주자의 주석은 다음과 같다. "기운을 한결같이 하고 부드러움을 극진히 한다는 것이 어떠한 공부인지 살펴야 한다. 전이란 하나를 오로지하여 그 사이에 끊어짐이 없는 것이다. 치유란 부드러움의 지극한 곳에 도달함이다. 단 한터럭이라도 기의 드러남이 있게 되는 순간 곧 굳센 것이 되어 이 기는 거칠

벽곡은 다섯 가지 곡식을 끊는 도교수련법의 하나이다. 이렇듯 서명응이 『노자』를 양생으로 풀이하는 부분은 『도덕지귀』에 전반적으로 드러난다.[463] 서명응은 도교의 양생관이 이단의 이론이 아니라 주자도 인정한 이론임을 말하고자 함이다.

서명응이 자신의 양생론을 피력하는데 있어서 주자의 권위를 이용하였다. 서명응은 자신이 『노자』를 해석하는 데 있어서 중심 독법인 '선천역先天易'과 '양생론養生論'을 모두 주자의 권위를 통해 보완하고자 하였다.

홍석주는 『정노』에서 전혀 다른 입장을 취한다. 홍석주는 『노자』를 양생론적으로 보는 방식에 대해 비판한다. 앞에서 밝혔듯이 『정노』 서문에서 홍석주는 『노자』를 주석하는 이유 가운데 하나로 단丹을 수련하는 자들이 『노자』에 의탁하는 것을 바로잡기 위해 주석서를 낸다고 말한다. 따라서 홍석주가 주자의 견해를 인용한 장들은 대부분이 『노자』 가운데 양생론으로 해석할 부분이 많은 장들이었다. 서명응이 양생론으로 해석되는 장마다 주자의 견해를 통해 자신의 이론적 타당성을 보완하려 했다면, 홍석주는 반대로 양생론으로 해석될 부분마다 주자의 견해를 들어 비판하였다. 그는 『노자』 10장의 "혼과 백을 하나로 끌어 안아 떨어지지 않게 할 수 있는가, 기를 전일하게 하고 부드럽게 하여 갓난아이처럼 할 수 있는가"에 대하여 그는 다음과 같이 주석한다.

어진다(朱子曰, 專氣致柔, 看他這箇甚麼樣功夫. 專, 是專一無間斷. 致柔, 是到那柔之極處. 才有一毫發露, 便是剛, 這氣便麤了)" 또한 ' '營魄抱一'에 대하여 혼과 백이 간극이 없어야 하나가 될 수 있다고 보았다. 또한 포일을 백이 혼의 양일을 포용하여 잠시도 이탈됨이 없는 것으로 보았다.

[463] 서명응은 양생법에 대한 관심으로, 『參同契』를 주석한 『參同攷』를 남기었다.

주자가 다음과 같이 말하였다. "…혼魂(인간이 죽으면 하늘로 올라가는 영혼)으로 백魄(인간이 죽고 지상에 남아있는 영혼)을 합하고 움직임으로 고요함을 지키며 불로 물을 가까이 하고 이二로 일一을 지켜 서로 떨어지지 않게 하면 마치 사람이 수레에 올라 항상 그 위에 타고 있는 것과 같다. 그렇게 하면 혼이 안정되고 백이 밝아져 몸의 불기운은 급히 타오르지 않고 몸의 물기운은 넘치지 않으니, 진실로 오래 사는 비결이다." 내가 생각하기에…사람이 살면서 기뻐하고 분노하고 근심하고 생각함에 감정과 욕망이 교대로 불붙어 치솟는 불기운이 잠시도록 멈춘 적이 없으니, 이것은 모두 분리를 가속화하고 날마다 죽음으로 달려가는 것이다. …섭생을 잘하는 자는 정精을 절제함으로써 신명을 지키고 기氣를 보존함으로써 정精을 껴안아 감정이 불타오르지 않고 마음이 밖으로 달려 나가지 않아 영명한 본체가 항상 가슴 속에 유지되도록 한다. 그렇게 하면 몸의 불기운은 내려오고 물기운은 올라가니 진실로 오래 살게 된다. … 후세의 수련하는 사람들이 말하는 납 수은 용 호랑이 어린 남자아이 여자아이는 모두 물과 불의 형상을 가지고 부연한 것일 뿐이다.[464]

『노자』 10장의 '혼과 백을 하나로 끌어 안는다[營魄抱一]'는 양생의 방법이며, '갓난아기[嬰兒]'는 양생법의 궁극적인 상태로 비유된다. 그러나

---

[464] 『訂老』, 10장 주, "朱子曰, 以魂加魄, 以動守靜, 以火迫水, 以二守一, 而不相雜, 如人登車, 而常載於其上, 則魂安靜, 而魄精明, 火不燥, 而水不溢, 固長生久視之要訣也." 愚謂, 魂者, 陽之神也, 魄者, 陰之精也. 神象火而常升, 精涵水而恒降, 其勢不相離, 則不已. 況人之生也, 喜怒憂思, 情欲交熾, 火之升也, 無刻暫息, 此皆所以速其離, 而日趨於死也. 善衛生者, 節精以完神, 存氣以抱精, 使情不炎上, 心不騖外, 而靈明之體, 常守吾方寸之中, 則火旣降, 水常升, 眞可以長生而久視也.…而後世修煉之家所指, 鉛汞龍虎, 嬰兒姹女者, 皆卽此水火之象, 而演之耳"

홍석주는 주자의 견해를 통해 '마음' 수양의 측면으로, 감정과 욕망을 절제하여 화기를 내려오게 하는 것으로 이해하였다. 그리고 그러한 마음 수양을 장생의 방법으로 제시하고 도교수련가들이 납 수은 용 호랑이 어린 남자아이 등으로 설명하는 것은 이러한 마음 수양법의 부연일 뿐이다라고 보았다. 지나친 도교수련법으로 해석되는 것을 경계하였다. 그래서 그는 '삶을 잘 가꾸는 자는 육로로 가더라도 들소나 호랑이를 피하지 않고 전쟁터에 가더라도 칼날을 피하지 않으며 호랑이한테도 잡아먹히지 않는다[465]' 고 말한 『노자』 50장의 내용을 '주자'의 말을 빌려 다음과 같이 말한다.

주자는 다음과 같이 말했다. "삶의 영역에서 죽음의 영역으로 들어가게 되는 것은 지나치게 잘 살고자 하기 때문이다. 소리, 색, 냄새, 맛, 거처, 봉양, 권세 이욕은 모두 잘 살기 위한 것이니, 오직 이러한 것에만 너무 지나치게 하기 때문에 사람과 사물에 의해 해를 당하게 되는 것이다. 삶을 잘 기르는 자는 이런 장애를 멀리하니 죽을 일이 없다" 내가 생각하건대, 장생불사長生不死의 약을 복용하여 몸을 단련하고 음식과 약을 먹어 병을 예방하며 경영하고 구하고 도모하고 행함으로써 화를 피하는 것은 모두 잘 살고자 하는 것이나, 이런 것에 마음을 지나치게 쓸 경우 도리어 삶을 해치게 된다[466]

---

[465] 『노자』, 50장, "出生入死. 生之徒十有三, 死之徒十有三. 人之生, 動之死地, 亦十有三, 夫何故. 以其生生之厚. 蓋聞善攝生者, 陸行不避兕虎, 入軍不避甲兵. 兕無所投其角, 虎無所措其爪, 兵無所容其刃, 夫何故. 以其無死地"

[466] 『訂老』, 50장 주, "朱子曰, 人所以自生而趨死者, 以其生生之厚耳. 聲色臭味, 居處奉養, 權勢利欲, 皆所以生生者, 唯於此太厚, 所以物得而害之. 善攝生者, 遠離此累, 則無死地矣. 愚謂服食以煉形, 藥餌以防病, 營求謀爲以避禍, 皆欲以生其生也, 而用心之過者, 未有不反害其生"

『노자』 50장은 섭생을 잘하는 자는 온갖 위험으로부터 생명을 지킨다는 내용으로 양생과 관련된 장이다. 주자는 『주자어류』에서 이 장을 '양생'으로 해석하지 않고, '지나치게 욕심을 내는 행위'가 온갖 위험에 가깝게 한다는 의미로 해석하였다. 즉 한 개인이 자신의 마음을 어떻게 수행하느냐의 문제로 해석한 것이다. 홍석주는 주자의 견해를 정견正見으로 인용하고, 나아가 장생불사를 꾀하는 도교적 수련 행태를 비판한다.

지금까지 서명응의 『도덕지귀』와 홍석주의 『정노』에 인용된 주자의 견해를 중심으로, 이들이 '주자'를 인용한 학문적 목적을 고찰해 보았다. 서명응은 자신의 주된 학문적 관심분야인 도교 양생론의 타당성을 '주자'의 학문적 권위 위에서 증명 받고자 하였다. 그래서 '선천역'을 논한 장에 과도하게 주자의 견해를 인용했다. 이단 학문의 위상을 주자를 통해 세우고자 한 것이다. 『노자』의 '양생'의 문제에서도 그는 자신의 학문적 목적의식을 드러내었다. '정기精氣'를 통한 기의 운용과 '내시법' '벽곡' 등의 도교양생법을 예로 들면서, 양생을 '하늘 섬기는 일'로 해석하였다. 반면에 홍석주는 앞서 다룬 '도'의 관계에서 주자의 견해를 통해 천주교의 하느님을 비판하듯이, 『노자』가 도교의 양생론으로 해석되는 것을 경계하였다. 홍석주는 성리학으로 『노자』를 이해할 수 있음을 보여주고자 하였다. 이러한 점은 홍석주가 주자의 사유를 통해 당대의 사유를 적극적으로 방어하고 있음을 알 수 있다.

이러한 『노자』 이해의 방향성은 당대의 사회현실과 밀접한 관련을 맺는다. 조선후기 소론 경화사족으로 정조의 스승이었던 서명응은 다른 정파나 사상에 대해 유연한 입장을 견지하였다.[467] 이러한 학문적 유

---

[467] 경화사족의 대다수는 영조 말년부터 노론 청명당을 형성하여 비판적으로 정계에 참

연성을 바탕으로 조선 후기 새로운 해석방식을 추구했던 것으로 보인다. 반면에 홍석주는 노론계의 대학자이자, 중앙의 유력한 정치인으로 성리학의 체계를 통해 『노자』라는 이단서까지 재해석해 낼 수 있다는 자신감을 보여주고자 하였다.

서명응이 '주자'의 권위를 이용하여 새로운 해석체계인 '선천역법'과 '양생법'으로 『노자』를 해석했다면, 홍석주는 '주자'의 논리를 통해 『노자』를 새롭게 재해석하고자 하였다. 따라서 조선시대 주석서에서 '주자'의 견해는 두 가지 모습을 지닌다. 새로운 사유들의 정통성을 증거해 주는 방식과, 천주교와 양생론 등 주자학이 그 시대에 견지해야 했던 사상체계들을 비판하는 해석틀로서 존재하는 것이다.

여하였으며 이후 시파와 벽파로 갈라지나 주로 시파로서 정조의 준론탕평에 적극적으로 참여하였다. 이들이 북학사상과 연결된다. (김문식, 「徐命膺의 생애와 규장각 활동」, 『정신문화연구』 75호, 정신문화연구원, 1999, 99~100쪽)

7
조선시대 노자 장자의 이상향

『노자』의 대표적 이상향이 '소국과민小國寡民'이라면, 『장자』의 대표적 이상향은 '무하유지향無何有之鄕'이다. 『노자』와 『장자』는 오늘 날에도 여전히 새롭게 해석되는 고전으로 자리하고 있고, 도가의 유토피아에 대한 논의들은 오늘 날에도 유효한 담론들을 담고 있다. 예를 들어, 『노자』의 경우, 2000년을 넘는 시간 동안 다양하게 해석 되어져 『노자집성』에 따르면, 동아시아의 대표적인 노자 주석서는 300종이 넘는다.[468] 서구에서도 노자는 다양하게 번역되고 해석되었다. 제임스 레그의 기록에 의하면, 서구사회 최초의 노자번역서는 라틴어로 번역된 책이었고, 1788년에 알려지게 되었다고 기록하고 있다.[469] 근래의 노자 관련 베스트셀러 가운데 하나인 『Living the Wisdom of the Tao』(2008) 는 신자유주의 사회에서 현재 『노자』가 어떻게 소비되고 있는가를 보여준다. 위 책의 저자가 말하는 『노자』 80장의 '소국과민'에 대해 간략히 소개하면, 그는 자연과 조화하는 삶은 기술문명의 이로움과 고급자동차를 추구하는 것

---

[468] 『無求備齋노자集成』(嚴靈峯編輯. 藝文印書館, 1970)을 기준으로 보았다.
[469] James legge, Tao Te Ching, The sacred books 38:The Texts of Taoism, London:Oxford University Press, 1891, p XIII

보다 큰 만족을 준다고 말한다. 따라서 노자처럼 삶을 단순하게 만들면 삶이 변화할 것이므로 새로운 마음가짐과 행동을 실천하라고 한다.[470] 이러한 해석은 오늘 날 『노자』가 자기계발서의 형태로 활용되는 세태를 보여준다. 오늘 날 '소국과민'은 '욕심이 없는 삶'과 '문명에 대한 거부 및 생태 친화적 삶'으로 치환된다. 그렇다면 우리는 이러한 시각을 어떻게 바라보아야 할 것인가?

본 장에서는 '소국과민'과 '무하유지향'이라는 노자 장자의 이상향이 조선사회와 근대초기(20세기 초) 어떻게 이해되었는가를 살펴보고자 한다. 이 과정을 통해 도가의 유토피아가 전국시대 말기의 탄생에서부터 조선시대 후기 그리고 일제강점기 다양하게 해석되는 전개 과정을 고찰할 것이다.

『노자』의 소국과민과 『장자』의 무하유지향

"소국과민"장의 내용은 곽점초간본 『노자』에는 등장하지 않는다. 백서본(갑본, 을본)에 왕필본(통행본) 『노자』 80장과 동일한 내용으로 등장한다. 백서 갑본을 기준으로 볼 때, 이 내용이 생성된 연대는 한이 성립되기 이전 전국시대 말기로 보인다.[471] 이 시기 정전제에 기반 한 토지

---

[470] Wayne W. Dyer, Living the Wisdom of the Tao-The Complete Tao Te Ching and Affirmations-, Hay house, 2008 (※번역본 『서양이 동양에게 삶을 묻다-웨인 다이어의 노자 읽기』, 2013)

[471] 갑본과 을본의 생성 연대는 통상 한고조 유방의 '휘(諱)'를 통해 유추된다.(高明, 『帛書老子校注』, 中華書局, 1996; 陳鼓應, 『노자註譯及評介』, 中華書局, 1984; 김경수, 『출토문헌을 통해서 본 중국 고대 사상』, 심산, 2008 참고)

국유제가 완전히 와해되고, 토지 사유화가 급속히 진행되면서, 토지의 개인 매매 또한 합법화 되었다. 철기구의 주조 기술이 진보하면서 농업 생산물의 종류도 다양해지고 생산량도 증가하였고, 이에 따라 전쟁무기 제조 기술 또한 비약적으로 발전하였다. '소금'과 '철'을 유통하는 '대상인'이 등장할 정도로 무역이 활발하였다.[472] 이러한 시대적 배경은 사유재산의 급속한 증가로 인한 빈부의 격차 심화와 전쟁의 가속화 등을 가져왔다. 『노자』의 '소국과민'은 이러한 시대적 배경 속에서 등장한 것으로 보인다. 통행본 『노자』 80장을 소개하면 다음과 같다.

> 나라는 작게 만들고, 백성을 적게 만들어라. 수십 수백개의 기물이 있더라도 사용하지 못하도록 해야 하며, 백성들이 죽음을 소중히 여기게 하며 멀리 이사 가지 않게 한다. 그러면 배와 수레가 있어도 탈 일이 없고, 병기가 있더라도 쓸 일이 없다. 사람들이 다시 끈으로 매듭을 지어서 셈을 하고, 그 음식을 달게 여기고 그 옷을 아름답게 여기며 사는 곳을 편안히 여기고, 자기들의 풍속을 즐거워하게 한다. 이웃 나라끼리 서로 마주보고 있어서 닭 울고 개 짖는 소리가 들려도 백성들은 늙어 죽을 때까지 서로 왕래하지 않는다.[473]

위의 내용은 크게 세 가지로 정리된다. 첫째, 작은 정부. 둘째, 전쟁이 없어서 기물을 사용하지 않고, 무기도 사용하지 않으며 유민으로 떠돌지 않는다. 셋째, 근원적 원시 문명을 향유하면서 만족한다. 이상의

472　钱穆, 『国史大纲』, 北京:商务印书馆, 1997, p.73
473　『노자』, <왕필본>, 80장, "小國寡民, 使有什佰之器而不用, 使民重死而不遠徙. 雖有舟輿, 無所乘之, 雖有甲兵, 無所陳之, 使人復結繩而用之. 甘其食, 美其服, 安其居, 樂其俗. 隣國相望, 鷄犬之聲相聞, 民至老死不相往來"

내용은 『노자』의 '우민정치'로 이해되어 비판받기도 하였다. 그런데 위의 내용 가운데, '작은 정부'를 제외한 나머지 부분은 백서노자와 가장 가까운 시대의 저작물, 『한비자』의 「해로解老」와 「유로喩老」를 통해 구체적인 이해가 가능하다. 한비자가 곧바로 80장의 '소국과민'을 언급하지는 않는다. 그러나 『노자』 46장의 "천하유도天下有道, 각주마이분야卻走馬以糞也" 구절에 대한 한비자의 이해를 통해 80장의 해석을 유추할 수 있다.

> 도를 터득한 군주는 국외로는 이웃나라를 원망하지 않고 원수로 여기지도 않으며, 국내로는 백성에게 은혜를 베푸는 것이다. 이웃나라를 원망하지 않으며 원수로 여기지 않는 자는 평생 이웃나라의 군주를 예의바르게 대우하고 있는 것이며, 국내적으로 백성에게 은혜를 베푸는 자는 민사를 처리할 경우에 근본인 농업에 힘쓰게 한다. 이웃 군주를 예의바르게 대우하면 좀처럼 전쟁이 일어나지 않으며, 민사를 처리할 경우에 근본적인 농사에 힘쓰게 되면 방탕과 사치가 멈추게 된다. 말이 대규모로 사역하게 되는 것은 밖으로 전쟁에 쓰기 위함이며 안으로 사치품을 운반하는데 필요하기 때문이다. 그런데 도를 터득한 군주는 밖으로는 전쟁을 일으키지 않으며, 안으로는 사치품을 금지하므로 위에 있는 자는 말을 전투와 추격에 사용하지 않고 백성들은 사치품을 먼곳에서 운반하지 않으며, 오직 논과 밭만을 경작하는데 사용하게 된다. 그래서 노자는 "천하에 도가 널리 행해지면 빠른 말을 달리게 할 필요가 없고, 다만 논밭을 경작하는데 사용할 따름이다"라고 하였다.[474]

---

[474] 『韓非子』, 20편, 「解老」 "有道之君, 外無怨讐於鄰敵, 而內有德澤於人民, 夫外無怨讐於鄰敵者, 其遇諸侯也, 外有禮義, 內有德澤於人民者, 其治人事也務本. 遇諸侯有禮義,

한비자는 뛰어난 군주의 덕목으로, "이웃나라와 전쟁하지 않고, 방탕과 사치를 금하고, 오직 근본적인 농사에 힘쓰게 해야 한다"라는 치세의 방법을 말한다. 생명을 경시하게 되는 무분별한 전쟁에 대한 비판, 교통수단을 통한 사치품의 활발한 교역, 농사와 같은 기본적 삶에 대한 추구를 말하고 있는 것이다. 그렇다면 이들 '유토피아'를 배경으로 전국시대 말기를 해석해 본다면, 역으로 당시 모든 나라들은 영토를 넓히는 것에 집중해서, 부국강병을 꿈꾸었으며, 농기구의 생산과 전쟁을 위한 무기 생산을 늘리는 것에 골몰하였다. 백성들은 많은 전쟁으로 인해, 죽는 것을 두려워하지 않았고 유민이 되어 떠돌았다. 유민들을 위한 혹은 교역을 위한 배와 수레 즉 교통수단이 발달하였고, 전쟁도구를 쓸 일이 많았으며, 사회공동체 안에서 화려한 말들로 진실을 위장하는 일들이 많았다. 빈부의 격차는 상대적 빈곤으로 인해 만족하는 삶을 잊었고, 이웃나라는 언제나 전쟁의 대상이었다. 한비자의 해석을 기반으로 본다면, 소국과민은 위정자의 '좋은 정치'를 위한 핵심적 내용이라고 볼 수 있을 것이다. 당시에 이미 『노자』의 핵심 사유 가운데 하나인 '무와 유' '허와 실'이 정치적 영역에서 병법술로 쓰였던 일들이 이를 더욱 반증한다. 이러한 분위기는 『손자』에서도 등장한다.[475] 병법을 수행하고, 치세의 논리로서 '무와 유' '허와 실'에 대한 논의는 당대 유행했던 것으로 보인다. 이러한 전쟁이 많고 전쟁을 승리로 이끌기 위한 모든 학문적 요구가 있던 사회에서 노자는 '소국과민'을 말하였다.

則役希起; 治民事務本, 則淫奢止. 凡馬之所以大用者, 外供甲兵而內給淫奢也. 今有道之君, 外希用甲兵, 而內禁淫奢. 上不事馬於戰鬪逐北, 而民不以馬遠淫通物, 所積力唯田疇. 積力於田疇, 必且糞灌. 故曰: "天下有道, 卻走馬以糞也"

[475] 『孫子』,「兵勢篇」, "孫子曰, 凡治衆如治寡, 分數是也. 鬪衆如鬪寡, 形名是也. 三軍之衆, 可使必受敵而無敗者, 奇正是也. 兵之所加, 如以碬投卵者, 虛實是也."

왕필본(통행본) 『노자』에서 화자로 등장하는 '나'는 '도道'를 체득하기 위해 노력하는 사람이거나, '도'를 세상에 구현하고자 하는 위정자 혹은 성인으로 등장한다. 따라서 『노자』는 정치 방법론으로 읽힐 수 있는 장이 많으며, 치세의 논리가 구체적으로 드러나기도 한다. 일반적 범주에서 『노자』가 배격하는 사회는 크게 두 가지 방향성을 가진다. 하나가 인위적 욕망과 탐욕에 대한 경계라면, 나머지 하나는 사회구조 혹은 국가제도에 대한 직접적인 비판이다. 요컨대, 곽점초간본에 이 장이 들어있지 않고, 새롭게 추가된 것을 한 유방의 치세 이전으로 보고, 비슷한 시기에 출현했던 『한비자』의 「해노」와 「유노」를 본다면, 노자의 이 장은 사회구조와 국가제도에 대한 직접적인 비판으로 볼 수 있다고 생각한다. 이상과 같이 『노자』의 저술 연대를 전국시대 말기로 본다면, 『노자』의 이상향은 당시 제후들 사이에 침략과 병합이 격화되는 세태에 따른 수많은 전쟁의 비극에 기반함을 알 수 있다. 노자는 백성이 굶주리는 원인을 '세금'으로 보고[476], 백성들이 대국大國의 전쟁 욕망에 의해 소모되고, 그들의 생산물이 전쟁 비용으로 착취되는 현실을 고발한다. 이러한 점에서 노자는 '전쟁'의 원인을 '대국'을 만들기 위한 제도와 기물 그리고 그 바탕에 있는 만족할 수 없는 인간의 탐욕으로 이해하였다. 그래서 노자는 개인에게 '무욕無欲'과 '과욕寡欲'[477]을 당부하고, 사회의 '이기利器'와 '기물奇物' '법령法令'에 대한 비판[478]을 멈추지 않았다.

『장자』에는 '무하유지향無何有之鄕'과 '연속기향連屬其鄕'이라는 두 개의 유토피아가 등장한다. 이 논문에서 다룰 『장자』의 '무하유지향'은 내

---

[476] 『노자』, <백서본>, 75장, "人之飢也, 以其取食稅之多也, 是以飢"
[477] 『노자』, <왕필본>, 19장, "少私寡欲"
[478] 『노자』, <왕필본>, 57장, "天下多忌諱, 而民彌貧. 民多利器, 國家滋昏. 人多伎巧, 奇物滋起. 法令滋起, 盜賊多有."

편에 2번 잡편에 1번 언급되어 있다. 이 가운데『장자내편』「소요유」를 보면 다음과 같다.

혜자가 장자에게 말했다."우리 집에 아주 큰 나무가 있는데 사람들은 가죽나무라 말하네. 크기만 했지 옹이가 박혀 목수의 먹줄에 맞지 않고 가지는 굽어 곱자와 그림쇠에 맞지도 않네. 그래서 길가에 서 있어도 목수들조차 돌아보지도 않는다네. 자네의 말은 이 나무처럼 크기만 했지 쓸모가 없으니 사람들로부터 버림을 받는 것이라네." 장자가 답했다. 자네는 언젠가 족제비를 본 적이 있겠지. 몸을 잔뜩 웅크리고 엎드려 망을 보는 거만한 놈이네. 동서로 날뛰며 높고 낮은 데를 가리지 않지만 결국 덫에 걸리거나 그물에 걸려 죽게 마련이네. 저 검은 소는 그 크기가 하늘에서 구름이 내린 것 같으니 이야말로 크다고 하겠으나 쥐를 잡을 수도 없네 그러니 자네의 나무가 크다고 걱정할 필요는 없다네. 무하유지향의 광막한 들에 심고 그 곁을 할 일 없이 노닐고, 그 밑에 누워보기도 하면 어떻겠나? 도끼로 찍힐 염려도 없고 아무도 해치지 않을 것이니 쓸모없다고 어찌 괴로워한단 말인가?[479]

장자는 사람들이 쓸모없다고 여기는 가죽나무를 '무하유지향'에 심어 놓고 그 밑을 거닐어 보라고 말한다. '무하유지향'은 도끼로 찍힐 염

---

[479] 『莊子·內篇』,「逍遙遊」, "惠子謂莊子曰: 吾有大樹, 人謂之樗. 其大本擁腫而不中繩墨, 其小枝卷曲而不中規矩, 立之塗, 匠者不顧. 今子之言, 大而無用, 衆所同去也. 莊子曰: 子獨不見狸狌乎? 卑身而伏, 以候敖者., 東西跳梁, 不避高下., 中於機辟,死於罔罟. 此能爲大矣,而不能執鼠. 今子有大樹, 患其无用, 何不樹之於无何有之鄉, 廣莫之野, 彷徨乎无爲其側, 逍遙乎寢臥其下. 不夭斤斧,物无害者,无所可用, 安所困苦哉"(해석은 기세춘의『장자』(서울:바이북스, 2007)'를 참조하였다).

려도 없고 아무도 해치지 않는 곳이며, 쓸모 없다고 버려지지 않는 곳이다.

> 천근이 음양에서 노닐다가 요수 상류에 이르렀을 때, 길을 가는 무명인을 만나 천하를 다스리는 것을 물었다. 무명인이 말했다. "그만둬라, 너는 어리석은 사람이구나. 어찌 불쾌한 것을 묻느냐? 방금 나는 조물주와 짝궁이 되어 놀았지만, 그것도 싫증 나면 또 심원의 새를 타고 육극의 밖으로 나가 무하유지향에서 노닐다가 무덤의 들에 머물려 하거늘 너는 어찌하여 천하를 다스리는 일로 내 마음을 움직이려 하느냐?" 또 다시 묻자 무명인이 말하였다. "네가 마음을 물처럼 담박한 데서 노닐게 하고 기를 사막처럼 혼돈한 속에서 합하고 사물을 자연에 따르게 하여 사사로움을 용납하지 않으면 천하는 다스려지는 것이다."[480]

이상과 같이, 「응제왕應帝王」의 '무하유지향'은 조물주와 짝이 되어 노닐다 그것이 싫증나면 가서 노니는 곳으로 표현된다. 무하유지향에서 노니는 무명인은 '자연을 따라 사사로움을 용납하지 않으면 천하가 다스려질것'[481]이라고 한다. 「열어구列禦寇」편의 '무하유지향'은 지인至人들이 무지無知를 즐거워하는 곳[482]이다. 이러한 이상향은 『장자』에서 다시 '연

---

[480] 『莊子·內篇』,「應帝王」, "天根遊於殷陽, 至蓼水之上, 適遭無名人而問焉, 曰:「請問爲天下. 無名日: 去, 汝鄙人也, 何問之不豫也. 予方將與造物者爲人, 厭, 則又乘夫莽眇之鳥, 以出六極之外, 而遊無何有之鄉, 以處壙埌之野. 汝又何帠以治天下感予之心爲". 又復問. 無名人曰, 汝遊心於淡, 合氣於漠, 順物自然而無容私焉, 而天下治矣.

[481] 『莊子·內篇』,「應帝王」, "無名人曰, 汝遊心於淡, 合氣於漠, 順物自然而無容私焉, 而天下治矣.

[482] 『莊子·雜篇』,「列禦寇」, "聖人以必不必, 故無兵, 衆人以不必必之, 故多兵. 順于兵, 故行有求. 兵恃之則亡. 小夫之知, 不離苞苴竿牘, 敝精神乎蹇淺, 而欲兼濟道物, 太一形虛. 若是者, 迷惑于宇宙, 形累不知太初. 彼至人者, 歸精神乎無始, 而甘冥乎無何有之鄉. 水流

속기향'으로 구체화 되었다. '연속기향'은 '길이 없고 배와 다리도 없으며, 군자와 소인의 차별이 없으며, 백성들이 똑같이 무지하고 무욕한 곳'[483]이라고 한다. 생존을 위한 노동만을 하고, 왕래하지 않는 원시공동체의 삶을 추구한다는 점에서 '연속기향'은 『노자』의 '소국과민'과 내용적으로 유사하다.

장자의 이상향은 누군가에 의해 살해당하지 않고, 쓸모없다고 버려지지 않으며, 무지를 즐거워하는 곳이며, 배운 자와 배우지 못한 자 혹은 가진 자와 가지지 못한 자의 차별이 없는 사회이다. 즉 전쟁이 없고 최소한의 생존권이 보장되며 모든 사람에게 할 일이 주어지는 사회이며, 지식이 없는 사람을 배척하지 않는 사회이다. 이런 점에서 『장자』는 사회적 약자들의 이상향을 적극적으로 반영하고 있다. 요컨대 노자와 장자의 이상사회는 연결점과 약간의 차이점이 있다. 공통점은 당대 현실 사회가 동란의 격화와 확대로 인해, 생명의 위협이 상존하고, 세금이 가혹하며, 억울한 죽음이 많고, 가지지 못한 자와 배우지 못한 자에 대한 배척이 극심했음을 반어적으로 고발하는 내용을 담고 있다. 차이점은 『노자』가 위정자의 치세의 방식을 말하고, 정치제도적 비판에 중점을 두고 있다면, 『장자』의 '무하유지향'은 '무명인無名人'과 같은 개인들, 즉 약자의 입을 통해 냉혹한 현실에서 살아남을 수 있는 '이상사회'를 말하고 있다는 점이다. '소국과민'이 구체적 정치제도의 비판과 제안에 좀 더 가

平無形, 發洩乎太淸, 悲哉乎. 汝爲知在毫毛而不知大寧."
[483] 『莊子·外篇』,「馬蹄」," 吾意善治天下者不然. 彼民有常性, 織而衣, 耕而食, 是謂同德. 一而不黨, 命曰天放. 故至德之世, 其行塡塡, 其視顚顚. 當是時也. 山無蹊隧, 澤無舟梁, 萬物群生, 連屬其鄕, 禽獸成群, 草木遂長. 是故禽獸可系羈而游, 鳥鵲之巢可攀援而窺. 夫至德之世, 同與禽獸居, 族與萬物幷. 惡乎知君子小人哉. 同乎無知, 其德不離, 同乎無欲, 是謂素朴. 素朴而民性得矣."

깝다면, '무하유지향'은 참혹한 현실에서 벗어나기 어려운 개인들이 도피하고자 하는 '무릉도원'에 가깝다는 것이다. 물론 시대의 비극상을 우회적으로 그리고 있으며, 현실제도에 절망한 개인들의 피난처처럼 묘사되었다. 그러나 이 두 이상향이 고통스러운 시대상의 반증인 것은 동일하다.

조선후기, 소국과민, 무하유지향

이 장에서는 노자와 장자의 이상향이 조선시대에 어떻게 이해되었는가를 살펴보고자 한다. 이에 대한 이해를 위해 조선시대 5권의 노자 주석서와 한국문집총간을 참조했음을 밝힌다.

우선, 『한국문집총간』과 『조선왕조실록』을 기반으로 살펴보면, 노자의 '소국과민'은 한 차례도 인용되지 않는다.[484] 심지어 '유학'의 가치와 대척점에 있는 "절인기의(인을 끊고, 의를 버린다)"구절이 4회 이상 인용되는 것과 비교해도 대조적이다. 예를 들어, 영조때 관찰사를 지낸 심정진(1725-1786)은 「도변道辨」에서, 그는 유교와 불교 도교의 차이점을 적시하면서, 유교와 불교를 도덕적 '리'가 사라지는 기의 폐단으로 말하고, 그 증거로서 노자의 '절인기의'를 말한다.[485] 이와 같이 '절인기의'는 등

---

[484] 한국고전번역원(http://db.itkc.or.kr/itkcdb/mainIndexIframe.jsp)『한국문집총간』데이터베이스 검색 참조
[485] 『霽軒集』卷四,「道辨」, "儒佛老之分, 在於理氣. 吾儒主理, 佛老氣已矣. 今夫老者曰 有物先天地生, 强而字曰太極, 佛者曰作用是性, 其曰有物則有形矣, 其曰作用則亦形以下矣, 有形則雖自謂先天地, 而見氣之太初而已. 形以下則雖自謂是性, 而見氣之妙用而已. 見氣之太初, 故驚於高虛, 其弊也至於絶仁棄義. 見氣之妙用, 故其弊也至於倡狂自恣, 此其爲異端, 而與聖人者異矣"

장하지만, '소국과민'은 인용조차 되지 않는 것이다. 반면에 『장자』의 '무하유지향'은 『한국문집총간』에만 50회가 넘게 인용된다. '소국과민'은 인용되지 않고 '무하유지향'은 자주 인용되는 것은 무엇인가? '소국과민'은 조선시대 5권의 『노자』주석서를 중심으로 살펴보고[486], '무하유지향'은 『한국문집총간』에 인용된 부분을 중심으로 살펴보면서 이 문제에 답하고자 한다. 우선, 율곡의 『순언』에는 80장 주석이 포함되어 있지 않다. 박세당의 '소국과민'은 그 초점이 '소박한 삶'에 있다.

> 백성에게 다시 새끼줄을 꼬아서 쓰게 하면 사람들 모두 순수하고 질박해져서 교묘함이나 거짓이 용납되지 않으니, 먼 옛날의 아름다운 풍속으로 돌아가더라도 괜찮다. 음식을 맛있게 먹고 의복을 아름답다 여기면 변변치 못한 음식이 기름진 음식보다 낫고 값싼 베옷이 값진 털옷만한 것이 된다. 거처를 편안하게 여기고 풍속을 좋아하면 스스로 편안하고 즐거워 바깥에 끌리는 마음이 없어서 내 것을 싫증내고 남의 것을 좋아하는 마음이 싹트지 않는다. 그러니 갑자기 비옥한 토지와 화려하고 사치스러운 구경거리가 생기더라도 그들의 생각을 바꾸지 못할 것이다. 이 때문에 이웃 나라가 서로 바라보이고 닭이나 개의 울음소리가 들릴 정도의 거리에 있더라도 늙어 죽을 때까지 서로 오가지 않는 것이다. "돈후하고 소박하여 아무것도 구하지 않는 마음을 이렇게 극단적으로 표현한 이유는 윗사람이 총명을 없애고 부러워하는 마음을 제거함으로써 그 마음이 하려는 바를 교화시킬 수 있다는 데 있다.[487]

---

[486] 조선시대 『노자』 주석서는 총 5 종으로 李珥(1536~1584)의 『醇言』, 朴世堂(1629~1703)의 『新註道德經』, 徐命膺(1716~1787)의 『道德指歸』, 이충익(1744~1816)의 『椒園談老』, 洪奭周(1774~1842)의 『訂老』가 있다.
[487] 朴世堂, 『新註道德經』, 80장 주, "使民復結繩而用之, 則人皆醇質, 巧僞不容, 雖還上

박세당은 이 장의 핵심을 '순수하고 질박함'이라고 보았다. 따라서 위의 인용의 마지막 부분이 총결인데, '돈후하고 소박함[敦樸]'이 마음을 교화시킬 수 있다고 본 것이다. 그렇다면 박세당의 '소국과민'은 소박하고 순수한 마음의 회복이라고 볼 수 있다. 이러한 해석은 서명응이 '나라 안의 사람들이 기물을 사용하게 하지 않고 이사도 가지 못하게 하면 태평성대가 올 것이다'라고 말하는 것과 맥을 같이 한다.

협소한 나라의 적은 백성들로 하여금 나라 안을 다니게 할 수 있다. 다만 여러 가지 기물이 있어도 또한 그것을 사용할 곳이 없게 하면, 일은 간편해지고 풍속은 질박해짐을 알 수 있다. 하물며 백성들로 하여금 삶을 즐거워하고 죽음을 중하게 여기며, 자기가 사는 땅을 편안히 여겨 옮겨 다니지 않게 한다면, 그들의 마음이 희희낙낙할 것이니 어찌 태평성대 복희·신농의 백성과 다르겠는가!……서로 보고 서로 들린다는 것은 백성이 많고 집이 많음을 말한다. 서로 왕래하지 않는다는 것은 행위함도 없고 구함도 없음을 말한다. 뇌빈 소씨가 말하였다. "노자는 주나라가 쇠퇴하고 풍속이 피폐해졌을 때 태어나 장차 무위無爲로 세상을 구제하려고 하였으므로, 책의 끝에 자기의 뜻이 원컨대 작은 나라를 얻어 (자기의 생각을) 시도해보려고 하였음을 말하였으나, 이룰 수 없었다."[488]

古之風可矣. 甘其食, 美其服, 則藜藿勝於芻豢, 布褐敵於狐貉矣. 安其居, 樂其俗, 則自安自樂, 絕於外慕, 厭此欣彼之心, 不萌於中. 雖有便沃土侈艶之觀, 皆不足以易其慮. 是以隣國相望, 鷄狗相聞, 而至老不相往來. 所以極言敦樸無求之意, 皆由於上之能黜聰明去健羨, 以化其心之所爲也."

[488] 徐命膺, 『道德指歸』, 80장 주, "狹小之國, 寡少之民, 可使通國中. 但有什百之器, 而亦無所用之, 則其事簡俗質可知也. 況使之樂其生而重死, 安其土而不徙, 則其心之熙熙咥咥, 何異羲農之民乎……相望相聞, 言民衆戶盛也. 不相往來, 言無爲無求也. 賴濱蘇氏曰 노자

백성들을 기물을 쓰지 못하게 하고 이사도 가지 못하게 하면 질박한 풍속이 되살아나서, 태평성대가 올 것이라는 발상은 소박하고 원형적인 삶의 모습을 통해, 그리고 '무위'를 통한 치세의 방식으로 요순시대가 구현될 수 있다는 전형적인 유가의 세계관을 보여준다. 서명응은 이 장에서 다만 뇌빈 소씨의 견해를 인용함으로서 '소국과민'이 노자가 꿈꾸었던 정치모델의 하나였다고 언급한다. 이러한 인용은 박세당이 '소박함'의 회복으로 80장을 이해한 것과는 다르게, 정치 모델의 하나로 인식했음을 보여준다. 이충익도 이 장을 정치 방식으로 이해하고, "일부러 국가를 다스리려하지 않은 것이다"[489]라고 짧게 언급하였다. 사실 소국과민을 이해하는데, '전쟁'은 주요한 해석의 요소이나, 홍석주의 해석에서는 이 부분이 강조되지 않는다.

"닭과 개의 소리가 들려도, 서로 왕래하지 않는다" 이것은 모두 그 외부의 것을 부러워하지 않는다는 것을 말한다. 윗사람이 무위하면 백성들은 스스로 소박해지고, 오직 그 소박함만이 다른 것을 부러워하며 구하게 하지 않는다. 오직 다투지 않으니 이런 까닭으로 전쟁무기를 쓸 일이 없는 것이다.[490]

백성들이 소박함을 회복해서, 백성들이 다투지 않음으로서, 전쟁무기를 쓰지 않는다는 해석으로 전개된다. 그도 풍속의 소박함과 간이함

生於周衰俗弊, 將以無爲救之, 故書終言其志願得小國以試焉, 而不可得也."
[489] 李忠翼, 『椒園談老』, 80장 주, "小國寡民, 自斟器用 其有什伯之器, 宜無少時之間, 而乃至於不用, 則其無所營可知"
[490] 洪奭周, 『訂老』, 80장 주 "鷄狗之聲相聞, 而不相往來. 此皆言其無外慕也. 夫上無爲, 則民不爭, 上無欲, 則民自樸, 唯其樸, 是以無求於外, 唯其不爭, 是以無所用甲兵"

을 강조한다. 질박한 풍속을 회복하는 것에 관심을 가지고, 위정자의 자세를 말하는 것으로 결론을 맺는다.

요컨대, 조선시대 『노자』 주석서의 특징은 일관된다. '무위'를 통해 질박한 풍속을 회복한다면 그 사회가 80장의 소국과민이 말하는 '유토피아'라는 것이다. 이들의 논의 안에는 유학 안에서의 '요순' 시대에 대한 전통적 이해가 있고, 이러한 이해를 통해 '80장'을 이해하고자 하였다. 즉 소국과민의 유토피아는 우선적으로 위정자의 '무위' 혹은 '무욕'의 회복이 사회를 교화시킨다는 것이다. '유토피아'의 문제가 사회제도의 문제가 아니라, 우선적으로 '개인적 성찰'의 문제에서 비롯된다는 유학자들의 자의식이 투영된 것이다. 유교사회에서 성인은 교육자이듯이, 위정자가 개인의 욕망을 조절하고, 억제하여 소박한 사회를 구현하고, 이를 통해 백성들을 교육시킨다는 의미이다. 한비자의 「해로」와 「유로」에서 보여주는 정치의 기술로서의 '유토피아' 논의와 달리, 조선시대 '소국과민'은 더욱 '종교적 영역'의 '내적성찰' 단계에서 이해되고 있음을 알 수 있다. 앞에서 필자는 하나의 의문을 던졌다. 왜 『한국문집총간』 혹은 『조선왕조실록』에는 '소국과민'이 인용되지 않았는가? 그것은 아마도 유교의 이상사회인 '요순시대'로 '소국과민'을 이해했기 때문에, 별다른 이해가 요구되지 않았을 것이며 유교사회에서 '요순시대'의 태평성대 외에 '소국과민'을 언급할 필요가 없었을 것이라고 추측한다.

반대로 조선시대 『장자』의 '무하유지향'에 대한 언급은 왜 상대적으로 많은가? 우선 가장 큰 이유는 개인이 도달하고 싶은 절대적 자유의 세계로 '무하유지향'이 일반명사처럼 쓰였기 때문일 것이다. 즉 문학에서 자주 쓰이는 이상향의 대명사이기 때문이다. 아래의 두 개의 인용시도 마찬가지이다.

무하유는 아직까지 쫓아가지 못했어도

세속의 티끌이야 어찌 남겨둘까 보냐

未逐無何有

寧留些子兒[491]

고위 관직 한 번 미끄러지면

간난신고 맛 볼 것은 감수해야지

조용한 물가에 낚싯줄 드리우고

무하유지향無何有之鄉에 나무나 한 그루 심어 오언 보게

朱丹恐一跌

酸苦甘所嘗

垂綸寂寞濱

種樹無何鄉[492]

조선시대 유학자들은 '유선시遊仙詩'라고 불리는 '신선의 세계'에 대한 동경을 담는 시들을 주로 남겼다. 위의 인용에서 보듯이 '무하유지향'은 세속의 욕심을 버리고 산림에 은거해서 도달 할 이상향으로 묘사된다. 현실의 부조리와 시비에서 벗어나 유유자적하게 머무는 곳, 그리고 현실적 고통으로부터 벗어난 곳이란 의미를 담고 있다. 따라서 엄밀히 말해 '무하유지향'이 정치 사회적 제약으로부터 벗어난, 자유로운 세계 혹은 자유로운 경지에 대한 동경으로부터 출발하였는데, 조선후기 유학자들에게 '무하유'는 현실적 권력에 연연하지 않고, 벗어나 산림에 은거

---

491 『簡易集』, 제8권 「還京錄」
492 『谿谷集』, 제25권, 「五言古詩」 162, 「聞滄浪子歸嘉平舊隱 復用前韻寄贈」

하는 세계를 지칭하는 문학적 관용 표현이 되었다. 즉 앞 장에서 언급하였듯이 『노자』의 '소국과민'은 위정자를 향한 메시지와 정치제도에 대한 선명한 비판적 요소가 존재하지만, 장자의 '무하유지향'은 현실의 고통에 기반 한 개인의 도피처로서의 이상향에 더 가깝기 때문이 아닐까 추측된다.

요컨대 조선시대의 '소국과민'이 유교의 요순 태평시대로 이해되고, 순박함을 위해 개인 혹은 위정자가 무위하여야 하는 종교적 개인성찰이 요구되는 세계로 이해되었다면, 무하유지향은 세속의 욕심을 버리고 혹은 현실에서 도피해서 도달하고자 하는 이상향이 된 것이다.

일제강점기, 소국과민과 무하유지향

일제강점기, 서구세계와의 충돌 속에서 『노자』의 '소국과민'은 다른 해석의 전기를 맞는다. 아래의 인용 신문기사는 1923년에 〈동아일보〉에 〈중국사상계의 신현상〉이라는 제목으로 연재된 것으로서, 중국 국민당 호한민胡漢民의 「맹자와 사회주의」[493]라는 글을 소개하고 있다. 그 내용을 요약하면 다음과 같다.

> 노자의 학설은 군국적 침략의 호강적 압제 시대에 평민의 고통을 제거하는 것을 목적으로 언론된 것이다. 그는 소국과민을 전제로 하고 집기는 있으나 이것을 쓰지 아니하고 배와 가마는 있으나 승회할 곳이 없고 병갑은 있으나 이것을 사용할 일이 없고 국민으로 하여금 결승의 정사

---

[493] 『雜誌建設』에 수록된 글

에 복하게 하여 각인이 의식주에 안착하며 그 속을 향락하야 인국이 상망하며 계견성이 들리고 노하여 사에 이르기까지 서로 내왕하지 아니하는 극단의 소국적 국가를 이상적인 것으로 기술하였다. 그러나 이것을 가지고 노자를 소극적 정치철학가라고 단언하는 것은 이르다. 노자는 소극론자가 아니라 사회문제를 해결함에는 정치상에서 적극적 파괴주의를 취하여 모든 제도문물을 갱신하려고 한 것이다. 즉 노자는 유가와는 반대로 그 심해로 국가의 정치적 능력을 전면 부인하였다. 요컨대 노자의 학설은 무정부주의와 국가사회주의를 지지하는 우리국민당은 좌관하기 난한 바라고 하겠다.[494]

일제강점기, 제국의 열강들 속에서 『노자』의 '소국과민'은 다르게 해석되어진다. 물론 이 글이 호한민(1879-1936)의 견해를 소개하고 있는 것이지만, 당대 '소국과민'에 대한 이해가 어떻게 급변했는가를 살펴볼 수 있다. 그는 전국시대 열강들의 압제 속에서 '소국과민'이라는 이상향이 탄생했는데, 작은 정부를 지향하였다고 해서 소극적 정치철학으로 보아서는 안된다고 단언한다. 노자는 적극적으로 기존의 제도문물을 갱신하려고 했던 무정부주의자라고 말한다. 이러한 시각은 조선시대, '소국과민'을 개인의 영역에서 달성해야 했던 내적성찰의 단계에서 이해했던 것과는 시각을 달리하는 것이다.

....

[494] <동아일보>, 1923년 5월 19일, 「중국사상계의 신현상」 17. 이 기사는 또한 버틀란트 러셀(Bertrand Russell, 1872-1970)의 노자론("노자의 학설은 중국고유사상이 아니오 그것은 인도의 바라문의 영향을 받은 것이라고 하고, 또는 노자는 반드시 중국인이 아니고 인도에서 이주한 사람이라고까지 하였다. 그와 같이 놀라운 안목으로 구주학자는 노자의 학설을 본다")을 소개하고 그가 북경대학에서 강연했을 때, 노자에 대해 깊은 관심을 가졌다는 것을 소개한다.

'무하유지향'에 대한 시각은 1935년의 신문 기사에서도 등장한다.

> 우리가 '토마스모어'라고 하면 그의 『유토피아』를 생각할 만큼 그의 저서는 여러 저서 가운데도 유명한 고전이 되었다. 그러나 흔히 무無와 토포스場所의 두 희랍어가 합쳐진 '무하유경'이라는 번역은 이 유토피아에 대한 이해가 오직 문학의 영역에 한정되어 있지 않은가 한다. 플라톤의' 이상국가와 대비하여 흔히 언급되기도 하였는데……그의 봉건사회의 붕괴에 대한 이해를 통해 경제 사회 사상 문학 상에 현대가 무엇을 얻는가를 밝히는 것이 큰 일이라 생각한다.[495]

이 글은 토마스 모어의 '유토피아'가 『무하유경』으로 번역되었다는 것을 말하고, 이 번역으로 인해 이 고전이 단순히 문학적 이해로 한정되는 것을 염려한다. 이는 조선시대 '무하유지향'이 세속을 떠나 산림에 은거하는, 혹은 신선들의 이상향으로, 문학에서 관용적 표현으로 쓰였던 것을 의식한 것이다. 정치 사회적 구조 안에서 '유토피아'가 이해되어야 한다는 견해를 피력하고 있다.

이상과 같이 일제시대 '소국과민'과 '무하유지향'이 어떻게 이해되었는가에 대한 단편들을 살펴보았다. '소국과민'은 기존의 문물과 제도를 혁파하려는 무정부주의로 해석되는 경향이 있었고, '무하유지향'은 서구의 유토피아를 이해하기 위한 하나의 용어로서 대체되고 있었음을 알 수 있다.

지금까지 도가의 '유토피아'인 『노자』의 '소국과민'과 『장자』의 '무하유지경'의 의미들을 살펴보고, 조선후기 및 일제강점기, 이 논의들이 어

---

[495] <동아일보>, 1935년, 7월 6일, 「토마스모어 사후 400년」

떻게 이해되고 전개되었는가를 살펴보았다. 이러한 작업 또한 도가의 개념들 위에 '조선후기'와 '일제강점기'라는 시대정신이 어떻게 담겨있는가에 대한 탐구였다. 이상의 논의를 통해, 다음과 같은 결론을 도출하였다.

첫째, 『노자』의 '소국과민'은 전국 말기 전쟁이 격화되었던 시대에 등장하여, 위정자의 치세의 방식을 말하고, 정치제도에 대해 중점적으로 비판하고 대안을 제안했다면, 『장자』의 '무하유지향'은 '무명인無名人' 즉 약자의 입을 통해 냉혹한 현실에서 살아남을 수 있는 '이상사회'를 말하고 있다. 둘째, 조선시대 유학자들은 요순시대로 '소국과민'을 이해하고 위정자 혹은 개인의 '무위'를 통한 '질박함'의 회복이 사회를 교화시킨다는 '유학의 종교적 영역' 속 '내적성찰'로 이해하였다. 그리고 '무하유지향'은 세속의 욕심을 버리고 혹은 현실에서 도피해서 도달하고자 하는 이상향, 즉 무릉도원과 같은 문학적 관용표현으로 이해되었다. 셋째, 일제강점기 '소국과민'은 기존의 문물과 제도를 혁파하려는 무정부주의로 해석되는 경향이 있었으며, '무하유지향'은 서구의 유토피아를 이해하기 위한 하나의 용어로서 대체되기도 하였다.

제 Ⅴ 편

조선 후기 민간도교와 신종교

민간도교란 국가에 의해 공인된 관방도교와 달리, 민간에 의해 자발적으로 신앙되고 조직된 도교를 의미한다.[496] 따라서 민간도교는 통속도교通俗道敎 혹은 민중도교民衆道敎로 불리기도 하고, 교단도교와 구분되어져 왔다.[497] 현재까지 조선 후기 민간도교에 대한 연구는 이능화가 『조선도교사』에서 '북두칠성신앙'과 '선음즐교'을 소개한 이래로, '관제신앙'과 조선후기 민간도교 교파 가운데 하나로 추정되는 '무상단'에 대한 연구가 있다. 이 장에서는 조선 후기 박물학자 이규경의 『오주연문장전산고』의 도교관을 시작으로 19세기의 도교관을 탐구하고자 한다. 나아가

---

[496] '민중도교'라는 용어를 최초로 사용한 학자는 酒井忠夫(「中國民衆道教の成立過程」, 『歷史教育』8-6, 1960)이다. 그는 농민 민중이라는 사회적 집단을 주체로 하는 도교라는 의미로 사용하였다. 橘樸은 민중 사이에 행해지고 있었던 모든 도교적 신앙과 행위의 총칭을 '통속도교'라는 용어로 사용하였다. 앙리 마스페로는 남북조시대 이후의 도교는 '근세 민간도교'라고 규정한다.(신하령 외 역, 『도교』, 까치, 1999) 정재서는 『한국도교의 기원과 역사』(이화여대출판부, 2006)에서 한국도교를 '관방도교'와 '민간도교'로 구분하였다.

[497] 이 논문에서 다룰 조선후기 관제신앙과 이에 기반 한 도교단체들은 엄밀히 말하면 '민간도교'의 정의에 정확히 부합하지는 않는다. 관제신앙은 明의 요청으로 지어진 관묘가 시작이라는 점에서 국가에 의한 공인이 있었고, 또한 조선 후기 도교경전의 보급에 왕실이 적극적으로 개입하였다. '어느 시기의 도교가 권력 계층과 구별되어 독자적으로 존재했는가'라는 문제는 민중도교 혹은 민간도교라는 용어가 성립할 수 있는가에 대한 근본적인 문제를 제기한다. 다만 이 장에서는 조선시대 도교의 시작 주체는 왕실 및 사대부였지만, '민간에 널리 신앙되어진 도교'라는 의미로 '민간도교'라는 표현을 쓰고자 한다.

조선후기 민간도교가 어떻게 발현해서 20세기 한국 신종교에 영향을 주는가도 살펴보고자 한다. 그리고 구체적인 조선후기 민간도교의 예로서 최초의 한국 교단도교로 추정되는 '무상단'을 조망해보고자 한다. 마지막으로 프랑스 공사였던 모리스꾸랑의 『한국서지』를 통해 19세기 말 한국도교의 풍광을 고찰해 보고자 한다.

1
이규경의 『오주연문장전산고』의 도교관

이 장은 조선 후기 민간도교 탐구 전에 19세기 저작인 『오주연문장전산고』를 중심으로 이규경이 '도교'를 어떻게 규정하고 구성하고 있는가를 통해 20세기로 전화되기 바로 직전 '도교적 구성요소'를 살펴보고자 한다. 19세기 실학의 주요한 활동 가운데 하나인, 박물학에서 도교가 어떻게 정의되고 있는가를 논구하는 것은 한국도교사 기술에서 매우 주요한 문제라고 생각된다. 따라서 본 연구에서는 『오주연문장전산고』에 드러나는 이규경의 도교에 관한 전체적인 개관과 시각을 살펴보고, 19세기 박물학 안에서 도교가 어떻게 인식되었는가를 탐구하고자 한다.

근대 이전과 근대 이후의 도교 구성

지금까지 『오주연문장전산고』를 '도교'를 사상사 안에서 다룬 연구는 양은용의 '오주 이규경의 도교관(2000)'과 윤사순이 이규경이 도교·불교를 포섭하여 유불도를 일원화하는 모습을 보여준다고 평가한 연구가 있었다.[498] 일반적으로 『오주연문장전산고』을 바라보는 시각은 최남선이 이규경을 최초로 다루면서 '천연두'와 종두법에 관한 정보력을 높이 평가했던[499] 시각과 근 20세기의 평가와 그 궤를 함께 한다. 서학에 대한 관심 및 박물학을 포괄하는 실학적 관점의 확장 속에서 이규경은 평가되어 왔다. 그렇다면 이 장에서 『오주연문장전산고』의 도교관을 중심으로 다루는 이유는 무엇인가? 첫째, 『오주연문장전산고』는 19세기 백과사전으로, 근대로의 전환 바로 이전 '도교' 인식을 보여주고 있기 때문이며 이를 통해 '도교관'이 어떻게 변모하고 있는가를 고찰할 수 있어서다. 둘째 19세기 실학의 주요한 활동 가운데 하나인, 박물학에서 도교가 어떻게 정의되고 있는가를 논구할 수 있기 때문이다. 『오주연문장전산고』는 18세기부터 유행한 박물학의 집대성으로 이수광(1563~1628)의 『지봉유설』, 이익(1629~1690)의 『성호사설』의 내용을 포괄하며[500], 19세기 서유구의 『임원경제지林園經濟志』와 함께 대표적인 백과사전이라고 볼 수 있다.

조선전기 도교 분로와 『오주연문장전산고』의 박물학적 관점

『오주연문장전산고』 이전 조선 전기 '도교'는 어떻게 구성되었는가?

---

[498] 양은용, 「오주 이규경의 도교관」, 『한국 도교문화의 초점』, 아세아문화사, 2000; 윤사순, 「이규경실학에 있어서의 전통사상」, 『실학사상의 탐구』, 현암사, 1974.
[499] 김채식, 「이규경의 『오주연문장전산고』 연구」, 성균관대박사, 2008, 5쪽
[500] 실제로 『오주연문장전산고』는 이수광의 『芝峯類說』을 61회 인용하고 이익의 성호사설을 103회 인용하였다. (김채식, 「이규경의 『오주연문장전산고』 연구」, 성균관대박사, 2008, 150쪽)

세종 시기 정인지 등이 중국과 한국의 역대 사적 중 정치의 귀감이 될 만한 사안을 간추려 편찬한 『치평요람』(1445)을 통해 그 대강을 살펴보았다. '도교'는 신앙의 대상인 '노자' 그리고 『노자도덕경』의 사상으로 대표되거나, 5개의 도교로 분류되었다.

조선전기 『치평요람』에 의한 정의된 도교는 남송 유학자 마단림馬端臨(1254-1340)의 분류법을 인용한 것으로 조선전기 '도교'의 구성을 알 수 있다. 마단림은 도교를 청정清淨·연양煉養·복식服食·부록符籙·경전經典과 과교科敎 5개로 분류하였다.[501]

청정清淨	청정무위清淨無爲의 사상
연양煉養	수련양생修煉養生의 내단수행법
복식服食	연양복식煉養服食의 외단수행법
부록符籙	연양복식煉養服食의 외단수행법
경전經典과 과교科敎	수련양생修煉養生의 내단수행법

여기서 청정은 도교의 수행방법 및 처세법 가운데 하나로 탐심을 줄이고, 욕망을 절제하는 것을 의미한다. 노자 45장에서 "청정을 천하의 바름으로 삼는다[清靜爲天下正]" 등에서 출처를 볼 수 있다. 일반적으로 '청정무위清淨無爲'는 사상적 측면의 도가와 종교적 측면의 도교를 분류할 때, 사상적 측면의 '도가'에 가깝다고 할 수 있으며, 세밀하게는 정치술로서의 노자를 의미한다. 연양은 수련양생修煉養生, 연양복식煉養服食을 의미하는 말로, 『황정경』과 『참동계』에 기반하는 외단 및 내단의 수련법을 통칭한다. 그러나 『치평요람』에 인용된 마단림의 분류를 보면 '적송자 위백양은 청정은 말하지 않고 연양만을 말했다고 평가하고, 노

---

501 『文獻通考』, 「經籍五二」, "馬端臨按, 道家之術, 雜而多端, 先儒之論備矣, 蓋清淨一說也, 煉養一說也, 服食又一說也, 符籙又一說也, 經典科教又一說也."

生盧生·이소군李少君은 연양은 말하지 않고 복식만을 말했다'고 언급한다. 이를 통해 볼 때 연양은 '내단수련법'을 그리고 복식은 '외단수련법'을 의미한다고 말할 수 있다. 부록은 도교의 종교적 의례 가운데 하나로 문자, 별자리, 주술로 (상대를) 굴복시키기 위한 도상들을 그린 것으로 문자가 중심이 되며 비밀스런 도식을 포함한다. 『포박자』에서는 부록에 대해 "'부'는 노자(노군)에게서 나왔고 모두 천문天文이다. 노군은 신명에 두루 통하니 (부록은) 모두 신명으로부터 받은 바다."라고 말하였다.[502] 도사들은 '부록'을 통해 귀신을 부리고 병과 액운을 내쫓는다. 마단림은 부록도교의 대표로 장도릉과 구겸지를 뽑았다. 마지막으로 분류한 것이 경전과 과교이다. 경전·과교는 도교의 종교적 계율을 담은 경전을 의미한다. 마단림은 경전과 과교를 중시하는 도교의 대표자로 두광정을 말하였다.[503]

『치평요람』은 마단림의 이 5종의 도교에 대한 총평을 소개하는데, 도교의 무리들이 노자를 모시고 그 가르침을 실행하려 하지만, 청정무위의 설은 정치에 반영될 때 득실이 상반되며, 연양의 설은 자신의 몸만 수양하려 한다고 비판하고, 경전·과교는 도사들의 호구지책에 불과하다고 비판한다. 복식과 부록은 사특하다고 규정하며, 『도덕경』의 가르침과 멀리 떨어져 있다고 비판한다. 물론 이 견해는 『문헌통고』의 내용을 인용한 것이다.[504]

---

502 葛洪, 『抱朴子』, 「遐覽」, "鄭君言, 符出於老君, 皆天文也. 老君能通於神明, 符皆神明所授."
503 『치평요람』 91, 무종의 지나친 도교 숭배(무종 4년)의 기사에 대한 기술이다. 『資治通鑑綱目』 50권 가운데 당 무종(唐武宗) 회창(會昌) 4년 조의 기사를 인용하고, 도교에 대한 견해를 기록한 부분이다.
504 『문헌통고(文獻通考)』 225권 도장서목(道藏書目) (송수경 역, 한국고전번역원)

조선 전기부터(1445) 실상 경전으로서의 『노자』는 도교와는 분리되어 상대적으로 존중되었으며, 다만 청정무위는 법가의 정치술로도 활용될 수 있다고 경계하였다. 내단 수련은 개인의 장생불사만을 추구한다고 비판하였으며, 도사들의 '경전 과교'는 그들의 밥벌이에 지나지 않으며, 외단과 부적 주술 등은 사회에 해를 미치는 사특한 것이라는 비판하였다. 조선전기는 남송 대 문헌인 『문헌통고』「도장총목」의 견해에 깊은 영향을 받았다고 볼 수 있다.

이러한 마단림의 분류법은 19세기에 들어서도 성리학자들의 도교 관련 지식체계에 절대적 영향을 미친 것으로 보인다. 이규경의 조부 이덕무는 『문헌통고』 전체를 필사하기도 하였다.[505] 그런데 이규경은 이러한 『문헌통고』에 의한 도교 지식은 충분하지 않다고 느낀 듯 하다. 이규경은 『문헌통고』의 도교 불교 기록 등이 충분하지 않음을 간접적으로 비판하면서, 나아가 『구당서舊唐書』에서 청나라 『도서집성圖書集成』·『사고전서四庫全書』까지 모두 도교와 불교 문헌을 수록하지 않았다고 비판한다. 그래서 다음과 같이 비판한다.

> "아무리 이단異端을 물리치기 위해서는 그래야 한다 치더라도, 역대의 사실을 고증하기 위해서는 잘못된 듯싶다. 내가 지금 도가와 석가를 논하는 것은, 세상에서 유가·도가·석가 삼교三敎라 일컬어 마치 솥발[鼎足]처럼 오래도록 평등하게 여겨왔기 때문이다."[506]

---

505 이규경의 할아버지인 이덕무(李德懋,)는 마단림의 『문헌통고』를 필사하는 등 『문헌통고』에 대한 학문적 관심이 매우 높았다.(김채식, 「이규경의 『오주연문장전산고』 연구」, 성균관대박사, 2008, 24쪽)
506 『(국역)오주연문장전산고』(민족문화추진회,1980), 「석교(釋敎)·범서(梵書)·불경(佛經)에 대한 변증설(辨證說)」, 187쪽

이규경의 이러한 비판은 19세기 고증과 실증을 중시한 박물학자로서 유불도 삼교를 회통하고자 한 열린 시각으로 평가받는다.

> 나는 상고하건대, 유가의 글은 마음을 간직하고 성을 기르는 학문이고, 도가의 글은 마음을 닦고 성을 수련하는 공부이고, 불가의 글은 마음을 밝히고 성을 보는 요지이다. 다시 말하면 우리 유도는 인人에 밝은 것이고, 도가는 신神에 밝은 것이고, 불가는 귀鬼에 밝은 것이다.[507]

위 인용문은 이규경이 유교·불교·도교를 회통적으로 바라보고 있다고 평가할 수 있다. 실제로 이규경의 『오주연문장전산고』를 전통사상의 측면에서 고찰하는 일반적인 연구들은 다분히 이규경의 관점을 19세기 박물학의 고증학에 기반 한 '삼교 회통적 사유'로 규정하였다.[508] 이규경의 도교관을 단지 이단 학문을 배척하지 않는 포용적 시각, 실학적 사유 등으로 해석하는 일반론적 평가에서 한 단계 나아가 도교관 기술의 특수성을 고찰하고자 한다.

『노자』의 '청정무위'중시와 도교 신선술 비판

이규경李圭景(1788-1856)은 『오주연문장전산고伍洲衍文長箋散稿』을 통해 조부 이덕무李德懋(1741-1793)를 이어 북학파의 세계관 안에서 박학

---

[507] 『(국역)오주연문장전산고』(민족문화추진회,1980), 「석교(釋敎)·범서(梵書)·불경(佛經)에 대한 변증설(辨證說)」, 189쪽
[508] 윤사순, 「이규경실학에 있어서의 전통사상」, 『실학사상의 탐구』, 현암사, 1974; 김채식, 「이규경의 『오주연문장전산고』 연구」, 성균관대박사, 2008.

과 실용에 뛰어난 업적을 남겼다고 평가받는다.[509] 『오주연문장전산고』 경사편에 '도교'에 대한 「도장총설」과 「도장잡설」의 이름 아래 도교에 대한 기록을 담고 있다. 도장총설은 「도교선서도경변증설」이고, 도장잡설에서는 14개의 주제를 다루고 있다. 이를 분류하면 다음과 같다.

도장총설	도교·선서·도경 변증설
도장잡설	노자도덕경에 대한 변증설
	탁목경啄木經에 대한 변증설
	황정黃精과 현빈玄牝에 대한 변증설
	점신광경占神光經에 대한 변증설
	옥추경玉樞經에 대한 대소 두 경이 있다는 변증설
	영보진령위업도靈寶眞靈位業圖에 대한 변증설
	점화외기點化外記에 대한 변증설
	우리나라 도교의 전말에 대한 변증설
	도가 산법 종류의 명칭이 다른 것에 대한 변증설
	마음을 바르게 하기 위하여 태양을 존하고 눈을 염하는 것에 대한 변증설
	벽곡辟穀에 대한 변증설
	인선人仙이 다섯 종류가 있다는 변증설
	장진인의 내력에 대한 변증설
	구피狗皮 도사와 철승鐵繩 낭자의 변증설

'변증설'이라는 말을 붙인 것은 그만큼 고증에 중심을 두겠다는 의미이다. 「도장총설」은 도교 전반에 대한 개론적 논설이다. 「도장총설」과

---

509 그는 동시대 서유구, 최한기, 최성환 등과 교유했다. 이들 가운데 '최성환'은 19세기 말 강필도교(난단도교)의 무상단의 도사라는 점에서 이들의 교유관계에 대해서는 후속연구가 필요할 것으로 보인다.

「도장잡설」 모두 인용한 당대 서적의 규모가 600여 종에 이른다.[510] 거의 대다수의 내용을 인용한 글들 속에서 이규경 만의 견해를 찾는 일은 쉽지 않다. 다만 왜 책의 내용 중 '특정한' 부분을 인용했는가에 대한 해석이 이규경의 견해에 접근하기 위한 방법 가운데 하나가 될 것이다. 그는 『도장총설』에서 도교의 선서와 도경이라는 경전에 대한 변증설'(「도교선서도경변증설」)을 다루는데, 도교 경전 전체에 대해 변증했다는 점에서 의미가 있다. 바로 총설의 시작을 『한서』「예문지」를 통해 '도교'에 대해 정의한다.

"한서漢書 예문지藝文志에 "도道란 요점과 근본을 잡아 청허淸虛로써 자신을 지키고 겸양으로써 자신을 유지하는 것이니, 이는 임금이 천하를 다스리는 방법이다. 그리하여 요임금의 극양克讓과 『주역』의 겸겸謙謙으로, 한번 겸손하여 네 가지 유익을 받는 것에 합하니 이것이 그 장점이다. 그러나 방탕한 자가 이것을 하게 되면 예학을 끊어버리고 인의까지 버리려고 하면서 '오직 청허대로만 하여도 법이 될 만하다' 하였다. 또한 신선에 대하여 "신선이란 성명性命의 진眞을 보전하여 세상 밖에서 한가히 구하는 것으로 애오라지 의욕을 씻어버리고 마음을 평화롭게 하여 사死·생生의 경지를 초월해서 마음속에 두려움이 없는 것이다. 그러나 혹자들은 오로지 이것만을 힘써 허탄하고 괴이한 글이 점점 더욱 많아졌으니, 이는 성인의 가르침이 아니다." 하였다. 도교란 이런 것에 불과

---

[510] 한국고전번역원의 교감기(校勘記)에 따르면 『오주연문장전산고』에 수록된 내용의 서적은 약 600여 종에 이른다.(신병주, 『진단학보』 121, 2014) "唐이전 59종, 수·당·오대 38종, 송·원 149종, 명 143종(한학서역서 9종 포함), 청 188종(한학서역서 4종 포함)이며, 일본 3종, 국내 102종이다. 즉 조선 서적이 약15%, 중국 서적이 85%를 차지한다.

한데, 그 서적은 매우 많다.[511]

이규경은 도교 핵심이 '청허'와 '겸양'이라고 생각하며, 이 도가 잘못되면 '예학을 끊고 인의를 버리게 되며, 신선의 의미가 변질되어 허탄하고 신선술에 괴이한 것이 많다는 견해이다.

"예학을 끊고 인의를 버린다"는 것은 『노자』 17절의 '절인기의'에 대한 비판이기도 하다. 여기서 허탄하고 괴이한 신선술에 대한 언급은 위에서 보듯이 따로 '도장잡설'에서 14가지의 주제를 다룬 것과 일맥상통한다. 이규경은 「도장총설」에서 노자의 '청허'와 '겸양'이 도교의 핵심이라 하고, 허탄하고 기괴한 신선술을 비판하는 기조를 유지하는데, 이 첫 인용문은 도교에 대한 그의 관점을 고스란히 보여준다.

심지어 이 관점의 유지를 위해, 그 다음 인용된 책이 『수서隋書』(636, 당태종 10) 35권 「경적지經籍志」[512] 인데, 시작 부분 몇 개의 문단을 생략한다. 생략된 부분을 보니, "『도경』은 원시천존이 있어 만물의 시초보다 먼저 생하였으며, 자연의 기운을 품부받아, 텅 비고도 깊어서 그 끝을 알 수 없다고 말한다"[513]와 같은 도교 우주론적 내용을 언급한 부분과 천선天仙의 종류를 말한 부분이다.[514] 이 부분은 총설 맨 뒤쪽에 '도

---

511 『(국역)오주연문장전산고』18(민족문화추진회, 1980), 「도장총설」, 11-12쪽. 이 논문의 인용문은 모두 '민족문화추진회' 번역본을 참조하였다. 원문 또한 이 번역본의 말미에 실려있는 원전을 참조했음을 밝힌다.
512 이규경이 인용한 『隋書』(636, 당태종 10) 「경적지經籍志」 35권은 수나라 때까지의 集, 道經, 佛經의 서목을 기록하고 해제한 문헌이다.
513 『隨書』 35, 『經籍』 4(集,道經,佛經), "道經者, 云有元始天尊, 生於太元之先, 稟自然之氣, 沖虛凝遠, 莫知其極" 수서 경적지 원문은 다음의 사이트를 참조하였다. https://ctext.org
514 『隨書』 35, 『經籍』 4(集,道經,佛經), "所度皆諸天仙上品, 有太上老君、太上丈人、天真皇人五方天帝及諸仙官, 轉共承受, 世人莫之豫也, 所說之經, 亦稟元一之氣, 自然而有,

교의 시초'를 설명하는 부분에서 잠시 언급되지만 「도장총설」의 시작 부분에서는 과감히 생략했음을 볼 수 있다. 이규경이 『수서隋書』「경적지經籍志」에서 인용한 부분은 '『노자』가 깊은 뜻을 지니고 있다'고 평가한 부분이다. 그리고 인용하는 도사는 '도홍경陶弘景'인데, 그가 벽곡辟穀·도인導引의 법을 이수하여 양梁 무제의 은총을 받았지만, 신단神丹 즉 단약丹藥이 실제로 성취되지 못하였다고 기록한 부분이다.

> 도가에서 '천존天尊의 성은 악樂이고 이름은 정신靜信이다' 하는데, 대부분 모두 천박하고 저속하므로 세상에서 심히 의심한다.…금단金丹·옥액玉液으로 장생불사한다는 일은 역대에서 비용만 이루 헤아릴 수 없이 허비했을 뿐, 끝내 아무런 효험이 없었다.[515]

이 인용은 『속박물지續博物志』 인용을 통해 구겸지가 태상노군太上老君을 만나 도인과 벽곡의 방법을 얻고, 북위 태무제(408-452)의 총애를 받았지만, 실상 장생불사약으로 알려진 금단 옥액이 효험이 없었다는 내용과 짝을 이룬다.

이규경은 중국도교를 왕조사의 흐름에 따라 기술하는데, 왕의王禕(1321-1373)의 『청암총록青巖叢錄』을 인용하여, 신선술이 두 가지라고 정의한다. 하나는 연양鍊養과 복식服食을 주로 하는 전진교이며, 부록符籙과 과교科敎를 중심으로 하는 정일교正一敎라는 것이다. 여전히 노자가

非所造為, 亦與天尊常在不滅, 天地不壞, 則蘊而莫傳, 劫運若開, 其文自見, 凡八字, 盡道體之奧, 謂之天書, 字方一丈, 八角垂芒, 光輝照耀, 驚心眩目, 雖諸天仙, 不能省視, 天尊之開劫也"

[515] 『隨書』35, 『經籍』4(集,道經,佛經), "自云天尊姓樂名靜信, 例皆淺俗, 故世甚疑之…而金丹玉液長生之事, 歷代糜費, 不可勝紀, 竟無效焉."

근본이고, 신선술은 말류에 지나지 않는다고 이야기 한다.

그러나 그는 연양·과교·복식·부록의 신선술 가운데 연양에 대해서는 호의적으로 생각한다. '구양수歐陽脩'가 『황정경黃庭經』을 산정刪正하고 주자가 『참동계』를 주석한 사례를 들어 산림에 은거하여 홀로 수행하는 선비라면 양생에 힘쓰는 일이 성리학 공부에 죄를 짓는 것은 아니라고 말한다. 즉 주자학자가 양생에 힘쓰는 것에는 너그러운 것이라 한다. 실제로 연양의 측면에서 이규경 자신이 여러 지병이 있어서 많은 노력을 기울인 것으로 보인다.[516] 반면에 백성들에 미치는 피해 정도에 대해서는 '과교'도 피해가 있지만 부록과 복식은 매우 악영향을 미친다는 내용을 인용하였다. 이규경은 시해법과 금단법의 폐해를 인용하면서 우리나라는 방사가 없어서 이런 나쁜 영향이 없었다고 기록한다.[517] 신선술이 백성에게 미치는 해악을 걱정하면서도, '벽곡辟穀(곡식을 끊음)'과 같은 양생술에 대해서는 '전쟁' '기근'과 같은 상황에서 특히 흉년을 구제할 수 있는 방안이 될 수 있다는 견해를 피력하고, 실제적인 방법론을 모색한다.[518]

요컨대, 이규경은 여러 권의 책을 통해 다양한 내용을 인용하고 있지만, 주제의식이 동일하다. 그 핵심은 세 가지에 있다. 첫째는 도교에서 『노자』의 청정무위 혹은 청허, 겸양이 도교사상의 핵심이고 신선술은 말류라는 것이다. 둘째는 도교의 경전이 명확하지 않으며, 도홍경 구겸지 같은 도사들이 당대 황제의 총애를 받았지만, 그들이 주장한 장생불사를 보장한 금단 옥액이 실제로는 아무런 효험도 없었다는 것이다. 셋째

---

516   김호, 「이규경의 의학론」, 『진단학보』 121, 진단학회, 2014, 84-87쪽
517   『(국역)오주연문장전산고』18(민족문화추진회, 1980), 「도장총설」
518   『(국역)오주연문장전산고』18(민족문화추진회, 1980), 「벽곡에 대한 변증설」, 78-79쪽.

사대부의 우환의식을 가지고 백성에게 미치는 과교와 특히 시해법과 금단법의 폐해를 지적하였다. 마지막으로 넷째, 신선술 가운데 내단호흡법과 같은 '연양練養'은 공부하는 선비가 행할 만 하며, 오곡을 끊는 수련법인 벽곡 등은 흉년 구제를 위해 적극적으로 활용할 수 있다고 보았다.

『오주연문장전산고』의 한국도교 기술의 특징

이규경이 우리나라 도교 전개사를 소개하는 방식은 두 가지이다. 하나가 『삼국사기』, 『고려사』, 『서하집』 등의 역사서와 시문집을 통해 도교의 역사적 사실들을 시대별로 기술하는 방식이고, 다른 하나는 『해동전도록』의 단학 도맥 전승 내용을 거의 대부분 소개하는 방식이다. 이규경의 도교 기술은 한 가지 전제가 있다. 도교는 우리나라에 없었으며, 전래되었다는 것이다.

우선 전자를 살펴보면, 『오주연문장전산고』는 조선시대 우리나라 도교를 『삼국사기』로부터 출발한다. 『삼국사기』〈고구려본기〉 624년 영류왕 때 당나라 도사가 노자 천존상과 교법을 가지고 와서 『노자』를 강론했다는 기록[519] 고구려 보장왕 때(643) 연개소문이 '삼교'는 솥의 세 발과 같은데, 유교·불교에 비해 도교가 흥하지 못하니 도교를 받아들이자고 건의하자 당나라가 『노자』를 보내주었다는 기록을 언급한다.[520] 그리

---

[519] 『三國史記』, 20권, 「高句麗本紀」, 榮留王, "七年春二月, 王遣使如唐, 請班曆, 遣刑部尙書沈叔安, 策王爲上柱國遼東郡公高句麗國王, 命道士, 以天尊像及道法, 往爲之講老子", "八年 王遣人入唐 求學佛老教法 帝許之"

[520] 『三國史記』 21, 「高句麗本紀」 9, 寶藏王, 二年春三月, "三教譬如鼎足, 闕一不可. 今儒·釋並興, 而道教未盛, 非所謂備天下之道術者也. 伏請, 遣使於唐, 求道教以訓國人."

고 고려시대는 이중약李仲若이 송나라의 황대충黃大忠과 교유하고, 교리를 받고 재초를 하는 복원궁을 설립했다고 말한다. 조선시대는 『경국대전』을 통해 당시 "도류道流" 도사의 시험과목을 소개하고, 소격서의 초제와 폐지(1519)와 태일전의 폐지(1479)를 소개한다. 이규경은 이것을 일러 우리나라 도교의 전말이라고 밝힌다.[521]

1장에서 이능화의 『조선도교사』의 시작점에 단군이 있다는 논의를 했다. 그런데 전래설에 입각한 이규경은 '도교적 요소' 안에 단군을 포함하지 않는다. 이규경은 『도장총설』에서 우리나라는 본래부터 도교가 없었다고 거듭 말한다. 특히 금단 방중과 같은 사술이 없었던 것은 '방사方士'가 없었기 때문이라고 말한다. 이규경은 도교를 철저히 '중국전래설'의 입장에서 바라본다. 따라서 도교의 자생설을 주장할 때 인용되는 최치원崔致遠(857-?)의 난랑비鸞郎碑 서문의 '현묘지도'에 대한 논의도 없다.[522] 대신 최치원이 당나라에서 단학을 배워서 한국단학의 시조가 되었다고 말한다.

> 최치원은 당 나라에 들어가 환반還反하는 학설을 얻어 전해 우리나라 단학의 시조가 되었으니, 그 가장 뛰어난 것은 『참동계』 16 구결이다. 단학파 중에 저서하여 전수한 것으로 정염의 『단가요결丹家要訣』, 권극중權克中의 『참동계주해參同契注解』, 이지함李之菡의 『복기문답服氣問答』, 곽재우郭再祐의 『복기조식진결服氣調息眞訣』이 그 관건이며, 근세에 허미許米가 단학에 대한 공부를 깊이 깨달아 도교의 서적을 많이 소장하고 있었으니, 이

---

521 『(국역)오주연문장전산고』18(민족문화추진회, 1980), 「도장총설」
522 『三國史記』, 「新羅本紀」 4, 眞興王, 576년, "國有玄妙之道, 曰風流. 設敎之源, 備詳仙史, 實乃包含三敎"

는 단학의 시말始末이다.[523]

최치원에서 시작해서 곽재우로 연결하는 조선 단학파의 도맥은 이규경이 『해동전도록』에 근거해서 인용했음을 알 수 있다. 여기서 흥미로운 것은 참동계 16결이다. 이것은 아마도 『해동전도록』 말미에 합쳐져 있는 구결서를 의미하는 것으로 보인다. 연세대 소장 한무외(1517~1610)의 『해동전도록』 말미를 보면 뒤에 「용호결」, 「단서구결」, 「단서별지구결丹家別旨口訣」이 합철되어 있다. 아마도 이규경이 「단서구결」 혹은 「단서별지구결」을 읽은 것으로 유추된다.[524]

이규경은 과의도교와 수련도교를 엄격히 구분하여 기술한다. 과의도교적 측면은 『용재총화』 등을 통해 당시의 초제를 묘사하고 소격사 혁파의 과정도 소개한다. 또한 『용재총화』를 통해 당시 초제의 형태를 묘사하고, 소격서 혁파 이후 을유년(1525) 다시 설립되었다가 임란 이후 폐지되었다고 자세히 밝힌다. 조선의 수련도교로서의 단학파는 앞에서 언급하였듯이 『해동전도록』을 따른다. 단학파의 경우 『해동전도록』을 따르면서, '단군'을 기록한 『해동이적』은 다루지 않는 점도 특이하다.

이 밖에 『오주연문장전산고』에서 내내 비판했던 신선술에 대해서 이규경은 자세히 기록하면서 왜 신선술이 도교의 말류인가에 대해 언급한다.

도가가 당초에는 선도仙道가 아니고 구류九流에 나열된 것이었는데, 후세에는 마침내 신선을 도교라 하여 점차 방기方技의 유류流로 들어가고 말았

---

523 『(국역)오주연문장전산고』18(민족문화추진회, 1980), 「도장총설」
524 김윤경, 「조선시대 내단(內丹) 구결서(口訣書) 고찰」, 『동양철학연구』 70, 2012

다. 그렇다면 이에 대한 변증이 없을 수 없다.[525]

흥미로운 점은 『노자』로 대표되는 사상 즉 도가류와 '신선술'('선도')를 명확하게 구분하고 있다는 점이다. 여기서 '구류'란 사마천의 육가六家에서 확대된 것으로[526] 『한서漢書』 「예문지藝文志」에서 말한 구류십가九流十家- 유가류儒家流·도가류道家流·음양가류陰陽家流·법가류法家流·명가류名家流·묵가류墨家流·종횡가류縱橫家流·잡가류雜家流·농가류農家流-를 말한다. 아마도 이규경은 노자와 장자는 도가에 속하고, 신선술은 '음양가류'에 배속시킨 것으로 보인다.

이규경은 신선술을 비판하면서도 복이술服餌術·'부록符籙'과 '재초再醮' 등을 자세히 소개한다. 백성에게 가장 큰 폐해가 된 것으로 시해파를 소개하기도 한다. 특히 복이술에 대해서는 '일종의 선약仙藥에 대한 학설이 있어서 이를 복이술이라 하는데, 그 약물은 존재하는 것이 아니라서 황당하다'라고 평가를 하기도 한다.[527] 심지어는 약물을 먹고 죽은 자들의 사례도 소개하며, 신선이란 헛된 사유라는 말을 인용한다.

이능화가 한국의 도교를 중국과는 다른 특수성 안에서 '선도'라고 명명하였다면[528], 이규경은 '선도仙道'를 '신선술'로 보고 이를 도가의 말류라고 격하하였다. 그럼에도 신선술을 도교 카테고리에서 다룬 것은 후대에 이 두가지 학파가 합쳐졌기 때문이다.

장도릉과 같은 후한 말기의 도사도 격하해 괴수魁首라는 호칭을 쓴

---

525 『(국역)오주연문장전산고』18(민족문화추진회, 1980), 「도장총설」
526 사마천은 『사기』의 태사공자서(太史公自序)에서 당시의 학자·학술·학파를 총괄하여, '음양가·유가·묵가·명가·법가·도가' 여섯 개로 나눈 바 있다
527 『(국역)오주연문장전산고』18(민족문화추진회, 1980), 「도장총설」
528 이능화, 위의 책, 23-26

다. '이규경은 사교邪敎에 대한 변증설'에서 최고의 사학邪學이 예수교(야소교)라고 언급하고, 예수교가 윤리적 측면에서는 유학儒學과 크게 다르지 않다고 평가하고 종교적 측면에서는 도교와 유사하다고 평가를 내린 바가 있었다.[529] 예수교는 백련교나 부수符水·끽채사마喫菜事魔·방술·교문 등의 사술을 뭉쳐 만들어, 야소(예수)의 이름을 빌린 것이라고 규정하였다.[530] 이런 측면은 이규경이 도교의 방술에 대해 가지고 있는 비하의 인식을 드러낸다.

이 밖에 이규경은 이능화의 『조선도교사』와는 다르게 '도교'의 카테고리 안에 『노자』와 『장자』 주석서들을 일별하고 조선의 주석서인 박세당의 『신주도덕경』과 홍석주의 『노자도덕경주』를 소개한다.[531] 엄군평의 『노자지귀』와 초횡의 『노자익』을 소개하고 있다는 점에서 이 두 권의 중국 『노자』 주석서가 조선시대 많이 읽혔던 것으로 추측된다.

앞서 논의했듯이, 이규경은 다양한 도교 관련 전적들을 인용해 고증학적 방법으로 「도장총설」을 구성하였다. 이규경이 '도교'의 외연을 구성하는 특징이 무엇인가는 비교를 통해서만 가능하다. 근대의 연구성과물인 이능화의 『조선도교사』와 다른 이규경의 '도교' 구성의 방식은 다음과 같이 요약할 수 있다. 첫째, 이능화가 『해동전도록』과 『해동이적』을 모두 소개하고, 단군을 조선 선도仙道 '선가仙家'의 시조로 본다면,[532] 이규경은 『해동전도록』에 기반해 조선단학파를 제시하고, 우리 고유의 도

---

[529] 『五洲衍文長箋散稿』, 「經史篇」3, <斥邪敎辨證說>, "與西洋人蘇霖戴往覆⋯而其言以爲對越復性, 初似與吾儒無異, 不可與黃老之淸淨瞿曇之寂滅同一而論"
[530] 『五洲衍文長箋散稿』, 「經史篇」3, <斥邪敎辨證說>, "今邪黨之所爲, 乃白蓮符水喫菜事魔房術敎門等邪術, 湊作一術, 托名耶蘇, 依附洋人, 濟其財色幻騙之慾也"
[531] 서명응의 『도덕지귀』와, 이충익의 『초원담로』는 소개하고 있지 않다.
[532] 이능화, 위의 책, 23-26

교는 없고 당나라로부터 전래되었다고 규정한다. 이능화에게서 '선도仙道'라는 용어가 '한국 도교'의 특수성을 드러내는 용어라면, 이규경에게서의 '선도仙道'는 '신선술'로서 청정과 무위의 '도가'와는 다른 격이 낮은 말류이다. 둘째, 이능화가 조선의 역사서에서 도교의 흔적을 찾고 다분히 과의도교적(재초적) 성격의 자료들을 모두 수합하려는 노력을 했다면[533], 이규경은 중국의 『문헌통고』, 『수서경적지』 등의 자료를 일별해서 중국 도교사를 간략하게 기술하고 조선의 도교사를 기술하였다. 셋째, 이능화가 『조선도교사』에서 사상적 측면의 『노가』와 『장자』 등의 문헌은 '도교' 안에서 구성하지 않았는데, 이규경은 '도교'의 카테고리 안에 『노자』 『장자』 『열자』 등의 도가경전 뿐 아니라 방대한 양의 문헌들을 아우르고 있음을 볼 수 있다. 이능화가 20세기 초 '종교religion 개념 안에서 제의적 성격이 있는'도교' 자료를 중심으로 '도교사'를 구성하려 했다면, 근대의 개념이 들어오기 전 이규경은 『한서』 「예문지」의 '구류십가九流十家'의 분류에 근거해 초기에는 도가와 신선술이 분리되어 있었으나, 후대에 합쳐졌다고 비판하고, 후대에 합쳐진 도가와 신선술 관련된 고대의 이론 및 전적들을 다 포괄하여 기술하고 있음을 볼 수 있다.

요컨대, 이규경은 박물학자로서 도교에 관해 많은 양의 정보를 실었지만 도교를 바라보는 두 개의 시선을 가지고 있었다. 『노자』의 청정무위 사상은 존숭하되 신선술은 폄훼하였다. 심지어 예수교를 '사당邪黨'이라고 규정하고 이들의 종교활동을 도교 방술에 비유하기도 하였다. 또한, 사대부의 우환의식을 가지고 백성에게 해를 미치는 시해법과 금단

---

[533] 이능화의 『조선도교사』를 보면 고려부터의 각종 초제, 소격서의 초제, 태청관, 태일전, 마니산 제천 노인성 제사, 천중절 행사 등 상당 부분이 초제를 기술하는데 할애되어 있음을 볼 수 있다.

법 등의 폐해를 지적하면서도 신선술 가운데 '연양'은 공부하는 선비가 행할 만 하다고 긍정했으며, 벽곡의 술법은 흉년 구제를 위해 적극적으로 활용하고자 하기도 하였다.

19세기 『오주연문장전산고』의 도교 구성요소가 가지는 의미는 다음과 같다. 첫째, 이능화가 단군을 조선 선도仙道 '선가仙家'의 시조로 본다면, 이규경은 우리 고유의 도교는 없고 당나라로부터 전래되었다고 주장한다. 따라서 둘째, 이능화에게서 '선도仙道'는 '한국 도교'의 특수성을 드러내는 용어라면, 이규경에게서의 '선도仙道'는 '신선술'로서 청정과 무위의 '도가'와는 다른 격이 낮은 말류의 도교를 의미한다. 셋째, 이능화가 20세기 초 '종교religion 개념 안에서 제의적 성격이 있는'도교자료를 중심으로 '도교사'를 구성하려 했다면, 근대로 들어오기 전 이규경은 『한서』「예문지」의 '구류십가九流十家'의 분류에 근거해 초기에는 도가와 신선술이 분리되어 있었으나, 후대에 합쳐졌다고 비판하고, 후대에 합쳐진 도가와 신선술 및 관련된 고대의 이론 및 전적들을 다 포괄하여 기술하고 있음을 볼 수 있다.

2
조선후기 민간도교의 발현과 전개

앙리마스페로는 『도교』에서 고대 중국의 토지신 이야기와 굴원屈原의 「초혼招魂」의 영매적 요소를 시작으로 도교를 말한다.[534] 구보노리따다窪德忠는 『도교사』에서 일본 신사의 제사와 중국의 신들에 대한 제의가 오늘날까지 활달하다는 견해로 도교를 서술한다.[535] 이는 모두 애니미즘Animism · 토테미즘Totemism 등의 원시신앙에 근거한 민간신앙적 '도교[536]'의 기원을 말하는 것이다. 위의 두 책과는 다른 입장에서 이능화는 『조선도교사』에서 '단군'의 이야기로부터 시작하여 도교의 기원이 한반도라는 자생론을 주장한다는 것은 앞에서 논한 바 있다.

따라서 우리는 '도교'의 기원을 말할 때 이능화가 조선도교사를 기

---

[534] 앙리 마스페로(Henri Maspero, 1883-1945), 신하령·김태완 역, 『도교』, 서울, 까치, 1997 (Le Taoïsme et les Religions Chinoises, Gallimard, Paris, 1971)

[535] 窪德忠, 최준식 역, 『도교사』, 분도출판사, 1990

[536] '道家'는 『노자』 『莊子』를 기초로 하는 철학사상을, '道敎'는 老莊 사상을 포함한 종교를 지칭하는 말로 구분된다. 학자들 사이에서 도가와 도교를 구분해 연구하자는 주장과 '도가'와 '도교'를 포괄해서 다루어야 한다는 주장이 있어 왔다. 20세기 초 중국철학사가들은 서양철학을 기준으로 철학과 종교를 엄격하게 구분하여 중국의 전통사상을 기술하고자 하였다. 대표적으로 馮友蘭은 서양철학의 틀로 중국철학을 설명하면서 '도가'는 '철학'으로 '도교'는 '종교'로 분류하였다. 그러나 최근에는 철학과 종교를 엄격하게 구분하는 일은 학문적 편의를 위한 것일 뿐, 도교에 대한 총체적 연구를 방해한다고 비판한다.

술하면서 제기한 도교 구성요소에 영향을 받는다. 예를 들어 민간의 북두칠성신앙과 조왕신앙 단군신앙 관제신앙을 함께 조선도교 안에서 논의하기도 하고 도교와의 연관성 위에서 동학과 증산교·대종교 등 20세기 신종교를 다루기도 한다.[537] 이능화는 일반적으로 애니미즘Animism 토테미즘Totemism 등의 원시신앙으로부터 출발해 도교사를 기술하는 것과는[538] 다르게 오늘 날 한국도교 구성의 외연을 확장하였다. 예를 들어 '단군'의 경우,『조선왕조실록』을 보면 소격서 철폐가 논의될 때 '단군사당'은 함께 논의된 적이 없다.[539] 『조선왕조실록』 안에서 '도교'로 상징되는 '소격서'와 '단군'은 같은 카테고리 안에서 기술된 적도 없었다. 엄밀히 말해 조선 중기까지 '도교' 구성의 요소 안에 '단군'은 없었다고도 말할 수 있을 것이다. 앞서 다룬 이규경의『오주연문장전산고』의 도교 기술에서도 '단군'은 없다. 그렇다면 한국도교에서 '단군'이 요청된 것은 언제인가? 홍만종의『해동이적』(1666)이 처음이라 할 것이다. 이와 같이 한국도교의 구성요소는 매 시대마다 변화가 있었다. 이 장에서는 조선 후기의 민간도교의 발현과 전개를 살펴보고자 한다.

---

[537] 이능화는『조선도교사』28장에서 신종교(민족종교)를 다룬다.
[538] 앙리 마스페로(Henri Maspero)(신하령·김태완 역,『도교』, 서울, 까치, 1997/ Le Taoïsme et les Religions Chinoises, Gallimard, Paris, 1971; 와 窪德忠(최준식 역,『도교사』, 분도출판사, 1990)을 예로 들 수 있다.
[539] 『조선왕조실록』안 '단군' 관련 기록들은 142건에 이르는데 소격서 철폐가 오랫동안 화두가 되었던 임진왜란 이전 시기에 오히려 단군 관련 기록은 100여건에 이른다. 대부분이 단군 시조에 대한 제사 논의이거나, 증축 및 수리 관련된 기사들이다.

조선 후기 민간도교의 특징

조선 후기 민간도교의 특징은 네 가지로 나누어 볼 수 있다. 첫째는 관제신앙의 확대이다. 관제신앙關帝信仰(관우신앙)은 임진왜란 당시 명의 요청에 의해 전래된 중국의 민간신앙이다. 조선에서 관제신앙은 민간에 빠르게 유포되었다.[540] 관묘의 참배객이 지나치게 들어나 관묘 참배를 2번이나 금지하였다는 기록도 있다.[541] 임진왜란을 배경으로 하는 소설 『임진록』에 관우는 영웅의 탄생을 현몽하기도 하고, 영웅에게 뛰어난 능력을 주는 신으로 등장한다. 심지어는 조선을 보호하기 위해 명나라 천자에게 구원군을 보내라고 현몽을 하기도 한다.[542] 조선 후기 관제는 민간에서 '벽사辟邪'와 '구복求福'의 대상이었다.[543] 또한 뒤에서 다룰 조선 후기 민간도교단체(무상단)가 관왕묘의 도사들을 중심으로 이루어졌으며, 삼성三聖(關帝, 文昌, 孚佑)신앙에서도 관우가 중심이었다.[544] 관우는 관왕으로 불리다 고종 때(1920) 황제로 격상되었다[545]

임란 이후 왕실의 주도로 국가적 차원에서 시작되었던 관제신앙이

---

[540] 평양, 경북 성주, 안동, 전북 남원, 강진 동래 강화도 개성 등에 유관 유적지가 있으며, 고종 때까지 꾸준히 건립되었다. (김탁, 『한국의 관제신앙』, 선학사, 2004년 50~52쪽)
[541] 『조선왕조실록』, 39책 242쪽, 40책 31쪽.
[542] 김장동, 「임진록의 설화고-관묘설화와 사명설화를 중심으로」, 『동아시아문화연구』 4, 1983, 88~91
[543] 관제가 새로운 신으로 등극하면서 관우와 관련된 새로운 신이한 전설도 만들어졌다. 예를 들면 南廟의 자리 선정과 관련해서 '이항복'이 등장하는데, 이항복에게 관우가 사자를 보내 남묘의 자리를 지정하게 했다는 것이다. (전인초, 「관우의 인문조형과 관제신앙의 조선 전래」, 『동방학지』 134, 2006, 332~333참조)
[544] 선음즐교와 무상단은 결사의 형태를 띠며 수행방법에 있어서 관제를 벽사와 구복의 신으로 모시는 것과는 차별성이 있다. 따라서 본 논문에서는 따로 다룬다.
[545] 『조선왕조실록』(영인본), 3책 239쪽, 고종에게 윤용선(尹容善)이 '關王'을 '顯靈昭德義烈武安關帝' 즉 關帝로 높일 것을 제의하자, 고종이 받아들였다.

민간에 널리 신앙의 대상으로 확고히 자리 잡은 원인 가운데 하나는 조선 후기 관제 경전들의 유포이다. 유교사회에서 도교 경전이 유포된 데에는 관제 경전들이 중시하는 충과 효가 유교사회의 실현과 부합하는 측면 때문이었다.[546] 따라서 당시의 사대부층도 관제신앙에 적극적이었다. 규장각 제학 박규수(1807~1876)는 관제 경전인 『관성제군성적도지전집關聖帝君聖蹟圖誌全集』(檀國顯聖典, 1876) 서문에서 "나(규수)는 약관의 나이부터 관후를 경모해 왔으며, 몽매지간에 만나 계고誡告 지도指導를 받았다"라고 말한다.[547] 심지어 김창희(1844~1890)는 '관제는 유종儒宗'이라고까지 말한다.[548] 이능화의 『조선도교사』에 인용된 「감응편感應經」에 따르면, 관성제군은 충성스럽고 청렴하며 천지인 삼재의 지휘권을 관장하며 위로는 36천의 하늘과 아래로는 72지의 땅을 관할한다고 한다. 또한 유 불 도의 삼교 교권을 집장하며, 생사 죄과에 명운을 여탈하는 흑적黑籍을 관장하는 신으로 표현된다.[549] 이러한 신의 위력과 가피력이 민간에 경전으로 유포되면서 관우를 둘러싼 새로운 전설들이 만들어졌다.

국가적 차원에서 시작되었던 조선 후기 관제신앙은 왕족과 사대부들에게는 국가와 왕실의 안위를 지켜주는 충효의 수호신으로 받아들여졌고, 관묘 설립과 관제 경전의 유포로 이어졌다. 자연히 민간에서도 관묘는 충효의 상징이자 벽사와 구복의 대상으로 자리 잡게 되었다.

둘째는 중국의 민간도교결사의 영향을 받은 '선음즐교(묘련사)'와 '무

---

[546] 예를 들어 『조선왕조실록』(순조14년, 1814년)에는 淸의 역적의 무리들이 關帝를 보고 놀라 두려워하다 붙잡혔고, 이로 인해 황제가 일 년에 두 번씩 관제에게 제사를 지내기로 했다는 내용이 등장한다. 關帝의 '忠'의 상징성이 드러나는 사건이다.
[547] 김명호, 『환재박규수연구』, 창비, 2008
[548] 『關聖帝君聖蹟圖誌全集』(1876, 규장각본), 「跋文」
[549] 이능화, 이종은 역, 『조선도교사』, 보성문화사, 2002, 317쪽

상단'의 등장이다. '선음즐교善陰騭敎'에 대한 최초의 언급은 이능화의 『조선도교사』에서 나타난다.

> 지금으로부터 약 50년 전에 서울시내 일부인사들이 여산廬山 백련사白蓮社를 모방하여 염불단체를 만들었는데, 이름을 묘련사妙蓮社라 하였다. 산사에 모여 염불에 정진하였는데 홀연히 관음이 감동하여 묘응이 나타나 보였다. 모두 열 한차례 설법한 것을 적으니 책 한 권이 되었다. 책 이름을 『제중감로濟衆甘露』라 하며 여순양의 서序가 있는데, 이와 합하여 두 책이 당시 유포되었다.[550]

이능화는 이 단체가 중국의 '백련사白蓮社'를 모방한 염불단체이며 이들이 열한 번에 걸쳐 설법한 것이 『제중감로』라는 책이고, 이 책의 서문은 여순양呂純陽의 강필임을 말한다. 중국의 백련사는 백련교로 대표적으로 불교와 민간도교가 결합한 신앙형태이다. 원나라 말기 미륵하생신앙과 남송대 불교의 이단종파인 백련종을 모태로 출현하였다. 이후 명대 중기 이후 나교羅敎의 영향을 받기도 하였다. 나교羅敎는 유교의 오덕五德, 불교의 오계五戒, 도교의 오행五行사상에 기초하여 불살계不殺戒를 중시하고, 채식을 강조한 당대의 신흥종교였다. 사상적으로는 유불도 삼교합일적인 모습을 지니며, 시대마다 민간신앙과 교섭하며 발전하였고, 관의 박해를 피해 명 청대 여러 다른 이름을 갖기도 하였다. 청대 백련교 교리의 특징은 "진공가향眞空家鄕 무생노모無生老母"라는 진언眞言에도 잘 나타나 있다. 이 8자 주문은 미륵이 하생한 이상향을 염원하는

---

[550] 이능화, 이종은 역, 『조선도교사』, 보성문화사, 2000, 303쪽

핵심적 세계관을 보여준다.[551] 청대 민중친화력이 높았던 백련사는 민란을 일으키면서 관으로부터 탄압을 받았는데, 이는 다시 비밀결사 민간종교를 더욱 활성화시키는 결과를 초래하게 되었다[552] 이능화는 19세기 조선에 백련사를 모방한 '묘련사'라는 조직이 있었음을 기록하였다.

또 다른 민간도교교단은 '무상단無相壇'이다. 김윤수는 「고종시대의 난단도교」에서 『제중감로』의 7개 단처 가운데 하나인 '무상단'을 독립적인 종교단체로 보았다. 김윤수의 논문에 따르면[553] 무상단은 서정徐珽, 정학구丁鶴九, 유운劉雲, 최성환崔瑆煥(1813~1891)[554] 이 주축이 된 종교단체로서, 이 가운데 최성환은 19세기 활약한 중인 출신 문사로 이름이 높다.[555] 무상단은 관성제군, 문창제군, 부우제군의 三聖帝君을 숭배하면서 난서鸞書와 선서善書를 편찬하고 간행 보급하였다. 무상단이라는 명

---

551 野口鐵郎, 「中國宗敎結社硏究序章」, 『近代中國』 4, 東京:嚴南堂書店, 1978
552 野口鐵郎, 「道敎と民衆宗敎結社」, 福井康順 外, 『道敎2-道敎の展開』(同庚:平河出版社, 1983), 217~219쪽
553 무상단에 대한 연구는 김윤수의 「고종시대의 난단도교」(『동양철학』 30, 2007)를 중심으로 살펴었다.
554 백현숙의 「최성환의 인물과 저작물」(『역사학보』 103, 역사학회, 1985)의 저자소개를 참조하였다. 이 논문에서 최성환의 가계도를 통해 최성환이 武의 전통이 강한 중인 집안 계통이면서, 당대의 문사였음을 밝혔다. 그 보다 앞서 이우성은 「김추사 및 중인층의 성령론」(『한국한문학연구』 5, 1980)에서 19세기 중반에 유행한 성령론의 입장에서 최성환을 논한 바 있다. 이후 최성환의 성령론은 한문학 연구성과 속에서 '심미 주체의 개체적 자각'이라는 측면에서 논의되었다.(정우봉, 「19세기 한문학의 재조명:19세기 성령론의 재조명-최성환의 성령론을 중심으로」, 한국한문학연구 35, 한국한문학회, 2005)
555 최근까지의 연구 성과에 의하면 최성환은 19세기 성령론 안에서 논의되었다. 이우성이 「김추사 및 중인층의 성령론」에서 19세기 중반에 유행한 성령론을 연구한 이래로 최성환의 성령론은 한문학 연구성과 속에서 다만 '심미 주체의 개체적 자각'이라는 측면에서 논의되었다. (정우봉, 「19세기 한문학의 재조명:19세기 성령론의 재조명-최성환의 성령론을 중심으로」, 한국한문학연구 35, 한국한문학회, 2005) 그러나 김윤수가 밝힌 바, 무상단 도사로서의 최성환의 삶을 본다면 성령론은 앞서 말한 '飛鸞'이라는 도교적 행위와의 연관 속에서 고찰할 바가 있다고 생각된다.

칭이 최초로 등장한 문헌은 1877(고종 14년) 『중향집衆香集』의 서문에서 드러난다. 무상단 출신의 도사들은 三聖에 대한 통합 신앙서를 보급하면서[556] 중국 민간도교경전의 간행에 큰 역할을 하였다. 이 때의 무상단은 삼성신앙과 함께 옥황신앙이 중시되었다. 무상단 도사들은 대부분 관성묘 도관들이다.[557] 관제신앙이 관제를 중심으로 하는 민간의 벽사와 구복의 신앙이라면, 묘련사와 무상단은 나름 교단 형태를 갖춘 우리나라 최초의 민간도교라고 볼 수 있다. 무상단에 관해서는 뒷장에서 좀 더 상세히 다루겠다.

명·청대의 민간도교는 '미륵하생'이라는 말세론이 민간에 유포되면서 왕조비판이 중심이 되었다. 그러나 조선 후기 관제신앙 선음즐교와 무상단은 고종이 적극적으로 도교경전 편찬에 기여했다는 점을 볼 때[558], 청대의 민간도교에 기반 한 종교결사와는 차이가 있다고 생각된다.

셋째는 조선 후기 민간도교의 특징은 '선음즐교'에서 보여주는 '강필降筆'과 '감응感應'의 중시이다. 위의 인용문에서 이능화가 말한 '홀연히 관음이 나타나 설법한 것을 적었다'는 것은 강필降筆을 의미한다. 강필은 종교적 엑시터시Ecstasy의 상태, 즉 신과의 합일 상태에서 신이 하는 말을 받아 적는 것을 말한다. 원시 종교에서 '엑스터시'는 병을 고치고, 영혼의 변화를 일으키는 샤먼(무당)이 사용하는 기술이었다. 이능화의 기록에 따르면, 선음즐교는 중국의 백련사를 모방하여, 염불 진언을

---

556 개별적 신앙서로 관성제군에 대한 경전인 『過化存神』 등 4종, 문창제군에 대한 것으로는 『南宮桂籍』 등 6종 부우제군에 대한 것으로는 『心學正傳』 등 3종이다.
557 김윤수, 위의 논문, 59쪽.
558 관제 관련 경전만 해도 『關聖帝君五倫經』, 『關聖帝君聖蹟圖誌全集』 『關聖帝君聖蹟圖誌續集』, 『海東聖蹟誌』, 『覺世眞經』, 『明聖經』 『關聖帝君應驗明聖經』, 『過化存神』 등이 모두 고종의 명으로 편찬되었다.

통해 신과의 합일 상태에 이르고, 강필을 통해 교리를 체계화 시켰음을 알 수 있다. 이 때의 강필은 '비난飛鸞'이란 용어로 표현된다. 실제로 『제중감로』의 성서成書과정은 다음과 같이 묘사된다.

> 임신년(1872) 겨울 11월에 묘련사의 법려 여러 사람이 삼각산 감로암에서 정진회를 열었다. 보살성호를 전념하면서 상서로운 감응感應을 기대하였더니 과연 현시現示하여 법연에 강림하여 감로법을 명하였다.[559]

여기서 주목되는 점은 보살성호를-여기서는 관세음보살을 의미한다-전념으로 암송하는 가운데 감응하여 현시하였다는 것이다. 『제중감로』의 성서 과정은 11차례의 법회를 통해 5년에(1872~1877) 걸쳐 일곱 곳의 단을 열어 완성한다. 그런데 책의 서문은 부우제군孚佑帝君(呂純陽)이 무상단에 강림하여 남긴 것이다.[560] 11차례에 걸쳐 책이 이루어지는 과정은 선음즐교가 '주문'과 '강필'이 주요한 종교적 요소임을 드러낸다.[561] 『제중감로』에서 많이 등장하는 주요한 단어가 '감응感應'이다.

> 생生과 불佛은 본래 둘의 이치가 없는 것이요, 성性과 상相은 원래 일관된 것이다. 인연이 있으면 감응을 따라 기용의 묘체를 깨달을 것이요, 무념하면 원을 따라 법체의 진전을 알 수 있을 것이다.…인연을 따라 감응하면 반드시 저와 같이 밝아질 것이니, 엄연히 정법의 때가 있다고 말하지

---

[559] 『濟衆甘露』(국립중앙도서관본),「觀世音菩薩妙應示現濟衆甘露緣起」, "同治壬申歲 冬十一月, 妙蓮社法侶諸人, 說精進會于三角山之甘露菴. 專念菩薩聖號, 以期瑞應赴感, 示現儼臨法筵命甘露法."
[560] 위의 책,「觀世音菩薩妙應示現濟衆甘露緣起」
[561] 위의 책,「觀世音菩薩妙應示現濟衆甘露緣起」

말라. 어찌 고금에 있겠는가? 총지지회(이 모임)를 인간세계에 널리 베풀하라… 오직 법안을 심두에 새기어 종시일념을 원圓과 함께 하여 감응이 삼매에 장통長通하도록 하라 부처가 (중생을) 이끌어 교화함을 나누어 고민하고, 오랫동안 사람과 하늘의 안목을 입증하여 주기를 원한다.… 무상단에서 비난시飛鸞時에 순양자가 쓴다.[562]

위의 『제중감로』 인용문에서 '인연이 있으면 감응을 따라 기용의 묘체를 깨닫는다'라고 말하고, '인연을 따라 감응하면 밝아질 것이다'라고 하며, '감응이 삼매에 장통하도록 하라'라고 말한다. 여기서 말하는 '감응感應'이란 무엇인가? 도교에서 주문수행은 하늘과 상통하는 수단이며, 수행의 구체적인 방법이다. 도교에서 주문의 종류에는 신의 이름을 부르는 것이 많다. 신의 힘을 요청하여, 신과 합일되는 경지를 추구한다. 『제중감로』는 바로 주문 수행을 통해 천기와 감응하는 상태를 표현하고 있다. 특히 마지막 구절에 '비난시飛鸞時'는 신과의 합일 상태에서 강필 하는 상태를 표현한다. '난鸞'이란 둥근 모래판 위에 정T자형의 나무를 매달고 두 사람이 함께 붙잡아 신[乩仙]이 강림하여 계시하는 대로 자연스러운 진동에 의해 글씨를 쓰는 것을 말한다. 손잡이에 난새를 조각하므로 난새를 붙잡는다는 의미로 부난扶鸞·부계扶乩라고도 한다. 도관에서 신의 뜻을 아는 방법 가운데 하나가 부계이다. 부계 시에 내려오는 신은 관제나 여동빈이 많다. 부계의 역사는 오래 되서 5세기 경 쓰여

---

[562] 위의 책,「觀世音菩薩妙應示現濟衆甘露序」, "生佛本無二致, 性相原在一貫. 有緣則隨感及覺機用之妙諦, 無念則隨圓可知法體之眞詮…隨緣感應 必如彼其昭昭, 勿謂像季 嚴然正法之時, 奚言古今, 宛如摠持之會, 弘之在於人…惟願法眼銘刻心頭, 始終俱圓於一念, 感應長通於三昧 分憂佛祖之導化 永證人天之眼目…無相壇 飛鸞時 純陽子 題"

진 도홍경의 『진고眞誥』를 예로 들기도 한다.[563] 부계는 비난이라고도 하는데, 도교 종교결사에서 적극적으로 사용되며 이를 통해 경전을 만든다. '비난飛鸞'을 중시하는 선음즐교는 수행법에 있어서 도교의 내단파가 아닌 부주수행을 중시하는 계파의 갈래라고 이해할 수 있다. 누구라도 주문수행을 통해 삼매의 상태에 감응할 수 있다고 본 점은 민간에 전파되는데 용이했으리라 추측된다. 실제로 무상단 또한 주문과 난단鸞壇을 중시하였다. 요컨대 선음즐교를 통해 볼 때 조선 후기 민간도교는 중국 민간도교의 영향을 받았으며, 부주수행을 통해 신과의 합일 엑시터스의 상태를 추구하였다. 또한 신과의 합일 상태에서 강필한 경전을 교단의 중심 교리로 삼았다. 또한 선음즐교의 '주문'과 '감응'이라는 수행방식은 민간에 쉽게 전파될 수 있는 종교적 특징을 가진다고 생각된다.

넷째 조선후기 민간도교의 특징은 『도교』경전의 광범위한 출판이다.[564] 조선후기 민간도교 경전은 크게는 난서鸞書와 선서善書로 구분한다. 난서鸞書는 비난시飛鸞時의 관성제군 문창제군 부우제군 강필서이고, 선서는 『태상감응편』과 『공과격』 같은 선행의 표준을 보여줘 선행을 권면하기 위한 책이다. 난서鸞書는 다시 중국의 난서와 조선 후기 묘련사妙蓮社와 무상단無相壇에서 직접 만들어진 난서로 구분된다. 조선의 난서로는 앞에서 언급한 '무상단'의 『문창제군몽수비장경文昌帝君夢授秘藏經』이 대표적인 예이다.

1850년대(철종) 『태상감응편太上感應篇』과 같은 도교선서가 철종의 명으로 출판되었고, 1870년대부터 1900년대까지 고종의 명으로 관제 관

---

563 구보노리따다, 최준식 역, 『도교사』, 분도출판사, 2000, 24~27쪽
564 졸고, 「조선 후기 민간도교의 발현과 전개-조선후기 관제신앙, 선음즐교, 무상단」, 『한국철학논집』 35, 2012 참조

련 경전[565] 문창제군 관련 경전[566], 부우제군 관련 경전[567] 등이 출간되었다. 특이한 점은 관제 경전인 『관성제군성적도지전집關聖帝君聖蹟圖誌全集』(고종 13년,1876)이 출판된 곳이 '단국현성전檀國顯聖殿'이다. 여기서 '단국檀國'이라는 표현은 조선 도교 경전의 단군 관련 인식을 환기시킨다. 이 책의 발문을 쓴 김창희金昌熙는 관성제군을 유종儒宗이라 하고 부처와 노자가 우리 이륜彝倫을 벗어나지 않는다고 말하였다.[568] 이것은 통일신라시대 최치원이 현묘지도를 말하면서 우리 고유의 사상이 삼교회통적 성격을 지닌다고 말한 것과 맥을 같이 한다. 19세기 조선 민간도교 경전을 출판 한 '단국현성전'이 '단군'을 상징하는 이름을 가졌다는 것은 민족적 위기에서 '단군'이 요청되고, 조선후기 민간도교 관련해서 '단군'이 등장했다는 점에서 앞으로 논의가 더 필요함을 시사한다.

---

565 『關聖帝君五倫經』,『關聖帝君聖蹟圖誌全集』 등이 있다.
566 『南宮桂籍』,『文昌帝君夢授秘藏經』 등이 있다.
567 『衆香集』,『心學正傳』 등이 있다.
568 김창희의 아들이 대종교 2대 교주 김교헌(1868~1923)이다. 구한 말 민족 위기 상황에서 등장한 대종교가 단군을 숭앙한다는 점과, 나철의 대종교 창시 과정을 보면, 조선 후기 민간도교와의 관련성이 상당하다.

3
조선후기 민간도교와 신종교

관제신앙과 신종교(동학·증산교)

이 장에서는 앞서 다룬 조선후기 민간도교의 특징이 19세기 말 20세기 초 신종교에서 어떻게 구체적으로 드러나는가를 살펴보고자 한다. 앞서 논했듯, 조선 후기 민간도교의 특징 가운데 첫째는 관제신앙의 확대이다. 신종교 가운데 관제신앙을 가장 잘 계승한 종교가 증산교이다. 강증산(강일순)은 관운장(관우) 주문을 직접 지었다. 강증산이 지었다는 『현무경』과 오주伍呪에는 명明 신종神宗이 만력 42년(1644)에 관우에게 내린 시호가 들어 있다.[569] 여기서 이 시호는 관우가 황제로부터 받은 시호 가운데 하나로, 관우의 시호는 고종 연간에 민간에 유포되었던 『관성제군오륜경關聖帝君伍倫經』(1884), 『관성제군성적도지전집關聖帝君聖蹟圖誌全集』(단국현성전檀國顯聖典, 1876), 『관성제군명성경關聖帝君明聖經』(1883) 등의 관제경전에 소개되어 있다. 즉 증산교의 관우 주문의 일부분은 광범

---

[569] 관제의 시호 '三界伏魔大帝神位遠鎭天尊關聖帝君'가 있다. (김탁, 「증산교단사에 보이는 도교적 영향」, 『도교문화연구』 24, 한국도교문화학회, 2006, 255쪽)

위하게 민간에 유포되었던 언해된 관제경전[570]에서 쉽게 접할 수 있었을 것이라고 추측된다.

또한 증산교에서 관우는 주문의 주인공으로 상제를 호위하는 신격이면서 수련자들을 보호하는 신으로 등장한다. 이러한 신의 성격도 조선 후기의 관제關帝가 민간에서 '벽사辟邪'와 '구복求福'의 대상이었다는 점과 상통한다. 벽사와 구복 가운데 벽사의 성격에 가깝다고 할 것이다. 삿된 것을 '물리쳐준다'는 것은 '보호해 준다'는 것으로 확장된다. 이런 점에서 증산교의 관제신앙은 민간의 관제의 신격과 지위를 잘 계승하고 있다고 할 수 있다. 임란이후부터 활발히 확장되었던 관제신앙이 교단종교 안에서 구체화 된 것이다. 이 밖에도 『대순전경大巡典經』[571]에는 관우에 대한 다음과 같은 일화가 있다.

> 정미년 사월에 신원일을 데리시고 태인 관왕묘제원 신경원의 집에 가서 머무르실새 경원에게 일러 가라사대 관운장이 조선에 와서 극진한 공대를 받았으니 보답으로 당연히 공사에 진력협조함이 가하리라 하시고 양지洋紙에 글을 써서 불사르시니 …[572]

위의 인용문에서 우리는 2가지를 확인할 수 있다. 첫째는 [573]관제가 조선에서 공대를 받았으니, 자신(강증산)을 도우라고 하는 점이고 둘째

---

570   『關聖帝君五倫經』과 『關聖帝君明聖經』은 언해본이다.
571   증산교의 경전은 교파마다 차이가 있다. 본 논문에서는 최초의 증산교 경전인 『대순전경』을 중심으로 보았다. 번역본은 『대순전경해설』(정영규 역, 원광사, 1984)을 참조하였다.
572   『대순전경』 3장, 15절.
573   『대순전경』, 3장, 15절

는 관왕묘제원이 증산의 문도가 되는 부분이다. 이 일화는 민간의 최고 신 가운데 하나인 관제가 강증산을 보필한다는 점에서 강증산의 종교적 위상을 높인다고 볼 수 있지만, 여기서 주목되는 지점은 관왕을 모시던 묘제원이 강증산의 문도가 된다는 점이다. 조선후기 민간도교 단체인 '무상단無相壇'의 경우 선서善書 보급에 큰 공을 세운 묘허자妙虛子 최성환(1813~1891, 崔瑆)을 비롯해 무상단 도사들은 대부분 관성묘 도관들이거나 도관들로부터 배운 사람들이 대부분이었다.[574] 이 들은 관성제군 문창제군 계선乩仙 신앙의 도입과 보급에 역할을 하였고, 삼성신앙三聖信仰과 함께 옥황상제신앙을 중시하였다. 관묘 도관의 증산교로의 개종은 관제신앙과의 연관선 상에서 살펴볼 만한 점이 있다.

증산교에서의 관제신앙은 조선 후기 민간도교의 관제 경전의 보급, 민간에서의 벽사辟邪라는 신의 성격, 관묘 관원의 증산교로의 개종 등의 성격을 드러낸다. 민간의 관제신앙이 교단종교 안에서 신격의 위상이 높아지고, 단순한 벽사에서 벗어나 천지의 변화의 주축이 되는 신으로 확장되고 있음을 확인할 수 있다.

민간도교의 부주符呪 중시와 신종교

생로병사를 언제든 목도할 수 있는 인간의 육체는 부정되기 쉽다. 그러나 도교는 육체의 보존을 넘어서 육체의 질적 변화를 통한 우주의 구현을 말한다. 민간도교는 부주수행을 중시하였다. 오두미도와 태평도에

---

[574] 무상단에 대한 연구는 김윤수의 「고종시대의 난단도교」(『동양철학』 30, 2007)를 중심으로 살피었다.

서도 주문을 독송하고, 부수符水를 이용해서 치병했다는 기록이 남아있다.[575] 후에 체내신體內神의 존사存思법을 중시한 상청파의 『대동진경』에서도 주문은 주요한 수행법 가운데 하나였다.[576] 선음즐교가 모방하고자 했던 백련교도 원 말 이후부터 주문 수행이 중요했고, 청 중기 이후에는 강신부체降神附體와 같은 주술적 요소를 적극 수용해 지역 사회에서 교세를 확장시켰다.[577] 앞에서 밝혔듯이 조선 후기 민간도교의 특징 가운데 하나는 신과의 합일 상태에서의 '강필降筆'과 '감응感應'의 중시이다. 강필은 신과의 합일 상태에서 신이 하는 말을 받아 적는 것이다. 합일 상태에 이르기 위한 주요한 방법이 주문수행이다. '선음즐교'도 보살 성호를 하였다. 도교의 수행법 가운데 내단법이 몸을 소우주로 여기고, 元氣의 운용을 『역』의 체계를 통해 이론화 시킨다면, 주문 수행은 대중성과 보편성을 동시에 지닌다. 누구라도 간단한 주문을 외우면, 천기 감응의 상태에 이를 수 있다고 보기 때문이다.

　마찬가지로 동학과 증산교에서 주문수행법은 하늘과 상통하는 수단이며, 수행의 구체적인 방법이다. 동학에서는 부적과 주문이 모두 중시되었다.[578] 동학에서 가장 중시되는 부적이 궁을영부弓乙靈符이다. 궁을영부는 최수운이 하늘로부터 받은 것이라고 한다. 수운은 일심一心으로

---

[575] 구보노리따다, 『도교사』, 분도출판사, 2000, 120~134쪽 참조
[576] 최수빈, 「도교 상청파의 大同眞經 연구-몸, 우주 그리고 신비주의적 수행」, 서강대 박사, 2003, 12쪽
[577] 이은자, 『중국민간 종교 결사, 전통과 현대의 만남』, 책세상, 2005, 81쪽
[578] 동학의 도교적 영향관계를 다룬 논문은 다음과 같다. 윤석산, 「동학에 나타난 도교적 요소」, 『도교사상의 한국적 전개』(아세아문화사, 1990)/김용휘, 「동학에 나타난 도교적 요소 재검토」, 『도교문화연구』 24, 한국도교문화연구회, 2006/ 최수빈, 「중국도교의 관점에서 살펴본 동학의 사상과 수행-도교 내단 및 부주 수행과의 연관성을 중심으로-」, 『동학학보』 20, 동학학회, 2010

궁을영부를 그려야 병에서 벗어난다[579]고 말한다.

> 나에게 영부가 있으니 그 이름은 선약仙藥이요, 그 형상은 태극太極이라, 또한 형체는 궁궁弓弓이니, 나의 이 영부靈符를 받아 사람들을 질병에서 구해주고, 나의 주문을 받아 사람들을 가르치면 너도 또한 장생하며 덕을 온 천하에 베풀게 되리라[580]

여기서 선약仙藥이라는 것은 도교에서 신선이 되기 위한 약이며, 인간의 육체적 한계를 초월해 우주의 몸을 갖기 위한 방편이다. '태극太極'이라는 것은 궁을영부가 우주의 근원을 담고 있다는 것을 말한다. 동학에서 '궁弓'은 천심天心이자 천도天道를 의미한다. '영부로 사람들을 질병에서 건져주라'는 것은 이 영부靈符를 통해 구원의 메시지를 주는 것이다. '사람들을 질병에서 건져주라'고 하는 메시지는 동학의 개벽사상과 궤를 함께 한다. 『용담유사』의 「몽중노소문답가」에서 "십이제국 괴질운수 다시 개벽 아닐런가 태평성세 다시 정해 국태민안 할 것이니 개탄지심 두지말고 차차차차 지냈어라 하원갑 지내거든 상원갑 호시절에 만고 없는 무극대도 이 세상에 날 것이니"라고 하였다. 다가 올 세상의 혼란기는 괴질이 퍼진다는 것을 말하고 있다. 따라서 궁을영부를 그려 괴질에 걸린 사람들을 구하라는 구체적 구원방식을 담고 있는 것이다. 또한 동학에서 궁을영부를 통한 수행은 얼마나 일심一心을 안정시켜 우주의 이치를 담은 영부를 그려내는 가가 중시된다. 따라서 '종이를 골라 영부

---

[579] 『동경대전』, 「필법」, 297쪽. 『동경대전』은 동학연구원(정민사, 1991)의 『한글 동경대전』을 참조하였다.
[580] 『동경대전』, 「포덕문」, 31쪽. 이와 같은 내용이 『동경대전』의 「수덕문」(139쪽)에도 등장한다.

를 그리되 크고 작은 획을 틀리지 않도록 하라'[581]라고 한다. 도력이 높아져 영부를 그리면 그 안에 생명력이 있고 정신이 들어있게 된다고 본 것이다. 수행을 통해 천심과 합일되는 경지를 최고의 수련과정 가운데 하나로 보았다. 천심과 합일하여 시천주侍天主하게 되면 인간이 우주와 같이 영원하게 된다는 것이다.

부적의 중시는 영부를 불에 태워 물에 타서 마시는 행위로 드러난다. 『동경대전』에서는 "나 또한 하날님의 그 말씀에 감동하여 깨닫고 그 영부를 받아 붓으로 써서 불에 살라 물에 타서 몸이 윤택해지고 병이 저절로 나으니 이제 이 영부가 신비스런 선약임을 분명히 알았느니라"[582]라고 말한다.

> 그럭저럭 먹은 부가 수 백장이 되었더라
> 칠팔삭七八朔 지내나니 가는 몸이 굵어지고
> 검던 낯이 희어지네 어화 세상 사람들아
> 선풍도골仙風道骨 내 아닌가 좋을시고 좋을시고
> 이내신명 좋을시고 불노불사不老不死 하단말가[583]

영부를 수백장을 그려서 태워 먹었더니 신선의 몸이 되었다는 내용이다. 영부의 영험함을 증명하기 위해서 불에 태워 마시는 행위, 병이 낫는 행위로 설명되어진다. 부적을 태워서 먹는 행위는 명 청대 민간도교에서도 주요한 수행 방법 가운데 하나였다.

---

581 『동경대전』, 「필법」, 299쪽
582 『동경대전』, 「포덕문」, 37쪽
583 『용담유사』, 「安心歌」

또한 동학은 수행법으로 존숭되는 것이 주문을 외우는 것이다. 수운은 "수도하는 방법의 차례가 가히 스물 한 자의 주문을 정성스럽게 외워서 하날님을 항상 공경하고 받드는 데 있을 뿐이니라[584]"라고 하였다. 실제로 동학은 이 주문의 모든 도법을 함축하고 있다고 믿었다. 즉 동학은 수행법에 있어서 부적과 주문이 중요한 역할을 하였다.

증산교는 강일순(이하 증산)의 탄강에서부터 선녀仙女들이 간호하였다고 한다.[585] 『대순전경』에는 선도라는 용어가 등장한다.[586] 그리고 증산의 저작 『현무경』이 부符로 이루어진 책이라는 점 등 조선 후기 민간 도교의 성격이 잘 드러나는 지점이다. 증산교는 주문을 외우는 일을 중요한 수련으로 여긴다. 그리고 동학과 달리 증산은 부적을 불살라 먹는 행위에 대해서는 비판하였다. 증산은 동학교단에서 부적을 그려서 태워 먹는 행위를 '비위를 상하게 하는 일'로 평가하였다.[587] 증산교도 수행법으로 주문 수련을 중시하였다. 『대순전경』에는 여러 개의 주문이 등장한다. 길이 질어서 걷기 어렵자 "칙령치도신장勅令治道神將, 어재함라산하御在咸羅山下, 이어우전주동곡移御于全州銅谷"이라고 써서 불사르니 질어진 길이 얼어 마른 신발로 다닐 수 있었다[588]하였다. 또한 아픈 사람을 위해 물형약도物形略圖를 그려서 불사르면 병이 나았다.[589] 강증산이 직접 신도들을 수일 동안 수련시킨 내용들이 등장한다.[590] 때로는 증산교의 주문 수련법이 동학의 수련법보다 우수함을 강조하기도 한다.

---

584 『동경대전』, 「논학문」, 63쪽
585 『대순전경』, 1장 3절
586 5장 3절, 5장 9절
587 김탁, 위의 논문, 258쪽
588 『대순전경』, 2장, 45절
589 『대순전경』, 2장, 46절
590 『대순전경』, 4장, 41절

이 뒤에 종도 삼십삼인을 모아 오주를 수련케 하시니…동학은 드는 날로부터 녹이 떨어지니 대저 녹이란 곧에 붙어 있는 것이어늘 동학은 시천주조화정이라 하여 하늘에만 편중하는 까닭이오 또 수명복록壽命福祿이라 하지만 수명만 길고 복록이 없으면 죽는 것만 같지 못하거늘 수명을 먼저 하고 복록을 뒤로 하는 까닭이니라 그러므로 이제는 복록을 먼저 하라 하사 소리를 높여 외우게 하시니라[591]

강증산은 동학의 주문이 하늘의 수명 땅의 복록 가운데 하늘의 수명에만 치우친 주문인데 반해 오주五呪는 땅의 복록까지 갖추었다고 말한다. 심지어 강증산은 주문은 어떤 주문이든지 믿고만 읽으면 좋다고 말한다.[592] 동학이 주문수행을 통해 천심과 합일되는 경지를 추구하고, 그와 같은 경지를 통해 도교의 선약을 먹은 것처럼 모든 병으로부터 구원될 수 있다고 믿었다면, 증산교는 주문수행을 통해 앞으로의 후천개벽시대에 구원을 말하였다. 동학과 증산교 모두 개벽사상(말세사상)을 기반으로 하는데 개벽의 시기 '괴질'이 인류의 재앙이 될 것임을 말한다. 그 괴질로부터 벗어나는 구체적인 방법이 주문수행인 것이다. 특히 증산교의 미륵 하생신앙은 백련교의 핵심 신앙이라는 점에서 중국 민간도교와의 유사점이 있다.

---

[591] 『대순전경』, 4장, 46절
[592] 『대순전경』, 3장, 186절

민간도교의 강령降靈과 접령接靈 그리고 동학

조선민간도교의 특징 가운데 하나가 '감응'을 통한 영성靈性의 고양을 통해 신과의 합일을 추구한 난단도교鸞壇道敎적 특징이다. 동학에서 최제우는 1860년 하늘로부터 하느님을 영접하는 과정을 다음과 같이 묘사하였다.

> 뜻밖에 4월 초닷샛날 마음이 선득하고 몸이 몹시 떨려 질병이라고 하기에는 증세를 살펴낼 수가 없고 말로서도 상태가 어떻다고 표현할 수가 없을 즈음에 어디서인지 하날님의 말씀이 귀에 들려오더라. 제세주 깜작 놀라 일어나서 캐어 물으시니 하날님께서 말씀하시기를 "두려워 말고 겁내지 말라. 세상 사람들이 나를 하날님이라고 부르는데 너는 하날님을 알지 못하느냐" 제세주 그 까닭을 물으시니 하날님께서 말씀하시기를 "세상에는 하날님을 공경하는 올바른 도가 없으니 나 또한 아무런 공로가 없으므로 너를 세상에 내보내서 태극대도無極大道의 진리를 가르치도록 하는 것이니 의심하지 말고 머뭇거리지 말라."[593]

신과의 감응된 상태를 묘사하였다. 최수운의 신비체험은 상제와의 만남을 말하고 있다. 이때의 상제는 도교의 옥황상제를 말한다. 묘련사 난단鸞壇 활동에 활발히 참여했던 관묘의 도관들은 삼성신앙三聖信仰과 더불어 옥황신앙을 중시하였다. 또한 조선 초기부터 옥황상제玉皇上帝는 소격서에서 초례를 올리는 최고신 가운데 하나였다.(옥추경) 이 때 상제의 말씀은 '천어天語'로 표현된다. 최해월은 '사람이 정성으로 수도를 하면

---

[593] 『(한글)동경대전』, 「포덕문」, 정민사, 28쪽

천지의 정신이 전부 한 몸 안에 들어오는 것이다'[594]라고 표현하였다.

> 물체가 있어서 이를 보아도 보이지 않고 소리가 있어서 이를 들어도 들리지 않는 경지에 이른 뒤라야 성도成道하였다고 하는 것이다. 밖으로 접령接靈하는 기운이 있고 안으로 강화의 가르침이 있음을 확실하게 터득하여야 입덕立德하였다고 말할 것이다.[595]

여기서 '접령'은 신과 감응하여 천지의 도와 하나 되는 순간을 의미하며, 최해월은 이 때 강화降話의 가르침이 있다고 말한다. 즉 접령을 통해 성화의 가르침을 받는 것이 도를 이룬 상태인 것이다. 조선 후기 난단도교의 신과의 감응 상태에서 신의 말씀을 적는 난단도교의 특징과 동일하다. 동학은 강령을 중시하였다. 주문수행도 강령을 목표로 하는 것이다. 『동경대전』에는 어떻게 하면 강령될 수 있는가를[596] 묻는 부분이 등장한다. "묻기를 그렇다면 강령될 수 있습니까 제세주께서 대답하시기를 하날님은 선악을 가리지 않으시기 때문이니라" 동학에서 '접령'을 통한 천주(상제)와의 감응이 중요하듯이, 증산교에서도 신과 합일하여 옥황상제와 대답할 수 있는 경지를 추구한다.

증산교단의 대표적 주문인 태을주太乙呪를 읽으면 신안神眼이 열리고 병자가 낫는 기적이 일어났으며 주문을 읽으면 계시啓示 전신戰身 개안開眼 등의 효험이 나타났다고 한다. 전신戰身은 주문을 읽으면 몸이 떨리기도 하고 공중에 떠오르기도 하며 무아경에서 춤도 추고 노래도 하는

---

594 위의 책, 30쪽
595 위의 책, 30쪽
596 『동경대전』, 「논학문」, 91쪽

것을 말하며 개안開眼은 주문을 읽다가 일심一心의 경지에 도달했을 때 광명光明현상이 일어나 신과의 대화가 가능하게 되는 심령현상을 가르킨다.[597] 또한 태을주를 읽어 개안이 되면 옥황상제와 문답을 할 수 있다고 믿어졌다고 한다.[598]

이상과 같이 동학과 증산교에서 조선민간도교의 특징을 관제신앙의 확대, 부주符呪의 중시, 강령降靈과 접령接靈을 중심으로 살펴보았다. 이 가운데 증산교는 관제신앙의 계승, 부주의 중시, 감응의 중시 등에서 조선 후기 민간도교의 특징이 드러난다. 마찬가지로 동학도 조선 시대 도교의 최고신인 상제(천주, 하날님)의 중시, 부주의 중시, 강령과 접령의 중시 등의 특징 안에서 조선후기 민간도교의 특징이 드러난다고 생각된다. 다만 증산교는 동학과 달리 조선후기 관제신앙을 교단에서 적극 계승하고 있음을 목도할 수 있다.

조선후기 민간도교와 동학·증산교

신종교는 신관에 있어 단군을 숭앙하고, 관우를 주요 신으로 두며, 동학과 증산도는 도교의 수련체계인 주문과 부주를 적극 수용한다. 이러한 특징은 신종교가 갑자기 등장한 새로운 형태의 종교가 아닌, 조선후기 민간도교의 연장선 속에서 주목해야 함을 시사한다. 따라서 본 논문에서 조선후기 민간도교의 대표적인 특징을 중심으로 동학과 증산교

---

[597] 「동아일보」, 1922년 2월 25일. 『범증산교사』, 71쪽. 김탁의 『증산교단사에 보이는 도교적 영향』(『도교문화연구』 24, 한국도교문화학회, 2006. 262쪽)에서 재인용
[598] 『범증산교사』, 137쪽, 김탁 위의 논문 262쪽에서 재인용

안에서 민간도교적 특징이 어떻게 수용되는가를 살펴보았다.

이를 위해 조선 후기 민간도교의 특징을 네 가지 지점에서 살펴보았다. 첫째는 관제신앙의 확대이다. 관제신앙(관우신앙)은 임진왜란 이후 조선에 전파되면서 빠르게 민간에 유포되었다. 조선 후기 민간도교단체(선음즐교와 무상단)가 관왕묘의 도사들을 중심으로 이루어졌으며, 관제가 삼성三聖(關帝, 文昌, 孚佑)신앙의 중심이 되었다. 조선 후기 대량의 관제경전이 민간에 유포되었고, 그 이면에는 관제 경전들이 중시하는 충과 효가 유교사회의 실현과 부합하는 측면 때문이었다. 따라서 당시의 사대부층도 관제신앙에 적극적이었다. 민간에서도 관묘는 충효의 상징이자 벽사와 구복의 대상으로 자리 잡게 되었다.

둘째는 중국의 민간도교결사의 영향을 받은 '선음즐교(묘련사)'와 '무상단'의 등장이다. 묘련사妙蓮社와 무상단無相壇은 나름 교단 형태를 갖춘 우리나라 최초의 민간도교라고 볼 수 있다. 명·청대의 민간도교는 '미륵하생'이라는 말세론이 민간에 유포되면서 왕조비판의 중심이 되었다. 그러나 조선 후기 관제신앙 선음즐교와 무상단은 고종이 적극적으로 도교경전 편찬에 기여했다는 점을 볼 때 청대 극심한 탄압을 받았던 '백련교白蓮敎'와 차이가 있다.

셋째는 조선 후기 민간도교의 특징은 '선음즐교'에서 보여주는 '강필'과 '감응'의 중시이다. 강필은 종교적 엑시터시Ecstasy의 상태, 즉 신과의 합일 상태에서 신이 하는 말을 받아 적는 것을 말한다. 선음즐교는 중국의 백련사를 모방하여, 염불 진언을 통해 신과의 합일 상태에 이르고, 강필을 통해 교리를 체계화 시켰다. 누구라도 주문수행을 통해 삼매의 상태에 감응할 수 있다고 본 점은 민간에 전파되는데 용이했으리라 추측된다. 요컨대 선음즐교를 통해 볼 때 조선 후기 민간도교는 중국 민간도교의 영향을 받았으며, 부주수행을 통해 신과의 합일 엑시터스의 상태를 추구하였다. 또한 신과의 합일 상태에서 강필한 경전을 교단의 중심 교리로 삼았다. 또한 선음즐교의 '주문'과 '감응'이라는 수행방식은 민간에 쉽게 전파될 수 있는 종교적 특징을 가진다고 생각된다. 넷째 조선후기 민간도교의 특징은 『도교』 경전의 광범위한 출판이다.

  이상의 특징을 중심으로, 동학과 증산교 안의 조선후기 민간도교적 요소를 관제신앙의 확대, 부주의 중시, 강령과 접령이라는 측면에서 살펴보았다. 이 가운데 증산교는 관제신앙의 계승, 부주의 중시, 감응의 중시 등에서 조선 후기 민간도교의 특징이 드러났다. 동학도 조선 시대 도교의 최고신인 상제(천주, 하날님)의 중시, 부주의 중시, 강령과 접령의 중시 등의 요소가 주목된다. 또한 증산교는 동학과 달리 조선후기 관제신앙을 교단에서 적극 계승하고 있음을 알 수 있다. 이를 통해 볼 때 구한말 신종교의 탄생은 조선후기부터 면면히 전개되어 온 민간도교의 흐름이 각 신종교의 사상적 혹은 제의적 구성에 큰 영향을 미쳤음을 확인할 수 있다.

4

19세기 최초의 교단도교, 무상단

앞 장에서 조선후기 민간도교 최초의 교단도교로서 무상단을 언급하였다. 이 장에서는 19세기 최초의 한국도교교단 '무상단無相壇(1877)'의 실체를 탐구하고자 한다. 이를 위해 무상단의 대표적 강필 서적 『문창제군몽수비장경文昌帝君蒙受秘藏經』(1878)을 통해 19세기 조선 도교교단의 종교사상과 현실인식이 만나는 접점을 고찰하고자 한다. 19세기 도교교단 '무상단'은 '강필降筆'을 주된 신앙 방법으로 삼는 조선 최초의 도교 조직이다. 강필이란 신과의 합일 상태, 즉 종교적 엑시타시의 상태에서 도교적 신神의 말을 기록하는 것을 의미한다. 신도들이 모여 있는 상태에서 강필자가 신의 뜻을 대신하여 모래판 위에 글씨를 쓰거나 종이 위에 글을 쓰는 종교적 행위를 말한다. 무상단은 강필을 계필乩筆이라고도 하며, 계필을 하는 곳을 난대鸞臺 라고 하였다.[599] 강필도교는 중국의 명·청시기 뿐 아니라, 대만 홍콩 중국 등지에서 현재까지도 거대한 도교 종단을 형성하고 있다.[600] 강필도교가 19세기 조선에서

---

599 『문창제군몽수비장경』1쪽,「清蓮眞人讚」
600 陳 霞,『道教勸善書研究』, 成都:巴蜀書社, 1999 ; PR Katz - Min-su chü-i, "Spirit-writing Halls and the Development of Local Communities: A Case Study of Puli (Nantou County)", Minsu quyi, Hongkong, 2011; Vincent Goossaert, "Spirit

활발히 활동하였고, 그 단체명이 '무상단'이라는 것을 최초로 밝힌 것은 김윤수의 「고종과 난단도교」 논문이었다. 무상단이 발행한 대표적 경전 『문창제군몽수비장경』 등의 강필서에 따르면 주축이 된 사람은 8명이며, 무상단 모임에 참여한 이들의 신분은 북학파 경화세족이거나 다양한 중인 계층 즉 관제묘의 도사·역관·무관·율관 등으로 추측된다. 최성환과 같은 주요 구성원들은 중인계층이자 당대의 저명한 문예가였고, 이들은 국가의 지원과 참여자의 기부를 받아 30여종이[601] 넘는 삼성신앙―관성제군, 부우제군, 문창제군―경전을 발행한 것으로 보인다.

현재까지, 이능화가 『조선도교사』에서 19세기 '선음즐교'·'묘련사'를 소개한 이래 조선 후기 관제신앙과 권선서勸善書(일명 선서善書)에 대한 연구와[602] 최초로 '무상단'의 주요 구성원과 간행서적을 다룬 연구[603] 그리고 '민간도교'의 범주에서 고찰한 연구[604] 등이 있었다. 그러나 19세기 성리학 국가에서 최초의 도교교단이 왕실의 협조와 경화세족의 참여 아래 중인계층이 주도 하였고, 광범위한 영향력을 가졌다는 것을 자세하게 다룬 연구는 거의 없고, 나아가 그들이 '강필도교' 일명 '난단도교'를 통해 추구한 종교적 가치가 무엇인가를 다룬 연구도 부족하였다.

Writing, Canonization, and the Rise of Divine Saviors: Wenchang, Lüzu, and Guandi, 1700-1858", Late Imperial China Vol.36, 2015

[601] 현재까지 남아있는 무상단의 선서와 강필서들은 30여종 3000여 권 이상이 될 것으로 추측한다. 도교교단 '무상단'의 발행 서적이 많고, 아직 간단한 해제를 제외하고 번역본도 전무하기 때문에 최초의 도교교단의 실체를 규명하기가 쉽지 않다.

[602] 윤찬원, 『태상감응편』에 나타난 도교 윤리관 연구, 『도교문화연구』 31 ; 정재서, 「한국 관방도교의 양상 및 특징 - 중국 도교와의 대비적 고찰 -」, 『한국학논집』26, 한양대 한국학연구소, 1995; 김일권, 「한말시기 도교적인 정체성과 삼교통합주의 흐름-관왕신앙의 성장과 선음즐교의 전개를 중심으로」, 『종교연구』32, 한국종교학회, 2003; 정우봉, 「19세기 선서의 간행 유통과 삽화의 활용」, 『한문학논집』42, 근역한문학회, 2005

[603] 김윤수,「고종시대 난단도교」, 『동양철학』30, 한국동양철학회, 2008

[604] 김윤경, 「조선후기 민간도교의 발현과 전개」, 『한국철학논집』, 한국철학연구회, 2012

따라서 이 장에서는 『문창제군몽수비장경文昌帝君蒙受秘藏經』을 중심으로 조선의 세기말적 상황 속에서 '강필도교'가 등장한 배경과 그들의 종교적 목표를 좀 더 세밀하게 규명해보고자 한다. 그렇다면 무상단이 발행한 30여 종의 서적 가운데 왜 『문창제군몽수비장경』을 중심으로 이 주제를 다루는가? 첫째는 『문창제군몽수비장경』은 중국 강필서의 단순한 판각본 혹은 복각본이 아닌 조선에서 쓰여진 경전이기 때문이다. 둘째, 『문창제군몽수비장경』(1879)은 국립중앙도서관, 장서각, 컬럼비아 대Columbia University, 꼴레주드프랑스Collège de France, 일본 오사카 나가노시마 도서관 등 국내·외 13군데 이상 보관되어 있는 것으로 보아, 19세기 말 광범위하게 민간에 유통된 것으로 보인다. 따라서 '무상단'의 핵심 경전으로 추정된다. 셋째, 『문창제군몽수비장경』은 '무상단' 대표적 핵심 구성원(8명)이 모두 참여한 강필서로 무상단의 실체를 규명하고, 나아가 이들의 종교적 목표와 19세기의 현실의식을 살필 수 있는 좋은 계기가 되리라고 생각한다. 나아가 이러한 탐구는 당대 인쇄출판문화 속에서 무상단의 '강필서'가 어떠한 목적 아래 대규모로 유통되었는가를 밝힐 수 있는 열쇠가 되기도 할 것이다.

이상의 연구는 19세기 조선 최초의 도교교단에 참여했던 다양한 중인 계층의 사유를 규명하고, 19세기 세기말 적 상황에서 도교사유가 왜 요청되었는가를 살필 수 있는 계기가 될 것이다.

그 동안 조선시대 도교연구는 다분히 문헌적 연구에 머물러 있었고, 실질적인 도교 종교조직을 연구한 바가 없었다. 무상단 연구는 최초의 도교 종교교단 연구가 될 것이며, 19세기라는 민족 위기 속에서 도교적 세계관이 어떻게 활용되고 변주되고 있는가를 확인할 수 있는 주요한 계기가 될 것이다.

무상단의 구성원와 강필도교의 사명

무상단無相壇은 중국민간 도교의 삼성제군 –관성제군, 문창제군, 부우제군–이 하강한 다음 설치한 단 이름이며,[605] 19세기 조선의 도교집단은 삼성三聖을 받들어 강필【降鸞】이 되기를 기도하고 기록한 내용을 교훈으로 삼아 따르며 난서와 선서의 경전을 만들어 보급하고 가르침을 전파하였다.[606] 무상단의 주요 구성원인 서정이 1876년『관성제군성적도지전집』5권 5책을 간행하면서[607] 본격적인 활동을 한 것으로 보인다.[608] 이 논문에서 다루고자 하는 조선 최초의 민간도교 강필서『문창제군몽수비장경』(1878)에 따르면, 핵심 구성원은 8명의 도사이다.

좌반	妙虛子 崔瑆煥 (1813-1891)	淸寧子 徐珽	淸蓮子 劉雲 (1821-1884)	玄虛子 李昶
우반	淸虛子 丁鶴九	惺虛子 張旭	月虛子 劉晟欽	淸霞子 李璕

이 가운데 생몰연대가 가장 명확한 최성환(1813-1891)은 헌종과 철종연간에 선서를 많이 간행했는데,[609] 중인 신분으로 무과 급제하여 선략장군 중추부도사를 역임하였다. 신분적 한계가 있음에도 헌종 말년에 왕의 부름을 받아 왕과 함께 경세를 논하기도 하였으며, 장지완張之

---

[605] 정경희,『문창제군통삼경』의 해제, 서울대학교규장각(김윤수, 위의 논문, 62쪽에서 재인용)
[606] 김윤수, 위의 논문, 62쪽
[607] 김윤수, 위의 논문, 62쪽
[608] 무상단 이전에도 불교와 도교가 결합된 신앙교단이 이미 존재하였다.(이능화,『조선도교사』,) 그러나 삼성신앙을 중심으로 하는 도교교단은 무상단이 최초이다.
[609] 헌종과 철종 시기,『太上感應篇正文』(1848)과『태상감응편도설』(1852) 등을 간행하였다.

琬·정수동鄭壽銅과 여항 시사詩社를 이끌고, 김정호·최한기 등과 교유한 당대의 문인이었다.[610] 그의 시가를 성령문학의 효시로 말하기도 한다.[611]

서정과 정학구는 모두 관왕묘의 도사였으며, 이들 가운데 서정은 이건창 등과 함께 고종 11년(1874) 10월 28일 연행사절단으로 청나라로 들어가 문창제군과 부우제군의 초상화를 가져왔다는 기록이 있다. 아마도 역관의 자격으로 간 것으로 보인다.[612]

8명의 도사 가운데 생애를 추측할 수 있는 가장 흥미로운 인물은 위에서 언급한 최성환과 장욱이다. 장욱은 장혼張混(1759-1828)의 아들인데, 장혼은 당대의 유명한 가객이었던 장우벽(1730-1809)의 아들로 근세적 평민시인으로 일컬어진다. 감인소의 사준을 지낸 중인으로 정조가 보직을 내려도 사양했으며, 조선에서 상당히 책을 많이 발행하던 시기 높은 교정술로 이름을 날렸다. 옥계시사에 참여하고 김정희와 교유하였으며, 당대의 많은 여항 시인들이 모두 장혼의 아래에서 공부했다고 알려져 있다.[613] 그는 이이엄활자而已广活字라는 목판활자를 가지고 있었는데,[614] 『태상감응편』, 『관제보훈』, 『성세례경해의』, 『경선경』, 『삼성제군충효경』 등의 책들이 이이엄활자로 간행된 것이다.[615] 이 논문에서 다루고 있는 『문창제군몽수비장경』 이외에 무상단의 강필서들이 이이엄 활자로 인쇄된 것으로 추측된다. 장욱도 아버지의 제자들(예:최성환, 장지완)과

---

610 백현숙, 「최성환의 인물과 저작물」, 『역사학보』 103, 서강대대학원, 1984
611 이우성, 「김추사 및 중인층의 성령론」, 『한국한문학연구』 5, 1980
612 이 내용은 『남궁계적』 서문(이건창이 씀)에 기록되어 있다.(김윤수, 위의 논문, 72쪽)
613 정후수, 「조선후기 중인문학연구」, 경인문화사, 2003, 239-246쪽
614 김두종, 「근세 조선후기 활자인본에 관한 종합적 고찰」, 『대동문화연구』 4, 1967, 55-57쪽; 윤병태, 「而已广活字 印本考」, 『규장각』 5, 1981, 19-49쪽
615 而已广활자는 순조 10년(1810)에 만들어졌는데, 당시 『唐律集英』, 『文字類』, 『夢喩篇』 등이 이 활자로 인쇄되었다.(윤병태, 「조선시대 활자 사용고」, 『규장각』 2집, 1978)

다양한 교유활동을 했으며, 시사활동에 참여하였다.

이와 같이 간략히 살펴본 5명의 무상단 도사들은 일정한 특징이 있다. 첫째 조선후기 하위관리인 무사, 관왕묘 도사, 통역관, 책의 출판 등에 종사하는 중인 계층이었다는 것이다. 대부분은 관왕묘의 도사였다. 둘째, 신분적 한계에도 불구하고, 왕과 독대해 경사를(최성환) 논의하고, 연행사절단으로 갔으며 이건창, 김창희, 박규수 등 당대의 문사들과 어깨를 나란히 했다는 것이다. 셋째, 가장 흥미로운 점은, 이들은 19세기 말 조선에서 가장 국제정세에 밝은 사람들이었다는 점이다. 왕의 명령으로 민간도교 선서를 편찬하였으며(최성환), 청나라 연행을 함께 가는 통역관(서정)이었으며[616], 조선에서 가장 많은 책을 교정하고 아동서를 편찬하고, 집에 활자본을 갖추고 있는 집안이었다.(장욱) 나아가 서정은 무상단 이전에 묘련사에서 불교 기반의 난단(강필) 활동을 했는데 그 때 같이 했던 인물이 이동인(승려)이고, 이동인은 일본어에 능통하여 일본어 서적을 당시 김옥균 등의 개화파에게 소개하는 역할을 했다. 이동인은1880년에 고종의 밀사로 일본에 파견되었으며,[617] 1881년 일본의 군계를 배우기 위해 파견된 참모관이기도 했다.[618] 넷째, 무상단 도사들은 중인계층으로 당대의 문화운동 및 시사활동에 적극적으로 참여하였다. 심지어 최성환은 김정호와 지리서 『여도비지輿圖備志』를 발간하고 조

---

[616] 무상단이 발행한 강필서의 서발문에 등장하는 金奭準 金世澤은 모두 역관이다.
[617] 당시 고종은 미국과 조약을 체결하고 싶어서 일본 주재 청국 공사 하여장에게 이동인을 보냈다
(국사편찬위원회, 『사료 고종시대사』 10, 1880년 11월 2일, <한국사데이터베이스, www.db.history.go.kr)
[618] 국사편찬위원회, 『사료 고종시대사』 10, 1881년 2월 10일, <한국사데이터베이스, www.db.history.go.kr)

선 후기 위항시인들의 문집을 발간하였다.[619]

그렇다면 19세기 조선 신분적 한계가 많은 중인계층 구성원이면서 최고 권력층과 가깝고, 세계정세에 가장 밝았으며, 조선의 문화활동에 중심에 있었던 이들이 강필신앙을 추구했던 이유와 이들의 종교적 사명이 무엇인가를 『문창제군몽수비장경』을 중심으로 살펴보겠다. 이 서적은 무상단의 8도사가 최초로 자신들의 강필 내용을 담은 저서로 꿈 속에서 받은 문창제군의 가르침의 내용을 기록하고 있는 강필서이다. 서문은 문창제군이 제한 것인데, 물론 강필에 의한 것이다.

문창제군이 왜 이들 8명의 제자에게 강필을 했는가에 대해 책의 서문에서는 '문창제군이 문운文運을 관장하고 삼교三敎를 관장하기 때문'이라고 이야기한다.[620] 조선후기 민간도교의 대표적 신앙대상인 삼제三帝 가운데 가장 대중적인 신앙 대상은 관우라고 볼 수 있다. 조선에서 관제신앙은 민간에 빠르게 유포되어 숙종과 영조 시기 관묘 참배를 여러 차례 금지한 기록이 있다.[621] 또한 관우와 관련된 새로운 신이한 전설도 만들어졌으며[622] 조선 후기 관우신앙은 민족종교에서 수련자를 보호해 주는 신으로 숭배되었으며[623], 1920년에는 관제를 숭배하는 관성교가 등장하였다. 그런데 왜 삼교를 관장하는 문창제군이 요청되었는가? 이러한 논의는 19세기라는 시대적 상황과 관련이 있다.

이 책이 출판된 1879년, 청나라는 아편전쟁 이후 동아시아에서 중

619 　백현숙,「최성환의 인물과 저작물」,『역사학보』103, 1984
620 　『文昌帝君蒙受秘藏經』(국립중앙도서관본),「序文」, "予職之掌, 非但文運摠管三敎, 何士何徒外乎"
621 　『조선왕조실록』, 39책 242쪽, 40책 31쪽, 44책, 88쪽
622 　조선 후기의 관제신앙의 성격에 대해서는 민간에 유포된 설화를 중심으로 관제의 성격에 대한 세밀한 연구가 요구된다.
623 　대표적으로 증산도를 들 수 있다.

심적 위치를 잃고 서구와 굴욕적 통상정치를 하던 시기였다. 당시는 프랑스와 미국함대가 강화도 해안에 첫 발포를 하며 통상압력을 했고, 일본에서 정한론이 대두되고 일본이 운요호 사건(1875)을 일으켰으며, 이를 빌미로 강화도 조약이 체결(1876년 2월 26일) 되었던 시기였다. 외세의 위협과 더불어 조선 내부에서는 천주교의 확장에 기득권 세력들이 두려움을 갖던 시기였다. 19세기 중반 천주교 박해에도 불구하고 2만 명에 이르는 천주교 신자가 있었고[624], 천주교회는 교계 내 공식 출판소(1864)를 만들었고, 서울 내 두 곳의 목판출판소에서 교리서를 간행했다. 국가가 천주교 교리서를 금지하는 상황에서 다양한 천주교 교리서 출판과 유통이 있었던 것이다. 『문창제군몽수비장경』은 강필서로 당대의 정치 사회적 상황이 기술되어 있지 않다. 다만 이들이 이러한 위기 속에서 동아시아 중화 문화의 중심에 삼교가 있다고 생각했고, 문운文運을 관장하는 문창제군을 통해 외세의 위협과 서학의 확장 등의 세기말적 상황에서 동아시아의 삼교를 진작하려는 의도가 있었던 것으로 추측된다.

> 이 경전은 모두 무상단 아래의 8 제자에게 주는 것이니, 비단 하나를 잡아서 가르치는 것일 뿐만 아니라, 나의 심법과 개화開化를 전하는 것이며, 아울러 삼교三敎의 정맥을 전하는 것이다.[625]

앞서 말했듯이 무상단의 멤버들은 청나라의 사정에 밝은 자들이 많

---

[624] 샤를달레, 안응렬 최석우 역, 『한국천주교회사』(1874) 상, 한국교회사연구소, 1980. 327쪽
[625] 『文昌帝君夢授秘藏經』, 序文, "此經皆爲我壇下八弟子而賜之, 非但執一而敎之者也. 傳予之心法, 傳予之開化, 兼傳三敎之正脉者也"

았다. 주지하듯, 민간도교의 대표적 신앙대상은 관우, 문창, 부우제군이다. 가운데 무상단 8 제자의 핵심교의를 전달하는 주체가 되는 신이 '문창제군'이라는 점은 큰 의미가 있다고 생각된다. 서문에서 논의하듯이 삼교를 관장하는 문창제군의 말이 필요한 이유는 무엇인가? 삼교를 통합해 대응하려는 그들의 문제의식의 발현이 아닐까 생각된다. 문창제군이 8제자('법려'라는 호칭을 쓴다)에게 강필로 전하는 종교적 사명의 메시지는 다음과 같다.

> 오호라 최성환(묘허)는 정학구(청허)와 이숙(청하)을 그대의 안목으로 삼아서 동화창생同化蒼生하게 함이 어떠하겠는가? 오호라 서정(청녕)은 청허와 청하를 그대의 안목으로 삼아서 개화창생開化蒼生하게 함이 어떠하겠는가? 오호라 유운(청연,1821-1884)은 청허 청하를 그대의 안목으로 삼아 교화창생敎化蒼生하게 함이 어떠하겠는가? 말하노니, 이 단 아래의 여러 선비 현허(이창) 성허(장욱) 월허(유성흠)는 청허 청하를 그대들의 안목으로 삼아서 광화창생廣化蒼生하게 함이 어떠하겠는가?[626]

8명의 제자들에게 문창제군이 내려준 사명은 다음과 같다. 최성환은 동화창생同化蒼生의 사명을 받았고, 서정은 개화창생開化蒼生의 사명을, 유운은 교화창생敎化蒼生의 사명을, 마지막으로 이창李昶 장욱張旭 유성흠劉晟欽은 광화창생廣化蒼生 하라는 사명을 받았음을 볼 수 있다. 이 글을 통해 보았을 때 이들의 목표는 크게는 4가지 동화창생·개화창생·교

---

[626] 『文昌帝君夢授秘藏經』, 序文, "嗚呼妙虛, 以淸虛淸霞, 爲君眼目, 同化蒼生, 如何如何. 嗚呼淸寧, 以淸虛淸霞, 爲君眼目, 開化蒼生, 如何如何. 嗚呼淸蓮, 以淸虛淸霞, 爲君眼目, 敎化蒼生, 如何如何. 曰爾壇下諸士, 玄虛惺虛月虛, 以淸虛淸霞, 爲君等之眼目, 廣化蒼生, 如何如何."

화창생·광화창생임을 알 수 있다.

도교는 송대 이후 유불교 삼교의 회통적 성격을 지니며 '장생불사長生不死'라는 종교적 목적을 가진다. 그러나 무상단의 종교적 사명을 보면 유학자의 우환憂患의식 아래 세상을 개화·교화시키는 주체로서 등장하는 것이다. 동화창생이 세상 사람들과 동화되는 목표를 말한다면, 개화창생와 교화창생은 민중을 개발시켜주고, 교화시키는 것을 의미하며, 광화창생은 무상단의 가르침을 널리 펼치는 것을 의미한다.

이 네 가지의 목표 가운데 가장 주목하는 단어는 '개화창생'이다. 이 시기 개화창생은 어떤 의미를 가지는가? '개화'라는 용어는 유교 고전 속에 나오는 것으로 '개물성무開物成務, 화민성속化民成俗,' 등의 의미로 주역 「계사전」과 『예기』 「학기」 등에서 어원을 찾을 수 있다.[627] 하지만 '새로운 서구의 사상과 문물 및 제도를 받아들이다' 혹은 '갑오개혁(1894)으로 정치 사회제도를 근대적으로 개혁한 일'을 의미하는 용어로 쓰인 것은 언제부터인가? 후자의 경우는 갑오개혁 이후이고, 전자의 경우는 사용 시기가 명확하지 않는데, 1876년 1월 30일 일본외무성 문건에서 오경석이 처음 사용하였다는 기록이 있다.[628] 실제로 『조선왕조실록』에서 '개화'라는 새로운 서구의 사상과 문물 및 제도를 받아들이는 의미로 사용된 것은 1884년부터이다. 고종 시기 서구와의 통상의 문제와 관련해서 새로운 사상 문물을 받아드린다는 의미로 사용되었다.[629]

---

[627] 이숙인, 「개화기(1894-1910) 유학자들의 활동과 시대인식」, 『동양철학연구』 37, 2004, 11쪽.
[628] 이숙인이 위의 논문 11쪽에서 이완재(「개화사상의 개념과 분화문제」, 『한국학논집』 13, 1988) 논문을 재인용함. "開化의 人物을 만나 開化의 談論을 하고"(金正明編, 『日韓外交資料集成』 1, 巖南堂書店, 1966, 118쪽)
[629] 『승정원일기』, 고종 21년(1884), 6월 17일

1884년 고종 21년의 지견룡池見龍의 상소를 보면 좀 더 구체적이다.

> 외국 사람이 경성에서 개시開市하는 것은 다른 만국에 없는 일이어서 신은 유감으로 생각합니다.…우리나라 사람의 이익을 다른 나라 사람이 차지하면 그 폐해가 장차 예측할 수 없고 말로 할 수 없는 지경에 이를 것이니, 어찌 큰 관계가 없겠습니까? 다만 지금 아직 영국과 미국 등 각국이 말을 하지 않고 있을 때, 그 이해와 편부便否를 자세히 진술하여 상국에 자문을 보내면 상국에서도 반드시 시행하기를 아끼지 않으리라 생각됩니다.…그런 연후에야 통상의 이익과 개화開化의 기반이 자리잡게 될 것이니, 삼가 원하옵건대 전하께서는 살피소서.[630]

이 밖에 '개화당'을 지칭하는 용어로 많이 사용되는데, 갑신정변(1884)이 일어난 후 서상우徐相雨는 묄렌도르프Möllendorf[穆麟德] 등과 일본에 다녀와서 갑신정변을 일으킨 사적(김옥균, 서재필, 박영효, 서광범)이 복택유길福澤諭吉의 집에 있다고 고종에게 상황을 알리면서, 일본의 외무 대신이 갑신정변이 일어난 원인은 조선이 '개화'하지 않았기 때문이라고 말한다.[631] 이외에 이헌영이 기록한 『일사집략日槎集略』(1881)에 개화당 신사유람단의 일원인 이헌영이 일본에서 조사하고 견문한 것을 기록한 보고서에도 등장한다.

이러한 '개화'라는 용어가 『문창제군몽수비장경』에서는 여러 차례 등장한다. 최초의 개화라는 말을 사용한 중인 계층의 역관 오경석(1831-1879)이 '무상단' 모임의 주요 멤버이자 역관이었던 김석준(1831-1915)과

---

[630] 『승정원일기』, 고종 21년(1884), 6월 6일
[631] 『승정원일기』, 고종 22년(1885), 2월 20일

막역한 사이였다는 점[632] 그리고 무상단 8 제자 중 한 명인 서정과 일본 서적을 국내에 소개하고, 고종의 밀사였던 이동인과 서정이 강필 활동을 같이 했다는 점 그리고 이동인과 김옥균과의 밀접한 관계 등을 고려해 볼 때 무상단의 대표적 강필서『문창제군몽수비장경』에서 '개화'라는 말이 자주 등장한다는 것은 생각해 볼 지점이다.[633]

그렇다면 누구보다 서학에 관한 정보를 빨리 받아들였던 무상단의 중인 계층들이 강필도교라는 도교교단을 통해 무엇을 추구했던 것일까? 요컨대 이들은 도교의 목표인 '장생불사'를 추구한 것이 아닌 '동화창생 교화창생 개화창생 광화창생'이라는 다분히 현세적이고 정치적인 목표를 추구했다. 반면에 문창제군이 꿈과 강필[降乩]을 통해 가르침을 내려주었다[634]는 이들의 종교적 경험은 초현실적이고, 비현세적이다. 중국은 중화문명국의 지위를 잃고, 서구와 일본의 정치적 위력 가운데서 정치 사회 문화의 급속한 변화는 당시 이러한 변화를 체감하고 있었던 '중인 계층(역관 등)'에게는 급격한 충격으로 다가왔을 것으로 보인다. 이러한 급격한 변화에 대한 '강필'등의 대응은 희망과 불안을 정리하지 못한 채, 문명이 충돌하는 시대를 경험했던 당시 지식인의 모습을 보여준다. 즉 무상단의 중인계층은 19세기 집권계급이 가졌던 위기의식을 내면화하였고 이를 극복할 방법으로 '개화창생'의 종교적 목표의식을 가졌던 것으로 보인다.

---

632 이들은 모두 추사 김정희의 제자였다. 김석준(1831~1915)은 역관 출신으로 북학 서적 발행에 힘쓰면서, 무상단 도사 최성환 정극경 유운과 교유하였다.
633 필자는 이들이 '개화'라는 용어를 상용하다가 '서구의 제도와 문물을 받아들인다'는 개화의 의미로 구체화 시켰을 것으로 생각한다. '개화'와 무상단의 '개화창생'의 '개화'와의 의미적 상관성은 추후에 좀 더 연구가 필요할 것으로 보인다.
634 『문창제군몽수비장경』,「서문」, "帝居法界之上, 覺也聖也, 然俯觀末劫, 豐浩之狀, 垂憐垂憫, 或降乩或夢喩."

무상단의 '진단眞丹'과 '충효' 그리고 개화

앞 장에서 '동화창생, 교화창생, 개화창생, 광화창생'이라는 이들의 종교적 사명이 유학자의 우환의식 아래 현세적이고 정치적이라는 점을 논의했다. 그렇다면 어떠한 점이 이들 조직을 '강필 도교교단'라고 부를 수 있는지, 그리고 이들이 이 4가지 사명의 핵심이 되는 가르침이란 무엇인가를 논하고자 한다. 우선 이들이 '강필'을 위주로 하는 조직이라는 점은 앞서 무상단이 직접 사용한 계필乩筆이라는 용어와 난대鸞臺를 통해 논의했다. 난대에서 계필을 하는데, 8명의 도사 가운데 직접적인 역할을 한 사람은 '정학구(청허)'와 '이숙(청하)'으로 보이며, 둘은 문창제군의 뜻을 전하는 역할을 하였다.

> 말하노니, 정학구와(청허)와 이숙(청하) 그대들은 여러 선비들의 안목이 됨과 아울러 남궁(문창제군)의 안목도 되어 일마다 제도濟度하는 것을 무상단의 일로서 해라. 내가 별도로 여러 제자들에게 맡김이 없이 이처럼 그대들에게(청허와 청하) 맡길 것이다. 문창제군이 제하다"[635]

두 사람 가운데 핵심적 역할은 정학구가 한 것으로 보이는데, 강필로 서문을 작성한 문창제군은 정학구를 '팽정구彭定求'와 '황정원黃正元'으로 비유하여 극찬하였다.[636] 팽정구와 황정원은 청대 대표적인 강필도

---

[635] 『文昌帝君夢授秘藏經』, 「序文」, "曰咨清虛清霞, 君作諸士之眼目, 兼作南宮之眼目, 以濟度一事, 看作家事焉. 予無別托於諸弟子矣, 如是托而已矣. 文昌師題"
[636] 『文昌帝君夢授秘藏經』, 「序文」 "自得清虛以來, 予化始通於是界矣. 予故曰 今世之彭黃"

교鸞壇道教의 도사로 문창제군 관련 강필서를 편찬하였다.[637] 이러한 점은 조선의 무상단이 종교적인 측면에서는 청대 강필도교 문화에 영향을 받고 있음을 시사한다. 그렇다면 『문창제군몽수비장경』에서 강필을 통해 개화창생하고 광화창생해서 전해야 할 최고의 가치는 무엇인가? 『문창제군몽수비장경』에서 이들에게 주어진 최고의 사명은 '충효'이다.

> 대지는 낳아서 자애롭지 않음이 없는데, 궁벽한 곳에서 강필을 받으니 도타움이 끝이 없도다. '군자는 교화시키고 신령스럽다[過化存神]'는 그 이치는 과연 밝구나. 가르치는 자는 어찌하여 오직 이 충효이고, 배우는 자는 어찌하여 또 이 충효인가?[638]

여기서 인용된 『맹자』, 「진심장」의 '과화존신過化存神' 즉 "군자는 지나만 가도 주변을 교화시키며 가만히 있으면 신령스럽다"는 구절은 단지 『맹자』의 유명한 구절일 뿐 아니라, 고종의 명으로 1880년 언해한 도교경전 이름이기도 하다.[639] 강필降乩을 받은 상태에서 밝게 빛나는 이치는 '충효'라고 말한다. 강필도교의 구체적 수련 방식과 충효라는 유교의 윤리적 가치들이 합일된 것이다. 이러한 점은 주자학의 '무극이태극無極而太極'[640], '태극즉리太極卽理'[641]의 우주론을 부정하고, 태허太虛와 일기一氣에서 시작하는 우주론을 보여준다. '일기一氣를 품부 받아 만물이 있

---

637 김윤수, 위의 논문, 70쪽
638 『文昌帝君夢授秘藏經』,「神聖開化章」, "大地含生, 無不慈念, 偏處降乩, 諄諄不已, 過化存神, 其理果昭, 敎者其何惟此忠孝, 學者其何亦此忠孝"
639 책 『과화존신(過化存神)』은 1880년 고종의 명으로 편찬된 관성제군 경전으로 「각세진경」,「영험기」 등이 들어있다.
640 『周敦頤集』,『太極圖說』, "無極而太極"
641 『朱子語類』 94, 中華書局, 2376쪽, "太極理也, 動靜氣也"

고, 음양의 조화가 있으며, 그 조화 안에서 '인'과 '의'가 있고, 그 가운데에서 신령스러운 인간이 있다.[642]고 해석한다. 이 신령스러운 인간은 강필을 할 수 있고, 그 강필을 통해 현현하는 충효의 가치를 체득하는 것이다.

요컨대, '요순시대로부터 도가 점차 쇠퇴하였다고 보고, 복희와 황제에 의해 시작된 문명이 요·순·우·탕·문·무·주공으로 전개되었다는 유교적 세계관'은 계승하지만[643] 우주는 태허의 기로부터 시작되었다고 말함으로서 태극 중심의 성리학적 우주론은 배격한다. 무상단은 세계의 근원이 태허의 기이며, 신령스러운 인간이 강필을 통해 우주의 현현하는 충효 인의를 체험하는 것이라고 말한다. 우주론은 도교를 그리고 인문적 세계관은 유교를 계승하면서 구체적인 수련의 방식에 있어서는 민간도교의 강필을 취하고 있음을 볼 수 있다.

따라서 유교의 가치인 '충효'는 도교의 '몸'에 대한 해석과 만난다.

> 마음을 잃으면, 그 몸을 잃게 되고, 가정이 파괴되면 국가가 위태로워진다.[644]

이 내용에 대한 설명에서 "백성은 살아있는 몸이요 가정은 온전한 몸이 된다. 임금은 왕의 몸이니 나라는 온전한 몸이 된다. 몸이 그 마음을 잃으면 묻지 않아도 파국이고 위기이다"[645] 라고 말한다. 위 인용

---

[642] 『文昌帝君夢授秘藏經』,「理氣眞妙章」, "一氣浩蕩, 稟生萬物, 二儀媾精, 其和融融, 仁降雨露, 義布霜雪…其化誰贊, 惟人最靈"
[643] 『文昌帝君夢授秘藏經』,「理氣眞妙章」, "孔子沒後, 道存春秋…"
[644] 『文昌帝君夢授秘藏經』,「慰間歎劫章」, "心而失心, 身而亡身, 家而波家, 國而危國"
[645] 『文昌帝君夢授秘藏經』,「慰間歎劫章」, "民生之身, 家爲全身. 君王之身, 國爲全身.

을 보면, 우리 몸의 위태로움을 국가의 위태로움으로 동일시하고 있음을 볼 수 있는데, 이러한 내용은 『문창제군몽수비장경』의 많은 부분에서 중복된다. 이를 통해 볼 때 '무상단'은 인간의 몸과 국가를 일치시키는 사유가 있었음을 알 수 있다. 즉 도교의 '몸'에 대한 고찰 및 수련과 유교적 세계관을 합일시키는 것이다. 따라서 '무상단'은 한 인간의 몸이 온전하고, 한 국가가 온전한 길은 '충효'에 있다고 말한다. 나아가 '도가 쇠퇴한' 즉 당시의 혼란한 상황에서 인간이 충효를 온전히 하는 것은 문창제군의 덕에 보답하는 길이라고 말한다.[646]

'인간이 충효를 다하는 것'은 유교적 세계관 안에서는 성인과 군자가 되기 위한 것이지만, 무상단에서는 신神인 문창제군에 대한 보답이다. 충효의 실현에서 문창제군이 등장하는 것이다. 앞에서 왜 민간도교의 삼성제군 가운데 문창제군의 강필서가 등장했는가에 대해 문창제군이 문운文運을 관장하고 삼교三教를 관장하기 때문'이라고[647] 말하였다. 무상단에서 개인의 몸은 국가와 동일시 되고, 개인의 충효의 실현은 문창제군에 대한 보답이다. 이 때 문창제군은 충효를 관장하고 나아가 삼교를 관장하는 '문운'의 신인 것이다. 이러한 사유는 '몸'과 '국가'를 일치시키는 사유를 확장하고 즉 '내 몸'과 '내 국가'를 지키기 위해서는 '충효'의 가치를 지켜야 하며, 이 충효의 덕은 '문창제군'이 관장하는 것이다.

그렇다면 '충효'는 어떻게 체인하는가?

감感하는 것은 무엇인가? 오직 이 성誠과 경敬이다. 응應하는 것은 무엇

身失其心, 不問破危"
646 『文昌帝君夢授秘藏經』,「淸蓮眞人讚」, "道喪千載, 亂妄交極…忠孝誠敬, 報答帝德"
647 『文昌帝君蒙受秘藏經』,「序文」, "予職之掌, 非但文運摠管三教, 何士何徒外乎"

인가? 이 또한 성성誠과 경경敬이다. 충효와 성경誠敬은 모든 것의 근본이요, 만물의 본령이다. (문창제군에게) 보답하는 도가 있으니, 오직 개화이다.[648]

충효성경忠孝誠敬은 감응을 통해 드러나는데, 이 때의 감응은 강필의 상태를 의미한다. 충효를 온전히 체인하는데 있어서 감응은 주요한 요소이다. 따라서 "감응은 도의 교류"[649] 라고도 말한다. 위의 내용은 몽수비장경의 핵심이 들어 있는 구절이다. 이들의 종교의식으로서의 문창제군과의 '감응'은 성성誠과 경경敬에 있고, 그 성경의 핵심적 유교 가치는 충효이며, 충효가 문창제군으로부터 받은 사명이며, 그 충효를 통해 이르고자 하는 것은 개화라는 것이다. 이 때의 개화는 여러 가지 의미로 해석되는데, "개화는 진체이니 사악함이 없다"[650]라고 설명되기도 한다.

따라서 충효의 체인의 상태는 '감응'을 통해 이루어지고, 이 감응을 어떻게 하는가도 설명한다.

내가 그대들과 감통하기를 원하니, 하나의 비방을 준다. 비방은 어디에 있는가? 단지 방촌方寸에 있을 뿐이다. 그대가 도를 닦고자 한다면 먼저 마음을 닦아라. 내외가 안정되면 신도 안정되고 기운도 조화로우니 원기가 저절로 내려온다. 이것이 즉 진선眞仙이다.[651]

---

648 『文昌帝君夢授秘藏經』,「淸霞經」, "感者其何, 惟此誠敬, 應者其何, 亦此誠敬, 忠孝誠敬, 忠孝誠敬, 百行之網, 萬物之領, 報答有道, 惟一開化"
649 『文昌帝君夢授秘藏經』,「妙虛經」, "感應道交"
650 『文昌帝君夢授秘藏經』,「理氣眞妙章」, "開化眞體, 邪必無有"
651 『文昌帝君夢授秘藏經』,「妙虛經」, "予感君願, 授一祕方… 祕方何在, 只在方寸…君欲修道, 心先修心, …內外安靜, 神定氣和, 元氣自降, 此卽眞仙."

도교의 가장 핵심적 목표인 '진단眞丹'과 '진선眞仙'도 결국은 '감응'을 통해서만 가능한 것이다. 이 때 감응은 강필을 하는 즉 문창제군과 하나가 되는 순간이다. 따라서 '내단'을 닦는 것과 '진단眞丹'의 상태 획득도 '개화'와 연결된다. 따라서 내단을 버리면 진단을 얻을 수 있는데, 진단을 얻으면 개화할 수 있다고 말한다[惟開聖化].[652] 즉 강필의 감응은 '개화'와 연결되며, 개화의 효능은 이 세계에 구현된다. 따라서 "삿된 것은 난운과 같고 바른 것은 밝은 해와 같다. 개화의 바람을 일으켜 난운을 제거하면 높은 해가 드러나니 어떤 땅에 비치지 않으리."[653]라고, 개화가 구현된 세상을 이야기 한다.

요컨대, 『문창제군몽수비장경』를 통해 본 무당단의 도교결사는 첫째, 인간의 몸과 국가를 동일시하여 몸의 위기와 국가의 위기를 유비시키는 사유를 가졌다. 둘째는 인간의 신령스러움은 충효의 구현에 있으며, 국가를 온전하게 한다. 셋째 충효의 구현은 문창제군에 대한 보답이다. 넷째, 충효는 감응을 통해 체인되며, 감응을 통해 진단을 얻어 진선이 될 수 있다. 다섯째, 감응을 통한 충효의 체인과 진단의 획득의 목표는 '개화'에 있다. 이 개화는 세상 사람들을 성스럽게 교화시키는 것이며, 삿된 것이 없이 바른 이치가 해와 같이 빛나는 것이다. 이러한 목표는 앞의 장에서 논한 '무상단'의 종교적 사명과도 맥을 같이 한다.

무상단의 구성원들은 풍전등화의 국가적 위기 상황, 즉 서구와 일본의 통상압력 그리고 조선 내 서학의 확장이라는 위기감 속에서 세기말적 카오스 상태에 있었고 이에 대한 극복으로 '강필도교'에 심취하였다.

---

652 『文昌帝君夢授秘藏經』,「妙虛經」, "內丹者誰, 修丹者誰…捨此內丹, 可謂眞丹,… 惟開聖化"
653 『文昌帝君夢授秘藏經』,「理氣眞妙章」, "邪如亂雲, 正如杲日, 開化作風, 掃彼亂雲, 杲日出現, 何土不光"

특별한 점은 현실도피가 아닌 철저히 현실극복의 세계관에 기반했다는 것이다. 무상단은 도교의 우주론(태허 및 기론)과 몸의 양생론 그리고 유교의 우환의식과 충효의 윤리를 결합시켜서 당대의 세기말적 현상에 맞서고자 했던 것으로 보인다. 누구보다 국제 질서(일본과 청)에 밝았던 이들은 국가의 위기를 보았고, 이 위기에서 벗어나는 길은 온 국민이 '충효의식' 고취하는 것으로 이해했으며, 강필도교의 감응에 의한 신령스러움으로 극복하고자 한 것으로 여겨진다. 이들의 대중을 향한 강필도교를 통한 충효의식 고취는 당시 고종의 입장을 대변하기도 한다. 언해본 도교 강필서와 선서 들이 고종의 명에 의해 다수 편찬되었다는 현실이 이를 방증한다.[654] 강필도교의 종교적 행위가 기복신앙에 머물지 않고, 또한 도교적 장생불사의 추구에 있지 않았으며, '교화창생', '개화창생'과도 같은 국가 위기의 극복의 방향으로 나아갔다는 것은 후에 등장하는 동학, 대종교의 구국운동 정신과도 일맥상통하는 바가 있다고 생각된다.

무상단의 도가도교적 요소: '무위無爲'와 '진단眞丹'

이 장에서는 무상단의 『문창제군몽수비장경』의 도가도교적 요소 가운데 무위와 진단에 대한 논의를 살펴보겠다. 앞에서 언급했듯이, 무상단이 교유했던 중심 인물 가운데 강화학파 이건창이 있다. 그는 강화학파의 학맥을 계승하면서 허학이 아닌 신학문에 기반 한 실학을 강조한

---

[654] 최성환이 고종의 명에 따라 도교 강필서와 선서를 언해본으로 발행하였다.(예:『과화존신』,『태상감응편』,『관성제군명성경』 등) 여기에 대한 연구는 추후 보강하기로 한다.

바 있다.[655] 이건창(1852-1898)[656]의 증조부인 강화학파의 이충익李忠翊 (1744-1816)은 노자주석서 『초원담로』에서 초횡焦竑의 『노자익老子翼』의 영향을 받아, 『노자』의 '무위'의 개념을 유가의 정치이상으로 해석한 바 있다.[657] 도가의 '무위의 도'가 옛날의 성인들이 중中을 잡아 남면南面했던 방법이라고 말한다. 이 말은 『서경書經』 「우서虞書·대우모大禹謨」의 "인심人心은 위태롭고, 도심道心은 은미하니 오직 정밀하고 전일하게 하여서 진실로 중中을 잡아라.[658]"라고 할 때의 성인이 가져야 되는 마음자세인 '집중執中'을 말하는 것이며, 동시에 『논어』 「위령공」편에 " 무위로 다스리신 자는 순임금이었다. 무엇을 하셨겠는가? 몸가짐을 공손히 바르게 하고 남면하여 왕위에 앉아 있었다.[659]"라고 하는 순임금의 무위의 치도를 말한다는 것이다. 도가의 '무위'와 유가에서 말하는 '무위의 치도'을 동일한 것으로 이해하였다.[660] 『노자』에 있어 '도'의 운행을 유가에 있어 군자의 '도'로 해석하고 그것을 '공기남면恭己南面'하는 '무위'의 '치도'로 해석한 것이다.

『문창제군몽수비장경』에서도 첫째, '무위'는 유교의 이상적 정치를 설명하는 용어로서 등장한다. 도와 덕의 흥망과 쇠퇴를 말한 장[道德興替章 第二]에서 －이 장은 다분히 노자 『도덕경』을 연상시킨다－'무위의 지극

---

655 심경호, 「강화학의 허가론」, 2002
656 그의 할아버지 병조판서를 지낸 李是遠(1790-1866)은 병인양요(1866)의 억울함을 참지 못하고 아우 李止元과 함께 목숨을 끊었다.
657 김윤경의 박사논문(「하곡학파의 노자 해석에 관한 연구」, 2010) 참조. 초횡에 대한 연구는 張學智, 「焦竑的儒釋道三學」, 『明代哲學史』, 北京大學出版社, 2000, 293쪽 참조.
658 『書經』, 「虞書·大禹謨」, "人心惟危, 道心惟微, 惟精惟一, 允執厥中."
659 『論語』 「衛靈公」, "子曰, 無爲而治者其舜也與. 夫何爲哉. 恭己正南面而已矣."
660 『椒園談老』, 5장, "天地之道, 日月運行, 一寒一暑而百昌生. 君子之道, 恭己南面, 垂衣裳而羣生遂."

한 도가 복희와 황제에게 전승되었고, 이를 다시 요순이 계승했으며 우임금에게 이르렀다'라고 말한다.[661]

둘째는 인간의 마음 즉 방촌을 설명하는 용어로 등장한다. 『문창제군몽수비장경』에서 최성환이 강필한 「묘허경」은 무상단의 가르침을 논하는데, '무상단의 가르침은 이르지 않는 곳이 없다'라고 말하면서, 도교 수련자들의 내단과 외단에 집착하는 태도를 비판한다.

> 무상단의 가르침은 진실로 이르지 않는 곳이 없다. 다만 애석하게도 그대들을 보니 금단內丹에 집착하는구나. 얻을 것이 없다. 금액단金液丹인가? 옥노단玉爐丹인가? 연단하는 자는 누구인가? 수단하는 자는 누구인가? 이미 내단에 집착하니 계속 내단에 집착한다. 이 내단에 집착하니 누가 진단眞丹을 말하겠는가? … 이 내단을 버려야 진단이라고 말할 수 있다.[662]

최성환은 강필에서 무상단의 가르침은 진단이 무엇인지를 말해줄 수 있는데, 그 진단은 내단을 버려야 하는 것이며, 금액단도 아니도 옥로단도 아니며, 그 비밀은 인간의 마음이라고 말한다."어떠한 방해도 장애도 없으니, 방촌이 바로 성스러움이다."[663]라고 하면서 그 방촌을 '무위무작無爲無作'으로 설명한다. 즉 도교의 내단을 이루는 방식은 도경에서 말하는 금액단과 옥로단이 아닌 인간의 마음에서 출발하며, 인간 마음은 담연하고 원만圓滿해서 무위무작하다는 것이다.[664] 무상단의 핵심적

---

661 『文昌帝君夢授秘藏經』,「淸霞經」, <道德興替章>2,
662 『文昌帝君夢授秘藏經』,「妙虛經」, 113-115
663 『文昌帝君夢授秘藏經』,「妙虛經」, 120
664 『文昌帝君夢授秘藏經』,「妙虛經」, 120-121

가르침과 진정한 의미의 '내단'과 '진단'이 무엇인가를 설명하는 측면은 무상단이 도교 결사체로서의 정체성을 가지고 있음을 시사한다. 왜 방촌이 중요한 것일까?

> 내가 그대들과 감통하기를 원하니, 하나의 비방을 준다. 비방은 어디에 있는가? 단지 방촌方寸에 있을 뿐이다. 그대가 도를 닦고자 한다면 먼저 마음을 닦아라. 내외가 안정되면 신도 안정되고 기운도 조화로우니 원기가 저절로 내려온다. 이것이 즉 진선眞仙이다.[665]

도교의 가장 핵심적 목표인 '진단眞丹'과 '진선眞仙'도 신과 하나되는'감응'을 통해서만 가능한 것이다. 이 때 감응은 강필을 하는 즉 문창제군과 하나가 되는 순간이다. 따라서 '내단'을 닦는 것과 '진단眞丹'의 상태 획득도 앞서 말한'개화'와 연결된다. 따라서 내단을 버리면 진단을 얻을 수 있는데, 진단을 얻으면 개화할 수 있다고 말한다[惟開聖化].[666] 즉 강필의 감응은 '개화'와 연결되며, 개화의 효능은 이 세계에 구현된다. 따라서 "삿된 것은 난운과 같고 바른 것은 밝은 해와 같다. 개화의 바람을 일으켜 난운을 제거하면 높은 해가 드러나니 어떤 땅에 비치지 않으리."[667]라고, 개화가 구현된 세상을 이야기 한다. 즉 감응을 통해 진단을 얻어 진선이 될 수 있다는 것이다.

---

665 『文昌帝君夢授秘藏經』,「妙虛經」, "予感君願, 授一祕方… 祕方何在, 只在方寸.…君欲修道, 心先修心, …內外安靜, 神定氣和, 元氣自降, 此卽眞仙."
666 『文昌帝君夢授秘藏經』,「妙虛經」, "內丹者誰, 修丹者誰…捨此內丹, 可謂眞丹,… 惟開聖化"
667 『文昌帝君夢授秘藏經』,「理氣眞妙章」, "邪如亂雲, 正如杲日, 開化作風, 掃彼亂雲, 杲日出現, 何土不光"

셋째는 무위를 도가의 가장 큰 종지라고 규정한다.[668]

요컨대, 무상단에서 도가도교의 핵심요소 가운데 하나인 '무위'는 유교의 이상적 치도인 요순의 이상적 다스림을 규정하는데, 이 때 요순의 성인의 정치는 도교의 무위의 정치와 동일하게 이해된다. 또한 무위는 무상단의 핵심적 가르침이 진정한 단을 얻는데 있으며, 그 진단을 얻기 위해서는 마음에서 수련을 시작해야 하며, 그 마음의 상태를 '무위'로서 설명하였다. 마지막으로 무위는 도가의 가장 큰 종지로 규정되었다. 감응을 통한 진단의 획득 방법에는 '개화'가 있다. 이 개화는 세상 사람들을 성스럽게 교화시키는 것이며, 삿된 것이 없이 바른 이치가 해와 같이 빛나는 것이다. 이러한 목표는 앞의 장에서 논한 '무상단'의 종교적 사명과도 맥을 같이 한다.

무상단의 구성원들은 풍전등화의 국가적 위기 상황, 즉 서구와 일본의 통상압력 그리고 조선 내 서학의 확장이라는 위기감 속에서 세기말적 카오스 상태에 있었고 이에 대한 극복으로 '강필도교'에 심취하였다. 특별한 점은 현실도피가 아닌 철저히 현실극복의 세계관에 기반했다는 것이다. 무상단은 도교의 우주론(태허 및 기론)과 몸의 양생론 그리고 유교의 우환의식과 충효의 윤리를 결합시켜서 당대의 세기말적 현상에 맞서고자 했던 것으로 보인다. 누구보다 국제 질서(일본과 청)에 밝았던 이들은 국가의 위기를 보았고, 이 위기에서 벗어나는 길은 온 국민이 '충효의식' 고취하는 것으로 이해했으며, 강필도교의 감응에 의한 신령스러움으로 극복하고자 한 것으로 여겨진다. 이들의 대중을 향한 강필도교를 통한 충효의식 고취는 당시 고종의 입장을 대변하기도 한다. 언해본 도교 강필서와 선서 들이 고종의 명에 의해 다수 편찬되었다는 현실

---

[668] 이 부분은 나중에 기술하겠다.

이 이를 방증한다.[669] 강필도교의 종교적 행위가 기복신앙에 머물지 않고, 또한 도교적 장생불사의 추구에 있지 않았으며, '교화창생', '개화창생'과도 같은 국가 위기의 극복의 방향으로 나아갔다는 것은 후에 등장하는 동학, 대종교의 구국운동 정신과도 일맥상통하는 바가 있다고 생각된다.

근대 연구에서 19세기 '강필도교' 연구는 '문명과 야만'이라는 이분법적 구조 안에서 미신으로 규정되고 그 연구 가치가 폄훼되었다.[670] 이 문명과 야만의 이분법은 19세기 무상단에 대한 연구가 그 동안 왜 부족했는가를 말하는 데는 적절 하지만, 이 강필 교단이 문명인가 야만인가를 설명하는 데는 적절하지 않다.'무상단'이 발행한 저서가 30여종이 넘고 그 구성원들이 19세기'북학파'의 일원이었고, 김옥균의 '개화당'과 학술·문예적 네트워크 아래 있었으며, 중인계층 여항시사를 선도했으며, 한글본 선서발행에도 앞장서는 등 활발한 현실활동가였다는 점에서 더욱 그러하다. 이들은 강필도교를 통해 국가적 위기를 극복하기 위한 다각도의 문제의식을 가졌던 것으로 추측된다. 따라서 본 연구는 단지 19세기 처음 등장한 도교교단에 대한 연구뿐 아니라, 19세기 중인계층의 개인과 국가에 대한 의식, 동아시아 사유와 서학이 만나는 접점에서 동아시아적 사유에 기반 한 대응에 대한 탐구이기도 하다.

지금까지 『문창제군몽수비장경』을 중심으로 간행의도와 종교적 목적과 중심 주제어 탐구를 통해 '무상단'이라는 조선 최초의 교단도교의

---

[669] 최성환이 고종의 명에 따라 도교 강필서와 선서를 언해본으로 발행하였다.(예:『과화존신』,『태상감응편』,『관성제군명성경』 등) 여기에 대한 연구는 추후 보강하기로 한다.
[670] 강필도교를 미신신앙의 범주에서 다루는 연구는 20세기 초부터 동아시아 전역에서 진행되었다. 許地山의 연구도(『扶箕迷信底硏究』, 商務印書館, 1941) 그러한 경향성이 드러난다.

실체에 대해 접근해 보았다. 일반적인 도교 강필서와 선서의 특징은 '대중을 교화하려는 도덕서, 유불도 삼교 합일적 사유, 권선징악·인과응보를 통한 서민문화로의 파급력' 등으로 논의된다. 그러나 19세기 '무상단'의 『문창제군몽수비장경』 연구를 통해 다음과 같은 특징을 더 추가하고자 한다.

첫째, 무상단은 강필도교 교단으로 주 구성원이 조선후기 하위관리인 무사, 관왕묘 도사, 통역관, 책의 출판 등에 종사하는 중인 계층이었지만, 왕과 독대해 경사를 논의하고, 연행사절단으로 갔으며 19세기 국제 정세에 밝은 사람들이었다. 둘째, 무상단 도사들은 이건창, 김창희, 박규수 등 당대의 문사들과 함께 당대의 문화운동 및 시사활동에 적극적으로 참여했는데 최성환은 김정호와 지리서 『여도비지輿圖備志』를 발간하고 조선 후기 위항시인들의 문집을 발간하였다. 셋째, '무상단'은 인간의 몸과 국가를 일치시켜서 우리 몸의 위태로움을 국가의 위태로움으로 동일시 하였으며, 강필 활동을 통해 유교의 충효의식을 고취시키고자 하였다. 넷째, '인간이 충효를 다하는 것'은 유교적 세계관 안에서는 성인과 군자가 되기 위한 것이지만, 무상단에서는 신神인 문창제군에 대한 보답이다. 즉 도교의 수련관과 유교적 세계관을 합일시켜서 감응을 통한 충효의 체인을 진단의 획득과 동일시 했다. 다섯째, 무상단의 목표는 장생불사 추구에 있지 않았으며 '개화창생'과 같은 국가 위기 극복의 방향으로 나아갔으며, 이러한 지점은 신종교의 구국운동 정신과도 통한다고 생각된다. 이상의 연구는 19세기라는 국가적 위기상황에서 도교적 세계관이 어떻게 활용되고 변주되고 있는가를 확인할 수 있는 주요한 계기일 것이다.

4

모리스꾸랑 『한국서지』 속 조선도교

조선의 도교를 바라보는 두 개의 시선이 있다. 하나가 조선인의 시각에서 바라보는 것이라면, 다른 하나는 조선 밖, 외국인의 시각에서 조선의 도교를 바라보는 것이다. 모리스꾸랑의 Maurice courant(1865~1935) 『한국 서지』Bibliographie Coreenne』는[671] 후자의 시각에서 기록된 한국 최초의 해제집이며, 고려부터 조선 말기까지 국내에서 간행되거나 수입된 3,821종의 도서를 9부로 나누어 해제를 달은 최초의 한국 서적 안내집이다. 19세기 말 조선에 주재했던 프랑스 공사가 쓴 『한국 서지』는 근 100 여 년 동안 한국 안에서 관심을 받고 논의되어 왔다. 그러나 아직까지 이 연구에서 다룰 한국도교의 분야에서 『한국 서지』가 다루어진 적은 없었다.[672] 본 논문에서는 모리스꾸랑의 『한국서지』 안의 도교경전

---

[671] Maurice Courant, Biblographie Coreenne, paris, 1894-1896. 원본은 런던대학 SOAS(School of Oriental and African Studies) 도서관 소장 초판본을 텍스트로 삼았음을 밝힌다. 런던대학의 Ms Fujico Kobayashi에게 고마움을 전한다. 한글판은 이희재가 번역한 『한국서지』(일조각, 2005)를 참조하였다.

[672] 도교 분야에서 모리스꾸랑의 『한국서지』에 대한 구체적 연구는 아직 없다. 그러나 『한국서지』가 다루는 조선후기 민간도교 경전들에 대한 연구는 주로 국내학술계에서 진행되었다. 조선도교에 관한 근대 최초의 연구성과는 이능화의 『조선도교사』로, 교단도교 단체인 '선음즐교'와 '민간도교 경전'에 대한 연구가 등장한다. 이능화는 조선후기 조선에서 제작된 대표적 민간도교 경전인 『제중감로』의 成書과정을 말하고, 고종 시기 간행된 '선음

에 대해 다루어보고자 한다.

사실, '서구의 시각에서 조선의 학문체계를 어떻게 바라보는가'라는 주제는 다분히 오리엔탈리즘의 영향 아래 있기가 쉽다. 즉 모리스꾸랑의 견해를 확대 해석하고, 서구인의 해석에 우월적 지위를 부여하거나, 서구에서 평가되었다는 사실 하나만으로 의미를 찾는 열등적 태도가 있기 쉽기 때문이다. 본 연구에서는 이러한 시각을 배제하고 오늘 날 한국서지가 갖는 의미와 한계에 대해 논하고자 한다.

모리스꾸랑이 '도교'를 어떻게 다룰 것인가에 앞서, 모리스꾸랑의 학문적 위치를 유럽 학계에서 살펴보면, 그에 대한 학문적 관심은 거의 보이지 않는다. 1910년대 이후 모리스꾸랑이 서구의 학회에서 다루어진 것은 1983년 다니엘 부셰Daniel Bouchez가 모리스꾸랑의 전기를 다룬 "동양학의 알려지지 않은 선구자 모리스 꾸랑Un défricheur méconnu des études

---

즐서' 가운데 『三聖訓經』, 『敬信錄諺釋』, 『感應篇圖說』의 해제를 달았다. 1980년 이후 조선도교에 대한 구체적인 연구가 진행되었다. 이 가운데 김낙필은 「조선후기 민간도교의 윤리사상」에서 조선의 독자적인 선서 『覺世新編八鑑』을 소개하였다. 정재서는 『한국도교의 기원과 역사』에서 조선 후기 선서들이 조선 초 태종 때, 明 成祖가 『善陰騭書』 600부를 보내온 것으로부터 출발했음을 말하고, 마찬가지로 조선의 독자적인 선서가 우리 고유의 신격과 관련이 있다는 것을 말한다. 윤찬원은 「도교 권선서에 나타난 윤리관에 관한 연구」에서 宋明시대 이후 유행한 『태상감응편』, 『음즐문』과 같은 도교 권선서들을 연구하였다. 김윤수는 「고종시대의 난단도교」에서 조선 후기 무상단의 도사들의 도교경전이 관성제군에 대한 『過化存神』 등 4종, 문창제군에 대한 『南宮桂籍』 등 6종 부우제군에 대한 『心學正傳』 등 3종이라고 밝히었다. 김윤경은 「조선 후기 민간도교의 발현과 전개 -조선후기 관제신앙, 선음즐교, 무상단-」이라는 논문에서 조선 후기 仙書 가운데 鸞書의 특징을 고찰하였다. 이 밖에 저서와 논문의 형태는 아니지만 정경희와 임채우는 서울대 규장각에 소장된 민간도교 경전에 해제를 달았다. 간략한 해제이지만 민간도교 경전 연구의 기초가 되었다. 현재까지 한국도교에 대한 국외의 연구성과는 미비하다. 중국학자인 傅勤家 이후 2006년 중앙민족대학 梁智勛 의 「中韓道教思想略論」은 한국도교를 연구대상으로 하는 최초의 석사 논문이고, 2012년 사천대학 黃勇의 『해동전도록과 청학집에서 기술한 한국도교 傳道譜系考辨』(『종교학연구』, 2012)이 최근의 연구성과이다. 요컨대 현재까지 도교적 측면에서 모리스꾸랑의 『한국서지』를 연구한 성과는 없음을 확인할 수 있다.

Extrême-Orientales : Maurice Courant[673]"이후로 이렇다 할 연구 성과가 없다. 모리스꾸랑 연구를 국내에 소개한 다니엘 부셰[674]에 의하면, 1935년 그가 죽었을 때 세상의 관심을 끌지 않았고 추도문조차도 발견할 수 없었다고 말한다. 또한 그는 유럽 학계의 관련 연구가 부족하여 한국인들이 모리스꾸랑에 대해 갖는 호기심을 만족시켜 주지 못한다고 자평한다. 국내에 모든 모리스꾸랑 관련 연구는 다니엘 부셰의 1차 연구에 근거한다.[675] 한국학을 최초로 세계에 알린 위대한 동양학자라는 우리의 관점과 비교해 보면 안과 밖의 큰 온도차이가 느껴진다.[676]

그렇다면 이러한 온도 차이에도 불구하고 모리스꾸랑의 『한국서지』가 갖는 의미는 무엇이며, 이 연구에서 다룰 도교분야에서의 의미는 무엇인가? 『한국서지』출간 후 100년이 지나 이 책을 번역한 이희재는 서문에서 국내외에서 한국학을 연구하는 학자들에게 '성서'와도 같은 존재로 일컬어졌다고 말한다. 이후 다양한 전공자들이 모리스꾸랑의 저서를 다루었지만, 『한국서지』 안에 하나의 카테고리를 담당하고 있는 '도교'부분에 대한 연구는 아직까지 없었다. 본 논문은 크게 네 부분에서 『한국서지』의 도교 부분을 고찰해 보고자 한다. 첫째, 모리스 꾸랑은 어

---

[673] Daniel Bouchez, "Un défricheur méconnu des études Extrême-Orientales : Maurice Courant (1865-1935)", Journal Asiatique, Peeters, 1983, pp.43-150. 이 논문은 전수연이 「한국학의 선구자 모리스꾸랑」(『동방학지』 51, 연세대국학연구원, 1986)으로 번역하였다.
[674] 프랑스 국립학술연구재단 연구관이면서, 유럽한국학협회(AKSE)의 회장을 역임했었다.
[675] 유럽의 모리스꾸랑에 관한 연구도 모두 Danial Bouchez에 의한 연구에 기반한다. 프랑스에서도 Danial Bouchez의 연구 이상의 것은 밝혀진 바 없으며, 2016년 1월 기준으로 영문으로 된 연구 또한 전혀 없다.(www.scholar.google.com 참조)
[676] 아마도 19세기 서유럽 중심의 거대한 식민지학 안에서, 그의 학문적 위치는 동아시아학을 담당한 한 명의 연구자에 불과했을 것으로 보인다.

떠한 학자이며, 『한국서지』는 어떤 책인가? 둘째, 모리스꾸랑이 도교분야에서 수집한 책들은 무엇인가? 셋째, 모리스꾸랑의 해제는 어떤 내용이며, 이 내용은 어떤 의미가 있는가? 그리고 넷째, 이상의 내용을 바탕으로 당대의 도교지형도를 그려보고자 한다.

모리스꾸랑과 『한국서지』

다니엘 부셰[677]에 의하면, 모리스꾸랑은 파리에서 동양어학교 중국어과를 졸업하고, 1890년(고종 20) 주한 프랑스공사관 통역관으로 부임하여 한국에 약 2년 동안 머물게 된다. 이 당시 조선은 주변 열강 즉, 중국 러시아 일본의 세력의 재편 속에서 주체국가로서의 역할을 하지 못하고 있었다. 1876년 일본과의 강화도조약 이후, 1882년의 임오군란을 거치면서 청과 일본의 권한은 더욱 확대되어 갔다. 개화세력과 보수세력 갈등의 심화 속에서 1884년 갑신정변 1894년 동학 농민운동을 거치면서 일본의 영향력이 커지고, 1895년 을미사변 후 고종이 아관파천하면서 친러 정권이 들어섰다. 당시 조선은 정치적으로 독립하지 못하고, 청과 일본 러시아의 영향아래 좌우되었다. 당시 서구인들이 본 한국은 어떤 모습이었을까? 모리스꾸랑 이후, 프랑스 공사였던 프랑뎅hippolyte frandin이 남긴 『코레에서』를 보면[678], 당시 서구인들이 본 한국의 모습을

---

[677] Bouchez는 모리스꾸랑의 일대기와 『한국서지』를 위해 기울였던 연구의 시간을 자세히 추적하였다. (D. Bouchez, 전수연 역, 「한국학의 선구자 모리스꾸랑」, 동방학지, 6쪽)
[678] Madame Claire Vautier et Hippolyte Frandin, En Coree, Paris: Libraire C. H. Delagrave, 1905(김상희 김성언 역, 『프랑스외교관이 본 개화기 조선』, 서울:태학사, 2002)

유추할 수 있다. 그는 코리아를 '원시적 야만 국가'로 보았다.[679] 그에 따르면, 의식주는 모두 불결해서 집은 '원시시대의 우스꽝스러운 모습'이며, 낮은 지붕이 밀집한 마을은 '거대한 거북이의 집단이 모여 있는 것' 같고, 전염병이 당장이라도 발생할 것 같은 지역과 개울 주변에는 불결한 환경에 전혀 관심을 두지 않는 주민들이 우글거렸다[680] 라고 묘사한다. 프랑뎅이 한국을 야만적 국가로 규정한 것은 당대에는 서구인들의 일반적 시각이었던 것으로 보인다.[681] 그러나 프랑뎅과 같은 직책을 가진 공사로 부임했던 모리스꾸랑은 조선의 서적들을 수집하고 내용을 분석하여 해제 작업을 완성하였다.[682]

모리스꾸랑은 어떻게 전임 공사였던 쁠랑시와 함께 3000종이 넘는 도서들을 2년이라는 그 짧은 시각에 수집했던 것인가? 그럴 수 있었던 배경에는 두 가지가 있었던 것으로 보인다. 첫째는 쁠랑시의 고서 수집 방법의 도움이다. 그리고 둘째는 불어를 하는 한국인 전문가의 조력이다. 첫째 쁠랑시의 역할은 프랑스 지리학자 샤를르 바라Charles Varat의 기록을 통해 유추해 볼 수 있다.[683] 전임 공사였던 쁠랑시는 '블란서 공관에서 이 나라에서 생산된 모든 물건의 견본을 구입한다'는 소문을 퍼뜨

---

[679] 위의 책 20쪽 63쪽 106-111쪽 120-121쪽
[680] 김상희 김성언 역, 『프랑스외교관이 본 개화기 조선』, 서울:태학사, 2002. 위의 책 28-42쪽, 57-59쪽
[681] 대표적 선교사인 언더우드의 기록에서도, 당시의 조선 혹은 조선 문화를 '야만' 혹은 '야만인'으로 묘사한 다수의 내용을 찾을 수 있다.(Underwood. Lillias H, Underwood of Korea; being an intimate record of the life and work of the Rev. H.G. Underwood, D.D., LL. D., for thiry one years a missionary of the Presbyterian board in Korea, New York: Fleming H. Revell Co, 1918, p.41)
[682] 기록에 의하면, 모리스꾸랑의 전임 외교공사였던 꼴랭 드 쁠랑시(Victor Collin de Plancy, 1853~1922)는 1377년 현존하는 최고의 금속활자 인쇄물『白雲和尙抄錄佛祖直指心體要節』을 수집했던 사람이다.
[683] D. Bouchez,「한국학의 선구자 모리스꾸랑」상, 동방학지, 158쪽

렸다. 소문을 듣고 아침 일찍부터 상인들이 떼를 지어 오면 쁠랑시는 한국인 조력자들을 통해 물건을 수집하였다.

> 서울에서 나의 하루 일과는 다음과 같다. 꼴랭 드 쁠랑시씨는 '어느 블란서 여행자가 매일 아침 블란서 공관에 자리 잡고서 이 나라에서 생산된 모든 물건의 견본을 구입하고 있다'는 소문을 퍼뜨렸다. 아침 일찍부터 상인들이 떼를 지어 오면 조선민속학적 견지에 따라 물건을 신중하게 검토하는 것이 내 임무이다. 외국에서 온 상품은 가차 없이 제외된다. 다행히 꼴랭 드 쁠랑시씨는 그가 매일 불어를 가르치고 있는 조선인 비서들을 내 밑에 두어 일을 돕게 해 주었다. 이들이 나로서는 용도를 알 수 없는 물건들에 대해 설명해 주고 가격흥정도 맡아 한다. 상인들은 때로는 엄청난 가격을 부르거나 이 쪽의 제의를 거절하기도 하지만, 흥정하느라 시간을 허비할 필요가 없다. 다음날이면 와서 전 날 거절했던 조건을 수락하니까. 오후에 우리는 불어를 하는 비서들과 함께 서울을 누비며 민속적 가치가 있는 물건들은 무조건 사들인다.[684]

부셰는 이러한 바라의 기록을 바탕으로 모리스꾸랑도 같은 방식을 썼을 것이라고 추측한다. 둘째는 공공도서관이 존재하지 않는 나라에서 바로 최선의 자료를 접할 수 있었던 것은 조선인 전문가 집단의 도움이 있었다는 것이다. 그는 공사관에 고용된 조선인들의 조언을 받았는데, 그들 덕분에 시행착오를 면하고 책에서 찾을 수 없는 설명이나 정보를 얻을 수 있었다고 기록하고 있다. 그 중 한 예가 이인영이다. 꾸랑은

---

[684] 위의 논문, 158-159쪽 참조.

그를 "끈기 있고 통찰이 있으며 양심적인 협력자"라고 하였다.[685]

이러한 과정을 통해, 모리스꾸랑은 『한국서지』 안에 100여권 이상의 도교 서적을 언급하고, 몇 몇 서적에는 상당히 구체적인 해제를 하였다. 도교 서적들은 『한국서지』 7부에서 '경서류經書類'와 '관성제군關聖帝君, 문창제군文昌帝君, 부우제군孚佑帝君에 대한 숭배의식' '기타서적' 이렇게 세 부분으로 정리되어 있다. 모리스꾸랑이 도교의 서적들을 분류하면서 왜 이 세 가지 분류법을 쓴 것인가? 이 분류의 기준도 큰 의미가 있다. 왜 하필 '관성제군, 문창제군, 부우제군에 대한 숭배의식' 항목을 분류의 한 방법으로 쓰고 있는가이다.[686] 이러한 분류법은 그가 당대의 도교에 영향을 받았다는 의미이며, 철종과 고종시기 방대한 양의 삼성신앙 경전들이 민간에 유포되었다는 것과도 맥을 같이 한다.

경서: '천존'과 '태상'

『한국서지』 '경서류'에는 박세당의 『남화경주해산보南華經註解刪補』를 비롯한 14권의 서적이 소개되어 있다. 14권의 서적 이름은 아래와 같다. 우선 논의해야 될 것은 어떤 의미 안에서 이 책들이 같은 카테고리 안에 묶인 것인가이다. 그리고 둘째는 어떤 내용으로 해제가 되어 있는가 마지막으로는 모리스꾸랑의 해석이 지니는 의의에 대해서 논의하고자 한다.

---

685 위의 논문, 158쪽. 모리스꾸랑은 쁠랑시에게 보낸 1891년 7월 3일 편지에서 李寅應, 卞元圭도 협력자였다고 꼽고 있다.
686 근래에는 모리스꾸랑이 소장했다가 '콜레주 드 프랑스(Collège de France)'에 보관된 한국 고서 254책이 발견되기도 하였다.

2585. 남화경주해산보(南華經註解刪補)	2592. 중삼경(中三經)
2586. 남화경진경구해(南華眞經句解)	2593. 태일경(太一經)
2587. 장자필담(莊子筆談)	2594. 옥추경(玉樞經)
2588. 황령효경(皇靈孝經)	2595. 진무경(眞武經)
2589. 효경자도(孝經雌圖)	2596. 금단독보영경(禁壇讀寶靈經)
2590. 태상감응편(太上感應篇)	2597. 과의연생경(科義延生經)
2591. 태상감응편(太上感應篇)	2598. 용왕경(龍王經)

도교경전류에서 처음 다루고 있는 저서는 『남화경주해산보』이다. 『남화경주해산보』는 『장자』의 '내편'만을 주석하되, 40여종이 넘는 장자 주석서들을 참조하여 완성한 조선의 대표적 『장자』 주석서이다. 그러나 모리스꾸랑은 저자의 이름 혹은 내용조차 밝히고 있지 않다. 그는 단지 이 책 안에 중국 저자들이 쓴 주해가 들어 있고, 사마천이 기술한 장자 전기가 포함되어 있다고만 한다. 『장자』에 관련된 세 권의 저서 이외에 『황령효경』과 『효경자도』가 있다. 이 두 책 가운데 『효경차도』에 대해 모리스꾸랑은 '고려사신들에 의해 광순원년 951년 황제에게 바쳐졌다'고 언급한다. 그러나 『고려사』와 『해동역사』에 의하면, 959년 고려 광종 10년에 『황령효경』과 『효경자도』를 보냈다는 기록이 있다.[687] 아마도 이 기록을 인용하면서 오류가 있었던 것으로 보인다. 『해동역사』의 「중국서목」에서 이 두 책에 대해 말하기를 "『효경자도』는 일식과 성변星變에 대한 재이災異의 응험이 실려 있고, 『황령효경』에는 수명을 연장하는 법과 도술을 닦는 법이 기재되어 있는데 이것은 모두 바르지 못한 설들이다"[688] 라는 평가를 바탕으로 이 두 책이 참위서에 지나지 않음을 말한다.

---

687 韓致奫, 『海東繹史』, 「世紀」 12, 高麗 1
688 韓致奫, 『海東繹史』, 「藝文志」 3, 中國書目

그런데 왜 모리스꾸랑은 위의 서적들을 '경전'이라는 카테고리 안에 넣었는가? 『황령효경』에서 '황령'은 도교의 '천존'을 의미한다.[689] 모리스 꾸랑은 도교의 대표적 경전인 『노자』와 『장자』 가운데서 『장자』에 대한 서적과 기독교적 종교관 안에서 '천존'과 관련된 서적들을 분류해서 경전류에 넣었을 것으로 추측된다. 『태상감응편』의 '태상'도 마찬가지이다. 『태상감응편』은 민간도교의 경전 가운데 하나이며, 북송 때 이창령李昌齡에 의해 1146년경 저술된 것으로 알려져 있다. 송대 이후 유행한 권선서의 하나로 유불도 합일사상을 기반으로 하고 있다고 평가된다.[690] 모리스꾸랑은 『태상감응편』에 대해 "인간의 모든 행위는 그것이 선하든 혹은 악하든, 하늘과 땅의 정기 위에 감응 이라고 불리는 감정 혹은 움직임을 만들어 내는데, 이 정기들은 각각의 행위에 적당한 보상이나 벌을 부여한다고 평가한다.[691] 『태상감응편』에 대한 해제는 앞선 2권의 연구를 바탕으로 한 것으로 보인다. 한 권은 '상과 징벌에 관한 책Le livre des recompenses et des peines'을 인용하는데, 이 책은 1816년 파리에서 출간된 것으로 이미 권선서를 소개하고 있다는 점이 주목된다. 이 밖에도 그는 제임스 레그James Legge의 책 『도교의 경전Sacred Books of China, texts of Taoism』[692]을 참조하였다. 모리스꾸랑의 해제에 의하면 이 책은 최성환

---

[689] 안정복은 『동사강목』에서 『황령효경』의 '황령'이 수명을 연장시키고 재앙을 물리치는 일 및 지부문(志符文)을 말한 도가의 저술이라 한다.(『동사강목』, 제6상, 기미년 광종 10년)

[690] 당시에는 1852년(철종 3)에 최성환의 주도로 언해된 『太上感應篇圖說諺解』도 있었다.

[691] 『한국서지』, 「1장 도교류」, 1. 도교류 <태상감응편>; Bibliographie Coreenne, 3 vol, paris: 1896 p.146

[692] James Legge, Sacred Books of China: The Texts of Taoism, Clarendon Press: Oxford, 1891. 이 책은 Max Muller에 의해 편집된 Sacred Books of the East 가운데 하나로, 본 연구는 런던 SOAS(School of Oriental and African Studies) 도서관 소장 초판

에 의해 1852년에 간행된 『태상감응편도설』로 여겨진다. 최성환이 중국어와 만주어로 된 판본을 구해 중국책의 본문은 베끼게 하고, 만주어 번역문을 한글번역으로 대치시켰다는 내용이 등장한다.[693] 이 내용은 최성환이 1848년 한문본 『태상감응편도설』을 간행하고, 1852년에 다시 만주어와 한자로 쓰여진 『선악소보도설善惡所報圖說』을 구하여 출판하게 되었다는 서문의 내용과 일치한다.[694]

『옥추경』도 대표적인 천존신앙을 보여주는 책이다. 현존하는 가장 오래된 판본은 규장각본(1736년, 영조 12년)이며, 도교의 최고신인 '구천응원뢰성보화천존'이 설했다고 하는 선서로 모리스꾸랑은 이 책이 이미 제임스 레그에 의해 『도교의 경전』(1891)으로 번역되어졌으며, 이를 참조했다고 소개하고 있다. 그는 저자를 원대元代의 현양자로 보고 있는데, 사실 아직까지도 정확한 저술연대와 저자가 밝혀져 있지 않다. 이 밖에 그는 『진무경』에[695] 주목한다. 『진무경』은 조선시대 소격서에서 초제를 행할 때 북쪽의 진무초제를 위해 읽었던 도교의 대표적 경전이다. 김시습은 『진무경』이 별과 신들의 공적을 자세히 말한 책이라고 말하면서, 현천대성[天尊]이 북방의 영험한 성인이 된 것을 '진무眞武'라고 칭한다고 말한다.[696] 모리스꾸랑은 진무의 신격에 대해 설명하면서 주왕 때 마왕

본을 근간으로 하였다. 모리스 꾸랑은 James legge의 책 이외에도 Cordier와 A. Wylie의 견해에 영향을 많이 받은 것으로 여겨진다. 이 부분은 후일 좀 더 깊이 있는 연구가 필요하다고 생각된다.

693 Biblographie Coreenne, vol. 3, p. 146
694 『太上感應篇圖說』, 卷 1.
695 『진부경』은 원래는 『玄武經』이라고 하는데, 宋代 聖祖의 휘호를 피하기 위해 『진무경』이라 하였다.
696 『梅月堂文集』, 17 권, 「天形弟一」, "道家有眞武經, 論星形體及靈跡甚詳, 其略云, 仰啓玄天大聖者, 北方壬癸至靈神, 金闕眞尊應化聖, 無上將軍號眞武"

을 물리친 북쪽에 사는 신이라고 묘사한다.

모리스꾸랑은 '태상'과 '천존'에 대한 논의가 있는 것을 '경전류'에 포함시키려고 했던 것으로 보인다. 그의 해제에 따르면, 그는 "태상은 큰 경의를 표하는 표현으로 '도' 혹은 이치의 원리를 나타낸다"라고 정의하였다.[697] 아마도 '태상'을 '도'와 '리理'로 해석한 것으로 보아, 그가 당시 가졌던 '태상'의 개념이 단순히 기독교 세계관의 '유일신' 의미는 아닌 것으로 보인다. 또한 그는 태상의 의미에 대한 설명은 제임스 레그(1891)의 기존 연구서에 의지했던 것으로 보인다. 당대의 '태상' 개념을 좀 더 알기 위해서는 유럽의 당시 연구성과에 대한 고증이 요구된다.

이상과 같이 도교 경전류에 대한 모리스꾸랑의 해제 즉 14권의 책들은 같은 카테고리 안에 묶여 있지만, 각 책 간의 연결 기준은 명확하지 않다. 그는 '태상'을 '도'와 '리'로는 해석하지만, '구천응원뇌성보화천존'과 같은 '천존'을 다루었느냐의 문제를 중심으로 제 1부를 구성한 것으로 생각된다. 이러한 구성은 『도교의 경전Sacred Books of China(1891)』과 같은 기존의 연구 성과에 영향을 받은 것으로 생각된다. 그런데 여전히 어떤 분류개념이 있는지에 대한 언급이 많지 않다는 것이 아쉽다. 그러나 도교의 신으로서 『장자』는 포함이 되었는데, 『노자』가 포함이 되지 않았다는 것은 여러 가지 의미를 시사한다. 제 1부 경전류에 속한 박세당의 『남화경주해산보』은 한국의 『장자』 주석서이다. 모리스꾸랑의 『한국서지』의 목표는 되도록 '중국'에서 수입된 책이 아니라, '한국'에서 자생적으로 만들어진 도교의 책을 다루겠다고 하는 뚜렷한 목표의식이 있었던 것으로 보인다. 그래서 당시 중국본『도덕경』은 많았지만, 한국학자가 주석한 도덕경을 찾았던 것으로 여겨진다. 그가 도교 서지 첫머리에

---

[697] Biblographie Coreenne, 3 vol, paris: 1896 p.146

서 "도교의 기본원리가 들어 있는 도덕경에 대해 나는 그 한글판을 보지 못했다."[698]라고 먼저 언급한 이유가 거기에 있다. 아마도 그는 한글판 주석서 혹은 한국학자에 의한 노자 주석서를 찾았던 것으로 추측된다.

삼성신앙과 최초의 교단도교 '무상단'의 난서鸞書

모리스꾸랑은 2장에서 관성제군, 문창제군, 부우제군의 삼성제군에 대한 숭배의식을 나타낸 책들로만 하나의 카테고리를 구성하였다. 그리고 2장의 해제에 더욱 공을 들였다. 이것은 당대 이미 관성·문창·부우에 대한 신앙이 광범위하게 퍼져 있었음을 의미하며, 관련 경전의 수가 많았음을 반증한다. "관성제군, 문창제군, 부우제군에 대한 숭배의식"에 포함된 저서는 다음과 같다.

2599. 관성제군도지(關聖帝君圖之)	2605. 중향집(衆香集)(중향집)
2600. 고불응험명성경(古佛應驗明聖經)	2606. 부우제군낙언보전
2601. 관성제군보고(關聖帝君寶誥)	(孚佑帝君藥言寶典)
2602. 계궁지(桂宮誌)	2607. 삼성보전(三聖寶典)
2603. 남궁계적(南宮桂籍)	2608. 삼성훈경(三聖訓經)
2604. 문창제군몽수비장경	2609. 옥황보훈(玉皇寶訓)
(文昌帝君夢授祕藏經)	2610. 금과삼요집략(金科三要輯略)
	2611. 옥정금과예주집(玉定金科例誅輯)
	2612. 암실등(暗室燈)

---

[698] Biblographie Coreenne, 3 vol, paris: 1896; p. 142; 『韓國書誌』(이희재 역), 「道敎類」

그는 『관성제군도지』에서 관성제군에 대해 자세히 설명한다. 관성제군이 220년에 암살당했으며, 황제로부터 1109년에 '충혜공'이라는 호칭을 받은 일, 그리고 1328년에 '영제왕' 1590년에 '협천호국충의대제協天護國忠義大帝'라고 불리던 것을 소개한다.[699] 또한 그는 한국에서 관왕신앙이 16세기 말 임란 이후 도입되었다고 언급하고, 관왕이 나타났던 장소를 기리기 위해 중국황제와 중국군대 그리고 조선의 왕들이 기여했다고 밝히고 있다. 이 부분은 관왕 신앙에 대한 구체적 정보를 제시한다. 실로 관왕신앙이 국가의 공인 아래 구체화 된 것은 임란 이후이다.[700] 그는 임란 이후 명의 요청에 의해 관묘가 지어졌으며, 이 사원들이 오늘날도-1890년대를 의미한다- 아주 양호한 상태로 보존되어 있고, 공식적인 제사가 그곳에서 계속 행해지고 있다고 밝히고 있다. 그의 이러한 언급을 통해 당시 관제신앙이 관묘를 중심으로 행해지고 있었고, 그 활동이 활발했다는 것을 알 수 있다. 또한 그는 자신이 소장하고 있는 책들이 중국 저술의 중간행본이라고 말한다. 그는 도교를 널리 전파하려던 한인들이 비용을 들여 인쇄한 것이라고 말한다.[701] 이 기록을 통해, 그가 당대 중국도교경전이 조선에서 편찬된 과정을 이해하고 있음을 알 수

---

[699] Biblographie Coreenne, 3 vol, paris: 1896 pp.151-153
[700] 선조 31년 4월 한양의 남대문 밖에 주둔했던 明나라 장수가 관왕묘를 설치하면서 시작되었다. 선조는 32년 9월" 관공은 원래 英靈이 비상하여 임진왜란 때에 그대 나라에 陰助가 컸으니 사당을 세워 공을 갚는 것이 마땅하다"라 하고,(『조선왕조실록』,「선조」, 31년) 1602년에는 '顯靈昭德關公之廟'라는 현판을 하사하였다. 초기의 관제신앙은 왜병과 명의 원군이 전쟁을 치루 던 곳곳마다 세워졌다. 임진왜란을 배경으로 하는 조선시대 소설『임진록』에 관우는 영웅의 탄생을 현몽하기도 하고, 영웅에게 뛰어난 능력을 주는 신으로 등장한다. 심지어는 조선을 보호하기 위해 명나라 천자에게 구원군을 보내라는 현몽을 하기도 한다. (김장동,「임진록의 설화고-관묘설화와 사명설화를 중심으로」,『동아시아문화연구』4, 1983, 88~91)
[701] 그는 이 부분에서『계궁지』와『중향집』을 언급하였다.

있다. 실제로 대부분 삼성제군 관련 경전들은 그 기반이 중국 경전의 내용에 기반하고 있었고, 그 경전들을 민간에 널리 전파하려는 목적을 띠었다.

『고불응험명성경』에 대하여 꾸랑은 1883년에 조판된 판본임을 말하면서 무본당장務本堂藏임을 밝히고 있다. 그는 고불古佛이라는 별명이 '관제'에 대한 것이며, 관성제는 자신이 당나라 때 '장순張巡'이란 이름으로, 송나라 때는 악비로 다시 태어났다고 말하면서 이런 내용이 다른 책에서는 언급되지 않는다고 말한다. 하지만 이러한 관제의 전생은 민간 도교에서는 자주 언급되는 일반적 설명이다.[702] 또한 꾸랑이 '고불'을 관제의 별칭으로 본 것은 '고불'을 관제의 봉호로 설명한 '서해序解'의 부분에서 인용한 것으로 보인다.[703] 꾸랑은 이 책이 3부로 나뉘어져 있다고 설명한다. 본서는 상·중·하 3권으로 이루어져 있는데 실제로 1부는 서해, 2부는 경문에 대한 경해, 3부는 주문에 대한 주해로 구성되어 있다. 『고불응험명성경』이 유교의 윤리의 서술하고, 도교의 신관을 설명하는데 있어 불교의 윤회설을 끌어들이는 부분은 명,청 연간의 대표적 민간도교적 특징이다. 그러나 꾸랑은 이러한 부분을 자세히 언급하지는 않았다.

그는 『계궁지』에 대해서 자세한 설명을 할애하였다.

---

[702] 『關聖帝君應驗桃園明聖經』,「開經讚」,"每起忠良護國心, 在宋易姓岳飛將, 在唐改諱曰至張巡, 輪迴三轉皆忠烈, 上帝封為護國神, 小可戈兵不差汝, 大難危邦再下塵, 天下城隍皆將相, 正直為神古至今, 為人忠孝感天地, 豈在持齋佛顯靈." 『관성제군응험도원명성경』에도 관우가 국가에 대한 충성심 때문에 시대 별로 윤회를 하면서, 송나라 때는 악비로 태어나고, 당나라 때는 장순으로 태어났다는 내용이 등장한다. 관왕신을 불교의 윤회의 세계관 안에서 신격화시키는 부분이다.
[703] 『古佛應驗明聖經』(서울대 규장각본), 권 1,「序解」

"광서 정축(1877년) 서문과 여순양呂純陽의 서명이 있다. 지상에서의 삶에 대해 간단한 이야기를 한 후, 이 신은 하늘이 자신을 내상內相으로 선택하여 상선上仙의 서열을 주었고 남관성제文帝와 복마대제와 더불어 도교, 유교 및 불교의 3종교를 담당하도록 직책을 맡겼다고 이야기 하고 있다. 안남의 서정徐珽과 계림의 이배근李培根이 문창제군과 관계된 책들을 모아서 교정을 보았다는 것을 알게 된 여순양은 그들을 특별히 보호하여 현재의 서문을 썼다."[704]

그리고 그는 이 책의 두 번째 서문이 '광서 신사(1881)년에 신정희에 의해 쓰였음을 밝히고 있다.[705] 또한 문창, 관제, 여순양이 중국으로부터 추앙을 받았지만, 조선에서 문창과 여순양의 모습을 중국으로부터 가져온 것은 아주 최근의 일이라고 지적한다. 즉 삼성신앙의 역사가 오래되지 않았다고 본 것이다. 그리고, 『관성적도지』 라는 제목으로 관제의 제사에 대한 이야기를 출판한 것으로부터 시작해 문창제군에 관한 현 저술이 출판되었고, 여순양에게 올리는 『중향집』이 인쇄되었다고 언급한다.

『계궁지』는 1881년(고종 18) 문창제군과 관련한 선서들을 모아 편집한 책자이다.[706] 『계궁지』의 해제를 쓴 정경희의 견해에 따르면, 『계궁지』는 '서정'과 '이배근' 등 몇 명에 의해 편찬된 것이 아니라, '무상단'이라는 19세기 말 도사 집단이 주도했다는[707] 것이다. 조선후기 삼성제군 신

---

[704] 『桂宮誌』(국립중앙도서관본), 권 1, 「序」
[705] 『桂宮誌』(국립중앙도서관본), 권 1, 「序」
[706] 『桂宮誌』(국립중앙도서관본), 권 1, 「序」
[707] 정경희의 『계궁지』 해제 참조(규장각), 김윤수는 「고종시대 난단도교」(『동양철학』30, 한국동양철학회, 2008) 참조. 김윤수는 본 논문에서 '무상단'의 전체적 조직을 밝혀내었다.

앙을 주도한 '무상단'이라는 도교집단이 고종의 비호 아래, 삼성과 관련한 많은 도교경전을 간행하고 보급하였음을 알 수 있다.[708] 『계궁지』의 서문을 보면, '서정'과 '이배근'가 문창제군 관련된 경전들을 주도적으로 모아 교정하고 편찬했음을 알 수 있는데, 2개의 서문 가운데 '1877년 순양도인 여씨'의 서문은 부우제군 여순양의 강필이다. 「후서」에서 신정희는 부우제군 '강필'이 모두 서정에 의해서 이루어진 것이라고 말한다.[709]

따라서 이 책의 서문은 중국의 문창제군 관련 경전에 등장하는 것이 아니라, 19세기 조선의 도사 서정에게 문창제군이 강림하여 글을 남겼다는 의미이다. 모리스꾸랑도 2개의 서문 가운데 하나는 '문창제군'의 서문이라고 말한다. 아마도 이 부분은 19세기 조선의 '난단도교'를 몰랐기 때문에 나온 해제로 보인다. 1881년 신정희의 서문은 부우제군의 강필이 있었음을 강조하여 설명한다. 또한 서문에서는 문창제군과 부우제군 관련 경전이 없어서 서정이 청에 가서 두 성인의 성상을 구해왔고 『관성성적도지』와 『이성난서』『계궁지』 등을 간행했다고 말한다. 따라서 이 책은 단순히 부우제군 관련 경전을 모은 것에 그치지 않고, 19세기 조선 최초의 난단도교(무상단)가 부우제군의 강필을 기록하여 경전화 했다는 것에 의의를 두어야 할 것이다. 모리스꾸랑은 『계궁지』의 의미를 여기까지 확장시키지는 못하였다. 그러나 그는 '무상단'이 하나의 종교단체임은 인식하고 있었다. 이에 대해서는 『과화존신』 해제에서

---

[708] 『계궁지』 끝에는 丁丑年(1877) 劉雲이 쓴 발문이 있는데, 그는 그 글에서 '우리 동방은 궁벽하여 천백년 동안 文昌帝君의 法化를 입지 못한 것이 유감인데, 丁丑年 봄에 徐珽이 여러 同社, 곧 여러 無相壇 侍士들과 더불어 이 聖誌를 편집하였다'고 하였다. 정경희에 의하면, 유운은 1877년 무렵 行龍驤衛護軍으로서 흥인문 동관왕묘를 관리하는 직에 종사한 인물이었다. 조선후기 난단도교의 중심에는 관묘가 있었음을 알 수 있다.

[709] 『계궁지』, 권1, 「서문」, "孚佑降筆, 是皆徐君廣購中朝薈粹壇而成者也"

언급하겠다.

모리스꾸랑은 『남궁계적』에 대해 설명하면서, 이 책이 문창제군을 소개하고 있으며 1876년 이건창이 남긴 서문이 있다고 기록하였다.[710] '남궁南宮'은 문창제군이 거주하는 천궁을 의미한다. 서두에 '문창제군 보고'라 하여 문창제군의 신이함과 그 교화의 덕업을 칭송한 기문이 있고 뒷면에는 그 음을 국문으로 표기해 놓았다. 이어 병자년(1876년, 고종 13) 이건창이 쓴 '남궁계적서'가 있다. 여기서는 재동제군, 곧 문창제군은 17번째 세상에 사대부의 몸으로 태어나 공덕을 널리 행하여 무제, 곧 관성제군과 함께 문무 이제二帝가 되었다고 했다. 이건창 자신은 일찍이 중국에 사행을 가서 문창제군의 사당을 알현하고 또 제상을 구해 돌아왔는데, 지금 또 이와 같이 서문을 집필하게 되었다며 감흥을 표했다.[711]

중국학자 왕흥평王兴平은 「문창 문화의 조선 반도 내 전파와 영향[文昌文化在朝鮮半島的传播和影响]」이라는 논문에서 한국의 문창제군관련 도교 경전을 분류하였는데, 그는 『문창제군몽수비장경』을 중국 도교문헌에는 없는 한국 경전으로 보고 있다.[712] 그렇다면 이 책을 모리스꾸랑은 어떻게 말하는가? 그 내용을 요약하면 다음과 같다.

첫째, 서문에서 문창제군이 청허淸虛와 청하淸霞와 같은 귀중한 제자들을 갖게 된 것에 만족하여 이 책을 이들에게 맡겼다. 둘째, 교명이 청허

---

[710] Biblographie Coreenne, vol. 3, pp. 173-174. 그러나 병자년은 1877년이 아니라, 1876년이다.
[711] 이 책에는 勸孝文, 陰隲文, 靈驗記가 실려 있다. 뒤에 序文 이하 靈驗記에 이르기까지 본문을 국문으로 번역한 순국문체의 번역문이 실려 있다.
[712] 王兴平, 「文昌文化在朝鮮半島的传播和影响」, 『中國道敎』3, 中國道敎協會, 2002

자인 정학구의 서문과 교명이 묘허인 최황의 서문이 있다. 원본에 대한 설명은 『계궁지』의 편찬자 중 한 명이 청녕자 서정이 썼다. 셋째, 문창제군은 교명이 청하자인 이숙의 꿈에 나타나 책을 만들라고 하였고 도해 6개가 이 꿈의 상황을 묘사하고 있다. 넷째, 이 책은 9권의 경서로 되어 있고 8권은 제자 이름에 따라 정해졌는데, 그들 중 몇몇은 '무상단'에서 직분을 가졌다. 9권은 상징적인 제목을 가졌다.[713]

우선 『문창제군몽수비장경』은 청하자 이숙이 문창제군에게서 몽수한 '비장경'을 강진인이 펴낸 경전이다. 이 책은 19세기 말 중국의 도교 경전을 재간행한 것이 아니라, 난필에 의해서 새롭게 만들어진 경전이라는 것에 의의를 가진다. 그리고 난단도교 단체인 '무상단'의 존재를 드러낸 경전이라는 것이다. 모리스꾸랑이 말한 '문창제군'의 서명은 앞서 설명한 '난필'에 의한 서문이다. '난서'임을 나타내는 표현은 곳곳에 있는데, 유운의 「발문」에는 "학을 부려 단에 임하니, 난필이 감응하였다"[714]라고 되어 있다. 모리스꾸랑은 이 책이 무상단에서 만들어진 것을 알았으며, 이들 제자들이 모두 교단에서 직분이 있다고 말하고 있다. 유운의 발문에 따르면, 문창제군이 꿈에서 현시를 했으며, "경의 9부 가운데 8개의 경은 무상단 8사士의 이름으로 했으며, 남은 하나는 '매화경梅華經'인데, 하나의 오묘한 이치를 깨우친 8명의 선비를 비유한 것이다"라고 하였다.[715] 이 8개의 경은 모두 '무상단' 8명의 도사 이름이다.[716]

---

[713] Biblographie Coreenne, vol. 3, pp. 174-175
[714] 『文昌帝君夢授秘藏經』(국립중앙도서관본), 「跋文」, "鶴馭臨壇, 鸞筆隨緣"
[715] 위의 책, 「跋文」, "今此經內涵九部, 八是以壇下八士之號名經而各賜者也. 一是梅花經, 以一理平等之妙通喩諸士者也."
[716] '무상단'의 8명의 도사에 대해서는 김윤수의 논문에서 고증한 바가 있다. (「고종시대

19세기 조선의 '무상단'에 대해서 아직까지 많은 연구가 되지 않았고, 모리스꾸랑이 난단도교의 적확한 의미는 몰랐던 것으로 추측되지만, '무상단'이 언급되었다는 사실은 큰 의미가 있다. 정경희는 『문창제군몽수비장경』 해제에서 청하자에 대한 자세한 약력은 알 수 없으나 『문창제군통삼경』를 통해 볼 때, 이름이 이숙李璹이며 삼성이 만들었다고 전해지는 '무상단'을 시위하는 도사라고 칭하였다. 그리고 공자와 송학을 높이 평가하고 있는 점은 도가·유가의 회통적인 입장이지만, 중국의 역사만을 말하는 점에서 중국의 삼성 신앙이 도입된 이후 조선에 맞게 변화되지 못한 것이라고 평가한다.[717]

모리스꾸랑이 자세히 해제한 책 가운데 또 하나는 『중향집』이다. 이 또한 무상단에 의해서 편찬된 책이다. 모리스꾸랑은 이 책에 문창의 서명이 있고, 광서 신사(1881년) 김창희의 서문이 있다고 밝히고 있다. 그는 이 책의 목적은 도교와 유교 그리고 불교가 서로 일치하여 하나의 종교가 된다는 것을 설명하는 것이라고 말한다.[718] 즉 모리스꾸랑은 『중향집』이 삼교회통의 사상체계를 구축하고 있다고 설명한다. 『중향집』은 부우제군의 경전으로 모리스꾸랑이 말한대로, 김창희의 서문이 쓰여져 있고, 『문창제군몽수비장경』과 마찬가지로 유운의 발문(1881, 光緒 辛巳)이 있으며, 유운이 편집하고 이배근이 교정하였다. 또 다른 유수원의 발문에서 그는 "부우제사의 성전에서 뽑아 엮은 것이다"라고 하여 이 책이 부우제군 경전의 초록본임을 알 수 있다.

여기서 주의해 볼 부분은 '김창희'의 서문이다. 김창희는 영조 즉위

난단도교」,(『동양철학』30, 한국동양철학회, 2008) 참조
[717] 정경희,『文昌文化在朝鮮半島的传播和影响』해제, 규장각
[718] Biblographie Coreenne, vol. 3, pp. 176-192

에 공을 세운 김주신의 손자라는 후광과 함께, 여러 관직을 거친 19세기 후반의 대표적 문장가로 손꼽힌다.[719] 『중향집』에 서문을 남겼다는 것은 그가 삼성 신앙에 대해 적극적이었던 것을 보여준다. 김창희 이외에도 당대의 지도층 인사들이 관심을 가지고 있었던 것으로 보인다.[720] 김창희는 '관제'를 유종儒宗'이라고까지 말한다.[721] 김창희(1844~1890)는 서문에서 "대저 제단을 쌓아 제사를 지내고 부적을 불사르고 조아리며", "바라는 바에 응답하고 대도를 성취하며 생사에서 영원히 벗어날 수 있기를 청하였다."라고 말한다. 이 부분은 과의도교의 모습을 보여준다. 김창희는 서문에서 "아! 이 책은 『중용』, 『주역』과 서로 표리를 이루고 있어서 유가의 서적이라 이를 만하고, 『노자』, 『장자』와 서로 조응하고 있으니 도가의 서적이라 이를 만하며, 『법화경』, 『능엄경』과 함께 대승大乘을 실증하였으니 불가의 서적이라 할 수 있다"고 지적하고 있다. 이것은 그의 문집 『석릉집』에 삼성신앙에 대한 직접적인 글들은 보이지 않지만, 「변노辨老」에서 유도일가론儒道一家論을 전개한 것과 맥을 같이 한다.[722]

『부우제군약언보전』, 이 책에 대해 모리스꾸랑은 1884년이라는 책의 간행 년도와 조판자인 배창환만을 언급하고 있다. 그러나 이 책 또한 '무상단'의 일원인 청련자 유운이 『중향집』에서 발췌한 것이다. 발문에

---

[719] "그는 갑신정변, 임오군란 등을 현장에서 겪으면서 國難을 타개하기 위해 노력한 것으로 알려져 있다" 한국고전번역원, 『石菱集』 해제 참조

[720] 규장각 제학 박규수(1807~1876)는 관제 경전인 『관성제군성적도지전집』(檀國顯聖典, 1876) 서문에서 "나(규수)는 약관의 나이부터 관후를 경모해 왔으며, 몽매지간에 만나 誠告指導를 받았다"라고 말한다. (김명호, 『환재박규수연구』, 창비, 2008)

[721] 『關聖帝君聖蹟圖誌全集』(1876, 규장각본), 「跋文」

[722] 그는 대종교 2대 교주 김교헌(1868~1923)의 부친으로 300間이 넘는 대저택을 김교헌의 독립운동을 위해 처분했다고 한다.

의하면 『부우제군전서』를 선집한 것이 『중향집』이고, 다시 이 책을 간략하게 추린 것이 『부우제군약언보전』이다.[723] 자서에서 세상이 어지러워지자 이를 다스리는 처방을 각각 병·약에 비유하여 제시하였다.

모리스꾸랑은 삼성제군에 대한 신앙이 종합적으로 기록되어 있는 책으로는 『삼성보전』과 『삼성훈경』을 해제하였다. 『삼성보전』은 익명의 조선인이 서문과 발문을 남겼다고 기록하고 간단한 목차를 제시하였다. 『삼성훈경』의 경우는 이 책이 문창제군, 관성제군, 부우제군의 삼성에 대한 신앙을 담고 있으며, 한글판이 있음을 설명하고 있다. 『삼성보전』의 경우, 서문은 해동무명씨가 썼고, 발문은 무상자로 되어 있다.[724] '무상'이라는 표현을 볼 때, 이 책 또한 무상단에서 만들어진 책으로 보여진다. 즉 삼성제군[文昌帝君, 關聖帝君, 孚佑帝君]에 대한 신앙서이다. 이 책 또한 삼성의 영험기로 백성의 교화에 초점이 맞추어져 있다. 크게 3부로 구성되어 있는데, 제1부가 문창제군, 2부가 관성제군 3부가 부우제군이다. 무상자의 무상단 집단의 일원으로 짐작된다. 편자는 해동무명씨와 무상자로 각각 기록되었을 뿐, 역시 실명이 기재되지 않았다.

『옥황보훈』, 모리스꾸랑은 이 책이 『중향집』의 저자인 유운의 발문이 들어 있다고 밝히고, 간행년도인 1883년을 표시하였다. 두 번째 서문은 1841년 관성제가 썼으며, 세 번째 서문은 부우제군이 네 번째 서문은 주대장군이 썼다고 밝히고 있다. 이들 내용을 바탕으로 본다면, 이 책 또한 신의 강림에 의해서 쓰여 진 신필 서적으로 여겨지며, 앞서 언급한 '난서'이다. 발문에 '유운'이 등장하는 것으로 보아, '무상단'에 의해서 만들어진 저서로 여겨진다.

---

[723] 『孚佑帝君藥言寶典』, 「跋文」
[724] 『三聖寶典』(국립중앙도서관본) 「序文」과 「跋文」참조.

모리스꾸랑은 『금과삼요집략』 또한 1879년 '문창제군'이 썼다고 말하고 있는 데, 이 책 또한 '강필(신필)'에 의한 기록임을 알 수 있다. 모리스꾸랑은 문창제군에 의한 이 계율들이 중국 전역에 보급되어졌다가, 이들 가운데 하나가 조선에 들어온 것은 1879년이라고 그 시작점을 언급한다. 그러나 이것은 정확한 사실은 아니다. 『옥정금과예주집』도 1858년의 문창제군 서문이 있으며, 1879년 해동무명씨의 발문이 있는 것으로 보아, 무상단의 저서로 추정된다.[725]

삼성신앙에 관한 신의 강필에 의한 '난서'들은 대부분 '무상단'에 의해 간행된 것을 알 수 있다. 그러나 간혹 『암실등』과도 같이 청나라로부터 온 민간도교경전들도 있다. 모리스꾸랑은 이것을 자세하게 구분하고 있지는 않다. 그는 『암실등』에 대해 '문창제군'과 '관성제군' 경전임을 밝히고 있다. 그리고 여러 개의 서문이 있음을 말하고 있다. 『암실등』은 청대의 대표적인 권선서 가운데 하나이다.

요컨대, 모리스꾸랑은 2장을 삼성제군 숭배와 관련된 책들로 구성하고 있는데, 이는 앞서 말한 대로 당대 삼성제군 신앙이 광범위하게 퍼져 있었음을 말해주는 실증이다. 그는 또한 관왕신앙이 16세기 말 도입되었다고 평가하고, 그가 조선에서 살았던 1890년대에도 관왕 신왕이 활발했음을 밝히고 있다. 삼성 신앙이 관묘를 중심으로 활발히 진행되었다는 것을 밝힌 것이다. 그의 이러한 언급은 19세기 도교의 모습을 그리는데 중요한 증언이 될 수 있다고 생각한다. 모리스꾸랑의 해제에서 두드러지는 부분은 '무상단'에 의해 간행된 '난서鸞書'이다. 모리스꾸랑은 『계궁지』의 해제를 달면서, 처음으로 '무상단'을 언급한다. 그리고 뒤에서 다룰 『과화존신』의 해제에서 그는 '무상단'이 하나의 도교단체라는 것

---

[725] 『玉定金科三要輯略』(국립중앙도서관본), 「跋文」 참조

을 언급한다. 그러나 이 저서들이 '강필'에 의한 것이라고는 말하지 않는다. 다만 1877년이라는 서문의 연대와 '서정'과 '이배근'이라는 간행자에 대해 말한다. 강필이란 도교의 수행을 통한 신과의 만남(엑시터스)의 상태에서 신의 말을 기록하는 것이다. 『계궁지』에는 19세기 조선의 도사 서정에게 문창제군이 강림하여 글을 남겼다는 기록이 담겨 있다. 19세기 '무상단'은 단순히 중국도교 경전을 수입해서 소개한 것이 아니라, 새로운 도교경전을 만드는 등 -부우제군의 강필을 기록하여 경전화- 활발한 활동을 했다는 것에 의의를 두어야 할 것이다.[726] 모리스꾸랑은 『계궁지』의 의미를 여기까지 확장시키지는 못하였다. 앞에서 밝혔듯이, 조선에서 만들어진 대표적 난서가 『문창제군몽수비장경』이다. 중국학자 왕흥평은 이 저서가 조선에서 만들어졌다고 언급하기도 하였다. 모리스꾸랑은 이 책에 대해서 무상단 제자들을 언급하면서, 문창제군이 이들에게 이 책의 발행을 맡겼다는 해제를 달았다. 또한 교명이 청허자인 정학구의 서문과 교명이 묘허인 최황(최성환)의 서문이 있음을 밝히고 있다. 이들 모두는 '무상단'의 일원이며, 『문창제군몽수비장경』은 무상단의 '8명'의 도사들의 이름으로 목차를 구성하고 있다.

  모리스꾸랑의 해제를 통해 당시 '삼성신앙'이 사회의 지도층에 만연했음도 유추할 수 있다. 그는 무상단에 의해 간행된 『중향집』에 김창희의 서문이 쓰여져 있음을 언급하였다. 김창희는 19세기 후반 여러 관직을 거친 대표적 문장가이다. 그가 서문을 남겼다는 것은 삼성신앙에 적극적이었던 당시의 시대적 분위기를 말해준다. 심지어 그는 서문에서

---

[726] 정경희는 '無相壇'이 孔子와 宋學을 높이 평가하고 있는 점은 道家·儒家의 會通적인 입장이지만, 중국의 역사만을 말하는 점에서 중국의 三聖 신앙이 도입된 이후 제대로 된 조선화는 되지 못했다고 평가한다(『文昌文化在朝鮮半岛的传播和影响』, 규장각 해제).

『중향집』이 유가의 서적이라고 말하였다.

이 밖에도 『부우제군약언보전』(1884)이 '무상단'의 일원인 청련자 유운이 『중향집』에서 발췌한 것이고, 『삼성보전』의 경우도 발문이 무상자로 되어 있고, 『옥황보훈』(1883)도 청련자 유운의 발문이 있다는 점에서 모두 '무상단'에서 간행된 책들임을 알 수 있다. 『옥황보훈』의 경우 관성제군과 주대장군이 썼다는 서문으로 인해 난서임을 확실하게 보여준다. 모리스꾸랑은 이 책들의 간기와 발행자를 정확히 표시하였다. 그러나 이 책들이 '무상단'의 '난서'임은 정확히 묘사하고 있지 못한다. 그러나 여기서 하나의 의문은 그의 삼성제군관련 카테고리 안에서 '무상단'에 의한 난서들이 대거 들어있고, 이 책들 위주로 해제가 달렸으며, 다른 서적들에 비해 비교적 자세한 해제를 갖추고 있다는 점이다. 이것은 어찌된 이유인가? '무상단' 관련 주요한 경전들이 주로 목록에 실려 있다는 것은 어떤 의미인가? 원인 가운데 하나는 모리스꾸랑의 조선인 조력자들이라고 추측된다. 앞의 서문에서 밝혔듯이 모리스꾸랑은 『한국서지』를 위해 자료를 수집하는 과정에서 이인영, 이인응, 변원규의 조력자가 있었다고 쁠랑시에게 보내는 편지에 기록하였다. 모리스꾸랑이 책을 수집하던 시기가 1890년대 초였고, 대부분 '무상단'에 의해 출판된 저서들이 1870년대와 1890년대에 집중되어 있다. 그렇다면 책들의 발행시기와 수집시기가 일치하고 있음을 알 수 있다. 이는 조선에서 만들어진 도교서적를 찾는 모리스꾸랑의 의도와도 잘 맞는 지점이다. 예를 들어 삼성신앙에 관계된 무상단의 '난서'들은 대부분 자세한 해제를 갖추고 있지만, 『암실등』과 같이 청나라에서 수입된 경전들은 간략히 언급되어진다. 조력자들은 '무상단'이 자생적 도교조직이고, 이들에 의해 만들어진 '난서'들이 중국의 난서들과는 다르다는 것을 간파했을 것으로 생각된다. 그래서 삼성신앙 숭배에 관련된 카테고리를 따로 만들고, 그 안은 조선의 최초 난단도교였던 '무상단'의 저서들을 중심으로 소개하고 있다고 생각된다. 모리스꾸랑의 해제를 통해 우리는 당대 관제신앙의 유행과 활발히 최초의 민간도교 단체인 '무상단'의 활발한 활동과 실체를 가늠해 볼 수 있다.

'기타도서'의 의미와 도교실천운동

모리스꾸랑은 셋째 기타도서로는 『상세신편팔감』을 비롯한 10여 권의 책들 목록을 싣고 있다. 이 기타의 책들 이외에 보유편에서 빠진 책들을 더 보충하기도 하였다.[727] 기타의 분류 안에 있는 책들은 다음과 같다. 이 가운데 대표적인 해제를 소개하면 다음과 같다.

2613. 각세신편팔감(覺世新編八鑑)	2619. 경신록언해(敬信錄諺釋)
2614. 제중감로(濟衆甘露)	2620. 주생연사묘응진경
2615. 번석자문(飜惜字文)	(注生延嗣妙應眞經)
2616. 과화존신(過化存神)	2621. 기령현묘경(奇靈玄妙經)
2617. 과화존신	2622. 도장경오악진형도경배오악형도
2618. 증정경신록(增訂敬信錄)	(道藏經五岳眞形圖鏡背五岳形圖)
	2623. 무제

---

[727] Bibliographie Coreenne, vol. 3, Supplement, 1896, pp. 64-66. 후에 보유한 문헌은 다음과 같다. 3708. 重刊太上靈寶感應篇 3709. 關聖帝君聖蹟圖誌全集 3710. 關聖帝君寶訓像註 3711. 關聖帝君應驗明聖經 3712. 海東聖蹟誌 3713. 關聖帝君聖蹟圖誌續集 3714. 關聖帝君五倫經 3715. 桂宮誌(n°2601) 3716. 玉勅解義 3717. 三聖忠孝經 3718. 戒殺放生文 3719. 太上玄靈北斗本命延生眞經 3720. 敬信錄―諺解(n°2618, II; 2619, II) 3721. 觀道顯若錄 3722. 救濟寶訣

모리스꾸랑은 『각세신편팔감』에 대하여, 이 책이 1856년에 간행 되었고, 11권의 8개 부분으로 나뉘어져 기술되어 있으며, 최성환의 서문이 있다고 밝히고, 이 책의 목차를 자세히 설명한다. 그런데 최성환의 서문이 있는 것으로 보아, 이 책 또한 '무상단'에서 주관하여 편찬한 내용임을 알 수 있다. 그러나 이 책은 서문이 강필로 이루어진 부분은 없다.[728] 전체적으로 인륜도덕과 권선징악을 강조하는 내용이 주를 이룬다.[729] 권 7 의 「이륜감」은 유교의 오륜을 강조하고, 권 10은 살생을 경계하고 권 11에서는 실생활에 필요한 약방문까지를 다루고 있다.[730] 경전과 삼성신앙 그리고 유불도 습합의 사상체계 일상생활에서의 유교적 가치관 그리고 구병의 처방까지를 하나의 책 안에서 다루는 것이다. 따라서 모리스꾸랑은 이 종합적인 저서를 기타의 범주 안에서 다루고 있다.

모리스꾸랑은 『제중감로』에 대해 그다지 주목하지 않았다. 1872년 순양자의 서문이 있으며, 1878년 다른 서문이 있다고 밝히고 있다. 그런데 일찍이 이 저서는 이능화의 『조선도교사』에서 '선음즐교'라는 이름으로 자세하게 다루어졌다.[731] 이능화는 이 단체가 중국 여산의 '백련사'를 모방한 염불단체이며 이 들이 열한 번에 걸쳐 설법한 것이 『제중감로』라는 책이고, 이 책의 서문은 여순양의 강필임을 말한다. 선음즐교는 중국의 백련사를 모방하여, 염불 진언을 통해 신과의 합일 상태에 이르고,

---

[728] 『賞世新編入鑑』(국립중앙박물관본), 「序文」
[729] 『賞世新編入鑑』의 규장각 해제(임채우) 참조. 규장각본은 1권에서 5권까지는 유실되어 해제에서도 6권에서 11권까지를 다루었다.
[730] 임채우, 「해제」, 규장각. 권11은 <醫藥鑑 第八>로서 일상생활에서 발생하기 쉬운 여러 병증에 대한 약방문들이 소개되어 있으나, 의학적인 처방과 더불어 민간요법에 가까운 것들이 많이 섞여있다. 秘傳種子神效藥方은 아이를 얻기위한 실제 약처방전이다. 達生編은 대개 산부인과에 관한 사항들을 비롯하여 소아과와 내과외과 전염병에서 健康長生法 등에 대한 여러증상들에 대한 처치와 처방들이 주종을 이루고 있다.
[731] 이능화, 이종은 역, 『조선도교사』, 보성문화사, 2000, 303쪽

강필을 통해 교리를 체계화 시켰음을 알 수 있다. 이 때의 강필은 '비난飛鸞'이란 용어로 표현된다. 책의 서문은 부우제군呂純陽이 무상단에 강림하여 남긴 것이다.[732] 관세음보살, 부우제군이 동시에 신격으로 등장하는 점에서 유불도 합일의 명청대 민간도교적 특징이 드러난다. 정경희는 이 책이 19세기 후반 관음신앙에서 나온 신앙결사체인 감로법회甘露法會의 실천 요강서이며, 조선사회 내에서 자생적으로 태동한 관음신앙 및 이에 의거한 결사 운동의 양태를 잘 보여준다고 말한다.[733] 모리스꾸랑은 이 책이 '관음신앙'에서 태동했으나, 부우제군의 난필에 의한 서문이 있다는 점 등으로 인해 이 저서를 도교의 기타서적에 분류해 놓은 것으로 보인다.

이 밖에『번석자문』은 한글판본으로 사람들에게 글자 쓴 종이를 공경하고 아끼기를 가르치기 위한 일종의 경문을 이송서가 언해한 책이다. 계의 일종인 동문사의 석자회에서 만든 계안을 번역하여 1882년(고종 19)에 1책의 한글 목활자본으로 경군문에서 출판한 것이다. 이 책은 관성제군의 응험을 예로 들어 글자와 글자가 쓰여 있는 종이의 중요성을 강조하고 책을 아낄 것을 권유하는 내용으로 되어 있다. 이 책이 도교로 분류될 수 있는 것은 이 예禮가 관우신앙, 관성교의 제례 중 하나이기 때문이다.[734]

모리스꾸랑은 이 책의 해제에서 이 모임이 1882년에 중국의 풍습을 조선에 토착화시키기 위해 만들어졌다고 설명한다. 이 모임을 통해 한글본을 만들고 조선인들에게 전파시키려고 했지만, 서울에서의 모임이

---

732 위의 책, 「觀世音菩薩妙應示現濟衆甘露緣起」
733 정경희 해제 참조(규장각),『濟衆甘露』
734 『飜惜字文』, 규장각 해제 참조(조광국)

오래 지속되지 못했다고 설명하고 있다. 이 책은 『증정경신록』과 『계궁지』(4권. 6과 7), 『경신록언해』에서 언급된 같은 부류의 논고들에 의해 영감을 받았다고 설명한다. 이 모임은 처음에는 수도의 각 길마다 바구니를 설치하고 각 거리의 주민들이 글자가 적혀 있는 종이들을 내버리는 대신 그 곳에 집어넣도록 하였다고 한다. 이렇게 해서 모인 종이들은 불로 태웠다는데 이렇게 해서 글자들이 아무 곳에나 굴러다니지 않도록 하는 것이 이 모임의 목적이었다고 한다.[735] 모리스꾸랑의 이러한 언급은 관성교의 정신을 따르는 사회 실천적 모임이 서울에 있었다는 알 수 있다. 만약 모리스꾸랑의 언급이 없었다면, 관성교의 실천운동이 당대에 있었다는 것을 우리는 알 수 없었을 것이다. 모리스꾸랑은 관성교의 영감을 받은 모임에서 만들어진 경전이므로 도교에 배치했지만, 이들의 활동이 사회운동과도 같은 실천적 성격이 강하다는 점에서 '기타'에 분류한 것으로 보인다.

모리스꾸랑은 『과화존신』의 해제에서 「영험기」를 다루면서 영험기가 임난시 (관성제군이) 조선을 도와준 것과 무술년(1598)과 경자년(1600년)에 서울에 아직도 존재하는 관성제군의 두 사원을 건립했던 일을 기록하고 있다고 밝힌다. 그리고 이 소책자가 1880년 인쇄되어 사람들에게 배포되었는데 그 비용은 충실한 한 도교신자가 부담했으며 『관제성적도지』, 『계궁지』, 그리고 『중향집』을 발간했던 사람들 중에 하나인 것으로 보인다고 말한다.[736] 앞서 언급하였듯이, 이 부분은 그가 '무상단'이라는 도교단체를 인지한 것으로 생각되는 부분이며, 무상단의 활동을 부연하는 것이다.

---

[735] Biblographie Coreenne, vol. 3, 1896, pp. 201-202
[736] Biblographie Coreenne, vol. 3, 1896, pp. 202-203

요컨대, 앞서 다룬 '삼성제군의 숭배의식'을 다룬 책들이 대부분이 무상단에 근거한 '난서'라면, 기타 부분에 있는 책들은 '난서'도 있지만, 종교적 실천을 강조한 '선서'들 예를 들어『각세신편팔람』『번석자문』과 같은 책들을 분류한 것으로 보인다. 물론『제중감로』도 난서이지만, 그는 이 책을 관세음보살 신앙이 있어서 삼성신앙과는 차이가 있다고 여긴듯하다. 다만 아쉬운 점은 이러한 기준이 명확히 드러나지 않아서, 철학적 범주에서 논의할 만한 내용이 부족하다는 점이다. 그러나『번석자문』에 대한 언급처럼 당대에 있었던 도교실천모임을 소개한 부분은 모리스꾸랑의 기록들이 당대의 도교를 설명하는데 큰 시사점을 주는 부분이다.

지금까지 본 연구는 모리스꾸랑의『한국서지』안에 하나의 카테고리를 담당하고 있는 '도교'부분에 대한 해제들을 살펴보았다. 모리스꾸랑은 전임공사인 쁠랑시의 조언과, 한학에 능한 조력자들의 도움을 받아 3000종이 넘는 도서들을 수집하여『한국 서지』를 집필하였다.

모리스꾸랑은 도교관련 경전들을 분류하면서 '경서류', '관성제군·문창제군·부우제군에 대한 숭배의식', '기타'의 세 부분으로 나누었다. 그런데 관성제군과 문창제군 부우제군에 대한 분류 목록을 따로 만든 것은 당대 19세기 말 삼성신앙 관련 도교 경전이 많았기 때문으로 생각된다. 그는 '경서류'의 경우,『노자』와『장자』와 같은 대표적 도교의 경전과 '태상' 그리고 '구천상제'와 같은 신을 다룬 책들을 묶은 것으로 보인다. 즉 그는 '태상'을 '도'와 '리'로 해석하고, '구천응원뇌성보화천존'과 같은 '천존'을 다루었느냐의 문제를 중심으로 제 1부를 구성하였다. 그러나 그의 해제 안에『노자』가 포함이 되지는 않았는데, 그 이유는 한국 학자에 의한『노자』주석서 혹은 한글번역본을 찾지 못했기 때문인 것으로 보인다.

모리스꾸랑은 2장에서 관성제군, 문창제군, 부우제군의 삼성제군에 대한 숭배의식을 나타낸 책들로만 하나의 카테고리를 구성하였다. 2장에서 자세한 해제가 들어 있는 책들은 한국인 조력자의 도움을 받은 것으로 여겨진다. 삼성신앙에 관련된 책으로만 이 장을 구성한 것은 당대 이미 관성 문창 부우에 대한 신앙이 광범위하게 퍼져 있었고, 관련 경전의 수가 많았음을 반증한다. 그는 1890년대에도 조선에 관왕 신왕이 활발했음을 밝히는데, 이러한 언급은 19세기 도교의 모습을 그리는데 중요한 시사점이 있다. 모리스꾸랑의 해제에서 두드러지는 부분은 '무상단'에 의해 간행된 '난서'들에 대한 구체적 해제이다. 모리스꾸랑은 『계궁지』의 해제를 달면서, 처음으로 '무상단'을 언급한다. 그리고 뒤에서 다룰 『과화존신』의 해제에서 그는 '무상단'이 하나의 도교단체라는 것을 언급한다. 그러나 모리스꾸랑은 '무상단'의 도교단체와 도교경전 간행 활동은 언급하지만, 이 저서들이 '강필'에 의한 것이라고는 말하지 않았다. 여기서 강필이란 도교의 수행을 통한 신과의 만남(엑시터스)을 통해 신의 말을 기록하는 것을 말한다. 19세기 '무상단'은 단순히 중국도교 경전을 수입해서 소개한 것이 아니라, 교단으로서의 조직체계를 갖추고 강필을 통해 한국의 삼성경전을 만들고 간행하였다. 우리는 '무상단'의 실체를 모리스꾸랑의 언급을 통해 실증적으로 구체화할 수 있다.

또한 모리스꾸랑의 해제를 통해 당시 '삼성신앙'이 사회의 지도층에 만연했음도 유추할 수 있다. 그는 무상단에 의해 간행된 『중향집』에 19세기 대표적 문장가인 김창희의 서문이 쓰여져 있음을 언급하였다. 그는 '무상단'에 의해서 발행된 서적들의 서문과 간기와 발행자를 비교적 정확히 표시하였다. 그러나 이 책들이 '무상단'의 '난서'임은 밝히지 못하였다. 무상단 관련 서적들이 다른 서적들에 비해 자세한 해제를 갖추고 있는 것은 한국인 조력자들에 의한 것으로 보인다. 또 다른 이유로는 대부분의 '무상단'에 의해 출판된 저서들이 1870년대와 1880년대에 집중되어 있어 모리스꾸랑의 도서 수집 시기와 멀지 않다는 점이다. 조선에서 만들어진 도교서적를 찾는 모리스꾸랑의 의도와 잘 맞았을 것이다. 조력자들은 '무상단'이 조선에서 만들어진 자생 도교조직이고, 이들에 의해 만들어진 '난서'들이 중국의 난서들과는 다르다는 것을 간파했을 것으로 생각된다. 그래서 삼성신앙 숭배에 관련된 카테고리를 따로 만들고, 그 안은 조선의 최초 난단도교였던 '무상단'의 저서들을 중심으로 소개하고 있다고 생각된다.

2장에서 다룬 책들이 대부분이 '난서'라면, 기타 부분에 있는 책들은 '난서'도 있지만, 종교적 실천을 강조한 '선서'들이 다수 들어 있다. 예를 들어 『각세신편팔람』『번석자문』과 같은 책들은 전자가 권선서라면 후자는 관제신앙에 바탕을 둔 종교적 실천 운동을 다룬 저서이다. 모리스꾸랑은 이러한 성격의 책들을 3부에 배치하였다. 이 부분에 대한 자세한 언급은 없지만,『번석자문』처럼 당대에 있었던 도교실천모임을 소개한 부분은 모리스꾸랑의 기록들이 당대의 도교를 설명하는데 도움을 준다. 그러나 그는 각각의 책들을 사상적인 부분에서는 다루지 못하였다. 조선의 난서들이 명 청 연간의 민간도교적 특징을 바탕으로 유교 윤리를 서술하고, 도교의 신관을 불교의 윤회설 등으로 해석하는 부분이 많은데, 모리스꾸랑은 이러한 기본적인 부분들마저도 자세히 언급하고 있지는 못한다.

이상과 같이 모리스꾸랑의 『한국서지』에 담긴 도교 부분을 고찰하여 다음과 같은 세 가지의 의미를 도출하였다. 첫째는 19세기 말 관제신앙의 유행과 삼성신앙의 확대이다. 그의 도교서지는 대부분 19세기 말 형성된 것으로 보이는 삼성신앙을 기반으로 하는 '무상단'에서 출판한 책들에 집중되어 있다. 둘째 모리스꾸랑이 자생적인 도교경전을 찾으려 노력했다는 점이다. 그 증거는 그가 한글본『도덕경』을 찾았고, 중국에서는 출간되지 않았던 조선난서인『문창제군몽수비장경』 등을 다루는 것에서 찾아볼 수 있다. 셋째는 그의 연구를 통해 당대의 도교의 지형도를 살필 수 있다는 점이다. 그가 살던 시기, 관묘를 중심으로 하는 도교가 활발히 활동하고 있었고, 최초의 도교교단이었던 '무상단'이 조직적으로 활동했으며,『번석자문』을 기반으로 하는 종교적 사회실천 모임이 있었다는 것을 살필 수 있다.

그렇다면 오늘 날 모리스꾸랑의 도교 해제를 분석하는 일이 왜 요구되는가? 앞서 고찰한 대로 1890년대 조선은 열강사이에서 나라의 주권을 잃어가고 있는 시기였다. 이러한 시기 왜 대량의 민간도교경전이 간행되고, 사회의 지도층까지도 삼성신앙을 가졌던 것인가? 이러한 지도층의 태도를 선교사들은 "무당들과 주술사들은 절대적이면서 시비할 수 없는 힘으로서 이 나라를 그리고 지배자들까지를 지배하고 있었다"라고 비판하였고,[737] 또한 고종이 미신에 빠져 점성술사들을 비롯한 역술가들에 포위된 채 생활했다는 기록 또한 남아 있다.[738] 그러나 다른 한편 일제강점기 민간도교에 기반한 '대종교'는 항일운동의 구심점이 되었다. 아직까지도 조선후기 난서의 유행과 삼성신앙에 기반 한 민간도교의 확대를 설명하기 위한 연구는 부족한 상황이다. 1890년대 초 조선을 다녀가『한국서지』를 남긴 모리스꾸랑을 연구해야 할 이유가 여기에 있다.

---

[737] 김학준,『서양인들이 관찰한 후기 조선』, 서강대출판부, 2010
[738] 성귀수 역,『조선기행』, 233-238

제 VI 편

오늘날 북한의 도교와 21세기 도교

1

북한의 도교 연구, 도교의 변용

　21세기에도 여전히 냉전시대의 연장선에서 북한 관련 뉴스는 '핵무기' '전쟁' 등의 이미지로 소비되며, 국제사회에서 '깡패국가' '전체주의 국가' '독재국가'로 규정된다. 북한이 개인의 다양한 정치적 목소리를 억압하고 표현할 수 없다는 측면에서 위의 규정은 타당할 수 있다. 그러나 '깡패국가'와 같은 선정적 규정은 북한사회의 특수성은 배제하고 한 단어로 규정하는 폭력적 표현이기도 하다. '한 국가'의 정치형태는 우연히 만들어지지 않으며 하나의 '이데올로기'로 정의되기도 어렵다. 왜냐하면 내부적 요인보다는 외부적 요인 즉 한반도의 지정학적 특수성, 주변국가와의 역학 관계, 나아가 강대국들 간의 파워게임 등의 요소가 주는 영향력이 크기 때문이다. 국제사회에서 북한이 공포국가 이미지로 소비되는 것과 대칭적으로 북한뉴스는 전 세계 국가들의 조롱과 '희화화'의 대상이 되기도 한다.

　희화화의 핵심에 가장 큰 역할을 하는 것은 북한의 삼대 세습과 수령 김일성 그의 아들 김정일에 대한 신격화이다. 북한의 삼대 세습 관련해서는 북한의 사회체제를 유교사회주의로 명명하고 그 정치사회적 특징들이 다양하게 연구된 바 있다. 그러나 그 희화화에 주요한 역할을 하는 김일성·김정일 신격화에 기반이 되는 도교적 요소의 강화에 대해서는 지금까지 논의된 바가 없다. 대표적으로 다양한 판본의 김일성 전기에서 항일운동 시기 김일성의 유격전술의 찬사가 등장하는데, '장신술, 축지법, 천지조화'등의 용어로 그 능력이 설명된다.[739] 뛰어난 한 인간의 능력을 '도사' 혹은 '신선'의 능력으로 표현하는 것은 조선의 고전 영웅소설 속 도교적 능력을 갖춘 비범한 인간을 묘사하는 것과 궤를 같이한다. 1980년 대 이후 김일성의 신격화과정에서 그는 도교적 메타포 안에 인간의 한계를 초월한 존재로 묘사되고 있는 것이다.

사실, 북한의 조선로동당 학문노선 위에 도교는 중세의 반동종교로 규정되며, 따라서 북한의 동양철학 연구성과에서 '조선도교사'와 관련된 집중적 연구물들은 없는 것으로 보인다.[740] 단일 종교로서의 접근은 전무하지만 도교적 요소들의 연구와 전승은 있다. 따라서 이 논문에서 말하고자 하는 북한 '도교'는 종교(교단도교)의 대상으로서의 '도교'가 아니라 조선시대부터 계승되어 온 도교적 요소들이 북한 사회에서 어떻게 전승되고 있는가를 설명하는 '도교적 요소'이다. 즉 '도교'에 대한 연구가 아니라 북한 내 도교적 요소에 대한 연구이다. 이러한 접근법은 조선시대 도교 전개를 연구하는 것과 유사하다. 조선이 성리학 국가를 표방하고 그 억불숭유의 정책 기조 속에 교단도교의 전통이 없었지만[741] 도교적 전통의 계승이 있었던 것처럼, 북한은 도교를 반동적 봉건종교로

---

[739] 한국민족민주전선 중앙위원회, 『여명』, 평양, 1997년 2월호. 이 밖에도 김일성을 도교의 신선술을 갖춘 비범한 영웅으로 묘사하는 내용은 김일성의 항일투쟁기를 다룬 글 속에 공통적으로 등장한다.
[740] 남한에서 도교연구의 기본서적으로 삼는 이능화의 『조선도교사』에 대한 연구성과도 언급되지 않는다. 사회주의 안에서의 도교 비판과 이능화의 친일행적이 원인의 하나로 보인다.
[741] 19세기 말기 '무상단(無相壇)'과 같은 도교결사의 형태가 보이는데, 활동 기간이 10여 년에 그쳤으며, 후속적인 도교 교단으로 성장하지는 못했다.

규정하지만 다양한 도교적 요소들의 전통을 계승하고 있다.

본 연구에서는 텍스트 너머에 있는 북한 도교의 실체에 다가가기 위해 다음의 4가지 도교적 측면에서 북한도교를 기술하고자 한다. 첫째는 조선로동당의 주도 아래 철학사와 교과서 안에 전통 도교를 어떻게 규정하고 있는가이다. 둘째는 조선 도교의 주요한 요소인 전통 양생술이 사회주의 체제 안 과학과 의학의 영역에서 어떻게 수용되고 있는가를 살펴볼 것이다. 셋째는 조선후기 민간도교의 전통을 계승한 20세기 신종교 가운데 '동학(천도교)'과 대종교의 계승을 살펴볼 것이다. 북한의 '조선개관'을 보면 북한의 '정당사회단체'는 8개로 나온다. 이 가운데 유일한 종교단체가 천도교이다. 천도교는 '보국안민과 척양척왜의 자주정신으로 제국주의 침략과 예속을 반대하고 민족적 자주와 부강한 민주국가를 건설하기 위한 사업에 참여하는 농민들이 조직한 민주주의적 정당'으로 정의된다.[742] 넷째는 북한의 권력세습과정에서 새롭게 등장하기 시작한 도교신화와 민족주의 강화요소를 살펴보고자 한다. 이상의 네 분야를 통해 봉건적 반동 종교라는 도교가 북한사회에서 어떻게 전승되고 새롭게 재해석되고 있는가를 탐구해 보고자 한다.

북한 『조선철학사』의 '도교' 기술

북한의 철학사에서 규정하는 도교는 『삼국사기』와 『삼국유사』의 기록을 기반으로 '봉건지배계급의 적극적 지지'와 '지배계급의 정치적 목적'이라는 주제 아래에서 다루어진다. 1986년 출판된 최봉익의 『조선철

---

[742] 방완주, 『조선개관』, 평양: 백과사전출판사, 1988, 105쪽

학사개요』(평양: 사회과학출판사)를 보면 삼국의 도교 수입 기록을 다루는 것은 남한 연구와 유사하다. 고구려 영류왕 7년(624) 왕이 도교를 수입했다고 기록하고, 보장왕 때 도사 요청 기록은[743] 봉건지배계급의 적극적 지지 아래 가능했다고 해석되며, 연개소문의 도교 유포(642)는 신흥귀족들이 국력을 회복하고 새로움 힘을 가지고 외래 침략자들에게 대항하기 위한 새로운 사상적 도구의 필요로 인한 것으로 이해한다.

도교는 원래 종교미신들과 마찬가지로 초자연적인 신 원시천존(옥황상제)를 비롯한 각종 잡신들을 숭배하는 일종의 종교이다. 그러나 도교사상 가운데 내포된 허위 허식을 배격하고 위선적 요소를 비판하는 도덕경 가운데 일부 유물론적이고 변증법적 요소들은 당시 신흥 귀족들의 근본이익에 부합한 것이다.[744]

최봉익은 도교를 두 가지 관점에서 접근한다. 잡신들을 숭배하는 '종교적 미신'으로 지배계급의 정치적 목적을 위해 활용될 수 있다는 것과 그리고 도교사상 가운데 '허위허식 배격' '위선 요소 비판' 등의 사유는 유물론과 변증법적으로 칭송될 수 있다는 것이다. 그러나 총론적인 『도덕경』의 평가를 보면 재래의 신선사상과 결합하여 종교적 환상을 만들었고, 인민대중에게 독이 되었으며, '허무주의'와 '현실기피의 사상'은 인민들의 자주의식과 투쟁의식을 거세하는 작용을 했다고 평가받는다.[745]

---

[743] 『삼국사기』 권 21 고구려본기 제 9 보장왕
[744] 최봉익, 『조선철학사개요』, 평양: 사회과학출판사, 1986, 51-52쪽
[745] 최봉익, 위의 책, 52쪽

2000대 출간된 중세 철학사상도 위의 평가를 넘어 새로운 해석을 보여주지 않는다. 도교에 대한 정의를 살펴보면 "중국 고대의 무술과 진한 시기의 신선사상 그리고 황로도학에 기원을 두고 있으며, 도덕경을 기본경전으로 하고 있다"[746]는 것이다. 다만 도교의 도는 "도를 만물의 시원으로 보면서 도로 돌아갈 것을 주장하는 종교로서 도를 물질적 실체로 보는 유물론적인 사상요소가 있다"고 긍정적인 평가가 보인다.

요컨대, 조선철학사에서 '도교'는 대부분 『삼국사기』와 『삼국유사』의 도교 전래와 같은 내용들을 기반으로 기술되는데 다음과 같은 비판이 가해진다. 첫째 '장생불사'와 '신선사상' 등이 영원한 안녕과 특권적 지위를 유지하려는 고구려의 상층지배계급의 욕망을 유혹하였다. 둘째, '도'와 '무위'를 깨달은 사람만이 장생불사를 할 수 있고, 신선이 되어 옥황상제가 사는 하늘나라로 갈 수 있다는 종교 신비성, 허구를 가미하였다. 자연으로 돌아갈 것을 설교하는 도교사상은 사회적 존재로의 인간의 가치를 부정하고 사람들을 객관법칙에 순응하는 동물적 존재로 만드는 반동사상이다. 사람은 자주성 창조성 의식성을 사회적 본성으로 하는 사회적 존재이다. 따라서 사회적 존재인 사람은 세계를 개조해 나간다. 셋째 도교의 사상은 자연적 존재와 질적으로 구별되는 인간의 본질적 특성을 부정하고 세계의 지배와 개조활동을 진행해 나가는 인간의 활동을 반대하는 반동적 사상이다. 도교는 인간을 자연의 구속과 사회적 예속에 맹목적이고 피동적인 존재로, 자연과 사회개조에 무능력한 나약한 존재로 만들어버림으로써 봉건적 지배와 착취를 순조롭게 보장해 주는 반동적 목적을 추구한 사상이었다.[747]

---

[746] 한명환, 『조선 중세전기 철학사상 연구』, 평양: 사회과학출판사, 2009, 141쪽
[747] 한명환, 『조선 중세전기 철학사상 연구』, 평양: 사회과학출판사, 2009, 145-146쪽

이상은 대표적인 철학사에 기술된 '도교'의 모습이다. 북한에서 도교는 반동적 사상·종교이다. 만약 총서 『조선사회과학학술집』의 '조선철학' 자료만을 한정해서 북한의 조선도교를 탐구한다면 북한 내에서 도교는 반동적인 사상체계라는 연구결과만을 도출할 것이다. 그러나 다음 장에서 다룰 도교 양생론의 의학적 과학적 계승과 1980년대 후반부터 북한이 김정일로의 후계 구도를 완성해 나가는 시점에서 등장하는 다양한 '도교신화'들은 이와 같은 이념적 구도와는 별개로 '북한사회'에 도교적 요소가 어떻게 전승되고 있는가를 다채롭게 보여준다.

북한 도교양생론의 전승, 과학기술과 의학

조선시대는 다양한 방면에서 도교적 전통이 계승되었다. 사대부와 중인계층의 학문과 문예활동 민간의 기층문화와 신앙활동 등에서 조선도교는 큰 역할을 하고 있었다. 북한의 도교는 위의 사상사 안에서는 반동적 사유로 규정되었지만 도교의 양생술과 같은 요소들은 적극 계승되어진 것으로 보인다. 북한 체제에서 도교의 실용적 측면은 도교의 양생술이 의학의 영역에서 적극 수용되어 온 정황이 있다. 아마도 미국을 포함한 유엔의 경제제재 아래 부족한 의약품의 부족이라는 현실 앞에서 전통의학이 적극적으로 권장되었을 것으로 추측된다. 즉 미국의 경제제재 속에서 도교의 양생론이 의학과의 접점을 통해 확장된 것이다.

과학기술사의 측면에서 '도교'의 외단술이 기록되는데, 고구려에서 금을 특수하게 처리하여 약을 쓰게 된 것은 고조선 때부터 내려오는 선사상이 널리 보급된 것이라고 기술한다. 그리고 당시 금을 '장생불사약'

의 하나로 취급했으며, 광물약재가 오늘날 동의치료에 정신안정제 등으로 쓰인다는 사실을 밝힌다. 고구려에서 금을 활용한 것은 당시 제약기술과 약물지식 수준이 높았기 때문이라는 설명이다.[748] 삼국시대 외단적 요소가 유행한 측면은 『삼국사기』와 『삼국유사』의 자료 보다는 고려 성종 3년(984)으로 추정되는 시기 단파강뢰丹波康頼가 지은 일본의 『의심방醫心方』에 인용된 신라와 백제 고구려 의서 관련 기록이다. 『의심방』은 『백제신집방百濟新集方』과 『신라법사방新羅法師方』 등을 인용하는데 이 가운데 『신라법사방』은 외단과 약을 먹을 때 외우는 주문도 소개한다. 남한에서는 『의심방』 연구가 근래 이루어졌으며 북한의 중세과학기술사에서는 『의심방』을 활용한 연구가 보인다.

도교의 양생술은 전통의학의 범주에서 활용된다. 북한은 전통의학에 대한 자부심을 피력하는데, 그 이론적 배경에는 주체사상이 있다. 김일성은 인민들의 '주체사상' 확립을 강조하면서 "주체확립을 위해서 조선의 역사를 알아야하며 조선의 지리, 조선의 풍속을 알아야 한다고 강조한다."[749] 전통계승과 발전을 강조한 것으로 마르크스 레닌주의를 북한의 실정에 맞게 적용하는 것이라고 강조한다.

1998년도에 나온 『생활과 건강장수』에서는 노화의 현대의학적 의미와 세계적 의학잡지의 이론들을 소개하는데 이와 더불어 건강장수 식품과 장수를 위한 방법을 제시하는데 건강을 위한 복식호흡법이 제시된다. 하지만 전통적 단학이론이 소개되지는 않는다. 2000년에 나온 『100년 장수에로의 길』[750] 강성대국건설에 일어선 근로자들의 건강관리

---

[748] 리용태, 『우리나라 중세과학기술사』, 평양: 과학백과사전종합출판사, 1990
[749] 김일성, 「사상사업에서 교조주의와 형식주의를 퇴치하고 주체를 확립할데 대하여-1955.12.28.-」, 『주체사상에 대하여』, 평양: 조선로동당출판사, 1977, 145-158쪽
[750] 류식, 『100년 장수에로의 길』, 평양:과학백과사전종합출판사, 2000

를 위해서라는 목표 아래, 현대의학적 관점에서 노화의 의미와 질병을 설명하고, 병의 원인과 치료법을 설명하는데 스트레스 해소 등을 위한 '풍부혈 아문혈의 도인법 안마를 제시하고[751] '고치법' 같은 대표적 도인법을 소개한다.[752] 또한 전통의학에 대한 자부심을 피력하는 부분은 반드시 언급된다.

2005년에 나온 『가족과 건강』[753]이라는 어린이와 여성의 건강관리편과 약품을 소개하는 책을 보면 전통요법들을 적극적으로 수용하고 있다. 예를 들어 귓병에 쓰는 약 편에서 첫째가 과산화수소 혹은 붕산알콜 페니실린가루 등을 사용하라는 내용이 있다면 두 번째와 세 번째 방법으로는 각각 잉어나 붕어 오징어뼈 등을 활용한 방법을 소개하고 있다.[754] 이러한 책의 구성은 전통의학과 서양의학을 결합시킨 북한의 의학체계와도 관련이 있지만 의약품이 부족한 위급한 상황에서 민간에서 쓸 수 있는 구체적 방법을 제시한 것으로 보인다. 1990년대 '고난의 행군기'와 부분적으로 있었던 미국의 북한 경제 제재가 2006년 북한의 핵무기 실험이후 강화되면서,[755] 이로 인한 의약품 부족 상황을 전통치료법의 확대를 통해 극복하려한 것으로 보인다. 2011년 『로화와 건강』[756]에서는 노화의 원인을 현대의 생물학적 견해로서 설명하지만, 책의 뒷

---

[751] 위의 책, 93쪽.
[752] 위의 책, 115쪽
[753] 최태섭, 『가정과 건강』, 평양:근로단체출판사, 2005
[754] 『가정과 건강』, 278쪽
[755] Davenport. Kelsey, "UN Security Council Resolutions on North Korea", USA: Arms Control Association, 1. 2018. (https://www.armscontrol.org/factsheets/UN-Security-Council-Resolutions-on- North-Korea)
[756] 김택필, 『노화와 건강』, 평양: 인민보건사, 2011 이 책에서는 김일성의 교시만 등장한다.

부분에서 노화를 예방하기 위한 '안마묘법'이 소개되는데, 정명혈, 사백혈, 태양혈, 인당혈 등 조선의 도인법의 전승을 보여준다. 2013년 이후에도 『질병에 따르는 고려약음식』[757]에서는 순환기, 호흡기, 소화기 등 질병에 따라 쓸 수 있는 약음식 재료를 자세히 설명하고, 『천연건강음식』에서는 전통차와 전통음식을 건강을 지키기 위한 주요한 수단으로 설명한다.[758] 2016년에 나온 『인간의 자연수명』[759]은 '고려의학'을 설명한다.

요컨대, 도교는 반동종교로 규정되지만, 도교의 외단은 조선의 중세 과학기술사 부분에서 수용하고 있으며 내단 장생법의 호흡법과 도인법 그리고 한의학을 전통의학의 측면에서 수용하고 있음을 볼 수 있다. 또한 전통적 도교 양생법에 드러나는 음양오행론에 기반 한 내단 이론 및 수련의 이론적 배경 옥황상제 북두칠성신 등의 신앙적 요소들은 과감히 배제하고 있음도 알 수 있다. 이러한 긍정적 수용의 근간에는 김일성 '주체철학'에 근간해 진정한 인민의 주체확립을 위해서는 전통의 역사와 지리 문화를 습득해야 하는 교시가 있었기 때문으로 생각된다. 또한 도교가 가지는 사상적 측면과 종교적 측면은 부정하지만 양생법의 실용적 측면은 과학과 의학의 영역에서 계승하면서 유물론과의 충돌을 최소화한 것으로 보인다. 이러한 계승은 전통의 긍정적 수용과 나아가 강한 민족적 자부심으로 포장되며 텍스트에서는 언급하지 않지만 대규모의 전통의학 관련 서적의 보급은 고난의 행군기를 보내면서, 유엔의 경제제재로 인한 의료품 보급의 어려움을 겪으면서 전통의학 확대를 통해 극복하려는 하나의 노력으로 보인다. 도교의 종교적 측면은 부정하지만

---

757 정혜영 외, 『질병에 따르는 고려약음식』, 평양: 의학과학출판사, 2013
758 리선류, 『천연건강음식』, 평양: 인민보건사, 2013
759 리승국, 『인간의 자연수명』1, 평양: 인민보건사, 2016

도교의 양생술은(전통의학 포함) 적극적으로 유물론 안에서 재해석하여 계승하고 있으며 현대의학과 동일한 의학 영역에서 함께 다루고 있다.

북한의 동학(천도교) 대종교 연구와 도사 전병훈 연구

후르시초프에 의한 스탈린 비판과 격하운동 이후 북한에서 김일성 우상화와 함께 1973년에 구축된 '김일성 주체사상'은 반동적 관념이라고 규정한 전통사상과 종교를 재평가 하는 계기를 불러왔다. 주체사상에 대한 김일성과 김정일의 견해를 살펴보면, 김일성은 인민들의 '주체사상' 확립을 강조하면서 모든 문제의 원인은 주체가 없는 것에서 발생하므로 주체확립을 위한 전통계승과 발전을 강조한다.[760] 조선 역사의 특수성에 기반한 주체사상이 마르크스 레닌주의를 북한의 실정에 맞게 적용하는 것이라고 본 것이다. 또한 김정일은 마르크스주의가 물질세계 발전의 법칙성을 사회역사에 적용하여 유물변증법적사회력사관 유물사관을 세웠고 관념론과 형이상학에 기초한 반동적이며 비과학적 역사관을 타파하는데 중요한 기여를 하였지만 사회적 운동에 고유한 합법칙성이 작용한다는 것을 보지 않으면 사회역사를 단편적으로만 이해하게 된다고 강조한다.[761] 이러한 주체사상 확립이라는 목표 아래 '동학'과 대종교 그리고 20세기 초 대표적인 도사 전병훈이 '도교'를 중심으로 근대철학을 어떻게 종합했는가를 다룬 것으로 보인다.

---

[760] 김일성, 「사상사업에서 교조주의와 형식주의를 퇴치하고 주체를 확립할데 대하여-1955.12.28.-」, 『주체사상에 대하여』, 평양: 조선로동당출판사, 1977, 145-158쪽
[761] 김정일, 『주체철학에 대하여』, 평양: 조선로동당출판사, 2000, 130-131쪽

우선 동학을 살펴보면 동학(천도교)은 앞에서 언급했듯이, 북한의 8개의 조선정치정당·사회단체 가운데 하나일 만큼의 위상을 가지고 있다. 김일성의 전기에서도 동학은 긍정적으로 표현된다. 그만큼 북한에서 천도교의 큰 비중을 알 수 있다. 북한의 『조선개관』을 보면 북한의 '정당사회단체'는 8개인데 -조선로동당, 조선사회민주당, 조국통일민주주의전선 조선직업총동맹 조선사회주의로동청년동맹, 조선농업근로자동맹, 조선민주녀성동맹 그리고 마지막이 천도교청우당이다- 천도교는 유일한 종교단체로서 '보국안민'과 '척양척왜'의 자주정신으로 제국주의 침략과 예속을 반대하고 민족적 자주와 부강한 민주국가를 건설하기 위한 사업에 참여하는 농민들이 조직한 민주주의적 정당이라고 정의된다.[762] 동학은 다음과 같은 말들로 칭송된다.

> 유태 자본주의가 침략의 길잡이로 들여보낸 적대사상인 서학(카톨릭교)에 맞서 민족의 자주권과 리익을 수호하려 했던 민족사상이었다. 동학의 민족적 성격은 무엇보다도 고요한 우리 민족의 사상유산과 민족신앙을 바탕으로 하여 형성체계화된데서 드러났다.[763]

동학을 계승해야 하는 이유는 서학과 일본 제국주의에 맞서 민족의 자주권을 수호하려한 민족사상이기 때문이며, 우리고유의 사상과 민족신앙을 계승했기 때문이라는 것이다. 특히 전자는 현재 북한이 처한 체제위기와도 맞닿아 있다. 북한 정권 초기 동학은 계승해야할 민족종교

---

762 방완주, 『조선개관』, 평양: 백과사전출판사, 1988, 105쪽
763 박창연, 『천도교의 사상연구』, 『조선사회과학학술집』 321, 평양: 사회과학출판사, 2013, 321쪽

로 등장하였지만 사상적인 측면은 중세의 신 관념을 벗어나지 못하는 신비주의적 인생관을 보여주며 근로인민들의 사상정신생활에 저애요소가 있다고 평가되어왔다.

그러나 2013년 등장한 '동학' 연구성과를 보면 동학의 배경이 되는 전통사상을 긍정하는 연구결과가 등장한다. 첫째는 동학의 인내천 사상이 반동관념이 아니라는 것을 설명하기 위해 관념론이라고 치부한 조선시대 리기논쟁마저도 긍정하는 것이다. 동학의 기원이 단군신화에서 시작된 천신숭배로부터 시작되었고, 인간을 하늘과 동격으로 놓는 사상으로 발전했다고 하면서 그 흐름은 유교의 사단칠정론과 인물성동이논쟁이 가졌던 '인간' 및 '인간의 본성'에 대한 관심과 상통한다고 해석한다. 북한은 유교관념론에 대한 비판 기조 아래[764] 사단칠정론논쟁을 대표적인 관념논쟁으로 부정한다. 그런데 2000년대 이후 전통사상에 대한 과감한 긍정적 해석들이 등장하면서, 동학의 인내천 사상의 기원도 단순한 미신으로 규정하지 않고, 민족 대대로 이어져 내려오는 인간에 대한 존숭과 탐구정신으로 승화시키고 있는 것이다. 둘째는 이 장의 주제이기도 한 도교의 '선 사상'과의 연관관계를 자세하게 연구하고 있는 지점이다.

예로부터 사람들은 불행과 고통을 모르고 영원한 행복을 누릴 것을 바랐으며 그런 사회를 실현하려고 하였다. 그 대표적인 것이 선仙에 관한 사상이다 …『단군신가』에서 보는 바와 같이 단군은 선의 신가로서 백성들을 발달시켰고, 그 후 강성케 하였다. … 선에 관한 사상은 불행과

---

[764] 북조선로동당 4기 15차 전원회의를(1967년 5.4-5.8) 계기로 부르주아사상 봉건유교사상 기회주의사상을 제거했다는 기록 등이 있다.

고통이 없이 사람들이 안락하게 살며 약을 먹고 수양하면 늙거나 죽지 않고 오래 살수 있다고 믿는 사상이다. 여기에는 영생의 념원과 행복한 삶에 대한 지향이 표현 되어있다. 고대 우리나라는 선인이 많이 살고 있는 나라 선약이 많은 나라로 해외에 널리 알려져 있었다. … 선에 관한 사상은 우리나라에 도교가 들어오면서 점차 혼잡되었으나 자기의 고유한 특색을 보존하면서 구전이나 문헌자료 그림 문예작품들을 통하여 끊임없이 계승되어 왔다.[765]

동학의 근원을 설명하기 위한 '선' 사상이 요청된 것으로 보인다. 이 글에서 중심이 되는 부분은 선사상의 핵심이 장생불사이며 조선은 예부터 선인이 많고 선약이 많은 나라로 알려졌으며 고유의 선의 사상은 도교가 들어오면서 습합되었고, 그럼에도 불구하고 계승되어졌다고 말한다. 북한연구에서는 중국도교와는 다른 한국고유의 선도가 있었고, 그 선도가 계승되어 왔으며[766] 그 전통을 계승한 것이 동학이라고 설명한다. 동학은 선사상을 원천으로 하여 비현실적 요소를 제거하고 지상의 모든 사람이 신선이 된다는 '지상신선' 사상을 제기했으며 척양척왜 보국안민이 보장된 지상천국을 실현하려 했다고 높이 평가한다. 그리고 동학은 우리나라 고유의 민속신앙들을 그대로 계승하거나 체계화했다고 평가한다. 동학에서 선사상의 요소와 '도교'의 요소를 구분하는데, 도교적 요소로는 '신선, 선경 선약 비상천 신분' 등이라고 보고 선사상과 구분하려는 노력을 한다.[767] 동학은 유 불 선과 도교의 요소들을 전

---

[765] 박창연, 『천도교의 사상연구』, 『조선사회과학학술집』 321, 평양: 사회과학출판사, 2013, 44-45쪽.
[766] 선도의 계승의 예 가운데 하나를 고구려고분 벽화로 설명한다.
[767] 박창연, 위의 책, 57쪽

체적으로 종합했다고 본다.

동학과 더불어 『조선철학전사』에서 다루고 있는 민족종교가 대종교이다. 북한에서는 대종교를 '우리나라의 건국신화에 나오는 환인 환웅 환검을 신주로 하는 순수한 조선 종교'라고 칭한다.[768] 대종교의 대표적 수련법이 '호흡법'(일명 조식법) 임에도 불구하고 도교수련법에 대한 내용은 다루지 않는다. 대종교를 단군의 신비한 힘을 통해 민족적 자주권을 되찾고 단군조선을 재건하는 것을 최고의 이념으로 세운 종교라고 평가한다.[769] 대종교의 세계관을 종교관념론적 세계관이라고 폄하하고 비과학적이며 신비적인 인식을 숨어준다고 기술한다. 그러나 북한의 대종교 연구는 항일운동사를 주요하게 다룬다. 대종교는 1916년 나철이 죽자 김교헌이 2대 교주로 취임하면서 3·1운동 이후 만주로 들어가는 동포들을 중심으로 항일구국운동에 앞장섰고 청산리대첩의 주역이었던 북로군정서를 조직하였다.[770] 대종교 연구가 2000년대 이후 확대된 배경에는 '민족주의'의 연원을 탐구하는 연구가 확산되는 조류와 궤를 함께 한다고 생각한다. 대종교가 민족적 독립과 번영을 지향하는 애국계몽사상가들의 종교라는 점, 그리고 민족의식배양을 했다는 점 그리고 단군을 중심으로 하는 민족의 단일성과 고유성을 결합시켜 반일투쟁에 기여했다는 점에서 대종교의 의미를 고찰하는 것이다.[771]

이와 같은 민족종교에 대한 북한의 긍정적 태도는 김일성의 전기로

---

[768] 『김일성저작집』, 47, 평양:조선로동당출판사, 1990, 391쪽
[769] 한원철 박춘란, 『조선철학전사』 8, 평양:사회과학출판사, 2010, 307쪽
[770] 그러나 이후 '자유시참변(1921)'으로 상징되는 민족주의 계열의 상해파 독립군과 공산주의 사상으로 무장한 소비에트식 공산혁명을 꿈꾸는 독립군의 대립은 독립군 와해에 결정적 원인으로 평가받는데, 김일성의 전기 『세기와 더불어』에서는 여러 차례 민족주의 계열 독립군을 비판하는 내용이 등장한다.
[771] 한원철 박춘란, 『조선철학전사』, 평양: 사회과학출판사, 2010, 338-339쪽

부터 출발한다. 김일성은 1927년 길림 육문중학교 시절에 '백산청년동맹'을 조직하고 연예선전대 활동을 하면서 내도산 일대 마을을 돌았는데, 거기에서 '천불교'라는 종교를 만나게 되었다[772]고 말한다. 처음에는 '종교가 아편'이라는 관념을 가지고 천불교를 비판적으로 보았지만, 의식을 거행하는 천불교 신자들을 보고 '민족'을 위한 종교에 대해 경외심을 갖게 되었다고 고백한다.[773] '천불교'에 대한 묘사를 보면[774] 교주는 '장두범'으로 독립군으로 활동하다가 독립군이 힘을 잃자, 내도산에 들어와 왜놈들에게 천벌을 내리고 조선민족에게는 복을 내려 달라고 백두산천에 빌면서 그것을 신앙으로 하는 천불교를 만들었다고 말한다. 김일성은 교주와의 담화로 감명을 받는다.[775] '종교는 아편인가'를 논쟁하는 과정에서 김일성은 '조선민족에게 복을 내려달라는 천불교에 아편의 감투를 씌울 수 없으며 종교라는 규정을 떠나 애국자들의 역량을 하나로 묶어야 한다'고 말한다.[776] 이 기록이 사실이라면 김일성은 마르크스주의자이면서도 민족종교에 유연한 관점을 가지고 있었음을 살필 수 있다.

---

[772] 윤법달(종교문화연구원)은 <북한종교이야기>(2016.5.15., <통일뉴스>)에서 북한의 자생종교를 다루었다. 그런데 엄밀히 말해서 '천불교'는 조선의 자생종교 섹션에서 다루어져야 한다고 생각된다.

[773] 김일성, 「세기와 더불어」1, 평양: 조선로동당출판사, 1992, 266쪽

[774] 천불교는 안도현의 내도산 마을에 있었는데, 내도산이란 수림 속의 섬 같은 산이란 뜻에서 생겨난 이름이다. 중국 쪽에서 보면 만주 땅의 마지막 부락이지만 조선 땅에서 보면 백두산 너머의 첫 마을이다. 주로 최가 김가 조가 성을 가진 사람들이 살았는데 모두 천불교를 믿었다. 천불교 신자들은 하늘에서 99명의 선녀가 백두산 천지에서 미역을 감고 올라갔다는 전설에 기초하여 그곳에 '덩덕궁'이라는 99칸짜리 절을 지어놓고 일 년에 두 번씩 기도했다. 신자들은 10일 혹은 7일에 한 번 기도를 드리었다. 신자들은 남녀를 불문하고 모두 고구려 사람들처럼 머리를 올리고, 울긋불긋한 옷차림으로 모여 꽹가리와 제금을 치고 목탁을 두드렸는데 덩덕궁덩덕궁 하는 소리가 아주 장엄하였다. 그래서 절간 이름마저 '덩덕궁'이라고 지었다. 김일성, 「세기와 더불어」1, 평양: 조선로동당출판사, 1992, 266쪽

[775] 김일성, 「세기와 더불어」1, 평양: 조선로동당출판사, 1992, 266-267쪽

[776] 김일성, 위의 책, 267쪽.

천도교와 대종교 이외에 전병훈은 『조선철학전사』에서 대표적인 도교사상가로 연구되었다. 남한에서 전병훈은 1990년대 간략한 전병훈의 생애와 저작(『정신철학통편』)을 중심으로 하는 소논문이 등장하고 구체적으로 연구가 진행된 것은 2000년대 이후이다.[777] 북한에서는 2010년에 전병훈에 관련된 연구가 시작되는데 전병훈의 생애와 철학사상이 비로소 본격적으로 연구되기 시작했다. 전병훈은 유교 불교 도교의 중세사조를 배척하지 않고 종합하되 도교를 중심으로 『정신철학』의 주요한 이론적 기초로 삼았다고 평가 받는다.[778] 전병훈의 『정신철학』은 우리나라 고유의 '선학(신선학)'을 기본으로 하고 동서고금의 철학을 이론적으로 체계화한 '근대의 선학'이라고 평가한다.

전병훈이 내놓은 『대동일통』, 『영락화평』에 관한 리론은 『세계일통공화정부헌법』에서 집중적으로 표현된 바와 같이 역사적으로 내려오던 『대동사상』과 부르죠아민주주의 사상의 결합이었다. 이것은 당시 우승렬패 약육강식의 법칙이 횡행하던 조건에서 도저히 실현될 수 없는 공상에 지나지 않은 것이다 · … 민족수난의 시기에 도의 인도로 충만한 대동세계를 꿈꾸고 도진철학으로 신체를 단련하고 정신을 수양하여 성인신선이 될 것을 설교한 전병훈의 사상은 무저항주의와 초계급적인 평화주의를 설교하는 부정적 역할밖에 놀 수 없었다. 그러나 전병훈의 사회정치사상은 그 전반에 흐르는 전제군주제도를 부정하는 경향과 평화에 대한 강렬한 지향으로 우리나라 근대시기 진보적 사상의 발전을 자극할

---

[777] 전병훈에 관한 최초의 연구로는 금장태의 해제가 들어있는 『精神哲學通編』(明文堂, 1983)이 있고, 가장 최근의 연구성과는 김성환의 『우주의 정오』(소나무, 2016)가 있다.
[778] 한원철, 박춘란, 『조선철학전사』 8, 평양: 사회과학출판사, 2010, 116쪽

수 있었다.[779]

이상의 평가는 전병훈이 도사로서 대동사회를 꿈꾸는 것이 실현될 수 없는 공상에 지나지 않지만 전병훈의 조선사회 시스템에 대한 반성과 대안을 생각하게 한다는 점에서 의미를 고찰한 지점이다. 2000년대 이후 도교로서 당대 사회를 이해했던 인물을 고찰한다는 점은 조선철학사의 변곡점을 보여준다.

요컨대 지금까지 동학과 대종교 김일성의 민족종교에 대한 의식 그리고 도사 전병훈연구를 살펴보았다. 20세기 등장한 민족종교, 도교사상가 연구를 통해 도교적 요소가 북한사회에서 어떻게 기술되고 있는가를 탐구하였다. 첫째 북한에서 도교는 반동종교라는 규정에도 불구하고, 정치적 요구에 의해서 민족주의를 고양시키는 민족종교를 '주체사상 확립'이라는 목표 아래 재구성하고 있음을 알 수 있다. 앞 장에서 언급한 도교 즉 상층지배계급의 욕망을 반영하고, 종교적 신비성과 허구성을 지니며, 사회적 존재로서의 인간의 가치를 부정하고, 봉건적 지배와 착취를 순조롭게 보장해 주는 반동적 사상이라는 평가와는 거리가 멀다. 둘째 민족고유의 사상에 대한 논의 확대를 위해 '선(선사상)'과 '도교'를 나누고, 고유의 선사상이라는 표현으로 자생적 도교를 상정하고 있음을 볼 수 있다. 셋째 북한도교연구는 주체사상확립과 이를 위한 민족주의와 애국애민정신의 확대라는 목표 아래 20세기 도교와 도교사상가를 점차 긍정적으로 고찰하는 연구과정이 진행되고 있음을 알 수 있다.

---

[779] 위의 책, 134-135쪽

북한의 새로운 도교 신화와 민족주의의 강화

북한의 김일성과 김정일에 대한 우상화는 1987년 『김일성 전설집』이 출간되면서 강화되기 시작하였다. 1990년대 국어교과서에서는 큰 변화양상이 나타나는데, 김일성을 초인적 힘을 발휘하는 도술을 쓰는 인물로 기술하고 있다는 점이다.

위대한 장군님께서 말들을 그리시던 연필을 드시고 해 뜨는 동쪽을 향해 세바퀴 휘휘 두르시였습니다. 그러자 참으로 이상한 일이 일어났습니다. 종이장 안에서 진짜 말들이 껑충껑충 밖으로 뛰쳐나왔습니다.[780]

이러한 김일성의 도술은 조선시대 도사들의 이야기를 떠오르게 한다. 중종시기 『해동이적』에 등장하는 전우치(1506-1544)는 밥알을 나비로 만들고, 천상의 과일을 나누어주는 신묘한 도술을 통해 높은 단계의 도사임을 말해 준다.[781] 초인적인 도술은 조선시대 영웅소설과 도사들을 다룬 야담집의 공통된 소재이다. 『위대한 수령 김일성 원수님 혁명활동』에서 김일성은 전쟁에 유능한 헌신적 영웅으로 묘사되어 있다. 이러한 모습은 조선시대 영웅소설의 모티브와 궤를 같이 한다. 김정일도 초인적 능력을 발휘하는 것으로 기술되는데, 1944년 봄, 일본천황의 궁성에 오후 4시면 함북도 땅이 흔들리는 일이 발생했는데, 이것은 어린 김정일이 지도놀이를 했기 때문이라는 것이다.[782] 또한 김정일 전기에서 "탄생,

---

[780] 리광섭, 『국어』(인민학교 2학년), 평양: 교육도서출판사, 1996, 34-37쪽
[781] 『어우야담』 『지봉유설』 『해동이적』 등에 동일하게 등장한다.
[782] 리광섭, 위의 책, 122-123쪽

성장, 활동이 비범하시어 거기에는 분명히 옛사람들의 표현을 빌면 룡이 바람과 구름을 타고 승천하는 기운이 약여하다."[783]라고 신격화하고 있다. 김일성이 초자연적 인물로 묘사되기 시작한 것은 1987년 『김일성 전설집』이 출간되고부터이다. 이 시기 김정일이 1986년에 '사회정치생명체론'을 내세우면서 김일성을 신의 존재로 자신은 신의 아들로 그 지위를 격상시킨 것이다.[784] 이는 김일성에 대한 우상화가 영웅화를 넘어 신격화로 전환되었음을 알려준다. 또한 김일성의 천재성과 비범성은 도교적 메타포 안에서 구성된다. 관의 주도, 조선로동당의 김일성의 신격화 우상화는 단순한 교육정책의 단계에 머무르지 않고, 그 현상을 대중이 확인하는 주관적 종교경험의 확산 단계로까지 이르고 있다. 실제로 대중이 목도한 김일성 전설집이 만들어지는 단계에까지 이른 것이다.

> 옛 신화나 전설 속에서나 들어오던 신기하고 기이한 자연의 현상이 실지 사람들의 눈앞에 그대로 펼쳐진 것으로 우리 인민은 위대한 수령님은 하늘이 내신 분이여서 영원히 우리와 함께 계신다는 영생의 신념을 더욱 가슴 깊이 간직하게 되었다. 수령중심론의 최고 체현자이신 위대한 령도자 김정일동지께서 계시기에 위대한 수령님은 생존시와 다름 없이 인류의 태양으로 인민들과 함께 계시며 혁명의 위대한 수령으로 영생하고 계시는 것이다.[785]

---

[783] 한재만, 『김정일-인간 사상 령도』, 평양출판사, 1994, 8쪽
[784] 전현준, 『북한의 강성대국 건설 실태평가: 사상 정치 군사분야를 중심으로』, 통일연구원, 1999, 2-3쪽; 정교진, 「북한의 김일성 김정일 우상화 전략 및 특성 비교 연구」, 『통일인문학』 68, 2016, 328쪽.
[785] 로월호, 「수령영생기원에 바쳐진 신기한 자연현상에 대한 전설적형상」, 『조선문학』 12, 1999, 16쪽

김일성 전설에서 가장 중시되는 것은 '김일성의 불사(수령영생론)'이다. "어버이수령님은 영원히 우리와 함께 계신다는 수령영생기원의 숭고한 념원에 관한 문제이다."[786]라는 수령영생론은 김정일의 시대에도 수령이 영생한다는 것을 강조한다. 따라서 그 영생의 신이한 증거들을 모아 놓은 설화집이 등장하기도 한다. 그리고 그 수령영생론의 증거는 '신비한 구름' '별' 등 신기한 자연현상으로 방증된다. 대다수 '어버이수령님 동상을 배경으로 하늘가에 김정일화 모양의 신비한 구름이 생겨났다.'[787]는 표현 등으로 드러난다.

그렇다면 김일성의 신격화에 왜 도교적 메타포가 쓰이는가? 첫째는 조선시대 영웅소설의 주인공의 이미지가 주는 친연성 때문이라고 생각한다. 조선시대 영웅소설에서 도탄에 빠진 민중을 구하는 영웅들은 모두 도력을 갖춘 인간의 육체적 한계를 초월한 인물이라는 점이다. 둘째는 유교 불교 도교가운데 도교가 가지는 '민족주의'적 성격에 있다고 생각한다. 앞의 장에서도 논하였지만, 주체사상은 필연적으로 전통에 대한 긍정과 민족주의의 강화를 요청한다. '천도교' '대종교'가 '종교가 아편'이라는 마르크스의 정의를 넘어서고, 관념적 허위의식을 고취시킨다고 폄하하면서도 그 종교들이 가지는 도교적 인간관과 수련관 세계관을 배제하지 않으며 애국애족의 정신을 강화했다는 측면에서 전통사상을 적극 계승하는 역사적 맥락과도 맞닿아 있는 것이다.

여기서 우리는 하나의 질문을 생각해 본다. 북한의 도교신화적 요소는 희화화의 대상으로만 이해될 것인가? 이 장에서 북한 권력은 조선시

---

[786] 로월호, 위의 논문, 16쪽
[787] 로월호, 「수령영생기원에 바쳐진 신기한 자연현상에 대한 전설적 형상」, 『조선문학』 12, 1999, 16쪽.

대 도교메타포의 친연성을 활용하여 권력세습의 정당성을 확보하였고, 주체사상 강화를 위한 민족의식 고취의 목적아래 도교연구를 진행하고 있다고 보았다. 그렇다면 북한사회에서 도교를 활용한 민족주의의 강화는 어떤 의미가 있는가? 19세기와 20세기 이념의 시대, 소수의 학자와 집단에 의한 규정된 이데올르기들은 각각의 지역과 각각의 민족이 처한 현실을 반영하지 않았다. 예를 들어 1940년대 미얀마-일본군과의 연합-가 영국 제국주의 세력과 전쟁을 선포한 것은 이데올르기 상에서는 '민족주의'와 '제국주의'의 대립이지만 '민족주의 전선이 도덕적 명분을 가진 역사적 사건이었다. 민족주의는 아이러니하게도 북한 뿐 아니라 전 세계 식민지 국가들의 독립운동에 필수적 이데올로기였고, 대다수 아프리카 서유럽 식민지 국가들의 사상적 초석이 되었다.[788] 이는 로컬담론 안에서 민족주의를 지역적 특수성을 제외한 채 선과 악의 구조로 설명할 수 없다는 것을 반증한다.

1967년 주체사상 등장 이후 북한도 마찬가지였다. 식민지 시대 민족주의 강화는 일본 제국주의에 대한 저항의 수단이었다. 이후 남북분단 후 북한의 민족주의는 열강 사이에서 체제유지를 위한 생존과 결사의 수단인 지점이 있다. 그렇다면 북한의 민족주의는 '제국의 민족주의'가 아닌 '저항의 민족주의'로 명명할 수 있을 것이다. 유교 도교는 민족주의가 강화된 주체사상의 확립이라는 목표 아래 '민족주의 강화' 요소로서 변용되고 있는 것이다.

북한의 사회체제는 유교사회주의로 명명된 바 있지만 북한의 사회

---

[788] 따라서 콩고의 독립영웅 라뭄바(Lumumba)는 공공연히 자신을 공산주의자가 아니라 민족주의자라고 정의한다. "Lumumba Charts A Neutral Congo; Premier Rejects a Choice of East or West", New York Times, 6 July 1960, Retrieved 8 November 2010.

체제와 권력 세습구조에서 도교의 영향이 연구된 바는 없었다. 본 논문에서는 텍스트 너머에 있는 북한 도교의 실체에 다가가기 위해 네 가지 측면 –북한 조선철학사와 교과서 안에서의 전통도교 규정, 조선 전통양생술의 과학 의학 영역으로의 수용, 동학(천도교)과 대종교의 도교적 계승, 북한의 권력세습과정에서의 새로운 도교신화– 을 통해 봉건적 반동종교라고 규정된 도교가 북한사회에서 어떻게 전승되고 새롭게 재구성되고 있는가를 탐구해 보았다.

연구결과는 다음과 같다. 첫째, 북한조선철학사와 교과서에서 규정하는 도교는 상층지배계급의 욕망을 반영하고, 신선사상 장생불사와 같은 종교적 신비성과 허구성을 지니며, 사회적 존재로서의 인간의 가치를 부정하고, 봉건적 지배와 착취를 순조롭게 보장해 주는 반동적 사상이다. 둘째, 북한사회는 도교를 반동종교로 규정되면서도, 도교의 외단은 조선의 중세과학기술사 부분에서 수용하고 있으며 내단 장생법의 호흡법과 도인법 그리고 한의학을 전통의학의 측면에서 수용하고 있다. 이러한 계승은 전통의 긍정적 수용과 나아가 강한 민족적 자부심으로 포장되며 미국 유엔의 경제제재로 인한 의료품 보급의 어려움을 전통의학을 통해 극복하려는 것으로 보인다. 셋째 북한의 동학과 대종교 연구는 주체사상의 확립이라는 목표 아래 민족주의를 고양시키는 민족종교로서 연구되고 있다. 이 가운데서 민족사상에 대한 논의 확대를 위해 고유의 선사상이 등장한다. 넷째 북한 권력은 조선도교 메타포의 친연성을 활용하여 권력세습의 정당성을 확보하고자 김일성 김정일과 관련된 도교신화를 새롭게 생산하고 있다. 이러한 지점은 남북분단 후 북한의 민족주의가 열강 사이에서 체제유지를 위한 생존과 결사의 수단이라는 측면에서 논의될 수 있다. 요컨대 북한 도교는 주체사상의 확립이라는 목표 아래 '민족주의 강화' 요소로서 변용되고 있다.

북한이 사회주의 체제 안에서 전통종교를 계승하고 수용하는 과정에서 전통종교를 권력강화의 요소로 활용하는 것은 종교의 권력화라는 측면에서 새로운 현상은 아니다. 내셔널리즘의 종교적 가능성을 보여주는 새롭게 구성된 김일성 김정일의 도교신화는 단순한 희화화의 대상이 아니라 UN의 경제제재로 인해 요청된 '저항의 민족주의' 안에서 논의될 지점이 있을 것이다. 그리고 앞으로 남북한의 전통 사상과 문화를 근간으로 하는 비교연구는 평화담론 확대를 위한 하나의 주요한 교류연구가 되기라고 생각한다.

2

AI시대, 몸의 변형과 도교의 불사

오늘 날 세계적 관심을 환기시키는 한국적 요소는 K팝, K드라마, 패션과 코스메틱 시장 등 이 있지만, 이와는 다르게 '높은 성형률'은 세계 토픽에 소개될 만큼 부정적 범주에서 논의 된다. 근래 시내버스, 지하철 등에 성형광고를 금지하는 서울시의 성형시장 광고제재 조치는 이러한 흐름과 연관선 상에 있을 것이다. 자본주의 사회, '몸'에 대한 논의는 '섹슈얼리티sexuality' '소비' '자본' '권력' 등과의 관계에서 다양하게 해석되어 왔다. 프랑스 철학자 장보드리야르Jean Baudrillard는 자본주의 소비사회에서 가장 중요한 기호는 몸이라고 말한 바 있다. 자본주의 소비사회에서 몸은 사유재산의 중요한 일부였고, 개인은 자기의 몸을 열심히 관리하여 투자를 극대화한다는 것이다. 오늘 날의 '성형' 문화도 이러한 관점 안에서 논의되고 있다. 자본주의 사회에서 몸의 상품화 그리고 사회 권력이 몸을 어떻게 통제하는가 등이 주제이다. 따라서 한국사회의 성형 논의도, 개인이 어떻게 스스로 몸을 감시하고 규율화 하는지, 그리고 불완전한 주체의 개인이 비대해진 성형 서비스를 어떻게 소비하는지, 외모에 대한 사회적 압력과 성형시장의 상업적 전략 안에서 개인이 얼마나 무방비한지가 논의된다. 이러한 근대적 시각에 기반 한 해석은 하나의 현상을 분석하고 대안을 모색하는 방법일 것이다.

그러나 성형률의 증가는 정도의 차이만 있을 뿐 한국만이 아닌 전 세계적 현상이며, 남성의 성형률이 급속히 증가하면서 젠더 이슈 기반의 분석은 빛을 잃어가고 있다. 나아가 미래 사회의 성형은 단지 아름답게 보이기 위한 외모의 변형만을 논의하지 않는다. 다수의 AI 전문가들이 예상하듯이 앞으로의 시대는 인간 몸의 일부를 노화방지 기능이 있는 인공물로 대체하거나 인간의 몸에 기계를 이식하거나, 새로운 알고리즘을 주입하거나 인간의 뇌를 인공의식Artificial Consciousness으로 변화시킬 수 있는 단계로까지 나아갈 것이다. 단순히 얼굴을 좀 더 아름답게 만들기 위한 성형과는 다른 차원의 '몸 변형' 시대가 도래하고 있는 것이다. 그렇다면 이러한 '기계 몸' 혹은 '알고리즘 이식'과 같은 성형을 우리사회가 어떠한 담론 안에서 접근할 수 있을까. '인간'이라는 '의식'의 성형 즉 '인간에 대한 자각'을 주입하고 변화시킬 수 있는 시대의 '기계 몸' '뇌 성형' 등의 담론은 '소비 억제'와 '시장에 대한 제재' 등의 자본주의 시장 통제 방식으로는 문제를 해결하기에 한계가 있을 것이다. 더구나 이러한 논의는 한 지역 한 국가만의 문제가 아니다. 어쩌면 전 우주적 문제로 변모해 나가고 있기 때문이다.

4차 혁명이라는 새로운 시대변화 앞에서 '인간의 몸'과 '성형'에 대한 다양한 학문적 접근이 요구된다. 새로운 접근의 하나로 동아시아의 고전적 사유 특히 도교를 통해서 '몸의 변형'이 갖는 의미에 대해 이야기하고자 한다. 그렇다면 왜 고전적 사유, 도교를 가지고 말하려는가? 인류의 문명은 산업혁명 후 150여 년의 시간 동안 DNA의 구조를 밝히고, 양자역학을 공개하고, 달을 탐험하는 등 과학문명의 비약적 발전을 이루어 냈지만, 인류의 역사 동안 진행되어온 인간의 본능에 기반 한 욕망은 변화하지 않았다는 것에서 이 논의를 출발하고자 한다. 2000여년 전 연인과 헤어진 슬픔이 오늘 날 연인과 헤어진 슬픔보다 더하지 않을 것이고, 2000여년 전 황금에 대한 집착이 오늘 날 황금에 대한 집착보다 덜 하지 않을 것이기 때문이다. 우리의 욕망에 대한 통제 혹은 조절은 삶의 환경만 달라졌을 뿐 비약적 발전을 이루지 못했다. 또한 동아시아의 사유 가운데 도교는 2000여 년에 걸쳐 '몸'을 질적으로 변화시키고자 하는 '도교'이론을 구축하고 관련 문화를 전개시켜 왔다. 그 역사 안에는 오늘 날의 과학상식에 비추어 볼 때 터무니없는 치열한 광풍들이 있었고, 그 열풍 안에는 인간 고유의 본능과 욕망 그리고 완전한 인간에 관한 상상력 그리고 처절한 실패의 역사가 녹아있다. 이러한 광풍과 실패의 역사는 인간의 몸을 둘러싼 다양한 담론의 전개를 보여준다.

불로초와 도교의 몸

동아시아 사유에서 '도교'는 인간의 '몸'에 대해 가장 긍정적인 태도를 보여준다. 도교의 몸을 유교 불교와 비교해 보면 그 차이는 확연해진다. 우선 유교의 몸은 인·의·예·지의 도덕적 규범 안에서 통제되어야 할 대상이다. 1895년 조선의 고종이 단발령을 내렸을 때 대다수의 선비들은 "손발은 자를지언정 머리카락은 자를 수 없다"고 항거하였다. 이와 같은 사유에는 공자가 '몸과 머리카락 피부는 부모에게서 받은 것이니 훼손하지 않는 것이 효도의 시작'이라고 한 가르침이 녹아 있었기 때문이다. 또한 성리학이 인(仁)을 기반으로 '효'를 설명하고 부모에게 효도를 다하듯이 왕에게도 충성을 다하라는 이데올로기가 지배하는 사회이기 때문이기도 하다. 공자가 가장 사랑한 제자 안회는 "예가 아니면 보지도 말고, 듣지도 말고, 말하지도 말고, 행동하지도 말아야 한다"고도 하였다. 조선에서 '효'는 인의 확대이자, 효의 확대는 임금과 국가에 대한 '충성'이었다. 이 때 내 몸과 머리카락은 효를 구현할 대상이자, 효의 구현을 통해 도덕사회를 체화할 수 있다고 생각했기 때문이다.

또한 '불교'에서 몸은 여섯 가지 감각 기관-안식, 이식, 비식, 설식, 신식, 의식-이 있는 곳으로 거짓 인식을 만들어 내는 곳으로 여겨진다. 즉 유교의 몸이 조절해야할 대상이라면 불교의 몸은 끊어버려야 하는 대상이다. 그래서 불교에서는 '몸'과 관련된 일화에서 유난히 자신의 몸을 훼손하는 내용이 많이 등장한다. 달마의 제자가 된 혜가는 눈 속에서 자신의 팔을 잘라냄으로서 구도의 신심을 인정받는다. 혜가의 제자도 도둑에게 팔을 잘리고, 깨달음을 얻는데 이 둘을 당시에 무비림無臂林이라고 불렀다고 하니, 이 내용을 영화 장면으로 구체화한다면 오늘날의 고어^{gore} 무비라 할 만하다. 이러한 불교일화 속의 몸은 '진리'를 얻기 위해서라면 언제든 버릴 수 있는 대상이다. 그래서 '인신공양'이라고 하는 '등신불'도 등장할 수 있었을 것이다.

그렇다면 도교는 '인간의 몸' 나아가 인간을 어떻게 인식할까? 그리고 오늘 날 인간 몸의 성형 문제를 왜 도교와 관련시켜 논할 수 있는가?

동아시아 문명의 시간 속에서 '도교'가 살아남았던 주요한 이유는 '인간'의 '몸'에 대한 통찰과 그 몸을 이해하기 위한 '이론' 구축, 그리고 '장생불사'의 상상력을 확대하였기 때문이다. 우리가 도교의 목표로 상상하는 '오래도록 장수하고, 영원히 죽지 않는다'는 장생불사'는 인간의 가장 본능적이고 원초적인 욕망을 대변한다. "어떻게 하면 건강하게 오래 살 수 있을까?" "어떻게 하면 죽지 않을 수 있을까"와 같은 생존 본능은 인류가 시작된 이래 가까운 가족과 삶의 공동체 안에서 다른 사람들이 병·노화·기근·전쟁 등의 원인으로 죽어가는 것을 경험하면서 더욱 극대화 되었을 것이다. 심오한 논리가 필요하지 않다. 때로는 반려 동물과 같이 인간보다 수명이 짧은 동물들의 죽음을 목도하면서, 때로는 꽃의 피고 짐, 가을의 낙엽, 해질 녘의 노을과 같은 소소한 자연의 변화 앞에서 직감적으로 '인간'이라는 존재가 이 우주의 시간 안에 잠시 머무는 존재라는 것을 깨달았을 것이다. 그렇다면 도교는 인간이 어떻게 죽지 않거나 혹은 장수할 수 있다고 말하는가?

    가장 즉자적인 방식은 특별한 어떤 것을 먹음으로서 오래살 수 있다는 믿음이다. 도교의 양생법은 크게 요가와 태극권 같이 온 몸의 굴신을 통해 몸의 상태를 고양시켜 양생적 목표에 이르는 도인법, 단식과 같이 곡식을 끊는 벽곡법, 다양한 약재 복용을 통한 복이법服餌, 성교에 장생의 비법이 있다고 믿는 방중법, 그리고 기의 토납을 위주로 하는 호흡법 등으로 구분된다. 이 가운데서 가장 먼저 등장한 원형적 방식은 복이법이라고 추측된다. '먹는다'는 것은 인간 생존에 가장 기본적인 행위이기 때문이다. '복이'는 '복약'이라고도 하는데, 불사에 이르는 약을 섭취하는 것을 말한다. 오늘 날 한의원에서 '보약'을 먹고 '몸이 건강해질 수 있다'는 사유 또한 동일한 문화적 유산이다. '복이(복식)'라는 말의 용례는 4세기 초 도교의 양생법을 기록한 갈홍의 『포박자』에서 처음 등장하였다. 하지만 그 용어의 등장 이전 '특별한 것을 섭취해서 오래살 수 있다는 믿음'은 그 기원이 더 오래되었을 것으로 추측된다. 배가 고파서 기운이 없다가 음식을 먹으면 회복될 수 있기 때문이다.

    『노자』는 "세상 사람들은 저마다 희희낙락하며 큰 파티를 즐기는데…… 나는 이리 갈까 저리 갈까 고민하며 돌아갈 곳이 없는 듯하네……나만이 우둔하고 촌스러워 먹이고 길러 준 어머니의 도를 소중히 하네(20장)"라고 노래하였다. 노자도 '도'의 근원성을 '먹여주는 엄마[食母]'라는 메타포로 표현한다. 먹이고 길러주는 엄마 특히 먹여준다는 것은 가장 근원적인 행위이다.

    그렇다면 무엇을 먹을까? 어린 시절 우리가 들었던 옛날 이야기 가운데 대부분 중병에 걸린 노모를 살리기 위해 효자·효녀가 온 산을 뒤져서 찾아온 것은 '산삼'이다. '불사'의 시작점은 무엇인가 신비로운 자연물을 섭취하면 오래 살 수 있다는 믿음일 것이다. 인간이 만든 것보다는 자연으로부터 온 신비스러운 무엇인가를 상상하게 될 것이다. 대표적인 것이 '불로초'이다. 진시황이 천하를 통일한 후 황제가 되고(BC221) 애타게 찾았다는 불로초는 이후로도 오랜 세월 '불사약'의 상징이 되었다. 설화가 기록되었을 당시 이미 18만 살(180,000)이었고, 최초의 신선설화집 『열선전』의 70명의 신선 가운데 한 사람인 동방삭은 서왕모의 복숭아를 훔쳐 먹고 오래 살게 되었다고 전해지지만, 『한무제별국동명기』에서는 다른 이야기를 한다. 동방삭은 한 나라의 무제를 만나 자신은 늙지 않을 수 있다고 말한다. 그러자 한 무제는 곧바로 그것이 '어떤 약'이냐고 묻는다. 왜 '어떤 방법인가' 혹은 '왜 그러한가'를 묻지 않고 바로 '약'을 묻는 것일까? 이미 그 시대에 불로불사를 위한 복약문화가 있었음을 방증한다. 동방삭은 "동북지방에는 지일초地日草가 있고 서남쪽에는 춘생초春生草를 한무제에게 소개한다.[789] 여기서 지일초 춘생초는 모두 '불로초'이다. '불로초' '복숭아'와 같이 특별한 능력을 포함한 재료를 그대로 섭취해 신선이 될 수 있다는 상상력은 오랫동안 동아시아를 지배하였다. 오늘 날 '신선'이 붙어 있는 상호들이 건강을 의미하는 상징성을 지니고, 동아시아 전역에서 양생에 좋은 식단을 구성하는 것도 으로 동일한 사유의 전승이라고 볼 수 있을 것이다.

---

[789] 郭憲, 『別國洞冥記』 四.

외단 광풍과 중금속 중독

'불로초'와 같이 자연에서 그대로 채취할 수 있다 믿었던 약물은 시간이 흐르면서 좀 더 고차원적 방식을 가진 약물로 변모한다. 금석들을 고온에서 녹여서 새로운 약을 만들 수 있다고 믿은 것이다. 2세기 후한 시대에 이르면 음양오행의 원리(역의 원리)에 따라 납과 수은을 이용해 단약을 만드는 비결서(『참동계』)가 등장한다. 진 나라 때 갈홍(283-343?)의 『포박자』에 이르면 단약은 '금단金丹'이라 불린다. 갈홍은 단약의 재료가 되는 여러 광물 가운데 '황금'에 관심을 가진다. 갈홍은 곡식을 끊으면 죽고 먹으면 사는데, 황금으로 만든 금단은 이 보다는 몇 만배의 효과가 있을 것이라고 말한다.

> "금단은 오래 가열하면 할수록 변화는 더욱 오묘해지고 황금의 성분이 불 속으로 들어가 백번을 제련해도 사라지지 않으니 땅에 묻히더라도 세상이 끝나도록 썩지 않는다. 이를 복용하면 인간의 신체를 단련하기 때문에 사람은 늙지도 않고 죽지도 않는다"[790]

황금의 속성을 인간이 섭취하면 영원성을 얻을 것이라고 상상한 것이다. 당시는 황금 납 수은 등 단약을 만들 수 있는 고가의 약재 재료가 요구 되었고, 제련할 솥을 걸고, 오랫동안 약물들을 합성시킬 수 있는 터전과 인력 등이 필요하였다. 그 비용을 감당할 수 있는 계층은 소수였지만 이 단약 열풍은 진시황시대부터 시작해서 당나라 때 절정을

---

[790] 葛洪, 『抱朴子』, 「金丹」, "夫金丹之爲物, 燒之愈久, 變化愈妙 ; 黃金入火, 百鍊不消, 埋之, 畢天不朽. 服此二物, 鍊人身體, 故能令人不老不死"

이루었고 근 1000여년 동안 '불사'의 방법으로 시도되었다. 중국의 역사에서 가장 외단 열풍이 강했던 당나라 시기『구당서』에 따르면, 당 태종 이세민도 인도 방사가 준 단약을 먹고 돌연 사망했다고 기록하고 있고 당나라 300여년의 치세 기간에 6명의 황제가 단약복용으로 인한 중독 증상으로 사망하였다고[791] 말한다. 이 시기 단약 열풍을 보여주는 발해시대의 기록이 있다. 20세기 후반에 발견된 발해인 이광현의『금액환단백문결』이라는 서적을 보면 당시 '단약' 열풍이 당나라와 발해 뿐 아니라 동아시아를 휩쓸고 지나갔는가를 추측할 수 있고, 단약제조법 및 수련의 부작용도 고찰할 수 있다.

소개하면, 7세기 이광현李光玄이란 한 발해인이 있었는데, 그는 청사靑社, 회수淮水, 절강浙江 일본 등을 돌며 해상무역을 하면서도 '금단'의 약을 구하기 위해 스승을 찾아다녔다. 도교에서 제자들은 모두 만화 '머털도사'의 '머털이'처럼 스승을 찾아 도를 닦는데, 이광현은 범상치 않아 보이는 노인에게 말을 걸고 그 노인에게 외단(금액환단 혹은 황아)의 비법을 전수 받는다. 둘이 처음 만나는 장면은 다음과 같다.

노인이 이광현에게 물었다.
"그대는 재산이 얼마나 있소?"
"어려서 부모를 잃고 형제와 하인이 몇 있는데 재산이 거만금巨萬金입니다."
"재산이 이와 같은데도 어찌하여 먼 바다의 풍파를 무릅쓰고 무역업을 하고 있소?"
광현이 대답했다.

---

[791] 당의 太宗, 宪宗, 穆宗, 敬宗, 武宗, 宣宗.

"재산 때문에 풍파를 무릅쓰는 것은 아닙니다. 내가 인간 세상에 대해 가만히 생각해보니 모두 꿈결과 같습니다. 아침노을과 새벽이슬이 어찌 오래 있을 수 있겠습니까? 전광석화처럼 순식간에 사라지고 맙니다. 인생이 이와 같으니 어찌 생각할 것이 있겠습니까? 옛 무덤이 마르기도 전에 새 무덤이 즐비하게 생겨나고, 산더미 같은 금金이 넘쳐나도 나의 몸과는 아무런 관련이 없으니, 옥玉이 하늘처럼 쌓여있더라도 어찌 목숨을 붙잡아둘 수 있겠습니까?..."

도인이 말하였다.

"그대는 수명을 늘이고 목숨을 보전하는 것을 구하는가? 아니면 금단金丹의 대약大藥을 구하는가?"[792]

위의 일화는 이 책의 도입에 해당되는 이야기로서 이렇게 만난 스승으로부터 금단 대약을 어떻게 만드는가를 스승과의 문답으로 구성하고 있는 책이다.[793] 이 책이 발견되면서 삼국시대도교 연단 기록은 풍부해졌다. 예를 들어 고구려 벽화(집안, 오회분 4호묘)에서 해 속의 삼족오 달 속의 두꺼비 같은 연단의 상징물들, 그리고 비선의 무리들로 고구려의 도교를 해석하거나,[794] 신라의 무덤에서 출토된 연단재료로 추측되는 것이 전부였는데 이 저서로 인해 삼국시대의 연단술을 구체적으로 증명하게 되었기 때문이다. 위의 인용문을 보면, 이광현은 상인으로 활동하는 재력가이며, 부모와 사별하고 인간 생명의 유한함을 느끼고 신선이

---

792 李光玄, 『金液還丹百問訣』(이하 『百問訣』), 『正統道藏』(洞眞部 方法類, 4책) 한국어 번역서로는 『발해인 이광현 도교저술 역주』(이봉호 외, 한국학술정보, 2011)가 있다.
793 『金液還丹百問訣』, 『海客論』, 『金液還丹內篇』(이하 『內篇』) 모두 1977년 출판된 『正統道藏』에 포함되어 있다.
794 정재서, 『한국 도교의 기원과 역사』, 이화여대출판부, 2006

되기 위해 노력하는 사람임을 알 수 있다. 노인은 이광현에게 재산이 얼마인가를 첫 질문으로 묻는다. 이를 통해 당시 사람들은 인간 삶의 유한함을 깨닫고 신선이 되기 위해 스승을 찾아다니는 공부를 했으며, 신선이 되는 '금액환단'을 재련하기 위해서는 단재丹材 마련 비용이 필요했음을 알 수 있다. 그렇다면 구체적 단약, 황아는 어떻게 만드는 것일까? 이광현은 '금액환단'을 얻기 위해 끊임없이 스승에게 '황아'에 대해서 묻는다. 스승은 "납鉛은 납 가운데에서 나와야만 지극한 보배가 되고, 수은[汞]은 변하여 금빛 수은이 된다. 이 납과 수은이 만드는 기를 황아라고 부른다."고 말한다.[795] 이 과정을 오늘 날의 화학적 이론으로 설명하면 "납이 납 원석에서 녹아 나오면 비로소 순수한 납이 되고, 고온(약 300℃) 환경에서 수은은 아말감으로 변한다. 납과 수은이 일정 온도에서 기체를 만들어내면(수은 증기가 배출되는 과정) 이제 이를 황아라고 부른다.(사산화삼납의 과정, $3Pb + 2O_2 \rightarrow Pb_3O_4$)[796]

당시 중원지역의 '외단'열풍 만큼이나 외단의 부작용은 매우 심각했던 것으로 보인다. 그 부작용은 제련한 납과 수은을 복용하고 유월 한 여름에도 솜옷을 입고 사람이 부축해줘야 걸을 수 있었으며, 잘못된 복약으로 인해 단명하는 경우가 많았다는 기록들이 그 예이다. 그런데 안타까운 지점들은 당시 도사와 술사들은 그 원인을 납과 수은의 유해성에서 찾지 않았다. 그들은 오히려 '새로운 약이 더 첨가되어야 할까?' 혹은 '수은과 납의 독성을 약화시키는 방법은 무엇일까' '납과 수은을 제

---

795 『백문결』, "先生曰 夫還丹者 且非別藥. 真一為基 鉛汞相依 黃芽是本乃可成也 . 光玄起 再拜而問. 先生曰 以見世上道人 皆說黃芽 未知至理. 黃芽者將何物之所為 以何藥而製造. 先生曰 鉛出鉛中 方為至寶. 汞傳金汞 鉛汞造氣 乃號黃芽"
796 이 내용은 『한 발해인의 불사관』이라는 제목으로 2018년 6월 30일 '의철학회'에서 발표된 바 있다. 이 당시 이 논문의 심사자가 위와 같은 아이디어를 제공하였다.

대로 제련한 비법이 담긴 서적은 어디에 있을까'와 같은 문제해결법을 생각하였다. 특히 단약재료 혹은 단약 제련의 비법이 담긴 서적들을 찾아서 부작용의 문제를 극복하려 하였다. 그 가운데서도 황금 납 수은에 대한 약재 선호도가 높았는데 이러한 배경에는 최고의 도교수련서라 일컫는 2세기 『참동계』의 영향이 지대하였다. 『참동계』는 그 이론이 신격화되었기 때문에 『참동계』 안에서의 납과 수은에 대한 언급 이후 두 광물을 불사약의 재료로 간주하는 믿음은 명대에 이르기까지 오랜 세월 의심받지 않았다. 동아시아의 고전은 그 내용이 종교화 과정에서 절대적 지지를 받으면 좀처럼 그 절대적 지위를 잃지 않는다. 외단의 부작용, 방중술의 해악성은 수 당 시기를 거치면서 '외단'수련에서 인간의 몸 안에서 단약을 만들 수 있다는 내단 수련으로 전환되는 계기를 만들었다. 물론 외단의 시기, 다양한 광물과 약재의 실험은 오늘 날 중세과학과 한의학의 발달을 가져왔으며, 내단 수련법의 전개는 인간의 내적성찰의 진보를 가져왔다고 볼 수 있다. 그러나 외단으로부터 내단으로의 점진적 전환 이전 수 많은 사람들이 중금속 중독으로 죽어갔고, 그 전개 안에는 '수 많은 사람들의 죽음'이라는 욕망의 댓가가 있었다. 그런데 필자는 근래에도 한국의 소규모 도교모임에서 납과 수은 재료는 배재하고 약재 광물을 배합해 외단을 만들고 있다는 소식을 들은 적이 있었다. 불로불사의 신화가 생성되고, 그 신화를 뒷받침하는 고대 이론체계가 있으면, 그리고 오랜 세월 지속되어온 문화적 환경만 있다면 그 전통에 기반 해 상상의 산물은 자기 복제를 하면서 지속적으로 강한 생명력을 유지하는 것이다.

불로불사의 공효와 오늘날 불사의 의미

도교의 '외단'문화가 동북아시아 전역에 종교적 신념처럼 퍼진 요인은 불로불사의 공효 때문일 것이다. 불로불사의 공효는 크게 개인적 공효와 사회적 공효로 나눌 수 있다. 개인적 공효는 '인간의 몸'이 완전해지는데 있다. 도교의 수련에서 기는 태어나면서 부여받은 선천의 기와 수련으로서 받는 후천의 기가 있는데, 선천기의 측면에서 보았을 때 인간의 노화는 기의 소진이자 소멸이며, 인간이 태어날 때 부여받았다고 하는 16냥의 정精은 갓난아기 때는 완벽하지만 노화가 이루어지면서 지속적으로 소모되는 소비재이다. 따라서 도교에서 노화는 극복되어야 할 과제이다. 도교에서 인간의 몸이 가장 완벽할 때는 '적자(갓난아기)'의 상태이다. 이 때 가장 완전한 모습을 갖추고 있다고 보는 것이다. 인간은 누구나 노화하지만, 선천의 정과 기가 소진되는 노화에 맞서 후천의 기를 채우는 양생법을 지속적으로 수행해야 한다. 『노자』는 갓난아기의 완벽함을 "두터운 덕을 품은 것을 어린아이에 비유할 수 있으니, 독충이 쏘지 않고 맹수도 덮치지 않고 독수리도 잡아채지 않는다."(55장)라고 노래한 바 있다. 따라서 어린아이가 아님에도 완벽한 모습을 갖출 수 있는 것은 선천의 기를 잘 보존하고 후천의 기를 기를 때만이 가능하다.

도교에서 외단의 복용 혹은 내단의 수련은 완벽한 외모를 구축한다. '머리털은 푸르고 얼굴은 어린아이 같으며, 입술은 붉고 이는 희다'라고 묘사되는데, 유교 불교와 달리 공부의 공효를 신체적 완벽함으로 드러내는 것이다. 중국의 민간도교에서 숭앙했던 팔선 가운데 한 명 하선고는 돌비늘(운모)을 먹고 몸이 가벼워져 맑고 투명한 피부를 지녔으며, 젊음을 그대로 유지했다는 기록이 남아 있다. 도교 불사 수련 목표는 늙어감이라는 인간의 한계를 극복함에 있다. 사회적 공효는 수련을 통해 자신만 신선이 되는 것이 아니라 공동체의 행복을 추구한다는 것이다. 자신이 신선이 되어 초월적 능력을 통해 현실 속 공동체의 사람들을 구제해 가난과 질병이 사라지게 하며 그들과 함께 곤륜산 무릉도원의 이상세계에서 노니는 것이다.

요컨대 4차 산업시대 '몸 변형' 담론을 도교의 시각에서 고찰한다면 첫째 죽음의 요소를 극복하기 위한 '완벽한 신체'에 대한 희구라는 측면에서 볼 수 있다. 이 때 완벽한 인간은 인간이 가지고 있는 육체적 정신적 한계의 초월을 의미한다. 둘째는 오늘 날의 의료적 측면의 안티에이징이 노화를 '극복'의 대상으로 보는 것과 동일하게 도교 또한 '노화'는 몸과 정신의 고양을 위해 극복되어야 할 대상이라는 점이다. '몸 변형'도 이러한 담론에서 노화의 극복이라고 볼 수 있다. 셋째는 도교에서 인간이 태어나면서부터 부여받은 정을 보존하고 주체적으로 단련하는 것을 장생불사의 시작으로 보았다는 지점이다. 도교의 태어나면서 부여받았다고 말하는 한정된 정(16냥)은 오늘 날 진화론이 인간의 수명을 이해하는 하나의 방식 가운데 한정된 에센스를 언급하는 부분과 유사한 부분이 있다.[797] 마지막으로 도교의 외단과 내단의 역사는 방식만 다를 뿐 많은 부작용을 낳았다. 많은 사람들이 그 과정에서 목숨을 잃었다. 외단에서 끝끝내 도사들이 의심하지 않았던 납 수은 등 중금속의 독성은 그 시대의 학문적 혹은 종교적 차원으로는 절대 예측할 수 없는 것이었다. 4차 산업 시대 인간의 몸과 기계 혹은 AI와의 결합 등은 우리에게 다가올 미래로 설계되지만 어쩌면 우리 동아시아 외단의 도교 역사가 보여주듯이 지금까지의 학문적 연구성과로는 도저히 추측조차 할 수 없는 결과들이 도사리고 있을 수도 있다. 과거 1000여년이 넘게 지속되

---

[797] 일회용 몸 이론(disposable soma theory)

어 온 도교의 몸 담론을 통해 오늘 날 AI시대의 몸변형의 두려움을 겸손하게 점검할 수 있는 계기가 요구된다.

김윤경

참고문헌

1. 원전

『書經』, 影印本, 成均館大出版部, 1984
『論語集註』, 影印本, 明文堂, 1992
『南華經』, 中國子學名著集成, 1978
司馬遷, 『史記』, 中華書局, 1959
陳壽, 『三國志』, 商務印書館, 1983
蕭統, 『文選』, 商務印書館香港私家本, 1981
黃宗羲, 『孟子師說』, 『四庫全書』
裵頠, 「崇有論」, 『西晉文紀』, 『四庫全書』
何上公, 王德有 점校, 『老子指歸』, 中華書局, 1994
成玄英, 『老子義疏』, 『無求備齋老子集成』
李光玄, 『金液還丹百問訣』(『百問訣』), 『正統道藏』(洞眞部 方法類, 4책)
王弼, 樓宇烈 校釋, 『老子道德經注』, 『王弼集校釋』, 華正書局有限公司, 中華民國 82
王純甫, 『老子億』, 『無求備齋老子集成』初編 19
林希逸, 『老子鬳齋口義』, 『無求備齋老子集成』初編 12
吳澄, 『道德眞經注』, 『無求備齋老子集成』初編 15
薛蕙, 『老子集解』, 『無求備齋老子集成』初編 17
李贄, 『續焚書』, 中華書局, 1959
____, 『焚書』, 『李贄文集』, 社會科學文獻出版社, 2000
____, 『老子解』, 『老子集成』初編 21, 無求備齋老子集成
焦竑, 『老子翼』, 『漢文大系』5, 新文豊出版公司, 中華民國 72
____, 『莊子翼』, 『漢文大系』5, 新文豊出版公司, 中華民國 72
____, 『焦氏澹園集』, 偉文圖書出版社, 中華民国 66
王陽明, 『傳習錄』, 『王陽明全集』上, 上海古籍出版社, 2006
李圭景, 『五洲衍文長箋散稿』, 東國文化社, 1959
李匡呂, 『李參奉集』, 韓國文集叢刊 237, 影印本, 民族文化推進會
_____, 『李參奉集』, 筆寫本
李忠翊, 『椒園談老』, 高麗大本

李忠翊,『椒園遺藁』, 韓國文集叢刊 255, 影印本, 民族文化推進會
申綽,『石泉遺稿』, 韓國文集叢刊 279, 影印本, 民族文化推進會
鄭齊斗,『霞谷集』, 韓國文集叢刊 160, 影印本, 民族文化推進會
李令翊,『信齋集』, 韓國文集叢刊 252, 影印本, 民族文化推進會
李匡師,『圓嶠集』, 韓國文集叢刊 221, 影印本, 民族文化推進會
李珥,『醇言』, 奎章閣本
朴世堂,『新註道德經』, 奎章閣本
徐命膺,『道德指歸』, 奎章閣本
洪奭周,『訂老』, 成均館大本
司馬遷,『史記』
班固,『漢書』, 台湾商務印書館, 1996
金富軾,『三國史記』
一然,『三國遺事』
『舊唐書』, 中華書局, 1975
李奎報,『東國李相國集』, 影印本, 民族文化推進會
丹波康賴,『醫心方』, 半井家本(東京国立博物館)
徐兢,『高麗圖經』, 國書刊行會, 1995
葛洪,『抱朴子內篇校釋』, 中和書局, 1980
李光玄,『金液還丹百問訣』,『正統道藏』
『文昌帝君夢授祕藏經』, 國立中央圖書館本
『濟衆甘露』, 國立中央圖書館本
葛洪,『神仙傳』, 中華書局, 1985
魏伯陽,『參同契』, 自由出版社, 1959
『關聖帝君聖蹟圖誌全集』, 奎章閣本
全秉薰,『精神哲學通編』, 明文當, 1983

2. 번역본

『國譯高麗史』, 경인문화사, 2008
鄭齊斗, 민족문화추진회 역,『(국역)하곡집』, 70~71, 1966
시마다겐지(島田虔次), 김석근 역,『주자학과 양명학』, 까치, 1986
오오하마아끼라(大濱晧), 임헌규 역,『老子의 철학』, 인간사랑, 1992
陽國英, 김형찬 외 역,『양명학』, 예문서원, 1995

아라키겐고(荒本見悟), 배영동 역, 『불교와 양명학』, 혜안, 1996
李贄, 홍승직 역, 『분서』, 홍익출판사, 1998
賴永海, 김진무 역, 『불교와 유학』, 운주사, 1999
王弼, 임채우 역, 『왕필의 老子』, 예문서원, 1999
朴世堂, 김학목 역, 『朴世堂의 노자』, 예문서원, 1999
蔡仁厚, 황갑연 역, 『王陽明철학』, 서광사, 2001
정인재 · 한정길 역, 『전습록』, 1~2, 청계, 2001
김학목, 『洪奭周의 老子』, 예문서원, 2001
陳來, 전병욱 역, 『양명철학』, 예문서원, 2003
정인보, 『薝園文錄』下, 정양완 역, 태학사, 2006
까르마 C.C 츠앙, 『화엄철학』, 이찬수 역, 경서원, 2004
이원국, 『내단-심신수련의 역사』, 김낙필 외 역, 성균관대출판부, 2006
모종감, 『중국도교사』, 이봉호 역, 예문서원, 2018
미조구찌 유조, 정태섭 · 김용천 역, 『중국의 공과 사』, 신서원, 2006
앙리 마스페로(Henri Maspero), 신하령 · 김태완 역, 『도교』, 서울, 까치, 1997
窪德忠, 최준식 역, 『도교사』, 분도출판사, 1990

3. 단행본

이능화, 『조선도교사』, 이종은 역, 보성문화사, 2000
이종은, 『한국 도교문화의 초점』, 서울, 아세아문화사, 2000
최삼룡, 『한국문학과 도교사상』, 서울, 새문사, 1990
송항룡, 『한국 도교철학사』, 성균관대학교출판부, 1987
차주환, 『한국 도교 사상 연구』, 서울대학교 출판부, 1988
전호태, 『고구려 고분벽화 읽기』, 서울대학교출판부, 2008
정재서, 『한국도교의 기원과 역사』, 이화여자대학교출판부, 2006
현상윤, 『조선유학사』, 민중서관, 1949
김길환, 『한국양명학연구』, 일지사, 1981
윤남한, 『조선시대의 양명학 연구』, 집문당, 1982
김명호, 『열하일기연구』, 창작과비평사, 1990
유명종, 『성리학과 양명학』, 연세대출판부, 1994
민영규, 『강화학 최후의 풍경』, 우반, 1994
송영배, 『제자백가의 사상』, 현음사, 1994

심경호 · 정량완, 『강화학파의 문학과 사상』 1~4, 한국정신문화연구원, 1993~1999
김문식, 『조선후기경학사상연구』, 일조각, 1996
동국대 불교교재편찬위원회, 『불교사상의 이해』, 불교시대사, 1999
유준기, 『한국근대유교개혁운동사』, 아세아문화사, 1999
유봉학, 『연암일파 북학사상 연구』, 일지사, 2000
이석명, 『백서노자』, 청계, 2003
정인보, 『양명학연론』, 「조선의 양명학파」, 계명대출판부, 2004
강신주, 『노자:국가의 발견과 제국의 형이상학』, 태학사, 2004
최영성, 『한국유학통사』 下, 심산, 2006
금장태, 『한국 유학의 『老子』이해』, 서울대출판, 2006
강명관, 『공안파와 조선후기 한문학』, 소명출판, 2007
김철웅, 『고려시대의 도교』, 경인문화사, 2017.
윤찬원, 『도교철학의 이해』, 돌베게, 1998.
이원국, 『내단』, 김낙필 외 역, 성균관대출판부, 2006.
노태돈, 『삼국통일전쟁사』, 서울대출판부, 2009.
동학연구원, 『한글 동경대전』, 정민사, 1991
정영규 역, 『대순전경해설』, 원광사, 1984
김탁, 『한국의 관제신앙』, 선학사, 2004
김명호, 『환재박규수연구』, 창비, 2008
이은자, 『중국민간 종교 결사, 전통과 현대의 만남』, 책세상, 2005,
김일성, 『김일성저작집』, 47, 평양: 조선로동당출판사, 1990
김일성, 『세기와 더불어』1, 평양: 조선로동당출판사, 1992
김정일, 『주체철학에 대하여』, 평양: 조선로동당출판사, 2000
한재만, 『김정일-인간 사상 령도』, 평양출판사, 1994
한국민족민주전선 중앙위원회, 『여명』, 평양, 1997-2
방완주, 『조선개관』, 평양: 백과사전출판사, 1988
최봉익, 『조선철학사개요』, 평양: 사회과학출판사, 1986
리용태, 『우리나라 중세과학기술사』, 평양: 과학백과사전종합출판사, 1990
리광섭, 『국어』(인민학교 2학년), 평양: 교육도서출판사, 1996
류식, 『100년 장수에로의 길』, 평양: 과학백과사전종합출판사, 2000
최태섭, 『가정과 건강』, 평양: 근로단체출판사, 2005
한원철 박춘란, 『조선철학전사』 8, 평양: 사회과학출판사, 2010
김택필, 『노화와 건강』, 평양: 인민보건사, 2011
한명환, 『조선 중세전기 철학사상 연구』, 평양: 사회과학출판사, 2009

박창연, 『천도교의 사상연구』, 『조선사회과학학술집』 321, 평양: 사회과학출판사, 2013
정혜영 외, 『질병에 따르는 고려약음식』, 평양: 의학과학출판사, 2013
리선륙, 『천연건강음식』, 평양: 인민보건사, 2013
리승국, 『인간의 자연수명』1, 평양: 인민보건사, 2016
김성환, 『우주의 정오』, 소나무, 2016
전현준, 『북한의 강성대국 건설 실태평가: 사상 정치 군사분야를 중심으로』, 통일연구원, 19

大濱晧, 『老子の哲學』, 勁草書房, 1962
陳鼓應, 『老子註譯及評介』, 中華書局, 1984
王葆玹, 『正始玄學』, 齊魯書社, 1987
牟宗三, 『中國哲學十九講』, 學生書局, 中華民國 78
王邦雄, 『老子的哲學』, 滄海叢刊, 中華民國 82
袁保新, 『老子哲學之詮釋與重建』, 文津, 中華民國 86
馮友蘭, 『中國哲學史』, 上海, 華東師範大學出版社, 2000
_____, 『中國哲學史新編』, 北京, 人民出版社, 1998~1999
劉固盛, 『宋元老學硏究』, 儒道釋博士論文叢書, 巴蜀書社, 2001
王曉毅, 『王弼評傳』, 南京大學出版社, 2002
張學智, 『明代哲學史』, 北京大出版社, 2003
牟宗三, 『才性與玄理』, 廣西師範大學出版, 2006
湯用彤, 『魏晋玄學論稿』, 上海古籍出版社, 2005
胡孚琛, 『中華道教大辭典』, 中國社會科學出版社出版, 1995
丁原明, 『黃老學論綱』, 山東大學出版社, 1997
薩孟武, 『中國政治思想史』, 三民書局, 1998.
卿希泰·唐大湖, 『道敎史』, 中國社會科學出版社, 1994.
許地山, 『扶箕迷信底硏究』, 1942
陳霞, 『道敎勸善書硏究』, 成都:巴蜀書社, 1999
吳震, 『明末淸初勸善運動思想硏究』, 國立臺灣大學出版中心, 2009
酒井忠夫, 福井文雅, 『道敎1-道敎とは何か』, 平河出版社, 1983.
黎志添, 『香港及華南道敎硏究』, 香港: 中華書局, 2005

Benedict Anderson, *Imagined Communities*, London:Verso, 1991
Livia Kohn, *Daoism Handbook*, Boston: Brill, 2000

Fabrizio Pregadio, *The Encyclopedia of Taoism*, New York: Routlege, 2008

4. 학위논문

송석준, 「한국양명학과 실학 및 천주교와의 사상적 관련성에 대한 연구」, 성균관대학교 박사학위논문, 1992
김교빈, 「하곡철학사상에 관한 연구」, 성균관대학교 박사학위논문, 1994
임채우, 「왕필 역철학 연구」, 연세대학교 박사학위논문, 1996
한정길, 「王陽明의 마음의 철학에 관한 연구」, 연세대학교 박사학위논문, 1999
서경숙, 「초기 강화학파의 양명학에 관한 연구」, 성균관대학교 박사학위논문, 2000
김백희, 「老子 해석의 두 시각-本體生成論과 相關對待論」, 한국정신문화연구원박사, 2000
김윤경, 「하곡학파『노자』해석에 관한 연구」, 성균관대박사, 2009
김지영, 「7세기 고구려의 대외관계 연구」, 숙명여대학원 석사학위논문, 2014.
최혜진, 「6-7세기 고구려 사신도 고분벽화의 특징」, 부산대석사학위논문, 2012

5. 일반논문

이능화, 「朝鮮儒界之陽明學派」, 『청구학총』 25집, 1936
최완수, 「김추사의 금석학」, 『윤송문화』 3, 1981
정옥자, 「규장각초계문신연구」, 『규장각』 4, 1982
신용철, 「초횡의 생애와 사상」, 『박성봉교수 회갑기념논총』, 경희대출판부, 1987
지두환, 「조선후기실학연구의 문제점과 그 방향」, 『태동고전연구』 3, 1987
김문식, 「정약용과 申綽의 六鄕制 이해」, 『한국학보』 16-4, 일지사, 1990
최일범, 「朴世堂의 유무론」, 『도교문화연구』, (구: 『도교학연구』) 13, 한국도교학회, 1994
지두환, 「조선후기 양명학의 수용과 전개」, 『조선후기 사상사의 재조명』, 역사문화, 1998
심경호, 「초원 李忠翊의 담로에 관하여」, 『한국도교문화의 초점』, 아세아문화사, 2000
이병찬, 「성해응과 申綽의 고증적 시경학 연구」, 한국한문학회, 한국한문학연구, 2002
박준호, 「강화학파 시세계의 한 국면」, 『한문학보』, 우리한문학회, 2003
김용수, 「王弼 체용론에 대한 몇 가지 논변」, 『도교문화연구』 17, 한국도교문화학회,

2003

박용만, 「강화학파의 聯句詩에 관한 고찰」, 『한국한시연구』, 한국한시학회, 2004
김학목, 「강화학파의 『도덕경』에 주석에 관한 고찰-초원 李忠翊의 『椒園談老』를 중심으로」, 『동서철학연구』 34, 2004
심경호, 「강화학파의 가학 비판」, 『양명학』 13집, 한국양명학회, 2005
박성순, 「조선후기 북학사상연구경향에 대한 일고찰」, 『사학지』 37, 단국사학회, 2005
오상무, 「노자의 有·無·道의 관계」, 『동서철학연구』 36, 2005
윤재환, 「초원 李忠翊의 문학론과 형상화」, 『양명학』, 한국양명학회, 2006
유호선, 「양명학자 李忠翊의 불교관 연구」, 『한국어문학연구』 48, 한국어문학연구학회, 2006
심경호, 「조선후기 지성사와 제자백가」, 『한국실학연구』 13, 2007
이권, 「老子의 無」, 『도교문화연구』 28, 2008
赤堀昭, 「『의심방』에 인용된 의서」, 『한국과학사학회지』 5-1, 1983.
양은용, 「고려도교의 역사자료」, 『한국종교』 10, 원광대 종교문제연구소, 1985
이만열, 「고구려 사상정책에 대한 몇 가지 검토」, 『유홍렬화갑기념논총』, 을유문화, 1971.
김용휘, 「한국선도의 전개와 신종교의 성립 -왜 한국에선 도교 교단이 성립되지 않았는가-」, 『동양철학연구』 55, 동양철학연구회, 2008
김성환, 「한국의 선도연구」, 『도교문화연구』 28, 2008
민영현, 「중국도가와 도교 그리고 한국 선(仙) 사상에 관한 비교연구」, 『선도문화』 1, 국제뇌교육종합대학원, 2006
양은용, 「신종교와 도교(선도) ; 한국도교의 흐름과 신종교」, 『신종교연구』 10, 한국신종교학회, 2004
전호태, 「고구려고분벽화에 나타난 하늘연꽃」, 『미술자료』 46, 1990
정재서, 「도교의 샤머니즘 기원설에 대한 재검토」, 『도교문화연구』 37, 2012
_____, 『한국 도교의 기원과 역사』, 이화여자대학교출판부, 2006
임상선, 「발해인 李光玄과 그의 도교서 검토」, 『한국고대사연구』 20, 2000
전호태, 「고구려 후기 사신계 고분벽화에 보이는 선불 혼합적 내세관」, 『울산사학』 7, 1997
김근식, 「덕흥리벽화고분의 선인, 옥녀도 연구」, 『동아시아고대학』 45, 2017
이봉호, 「발해인 이광현의 연단이론-『주역참동계』 연단론의 전개-」, 『도교문화연구』 32, 2010
김일권, 「벽화천문도를 통해서 본 고구려의 정체성」, 『고구려연구』 18, 2004
이태호, 「삼국시대 후기 고구려와 백제의 사신도 벽화」, 『고구려연구』 16, 2003.

김윤경, 「李忠翊의 『椒園談老』에 드러난 有無觀 - 王弼 『老子注』와의 비교를 중심으로-」, 『도교문화연구』 28, 한국도교문화학회, 2008
김윤경, 「이광려의 讀老子五則에 대한 독법」, 『정신문화연구』 32, 한국학중앙연구원, 2009
_____, 「李忠翊의 『椒園談老』에 드러난 有無觀 - 王弼 『老子注』와의 비교를 중심으로-」, 『도교문화연구』 28, 한국도교문화학회, 2008
_____, 「徐命膺의 『道德指歸』에 나타난 태극관」, 『동양철학연구』 48, 동양철학연구회, 2006

「황남대총 남분 발굴조사보고서」, 문화재관리국 문화재연구소, 1994
김백희, 「초기 도교의 사유방식 『노자상이주』」, 『동서철학연구』 40, 2006
이봉호 외, 『발해인 이광현 도교저술 역주』, 한국학술정보, 2011
이봉호, 「발해인 이광현의 연단이론-『주역참동계』 연단론의 전개-」, 『도교문화연구』 32, 2010
이석명, 「『노자상이주』를 통해 본 노자사상의 종교화 작업」, 『동양철학』 27, 2004
임상선, 「발해인 李光玄과 그의 도교서 검토」, 『한국고대사연구』 20, 2000
김낙필, 「조선후기 민간도교의 윤리사상」, 『한국도교의 현대적 조명』, 아세아문화사, 1992
윤찬원, 「태상감응편에 나타난 도교 윤리관 연구」, 『도교문화연구』 31, 한국도교문화학회, 2009
김윤수, 「고종시대 난단도교」, 『동양철학』 30, 한국동양철학회, 2008
이우성, 「김추사 및 중인층의 성령론」, 『한국한문학연구』 5, 한국한문학회, 1980
백현숙, 「최성환의 인물과 저작물」, 『역사학보』 103, 역사학회, 1985
정우봉, 「19세기 한문학의 재조명;19세기 성령론의 재조명-최성환의 성령론을 중심으로」, 한국한문학연구 35, 한국한문학회, 2005
_____, 「19세기 선서의 간행 유통과 삽화의 활용」, 『한문학논집』 42, 근역한문학회, 2005
이강, 「중국종교학 연구의 성찰과 전망- 도교 연구를 중심으로-」, 『종교연구』, 한국종교학회, 2013
김정숙, 「조선시대 저승체험담 속 죽음과 환생의 이념성」, 『Journal of Korean Culture』 29, 한국어문학국제학술포럼, 2015
최수빈, 「도교 상청파의 大同眞經 연구-몸, 우주 그리고 신비주의적 수행」, 서강대 박사, 2003
김윤수, 「고종시대의 난단도교」, 『동양철학』 30, 동양철학연구회, 2007

김장동, 「임진록의 설화고-관묘설화와 사명설화를 중심으로」, 『동아시아문화연구』 4, 1983

김탁, 「증산교단사에 보이는 도교적 영향」, 『도교문화연구』 24, 한국도교문화학회, 2006

김윤경, 「조선 후기 민간도교의 발현과 전개-조선후기 관제신앙, 선음즐교, 무상단」, 『한국철학논집』 35, 한국철학연구회, 2012

김일성, 「사상사업에서 교조주의와 형식주의를 퇴치하고 주체를 확립할데 대하여-1955.12.28.-」, 『주체사상에 대하여』, 평양: 조선로동당출판사, 1977

윤법달, 「북한종교이야기」, 〈통일뉴스〉, 2016.5.15

정교진, 「북한의 김일성 김정일 우상화 전략 및 특성 비교 연구」, 『통일인문학』 68, 2016

耿鐵華, 「集安吾盔墳五號墓藻井壁畫新解」, 『北方文物』 3, 1997

王勇, 「渤海商人李光玄について」, 『アジア遊学』 6, 1999

王勇, 「渤海道士李光玄事迹考略」, 『中日文化交流集刊』, 2008

張魯, 「老子想爾注」(饒宗頤, 『老子想爾注校證』, 上海古籍出版社, 1991

朱越利, 「唐氣功師百歲道人赴日考-以金液還丹百問訣爲據」, 『世界宗教研究』 53, 1993

韓吉紹, 「金液還丹百問結論略」, 『弘道』 32, 2007

黃勇, 「海东传道录和青鹤集所述韩国道教传道谱系考辨」, 『宗教學研究』 3, 2012

李宏坤, 「清代的關帝崇拜」, 『歷史檔案』, 2004

陳芷燁, 「明清社會勸善書及功過格的歷史作用及價值-太上感應篇」, 太微仙君功過格, 「文昌帝君陰騭文 爲例」, 『廣西社會科學』, 2008

PR Katz - Min-su chü-i, "Spirit-writing Halls and the Development of Local Communities: A Case Study of Puli (Nantou County)", *Minsu quyi*, Hongkong, 2011

Vincent Goossaert, "Spirit Writing, Canonization, and the Rise of Divine Saviors: Wenchang, Lüzu, and Guandi, 1700–1858", *Imperial China* Vol.36-2, 2015

Davenport. Kelsey, "UN Security Council Resolutions on North Korea", USA: Arms Control Association, 1. 2018.

"Lumumba Charts A Neutral Congo; Premier Rejects a Choice of East or West", New York Times, 6 July 1960, Retrieved 8 November 2010.

찾아보기

ㄱ

강필도교 298, 305, 315, 316, 318, 329, 333, 339
경신일 83
관방도교 23,
관우(관왕) 293, 302, 303, 312
교단도교 68
금단 48, 54, 58, 77, 167
금단구결 131,
금액환단 74, 79, 80
금액환단백문결(백문결) 25, 43, 47, 53, 64

ㄴ

난단도교 296, 310
납 49
내단 40
내수법 72
노군 115
노자상이주 68, 69
노자지략서 201, 203, 207

ㄷ

단군 301
단서구결 131, 132, 138, 141
단약 47
단재 65
도관 83
도덕지귀 151, 248
독노자오칙 178, 181, 185

두꺼비 46, 56
도덕지귀 93

ㅁ

모리스꾸랑 272, 341, 343, 346, 364
무상단 271, 295, 304, 315, 318, 328
문창제군몽수비장경 317, 335

ㅂ

벽곡 283, 284
벽이단 97
부록 86
부우제군 298, 352, 360, 364
부적 307
부주 304
복약 76
복원궁 83, 85
북극성 51
북두칠성 51, 143, 271
불사약 47, 87

ㅅ

사신도 50
산해경 46
삼국사기 16, 81
삼국유사 16, 23, 81
삼족오 45
삼청 83, 84
선도 20, 287, 288, 289, 290
선맥 22
선서 296
선음즐교 271, 294, 298, 300, 305, 313
소격서 109, 118, 119
수은 48, 49, 75

찾아보기 421

순언 93
신선 48, 79
신선전 44, 45
신주도덕경 93
심기리편 94, 96

ㅇ

약사발 47
연단 40
연기화신 71
연정화기 71
연신환허 71, 145
오두미교 34, 38, 39, 304
오주연문장전산고 273, 274, 278, 286
외단 47, 55, 75, 143
용 48
용호 129
용호비결 126, 127, 128, 132
유향 47
원기 72
원시천존 83
의심방 25, 60, 382
이중약 85

ㅈ

장생불사 101
재초 83, 84, 86
전진교 98
정노 93, 245
조선도교사 17, 294, 316
종리권 134, 135
중묘문 131
제중감로 295
증산교 302, 305, 309, 311

ㅊ

참동계 55
청학집 22
천부경 14, 16
천사도 35, 39
초원담노 93, 176, 188, 192
최치원 21

ㅌ

태극 160, 169, 170
태극도설 154
태상노군 70, 140
태식 73
태평도 34, 304

ㅍ

폐심 71, 81
포일 172, 174, 175
풍류 37

ㅎ

호랑이 48
해동이적 22, 147, 288, 292
해동전도록 22, 131, 135, 136, 147, 288
허균 105
황노학 33
황룡 43, 50, 52, 53
황정경 61, 283
황아 57, 73, 74
회남자 52